本书出版得到重庆市人文社会科学重点研究基地重点项目（14SKB061）中央高校基本科研业务费专项资金重点项目（SWU1309381）资助

西南大学
历史文化学院 民族学院
学术文丛

区域经济与空间过程
土家族地区历史经济地理规律探索

朱圣钟 / 著

科学出版社
北京

图书在版编目（CIP）数据

区域经济与空间过程：土家族地区历史经济地理规律探索/朱圣钟著．--北京：科学出版社，2015.3
ISBN 978-7-03-043818-8

Ⅰ．①区⋯　Ⅱ．①朱⋯　Ⅲ．①土家族-历史经济地理-研究-中国　Ⅳ．①F129.9

中国版本图书馆 CIP 数据核字（2015）第 053859 号

责任编辑：陈　亮　杨　静 / 责任校对：胡小洁
责任印制：张　倩 / 封面设计：黄华斌　陈　敬
编辑部电话：010-64026975
E-mail: chenliang@mail.sciencep.com

科学出版社 出版
北京东黄城根北街 16 号
邮政编码：100717
http://www.sciencep.com

三河市骏杰印刷有限公司 印刷
科学出版社发行　各地新华书店经销

*

2015 年 4 月第　一　版　　开本：720×1000　1/16
2015 年 4 月第一次印刷　　印张：21 1/2　插页：2
字数：338 000

定价：**86.00 元**

（如有印装质量问题，我社负责调换）

序

圣钟博士，系出自我国鄂西巴东土家族的一位青年历史地理学者。由于怀着对本民族深深的眷恋之情，也由于进入历史地理学研究领域后油然而生的对填补与发展历史地理学新的分支学科——历史民族地理学的自觉担当，所以近十多年来，他一直以投身于我国历史民族地理学，特别是土家族地区的历史地理学研究为职志；在先后完成了硕士学位论文《明清时期鄂西南民族地区经济地理初步研究》、博士学位论文《鄂湘渝黔土家族地区历史经济地理研究》与博士后研究报告《历史时期凉山彝族地区经济开发与环境变迁研究》之后，他又完成了国家社科基金项目"中国古代巴人分布迁徙及其与环境的关系研究"。在此期间，他还撰写、发表了十多篇有关历史民族地理的学术论文。对我国历史民族地理研究如此钟情与专注，且步步深入推进，这在我国学术界实为罕见！

呈献于读者面前的这部新著，虽然是在圣钟的博士学位论文基础上作了大量内容充实与史料增补而撰成，但实际上却也汇纳了近十余年来圣钟博士对我国历史民族地理不断深入研究所获成果的精华。我在先睹为快的同时，深感该书有下述几点值得肯定与称道：

第一，关于土家族形成单一民族的时间问题，论述堪称精审。

圣钟博士在充分肯定了土家族是历史时期生息繁衍于今鄂渝湘黔地区之巴人，融合濮人、楚人而逐步形成一个单一民族的观点基础上，在对当今学术界关于其形成单一民族的时间有春秋战国时期、汉代、唐代中叶、五代时期、宋代等诸多见解进行比较研究后，通过自己的深入考证，根据土家族分布地域界定时间、与巴人承接关系时间、土家族之族称出现时间、土家族共同生产方式（即经济基础）形成时间均在五代时期这些具实质性意义之论据，论证了土家族形成单一民族的时间在五代时期，即公元10世纪前半叶。此结论符合当代关于民族学理论要义，堪称精审。如能通过学术界进一步研讨形成共识，即可成定论。

第二，关于土家族地区历史时期经济发展与空间分布及其变迁问题之论述，内容充实，且符合历史地理学之基本理论。

因这部分内容是圣钟博士这部新著之主体，因而作者下力最大。与之相关的几章，不仅资料翔实，内容丰富，结构允当；且因充分运用了历史地理学之"时空交织、人地关联、文理兼容、古今贯通"学术理念进行构思与撰写，因而重点突出，脉络清晰，层次分明，内容精审。

第三，关于土家族地区历史经济地理规律的探索，取得了一定的可喜进展。

在对具体问题展开充分的实证性研究基础上探寻规律性见解并提升至理论层面，这本是进行创新性学术研究之基本途径。圣钟博士在完成他的博士学位论文《鄂湘渝黔土家族地区历史经济地理研究》，并获顺利通过之后，历经十余年，又在教学与科研工作繁忙之际，抽出相当多的时间对之进行加工修改并付梓，即含有从学术理论上加以升华之初衷，这从该书之书名即可看出。对于这部分内容，作者虽着墨不多，但已见功力，且几点带规律性的概括也颇有见地。圣钟博士首先从历史时期土家族地区经济结构之区域差异着眼，按几个不同历史发展阶段各自划分出几个不同的经济类型区，再通过对之进行分析研究后，得出了历史时期土家族地区经济发展历程中存在边缘区域发展优势、"点—轴"渐进式扩散、移民分布区优先发展等规律。这既符合历史发展之实际状况，也为当今大力推进土家族地区经济社会发展提供了历史借鉴，因而不仅具有学术价值，也富有现实意义。

从总体上看，作为我国现代新兴学科之一的历史地理学，虽已获得长足发展，一些分支学科成果十分可观，对相关学术研究与社会发展影响不断加大；然而相比较而言，历史民族地理学究因起步较晚，今后尚需加强努力迎头赶上。就圣钟博士曾较长时间进行研究的我国土家族地区而言，其历史地理方面有待研究的问题就很多，不仅还有许多未曾研究的方面,就是圣钟博士已作深入研究的历史经济地理领域,也还有一些内容需继续着力深化。因而十分期待在该书出版问世后,圣钟博士再接再厉,对自己的民族——土家族之相关的历史地理学术问题持之以恒地开展研究,取得更为丰硕的成果!

朱士光

2014 年 9 月 16 日

前　言

本书是在我2002年陕西师范大学博士学位论文基础上修改、增补而成的，原论文的题目为《鄂湘渝黔土家族地区历史经济地理研究》，在修改过程中增强了经济发展时空过程及规律的讨论，书名也因此更名为《区域经济与空间过程——土家族地区历史经济地理规律探索》。

在目前的区域历史地理研究中，研究区域的划分大多以自然区、行政区、经济区、文化区等为准，却少有以民族分布区为准的。而在民族分布区内，地理要素，包括自然要素和人文要素都具有一定的相似性，民族分布区也是具有共同地理特征的地域空间。目前民族地区的历史地理研究成果不少，但对单个民族分布区作系统地历史地理研究的成果则很少，因此单个民族分布区的历史地理研究是一个尚待继续深入的研究领域。本书对土家族分布区进行历史经济地理规律的研究，也是民族分布区历史地理研究的一种尝试。

选择以土家族地区作为区域历史地理研究的地域范围，这要归功于我硕士研究生阶段的导师史念海先生和朱士光先生。在进入历史地理学领域之初，我就像一个站在精彩纷呈世界大门口的幼童，对未来的学习和研究方向无所适从。此时，史念海先生和朱士光先生看出了我的困惑，考虑到我本人为土家族人，对土家族和土家族地区较为熟悉，建议我从本民族的历史地理研究入手，而我自己也觉得很有必要深入探究土家族地区的历史地理问题，由此便开启了我从事土家族地区历史地理学习和研究的探索之路。此后，我在两位先生的指导下完成了题为《明清时期鄂西南民族地区经济地理初步研究》（1999年）的硕士学位论文，随后在朱士光先生指导下完成了《鄂湘渝黔土家族地区历史经济地理研究》（2002年）的博士学位论文，研究地域都在土家族地区，研究主题都围绕历史经济地理问题。

研究土家族地区历史经济地理，也有一定的现实意义。当前土家族地区较为紧迫的任务，一是经济可持续发展，一是环境整治。而土家族地区的环境问题，一定程度上又由历史时期土家族地区无序和无限制的经济行为所造成。因此，要解决土家族地区当前的这两大问题，首先还是要解决经济可持续发展的问题。探讨土家族地区历史经济地理问题，有助于我们了解土家族地区历史时期经济发展的时空过程及其规律，总结经验教训，对土家族地区当前和未来经济的宏观布局、经济发展规划和经济政策制定都有一定的借鉴作用。另外，土家族地区在地域上跨越我国中部和西部地区，无论是经济发展水平，还是日渐恶化的环境状况都与西部地区相似，土家族地区也可视为大西部的一部分，西部大开发离不开土家族地区的开发。而要很好地进行土家族地区的可持续性开发，把握和了解历史时期经济发展的时空过程及其规律，对西部开发方针政策的制定也有一定的指导意义。因此，土家族地区历史经济地理的研究对西部大开发战略的顺利实施也是有一定现实意义的。

从目前土家族历史地理研究的总体情况来看，研究土家族经济史的著作和论文较多。这些已有的论著主要就土家族经济发展的历史脉络进行了讨论，对经济发展的空间过程则未作过多关注；而且多就土家族本身而言，没有把土家族经济的发展放到一定地域空间内进行系统分析，缺乏对土家族分布区内历史时期经济发展的地区差异和空间布局等经济地理内容的探讨。因此到目前，土家族地区历史经济地理的研究仍然是有待继续深入探讨的研究领域。

本书的特点主要体现在以下几个方面：一是以单个民族分布区划分研究区域，而不是以自然要素、政区、经济区、文化区等划分研究区域，这种做法在历史地理学的研究中并不多见；二是从经济地理学角度，对历史时期土家族地区经济发展的空间过程及其规律进行了探讨，可弥补土家族地区经济史研究中只重视经济发展的时间过程而不重视经济发展的空间过程的不足，在土家族地区历史经济问题的研究中有一定的开创之功；三是将区域经济的相关概念、理论模式引入到土家族地区历史经济地理规律的分析与总结中，如经济类型区概念、区域经济中心扩展理论模式、区域经济空间过程的点—轴理论模式等，使本书的实证分析与理论性分析有机结合，使研究结果更接近历史的真实；四是从本书主要宗旨来说，主要是讨论区域经济的空间过程，主旨鲜明，较其他历史经济地理著作研究主题更为明确；五是资料运用方面较多地利用了方志材料、考古材料，同时也用到地名资料、民俗资料、正史材料、档案材料、碑刻材料、家谱材料、实地考察材料等，尽可能全面把握资料，做到资料间相互印证，藉以复原历史原貌；六是从研究内容和结构上来说，主要涉及土家族地区的民族分布及地域范围、土家族地区的交通地理变迁、农业及其空间过程、手工业及其空间过程、商业及其空间过程，研究对象紧扣经济地理构成的基本要素，在分述各要素空间变化过程的基础上，再进行区域性经济地理规律的探讨和总结，内容充实，结构完整。

  本书在研究时段的选择上，上限从土家族民族共同体形成之时起，具体说来就是从五代时期开始，下限至清代末年。不过在具体问题的讨论中，为了保证时间上的延续性，时间不仅限于五代，部分问题的讨论中时间上限又延伸到五代以前，甚至上溯至石器时代。

  本书从关怀现实的角度探讨与土家族地区发展密切相关的历史经济地理问题，可为地方政府在经济宏观布局、经济发展规划和经济政策的制定时提供参考。同时本书在研究内容上涉及历史学、民族学、经济学、地理学、历史地理学、考古学等多学科，故也可作为从事相关学科研究和学习的研究人员、高校教师和学生的知识性读物。

朱圣钟

2015 年 1 月于西南大学雪松书屋

目　录

序

前言

第一章　土家族地区的地理环境与地域空间 ⋯⋯⋯⋯⋯⋯⋯⋯⋯⋯ 1
  第一节　土家族地区地理环境概况 ⋯⋯⋯⋯⋯⋯⋯⋯⋯⋯⋯⋯⋯ 1
  第二节　土家族地区的民族分布与变迁 ⋯⋯⋯⋯⋯⋯⋯⋯⋯⋯⋯ 8
  第三节　地域空间及其变化——土家族地区的政区沿革 ⋯⋯⋯⋯ 48
    附图1-1　土家族地区区域示意图 ⋯⋯⋯⋯⋯⋯⋯⋯⋯⋯⋯⋯ 53
    附图1-2　土家族地区主要土司分布示意图 ⋯⋯⋯⋯⋯⋯⋯⋯ 54

第二章　历史时期土家族地区交通及地理变迁 ⋯⋯⋯⋯⋯⋯⋯⋯ 55
  第一节　历史时期土家族地区的陆路交通 ⋯⋯⋯⋯⋯⋯⋯⋯⋯ 55
  第二节　历史时期土家族地区的水路交通 ⋯⋯⋯⋯⋯⋯⋯⋯⋯ 66
    附图2-1　唐宋土家族地区主要交通路线示意图 ⋯⋯⋯⋯⋯⋯ 76
    附图2-2　明代土家族地区主要交通路线示意图 ⋯⋯⋯⋯⋯⋯ 77
    附图2-3　清代改土归流后土家族地区交通路线示意图 ⋯⋯⋯ 78

第三章　历史时期土家族地区农业及其空间过程 ⋯⋯⋯⋯⋯⋯⋯ 79
  第一节　历史时期农业结构的演变 ⋯⋯⋯⋯⋯⋯⋯⋯⋯⋯⋯⋯ 79
  第二节　历史时期主要农作物的分布变迁 ⋯⋯⋯⋯⋯⋯⋯⋯⋯ 102
  第三节　历史时期农业区的分布变迁 ⋯⋯⋯⋯⋯⋯⋯⋯⋯⋯⋯ 117
  第四节　历史时期土家族地区农业经济的地域特征 ⋯⋯⋯⋯⋯ 141
  第五节　历史时期土家族地区农业发展的影响因素 ⋯⋯⋯⋯⋯ 148

附表3-1　历史时期土家族地区农业灾害年表 …………………… 167
　　附图3-1　宋代土家族地区主要农业区分布示意图 …………… 193
　　附图3-2　明代土家族地区主要农业区分布示意图 …………… 194
　　附图3-3　清代改土归流后土家族地区农垦示意图 …………… 195

第四章　历史时期土家族地区手工业及其空间过程 …………… 196
　第一节　历史时期土家族地区的手工业及其产地变迁 ………… 196
　第二节　历史时期土家族地区手工业发展的特点 ……………… 235
　第三节　历史时期手工业发展的影响因素 ……………………… 237
　　附图4-1　宋代土家族地区主要手工业分布示意图 …………… 242
　　附图4-2　明代土家族地区主要手工业分布示意图 …………… 243
　　附图4-3　清代改土归流后土家族地区主要手工业分布示意图 … 244

第五章　历史时期土家族地区商业及其空间过程 ………………… 245
　第一节　历史时期土家族地区商业发展的空间过程 …………… 245
　第二节　历史时期土家族地区商业地理的特点 ………………… 291
　第三节　历史时期土家族地区商业发展的影响因素 …………… 296
　　附表5-1　清代后期土家族地区集场统计表 …………………… 302
　　附图5-1　宋代土家族地区商业中心分布示意图 ……………… 306
　　附图5-2　明代土家族地区主要商业中心分布示意图 ………… 307
　　附图5-3　清代改土归流后土家族地区主要商业中心分布示意图 … 308

第六章　区域经济与空间过程——土家族地区历史经济地理规律探索 … 309

参考文献 …………………………………………………………… 322

后记 ………………………………………………………………… 333

第一章　土家族地区的地理环境与地域空间

　　繁衍生息于鄂湘渝黔四省、市交界地带武陵山区的土家族发展至今，已拥有 800 多万人口，目前是我国第七大少数民族。这个人数众多的民族群体目前主要分布于东经 107°59′—111°33′，北纬 27°27′—31°28′的区域，地域面积约有 8 万多 km²。从今天的行政区划来看，土家族地处湖北省、湖南省、重庆市、贵州省四省、市交界地带，主要包括湖北省恩施市、利川市、建始县、宣恩县、咸丰县、来凤县、巴东县、鹤峰县、五峰县、长阳县、湖南省石门县、慈利县、张家界市、桑植县、永顺县、保靖县、龙山县、古丈县、花垣县、凤凰县、吉首市、泸溪县、重庆市石柱县、黔江区、彭水县、酉阳县、秀山县、贵州省印江县、沿河县、思南县、江口县、德江县、铜仁市、松桃县等地，此外部分邻近县域还有土家族的零星分布（见附图 1-1）。这个地域空间，大致也就是土家族自古至今活动的主要区域，只是在不同的时段内，土家族地区的地域随着土家族地区的民族分布与构成的变化而稍有变动。在这个地域内繁衍的土家族及其先民，与其他兄弟民族一起，利用土家族地区的自然资源和自然条件，一起推动了土家族地区社会经济的发展。

第一节　土家族地区地理环境概况

　　经济的发展是多种因素共同促成的，自然环境是影响其发展的极其重要的因素，它为人们的经济活动提供了发展的空间和物质基础。

一、土家族地区的地形地貌

　　土家族地区地形复杂，地貌类型多样。整个土家族地区均为山区，平均海拔在 1000m 左右，海拔在 800m 以上的山地占全境的 70%。境内山岭重叠，冈峦密布。山脉以武陵山脉为主体，大致呈东北—西南向延袤于湖南的慈利县、张家界市、古丈县、永顺县、保靖县、花垣县、吉首市和贵州的松桃县、铜仁市、印江县境内，支脉则延伸到湖北的来凤县、咸丰县、宣恩县、恩施市、鹤峰县、五峰县及重庆的黔江区、酉阳县、彭水县、秀山县等地。巫山山脉呈南北向穿插于巴东县中部、建始县北部和恩施市境内。齐岳山脉（或作七曜山）呈东北—西南向分布于湖北利川市、重庆石柱县境内。大娄山呈东北—西南向分布，其东北端延伸至贵州务川县、重庆黔江区等地。较大的山体有湘西八公山、八面山、腊尔山，鄂西南齐岳山（或作七曜山）、椿木营、绿葱坡、摩天岭，渝东南的灰千岭子等。

土家族地区地貌以山地为主，也有河谷、高原、盆地和坪坝等地貌类型。土家族地区习惯将山地划分为低山、二高山和高山三种类型。低山海拔在800m以下，在土家族地区分布面积较广；二高山海拔在800—1500m，在土家族地区分布面最广；高山海拔在1500m以上，在土家族地区的分布较少。河谷多为两山之间的河流沿岸地，土家族地区溪河众多，河谷盆地数量很多，其中较大的河谷有清江河谷、酉水河谷、澧水河谷、乌江河谷等。土家族地区山体顶部一般较平整，类似于高原地貌类型，俗称山原地貌，这种地貌在土家族地区多分布于高山和二高山地带。群山之间又分布有少量的盆地，主要的盆地有恩施盆地、建始盆地、来凤与龙山盆地、召市盆地、廖家村盆地、万坪盆地、甘溪盆地、秀山盆地等。这些盆地地势平坦，土壤肥沃，气候温和，是人类居住和从事经济活动较为理想的处所。除盆地外，土家族山地间还分布着一些地势较为平坦的坪坝。坪为山间较为平坦之地，土家族地区众多以坪为地名的地方，其地貌形态多属此类型。坝大多与河流有关，为河流岸边地域不大但较为平整之地，这种地貌形态在土家族地区数量也不少。土家族地区石灰岩广布，岩溶地貌发育也较好，境内分布有不少的石山峰林，也有不少石灰岩溶洞，名著于世者有湖北利川市腾龙洞、咸丰县黄金洞、来凤卯洞等。

历史时期土家族地区由于地质构造相对稳定，地形地貌在宏观上没有太大变化，仅是在局部地域微观地貌有少许变化。微观地貌变化较为显著的为山体崩塌或滑坡，据笔者不完全统计，仅鄂西南土家族地区历史时期发生此类现象达8次[①]，而土家族地区其他区域也有类似的情况。[②] 此外，人为修筑堤坝、塘堰，开挖梯田，修筑道路也会对微观地貌的变化产生一些影响，但

---

① 朱圣钟：《历史时期鄂西南土家族地区的农业结构》，《中国历史地理论丛》2000年第2辑，第92—102页。

② 见：本书第三章附表3-1 "历史时期土家族地区农业灾害年表"，其中也涉及土家族地区山崩、滑坡导致的灾害记录，其中对灾情的描述中，也能略知每次山崩、滑坡后微观地貌变化的情形。

这些微观地貌的变化相对于整个土家族地区总体面貌而言，几乎是微不足道的。

重山复岭、溪洞深阻的山地环境对土家族地区的经济发展影响较大。土家族山区东为江汉平原和洞庭湖平原，西为四川盆地，这两大区域都是经济发达地区，土家族山区作为它们的毗邻区域，经济发展水平一直落后于上述两地，其闭塞的山地环境是其中的一个制约因素。土家族地区崇山峻岭，交通极为不便，本地人出山很难，外地人进山也不容易，从而限制了土家族山区与周边经济发达地区经济的区际交流；闭塞的山地环境下形成的传统经济发展模式在土家族地区经济发展中长期支配着地区经济的发展，从周边地区传入的先进生产技术在土家族地区的传播较为有限，有的甚至完全融入土家族地区传统的经济体系中，没有起到带动经济发展的作用。也由于土家族地区山多田少，坡陡而难以蓄水，故"水田甚少"，"高山峻岭上，种荞麦、豆、粟等杂粮"[①]，土家族地区以旱作为主，兼有稻作的农耕产业结构也是因山地地形而形成的。土家族地区很长时期内"不事商贾"，"有大兴作，百工皆觅之远方"[②]。这种商业和手工业不发达的状况，跟土家族山区与外地交通不畅也有很大关系。

二、土家族地区的气候

土家族地区地处亚热带季风气候区内，因此区域性气候类型属于亚热带季风性湿润气候，温湿多雨，水热同期，夏无酷暑，冬无严寒，雨量充沛，四季温和。年平均气温在12—17℃，年降水量在1100—1600mm。无霜期为190—280天。雾多湿重，风速小。日照充分，年均日照时数为1200—1500小时。

由于受山地地形的影响，土家族地区不同海拔地区气候也存在一定差异，气候随海拔的不同而不同。海拔350m以下的河谷地带，年平均气温17℃，无霜期达280天以上，年降水量为1300mm，农作物以水稻为主，一年三熟，适宜甜橙、夏橙、柑橘、柚等果树生长；海拔350—700m的低山地带，冬季温暖，年平均气温为15—17℃，无霜期在260天以上，年降水量为1300—1400mm，农作物一年两熟，适宜温州蜜橘、油桐、油茶等经济林木生长；海拔700—1300m的二高山地带，年均温在11.5—15℃，无霜期为195—220天，年降水量为1300—1400mm，粮食作物一年一熟，以玉米、洋芋、芸豆为主，

---

① 道光《施南府志》卷12《风俗志》。
② 同治《来凤县志》卷28《风俗志》。

适宜黄连、党参、当归等中药材及油松、黄杉、巴山松生长；海拔 2000m 以上的高山脊岭地带，年均温在 6.5℃ 以上，无霜期不足 195 天，年降水量为 1600mm，属宜林宜牧地带，植被以温带针叶林及疏林灌丛为主。土家族地区多样的气候适宜多种作物生长，为发展多种经济创造了条件。但由于受季风的影响，地区性降水和温度变幅较大，暴雨、洪涝、干旱、低温冷害、冰雹、大风等气象灾害时有发生①，对土家族地区社会经济的发展有一定的负面影响。

近 1 万年来，土家族地区的气候也有小的波动变化。气候变化的大体面貌可从湖北利川南坪泥炭层剖面的孢粉分析结果中窥见一斑。② 在距今 1 万年前后，气候较为干冷，气温较目前低约 4.5—9℃。此后气候有所回暖，至距今 4130±100 年前后，气候较为温暖湿润，气温较目前高 3.5℃，此后土家族地区的气候波变化的过程大致与中原地区一致，只是由于山地地形的影响，冷暖期时段的起止时间与中原地区略有差异。但不管气候如何变化，因土家族地区地处亚热带地区，气候总体上表现还是较为温暖湿润。

土家族地区人们的经济活动与气候密切相关。在不同的气候条件下农耕制度不尽相同，高山地区农作物一年一季，开春晚，八月即如隆冬，十月以后人们只能赋闲在家。二高山地区农作物两年三熟，三月开春，人们开始从事生产，十一月后入冬。平坝地区一年两熟，条件好的一年三熟。史籍对土家族地区气候状况与农事活动也多有记载，"地之高下不齐，气候各异，山诸处最高者，四时多岚气浸漫……九月积雪，积至春后始消，盛夏如秋冬，不去棉。秋后农功毕，各闭户取薪火，不轻出。春时乃作于外"③，"山农种杂粮，于二三月间芟草伐木，纵火焚之，冒雨锄土撒种。……种稻则五月插秧，八九月收获。山寒水冷，气候颇迟"④。

三、土家族地区的河流

土家族地区溪河与山岭相间，有大小河流数千条，较大的河流有清江、澧水、酉水、武水、乌江等。清江位于鄂西南，发源于利川市境齐岳山脉，东流经利川市、恩施市、建始县、巴东县、长阳县、宜都县，最后注入长江，较大的支流有忠建河、马水河、野三河、渔洋河等，清江河部分主干道及渔

---

① 历史时期气象灾害详情可参见：本书第三章附表 3-1 "历史时期土家族地区农业灾害年表"。
② 王开发、孙黎明：《湖北利川二万年来的古植被与古气候演变》，《地理研究》1989 年第 3 期，第 61—64 页。
③ 光绪《龙山县志》卷 11《风俗志》。
④ 乾隆《永顺府志》卷 10《风俗志》。

洋河部分河段可通舟楫。澧水位于湘西北，发源于湖南桑植县八大公山，东流经桑植县、永顺县、张家界市、慈利县、石门县、临澧县、澧县、津市等县市，最后注入洞庭湖。土家族地区主要的支流有娄水、溇水等，澧水主干道部分河段可行船。酉水位于湘西北，发源于湖北宣恩县东南境，流经宣恩县、来凤县、重庆市酉阳县、秀山县、龙山县、保靖县、永顺县、古丈县、沅陵县，最后注入沅水，主要支流有梅江、花垣河、猛洞河等，酉水主干道上至湖北来凤县卯洞可通航，猛洞河部分河段也可通航。武水位于湘西，发源于湖南凤凰县腊尔山，流经凤凰县、吉首市、泸溪县，注入沅水，主要支流为峒河。乌江下游部分河段流经土家族地区，这一河段上起思南县境内，下至彭水县境，接纳的位于土家族地区的支流主要有唐崖河、郁水、洪杜河等，位于土家族地区的乌江河段基本都可通航。土家族地区无论大小溪河，最后都注入长江，都属于长江水系的支流。各河流因受气候季节性变化的影响，夏秋为丰水期，冬春为枯水期，河流径流量的季节性差异较大。

土家族地区众多的河流对土家族地区的经济发展也有不小的影响。农业生产离不开水，土家族地区山多田少，农耕生产主要以旱作为主，农作物主要靠降水补充所需水分，收成的多少全凭当年的雨水迟早和多少决定，所以土家族地区的人们形象地称之为"望天收"，其产量难有保证。而在溪河近旁、临近水源的地区，土家族地区居民"遇有溪泉之处，便开垦成田"①，充分利用自然水源灌溉农田，河谷地带也就逐渐成为主要的农业耕作区。众多的河流为野生鱼类的生长繁衍提供了良好场所，这也是土家族地区捕鱼活动经久不衰的一个前提条件。众多的河流也为发展水上交通提供了便利条件，土家族地区的水上交通自传说中的廪君时代就已开始，"廪君浮土舟于夷水"②，夷水即今清江；战国末期司马错溯涪水（今乌江下游河段）伐黔中③，是利用了乌江下游河道水上交通的便利条件；东汉时刘尚溯沅水入武溪伐五溪蛮④，走的则是沟通湘西与两湖地区的沅江水道。遗憾的是，土家族地区河流落差大，河流径流量的季节变化大，一定程度上限制了土家族地区航运的发展。

---

① （清）严如熤：《三省山内风土杂识》，《丛书集成》本。
② （北魏）郦道元著，（清）王先谦校：《合校水经注》卷37《夷水》，北京：中华书局，2009年，第530页。
③ （晋）常璩撰，刘琳校注：《华阳国志校注》（修订版），成都：成都时代出版社，2007年，第37页。
④ （南朝·宋）范晔撰，（唐）李贤等注：《后汉书》卷86《南蛮西南夷列传》，北京：中华书局，1965年，第2832页。

四、土家族地区的植被和野生动物

丰富的动植物资源一直是土家族地区经济得以发展的基础。从自然植被的分布区系来看,土家族地区属亚热带常绿落叶阔叶林区,又由于山地因素的影响,植被的分布随海拔高度的变化而有所变化,使土家族地区的植被类型较为复杂,区域性植被呈现以亚热带常绿阔叶林为基底,多种植被类型垂直分布的立体格局。海拔700m以下的低山地带自然植被为亚热带常绿落叶阔叶林,由于水热条件适宜,加上地势较为平坦,该地带为开发较早的稻作农业区,有大量的农作物、经济作物和经济林木分布。海拔700—1300m的二高山自然植被以常绿阔叶林为主,上部还出现以常绿阔叶林为主的混交林,为杉木、茶树等经济林木适宜区,这一地带内也有人工植被分布,主要以旱地作物为主,山间盆地也有水稻等农作物分布。海拔1200—1600m的高山下部,常绿阔叶林逐渐减少,形成以落叶阔叶林为主的混交林,这一地带内仍有旱地作物等人工植被分布,适宜黄连、党参、当归等中药材及油松、黄杉、巴山松等林木生长。海拔1600—2000m的高山中部,自然植被属落叶阔叶林与针叶林组成的混交林,针叶林成分随高度的增加而增加,人工植被的成分较少,此地带内适宜林木和药材生长。海拔2000m以上的高山上部,自然植被以针叶林为主,局部地区分布着高山草甸,为林牧生产的适宜地带。

土家族地区植物资源丰富,据统计乔、灌木树种有1100多种,生长良好的树种有40多种,珍稀树种则有银杏、水杉、珙桐等60多种,经济价值较大的林木有水杉、楠木、泡桐、棕树、油茶、茶树、漆树、苎麻、蚕桑等300多种。土家族地区盛产药材,以恩施土家族苗族自治州(以下简称恩施州)为例,有药用植物168科854属2088种,民间常用的有480种,被国家收购的有200多种。土家族地区草场资源也很丰富,草山面积宽广,有优良牧草近300种,适宜发展畜牧业,现今龙山八面山、吉首丹青、泸溪浦阳、恩施大山顶皆为南方山地畜牧生产的试点。适宜的气候和多变的地形适合种植多种农作物,土家族地区的农作物以玉米、红薯、土豆为主,也种植稻谷、小米、大麦、小麦、燕麦、荞麦、高粱、红豆、绿豆、豌豆、蚕豆等;经济作物主要有烟叶、棉花、芝麻、油菜、花生等。蕨、葛是土家族地区广泛分布的野生植物,亦是土家族地区居民在灾荒或是农业歉收时采集借以活命的"救荒粮"。

由于适宜的气候、众多的溪河和茂密的森林,为动物的栖息繁衍提供了理想的场所，因此土家族地区动物资源一直非常丰富。以恩施州为例，列为国家保护的珍贵动物就有 23 种，野生毛皮类动物 60 多种，药用动物 60 多种，其他地区也有相似的情况。而在历史时期，土家族地区的动物种类比现在还多，野生动物的分布地域也比现在要广。直至清雍正年间改土归流之前，绝大多数土家族地区野生动物资源仍极其丰富。以鹤峰州山羊隘地为例，"山则有熊、豕、鹿、麂、豺狼、虎、豹诸兽，成群结队，……水则有双唇石鲫、重唇诸色之鱼，举网即得，……时而持枪入山，则兽物所在必获；时而持钓入河，则水族终致盈筲，……小鸟若竹鸡、白雉鸡、野鸡、凤凰、锦鸡、上宿鸡、土香鸡，真有取之不尽，用之不竭之慨"①，而其他地区野生动物资源的丰富程度也无出其右。

土家族地区丰富的动植物资源使当地居民的经济生活多样化，除农耕外，狩猎、捕鱼和采集成为人们经济活动的重要形式。土家族地区居民很早就是"伐木烧畬以种五谷，捕鱼猎兽以供庖厨"②，同时"挖蕨作面，可以备荒"③，人们日常生活所需依赖渔猎、采集和农耕，这种传统的经济模式在土家族地区之所以能长期延续，甚至到解放初年在偏远的土家族山区仍保留有这种经济结构的印痕，与土家族地区丰富的动植物资源是密不可分的。

五、土家族地区的矿产资源

土家族地区矿产资源丰富，分布地域也较为广泛。土家族地区的金属矿产主要有铁、铜、汞、铅、锌、钾、锰、锑、铝土、金、银等，金属矿的品位一般都较低，且伴生矿较多，对开采冶炼的技术要求较高。历史时期土家族地区开采较早的金属矿为铜矿、汞矿和铁矿。汞矿又称丹砂，《逸周书·王会解》载西周初年，土家族地区的先民濮（卜）人曾向周成王贡纳丹砂④，秦代巴寡妇清以丹砂致富闻名天下⑤，甚至到唐宋时期，丹砂、水银还是土家族地区主要的上贡之物。铜矿开采冶炼可能始于商周时期，在湖北长阳香炉石遗址商末周初的文化层中出土有铜器⑥，说明至迟至商末周初土家族地

---

① 中共鹤峰县委统战部县史志编纂办公室编，中共五峰县委统战部县民族工作办公室编印：《容美土司史料汇编》，1984 年，第 492—493 页。
② （明）李贤等撰：《大明一统志》卷 66《施州卫》，西安：三秦出版社，1990 年，第 1029 页。
③ 道光《施南府志》卷 12《风俗志》。
④ 黄怀信、张懋镕、田旭东撰，李学勤审定：《逸周书汇校集注》，上海：上海古籍出版社，1995 年，第 923 页。
⑤ （汉）司马迁：《史记》卷 129《货殖列传》，北京：中华书局，1972 年，第 3261 页。
⑥ 湖北省清江隔河岩考古队：《湖北清江香炉石遗址的发掘》，《文物》1995 年第 9 期，第 4—28 页。

区的清江流域已有了铜器的使用,应该已经有了铜矿的开采。土家族地区铁矿开采冶炼大致始于战国时期,在湖南桑植朱家台遗址发现有铁器作坊的遗迹①,则说明战国时代朱家台一带有铁器的冶铸,铁矿的开采冶炼当始于此时或更早。非金属矿种类较多,主要有硫磺、盐、硝土、煤等,这些非金属矿的开采一般都较晚。

第二节 土家族地区的民族分布与变迁

这里提到的土家族地区,主要是指土家族集中分布区域,即本章开篇所提到的区域。在不同时期,伴随着土家族地域分布的变化,土家族地区范围也多少有一些变化。

湖北、湖南、重庆、贵州四省市交界地带一直是土家族集中分布区域,在很长的历史时期内,土家族是这个区域内的主体民族。后来一些其他的兄弟民族迁入土家族地区后,遂使地区性民族构成和民族分布格局发生了变化。

一、五代以前土家族地区的民族分布变迁

自先秦以来,土家族地区为土著人、濮人、巴人和楚人等族群生息繁衍之地,土家族是定居于这一地区的巴人,融合土著人、濮人、楚人等民族而逐步形成单一民族的。② 关于土家族形成单一民族的时间,目前学术界有不同的认识,一是认为土家族形成于春秋战国时期,以杨昌鑫为代表③;二是认为土家族形成于汉代,代表人物为祝光强④;三是认为土家族形成于唐代

---

① 邓辉:《土家族区域的考古文化》,北京:中央民族大学出版社,1999年,第147页。
② 戴楚洲:《湘鄂川黔土家族地区卫所制度初探》,《湖北民族学院学报》(社科版) 1994年第3期,第18—21、17页;土家族简史编写组、土家族简史修订本编组:《土家族简史》,北京:民族出版社,2009年,第25页。
③ 杨昌鑫:《对土家族民族共同体形成时间的再认识》,《中南民族学院学报》(哲社版) 1999年第3期,第71—74页,认为在原始社会末期的廪君时代,土家族共同体已初步形成,初步具有斯大林所界定的民族的四个特征,自周代始,土家族共同体逐渐从低级向高级发展,至秦形成土家族稳定的人们共同体,春秋战国时期为土家族稳固的人们共同体的形成时期。
④ 祝光强:《对若干土家族史问题的探讨》,《湖北少数民族》1984年第4期,亦是以斯大林民族概念的四个特征分析为切入点,认为在秦汉时土家族有基本相同的语言;土家族地区的少数民族首领多次率众反抗朝廷,并曾取得胜利;容美土司田舜年《容阳世述录》有"自汉历唐,世守容阳"的记载;唐末彭氏入湘西后被土家族同化,并由此论定汉代时土家族已经具有民族的四个特征,已经形成稳定的土家族民族共同体。

中叶，代表人物为彭南均①；四是认为土家族形成于五代时期，以曹毅为代表②；五是认为土家族形成于宋代，以石应平为代表③。笔者比较赞成土家族形成于五代时期说，主要的理由，一是从地域上来说，五代后晋天福五年（940），作为土家族地区大姓的溪州彭氏与楚王马希范议和，立"溪州铜柱"，划定与汉地疆界，确定武陵山区土家族地区的东部疆界，使土家族共同地域初步形成④；二是作为土家族主源的巴人，在唐末作为族群已退出历史舞台，巴人族群的消亡和土家族族群形成在时间上是前后相承的，因此土家族初步形成时间当在五代时期；三是从族称上来讲，土家族有了"土人"、"土丁"的称谓，土家族作为族群体有了与其先民巴人不同的称谓，显示土家族是与巴人在文化上既有继承关系又有区别的人们共同体，"土人"、"土丁"为汉族对土家族的称谓，属于他称，也显示当时土家族已是一个有别于汉族的族群体；四是在经济方面形成以渔猎采集为主，农耕为辅的农业经济模式，土家族群体有了共同的经济基础。⑤ 因此笔者认为土家族初步形成单一民族的时间应自五代始。

在五代以前，湖北、湖南、重庆、贵州四省、市交界地带的武陵山区，既有当地土著居民聚居于此，也有外来移民徙居于此，他们都是土家族人们共同体的组成部分，或可称之为土家族先民群体。

早在石器时代，土家族地区就有人类定居繁衍。根据考古发现，在清江流域长阳县有香炉石、桅杆坪、固仓坪、西寺坪、沙嘴、深潭湾，五峰县有长东坪、桥河、渔洋关，利川县有大塘，澧水流域有桑植县朱家台、长田、渡口、车坝田、浸水田、南兴台地、楠木岗，张家界市有永定区三兜丘、台上、龚家嘴台地，慈利县有桥头、姚仁华田，石门县有宝塔、桅岗，鹤峰县有江口、千户坪，酉水流域有永顺县不二门、杨公桥、船铺后头、乌龟包、五合门、半坡、下颗砂、哈水丘、田家寨、巴了坪、新田堡，保靖县有瓦场、

---

① 彭南均：《源远流长正本清源》，见：湘西土家族苗族自治州民族事务委员会编印：《土家族历史讨论会论文集》，1983年，认为土家族先民融合其他氏族、部族和部落联盟，约在唐代中叶形成具有共同语言、共同地域、共同经济生活、共同文化遗迹、反映在文化上的共同心理素质的稳定的人们共同体。
② 曹毅：《土家族社会历史分期管见》，《民族论坛》1995年第3期，第35—38页。
③ 石应平：《土家族源考辨》，《西南民族学院学报》（哲社版）1990年第4期，第83—87、96页。
④ 朱圣钟：《五代至清末土家族地区的民族分布于变迁》，见：《西南史地》第1辑，成都：巴蜀书社，2009年，第109—126页。
⑤ 朱圣钟：《历史时期土家族地区农业结构的演变》，《湖北民族学院学报》2004年第2期，第38—43页。

荒地坪、阳对门、喜鹊溪、柳树坪、大丘堡、长丘、尚堡、团鱼背、大坪、芭蕉湾、大田、大田坎、枫香堡、庙堡、庙嘴、庄屋，龙山县有尚家屋场、婆婆庙、湾潭、瓦场、金毕卡、龙洞湾、里耶溪口，来凤县有漫水葫芦堡、田家河、吊水河、牛摆尾，清水江流域有花垣县茶洞，武水流域有吉首市河溪教场，沅江流域有泸溪县浦市、五里洲，乌江流域有沿河县黑獭、酉阳县邹家坝、清源等遗址。① 这些文化遗址都是早期人类在此地聚居的明证，只是由于时代久远，加之文献记载缺失，我们已无法断定土家族地区早期人类的族属，只可笼统地称之为早期土著居民。

商周时期土家族地区为早期土著居民的聚居地。考古发现在湖南永顺不二门、杨公桥、船铺后头、乌龟包、五合门、半坡、下颗砂、哈水丘、田家寨、巴了坪，保靖县瓦场、荒地坪、阳对门、喜鹊溪，桑植县朱家台、长田、渡口、车坝田、浸水田、南兴台地、楠木岗，张家界市三兜丘、台上、龚家嘴台地，慈利县桥头、姚仁华田，吉首河溪，花垣茶洞等遗址中，存在一种与峡江及鄂西山区商周文化属同一文化系统却又有一定差异的考古学文化。这种考古学文化也不同于江汉—洞庭湖区商周文化，有学者将其界定为不二门类型商周文化②，目前学者们多认为属于土家族地区的土著文化。据文献记载，春秋战国时期土家族地区有土著居民定居，据湖南永顺县弄塔《王氏族谱》载，"其先避秦奔楚之溪州，古为黔中地，因避秦南来，先入蛮地，立基于王村，……坐镇既久，仍得习蛮人风俗，解其语言，探其巢穴，于蛮驯者抚恤之，冥顽者屠戮之，然后征八蛮，平九荒，定五溪"。这里提到"避秦"，说明王氏先祖迁居永顺王村一带是在战国末期，文中的"蛮地"、"蛮

---

① 王善才：《香炉石：我国早期巴文化遗址的发现与研究》，北京：科学出版社，2007年；湖北省清江隔河岩考古队、湖北省文物考古研究所编著，王善才主编：《清江考古》，北京：科学出版社，2004年，第34、81、149、157页；湖南省文物考古研究所、湘西自治州文物管理处：《湘西永顺不二门发掘报告》，见：《湖南考古2002》（上），长沙：岳麓书社，2004年，第72—125页；柴焕波：《湘西商周文化探索》，见：《湖南考古2002》（上），长沙：岳麓书社，2004年，第522—533页；邓辉：《土家族区域的考古文化》，北京：中央民族大学出版社，1999年，第98—102页；湘西自治州文物管理处、花垣县文物管理所：《花垣茶洞遗址发掘简报》，《湖南考古2002》（上），长沙：岳麓书社，2004年，第39—51页；湘西自治州文物管理处、吉首市文物管理所：《吉首市河溪教场遗址发掘简报》，见：《湖南考古2002》（上），长沙：岳麓书社，2004年，第52—71页；白九江：《巴盐与盐巴——三峡古代盐业》，重庆：重庆出版社，2007年，第111—112页；李映福、陈芳：《从清源遗址看乌江流域商周时期的考古学文化》，《考古》2010年第5期，第79—91页；土家族简史编写组、土家族简史修订本编写组：《土家族简史》，北京：民族出版社，2009年，第15—16页。

② 柴焕波：《湘西商周文化探索》，见：《湖南考古2002》（上），长沙：岳麓书社，2004年，第522—533页。

第一章 土家族地区的地理环境与地域空间

人"、"八蛮"说明王氏入迁王村前，今永顺王村一带已有土著居民生活于此，"八蛮"应即生活于酉水流域的"八蛮"。湘西土家族世代相传，远古时代土家共有八个部落或八峒，八个部落的首领分别为敖朝河舍、西梯佬、里都、苏都、那乌米、拢比也所耶冲、西呵佬、接耶费耶飞列耶。保靖县拔茅乡水坝村出土一石碑，其碑文载"首八峒，历汉、晋、六朝、唐、五代、宋、元、明，为楚南上游……讳巴部者，盖以咸镇八峒，一峒为一部落"。石碑现存湘西土家族苗族自治州博物馆①，碑文也印证了酉水流域的八蛮传说属实，在战国末期乃至于秦汉时期，湘西北一带确有土著居民分布。又据考古发现，张家界菜籽湾12号战国墓墓葬形制、陶器组合与同期楚墓有明显区别，与同期巴人墓、中原墓葬也完全不同，与菜籽湾其他楚墓也有区别。考古工作者认为"是有别于楚、巴、越及中原汉人墓葬的一座土著墓葬"②，从考古学上说明土家族地区战国时期仍有土著居民聚居。至于这部分土著居民的族属，部分学者将其界定为濮人，主要依据是在张家界菜籽湾战国墓出土的宽格扁茎铜剑，伴随一组壶、钵、豆陶器。这种宽格扁茎铜剑也见于临澧太山庙、保靖四方城、慈利县官地、常德市官山、古丈白鹤湾、泸溪县浦市桐木垞、龙山县里耶、永顺王村、不二门等地战国墓③，反映了宽格扁茎青铜剑在战国时期的湘西使用较为普遍。何介钧先生据此认为这种"既不同于楚式，又不同于巴蜀式的宽格铜剑，则有可能是居留在这一地区的濮人的创造"④；楚人进入湘鄂西后置黔中郡，而楚黔中郡地，吕思勉先生认为"亦濮族之地"⑤，田曙岚也认为"湘西丘陵地实为古卜人或濮人的宅居地"⑥。则商周时期土家族地区土著居民有濮人，部分濮人可能与峡江及鄂西地区商周巴文化之间还有一定的联系。

春秋战国时期土家族地区也是巴人分布地。⑦ 据《华阳国志》载巴国疆

---

① 王承尧、罗午：《土家族土司简史》，北京：中央民族学院出版社，1991年，第5页。
② 张家界市文物处：《张家界菜籽湾12号墓清理简报》，见：《湖南考古2002》（上），长沙：岳麓书社，2004年，第225—229页。
③ 湘西自治州文物管理处、古丈县文物管理所：《古丈县白鹤湾战国西汉墓发掘报告》，见：《湖南考古2002》（上），长沙：岳麓书社，2004年，第147—173页；湘西自治州文物管理处、泸溪县文管所：《泸溪桐木垞战国汉墓发掘报告》，见：《湖南考古2002》（上），长沙：岳麓书社，2004年，第254—288页。
④ 何介钧：《关于湘西、湘西北发现的宽格青铜剑》，见：《湖南先秦考古学研究》，长沙：岳麓书社，1986年，第215—220页；湘西自治州文物管理处、古丈县文物管理所：《古丈县白鹤湾战国西汉墓发掘报告》，见：《湖南考古2002》（上），长沙：岳麓书社，2004年，第147—173页。
⑤ 吕思勉：《中国民族史》，北京：东方出版社，1996年，第262页。
⑥ 田曙岚：《论濮僚与仡佬的相互关系》，《思想战线》1980年第4期，第33—44、79页。
⑦ 土家族简史编写组、土家族简史修订本编写组：《土家族简史》，北京：民族出版社，2009年，第22—27页。

域"南极黔、涪"①，关于黔、涪的地域范围，较多学者认为包括了渝东南、黔东北、鄂西南、湘西北部分地域②，则在地域上春秋战国时期巴国东南部疆界应该包括了今土家族地区。又据《十道志》、《太平御览》③、《通典》④、《元和郡县图志》⑤、《太平寰宇记》⑥、《方舆胜览》⑦、《通鉴地理通释》⑧、《文献通考》⑨、《杜诗详注》⑩、光绪《湖南通志》⑪等文献皆有楚灭巴后"巴子兄弟五人入五溪"的记载，则是战国时期楚人西进过程中，部分巴人南迁入五溪之地。五溪在地域上正在武陵山区，处于土家族地区中南部区域，这也是春秋战国时期土家族地区有巴人分布的直接文献证据。另据考古发现，在土家族地区还发现许多巴人活动的遗迹、遗物，最具代表性的为巴人墓葬及巴人遗物虎钮錞于。在湖南古丈县白鹤湾⑫、保靖县四方城⑬、泸溪桐木垅、龙

---

① （晋）常璩撰，刘琳校注：《华阳国志校注》（修订版），成都：成都时代出版社，2007年，第6页。
② 童恩正：《古代的巴蜀》，成都：四川人民出版社，1979年，第15页；王家佑、王子岗：《涪陵出土的巴文物与川东巴国》，见：《四川大学学报丛刊》第5辑，成都：四川人民出版社，1980年，第166—169、164页；李绍明：《川东南土家与巴国南境问题》，《思想战线》1985年第5期，第74—78、50页；王家佑、刘盘石：《涪陵考古新发现与川东巴国历史的一些问题》，见：《文物资料丛刊》第7辑，北京：文物出版社，1983年，第28—29；周明阜：《湘西先秦考古文化的多元性建构探讨》，《吉首大学学报》（社会科学版）1993年第12期，第71—79页；熊传新：《湘西出土古代青铜器及其族属问题》，见：湘西土家族苗族自治州图书馆资料室编印：《土家族研究论文选集》，1985年，第82—88页。
③ （宋）李昉等：《太平御览》卷171《州郡部》，北京：中华书局，1960年，第835页。
④ （唐）杜佑撰，王文锦、王永兴、刘俊文等校：《通典》卷183《州郡》，北京：中华书局，1988年，第4882页。
⑤ （唐）李吉甫撰，贺次君点校：《元和郡县图志》卷30《江南道》，北京：中华书局，1983年，第746页。
⑥ （宋）乐史撰，王文楚点校：《太平寰宇记》卷120《江南西道》，北京：中华书局，2007年，第2395—2396页。
⑦ （宋）祝穆撰，祝洙增订，施和金点校：《方舆胜览》卷60《绍庆府》，北京：中华书局，2003年，第1055页。
⑧ （宋）王应麟：《通鉴地理通释》卷5《十道山川考》，文渊阁四库全书本。
⑨ （元）马端临：《文献通考》卷319《舆地考》，文渊阁四库全书本。
⑩ （清）仇兆鳌：《杜诗详注》卷11，文渊阁四库全书本。
⑪ 光绪《湖南通志》卷81《武备志》。
⑫ 湘西自治州文物管理处、古丈县文物管理所：《古丈县白鹤湾战国西汉墓发掘报告》，见：《湖南考古2002》（上），长沙：岳麓书社，2004年，第147—173页。
⑬ 湘西自治州文物管理处、保靖县文物管理所：《保靖四方城战国汉代墓葬发掘报告》，见：《湖南考古2002》（上），长沙：岳麓书社，2004年，第174—219页。

山里耶、沅陵木形山①、溆浦县大江口镇②、马田坪③、重庆涪陵小田溪等地发掘的战国墓，或为巴人墓葬，或为包含巴文化因素的墓葬，这些战国巴人墓葬或带巴文化因素的墓葬为战国时期巴人分布于五溪之地最直接的考古证据。此外，在土家族地区还出土了大量的虎钮錞于，其时代自战国时期延续至汉代。虎钮錞于的使用者，大多数学者均认为是巴人，也即是说虎钮錞于为巴人的典型器物。从虎钮錞于出土地点来看，在重庆涪陵、彭水、酉阳、秀山、万州、云阳、奉节、梁平，湖北利川、恩施、咸丰、宣恩、建施、巴东、鹤峰、秭归、长阳、宜昌、宜都（枝城）、松滋，湖南石门、慈利、龙山、保靖、花垣、常德、桃江、溆浦、贵州松桃、铜仁等地都曾有战国时期的虎钮錞于出土④，虎钮錞于分布最集中的区域就在鄂湘渝黔四省、市交界地带的土家族地区。这也说明早在战国时期，土家族地区是巴人聚居地之一，而这部分巴人为土家族先民群体的一部分。

---

① 湘西自治州文物管理处、保靖县文物管理所：《保靖四方城战国汉代墓葬发掘报告》，见：《湖南考古2002》，长沙：岳麓书社，2004年，第174—224页。

② 张欣如：《溆浦大江口镇战国巴人墓》，见：《湖南考古辑刊》第1集，长沙：岳麓书社，1982年，第37—38页。

③ 湖南省博物馆、怀化地区文物工作队：《湖南溆浦马田坪战国西汉墓发掘报告》，见：《湖南考古辑刊》第2集，长沙：岳麓书社，1984年，第38—69页。

④ 徐中舒：《四川涪陵小田溪出土的虎钮錞于》，《文物》1974年第5期，第81—83页；幸晓峰：《四川境内出土或传世錞于述略》，《四川文物》1996年第2期，第43—48页；廖渝方：《万县又发现虎纽錞于》，《四川文物》1991年第1期，第45—46页；孙绘：《利川县出土一件虎钮錞于》，《江汉考古》1985年第3期，第40页；王晓宁：《湖北鄂西自治州博物馆藏青铜器》，《文物》1990年第3期，第42—51页；余波：《湖北秭归下马台村发现巴蜀遗物》，见：《葛洲坝工程文物考古成果汇编》，武汉：武汉大学出版社，1990年，第222—224页；卢德佩：《湖北宜昌县土城青铜器窖藏坑》，《考古》2002年第5期，第91—93页；王晓宁：《虎钮錞于》，《湖北民族学院学报》（哲社版）1990年第1期；黎泽高、赵平：《枝城市博物馆藏青铜器》，《考古》1989年第9期，第775—778页；张典维：《湖北长阳出土一批青铜器》，《考古》1986年第4期，第370—371、374页；石门县博物馆：《湖南石门县出土窖藏錞于》，《考古》1994年第2期，第176页；龙西斌、高中晓：《石门慈利出土錞于简介》，见：《湖南考古辑刊》第3集，长沙：岳麓书社，1986年，第261—263页；熊传新：《湖南发现的古代巴人遗物》，见：《文物资料丛刊》第7辑，北京：文物出版社，1983年，第30—33页；熊传新：《记湘西新发现的虎纽錞于》，《江汉考古》1983年第2期，第38—43页；林时九：《湘西吉首出土錞于》，《文物》1984年第11期，第75页；林时九：《湘西吉首出土东汉窖藏铜器》，见：《湖南考古辑刊》第3集，长沙：岳麓书社，1986年，第264、272页；张欣如：《溆浦大江口镇战国巴人墓》，见：《湖南考古辑刊》第1集，长沙：岳麓书社，1982年，第37—38页；贵州省博物馆考古组：《贵州省松桃出土的虎钮錞于》，《文物》1984年第8期，第67—68页；李衍垣：《錞于述略》，《文物》1984年第8期，第69—72页；张维：《失传千多年的古乐器錞于》，《乐器》1985年第4期，第23—24页。

春秋战国时期，楚国势力扩展至武陵山区，部分楚人也随之迁徙至土家族地区。在土家族地区出土的大量楚文化遗迹、遗物，就是楚人进入土家族地区最为直接的证据。在清江流域，巴楚相争之时，楚肃王在清江佷山设置扞关①；楚国势力扩展至清江流域，部分楚人也随之迁入清江流域一带；在长阳香炉石遗址东周遗存中，以鬲、罐、盂、豆为主的陶器组合即属典型的楚文化范畴②。在澧水流域临澧县九里乡③、慈利县官地④，沅江流域常德市德山⑤、桃源县三元村⑥、沅陵县木形山⑦、泸溪县桐木垅⑧、辰溪县米家滩⑨、溆浦马田坪⑩、江口镇⑪、黔阳县黔城镇⑫，酉水流域龙山县里耶李拐

---

① （汉）司马迁撰：《史记》卷 40《楚世家》，北京：中华书局，1959 年，第 1720 页。
② 湖北省清江隔河岩考古队：《湖北清江香炉石遗址的发掘》，《文物》1995 年第 9 期，第 4—28 页。
③ 湖南省文物考古研究所：《临澧九里双峰包南包大墓发掘简报》，见：《湖南考古辑刊》第 6 辑，1992 年求索增刊，第 97—106 页；湖南省博物馆、常德地区文物工作队：《临澧九里楚墓发掘报告》，见：《湖南考古辑刊》第 3 集，长沙：岳麓书社，1986 年，第 87—111 页。
④ 高中晓、袁家荣：《湖南慈利官地战国墓》，见：《湖南考古辑刊》第 2 集，长沙：岳麓书社，1984 年，第 78—80、86 页。
⑤ 湖南省博物馆：《湖南常德德山楚墓发掘报告》，《考古》1963 年第 9 期，第 461—473、479 页。
⑥ 常德地区文物工作队、桃源县文化局：《桃源三元村一号楚墓》，见：《湖南考古辑刊》第 4 辑，长沙：岳麓书社，1987 年，第 22—32 页。
⑦ 湖南省文物考古研究所：《沅陵木形山战国墓发掘简报》，见：《湖南考古辑刊》第 6 集，《求索》1992 年增刊，第 92—96 页。
⑧ 湘西自治州文物管理处、泸溪县文管所：《泸溪桐木垅战国汉墓发掘报告》，见：《湖南考古 2002》（上），长沙：岳麓书社，2004 年，第 254—288 页。
⑨ 怀化地区文物工作队、辰溪县文化局：《米家滩战国墓发掘报告》，见：《湖南考古辑刊》第 4 集，长沙：岳麓书社，1987 年，第 33—47 页。
⑩ 湖南省博物馆、怀化地区文物工作队：《湖南溆浦马田坪战国西汉墓发掘报告》，见：《湖南考古辑刊》第 2 集，长沙：岳麓书社，1984 年，第 38—69 页；怀化地区文物工作队、溆浦县文化局：《溆浦县高低村春秋战国墓清理简报》，见：《湖南考古辑刊》第 5 集，《求索》1989 年增刊，第 46—51 页。
⑪ 溆浦县文化局：《溆浦江口战国西汉墓》，见：《湖南考古辑刊》第 3 集，长沙：岳麓书社，1986 年，第 112—119 页。
⑫ 怀化地区文物工作队、黔阳县芙蓉楼文管所：《黔阳县黔城战国墓发掘简报》，见：《湖南考古辑刊》第 5 集，《求索》1989 年增刊，第 61—71、51 页。

堡①、永顺县王村②、保靖县四方城③、古丈县白鹤湾④等地都发掘了一定数量的楚墓。而在澧县、临澧、石门、慈利、常德、桃源、溆浦、沅陵、辰溪等地还发现楚城遗址14座。⑤ 这些春秋、战国时期的楚墓、楚城说明自春秋晚期至战国时期有一定数量的楚人迁入澧水、沅水流域一带。

战国时期还有秦人迁居土家族地区，他们主要为秦人中的官吏和驻军。秦昭襄王二十七年（公元前280），秦"使司马错发陇西，因蜀攻楚黔中，拔之"⑥。这次对楚黔中郡的征伐，可能仅占领楚黔中西部区域，大致相当于今渝东南地域。到秦昭襄王三十年（公元前277），秦"蜀守若伐楚，取巫郡，及江南为黔中郡"⑦。这次则是在公元前280年基础上，秦的疆域继续向东推进，占领渝东、鄂西峡江地区，同时还占领了峡江以南乃至楚黔中全境，并在此基础上建立黔中郡⑧，楚、秦黔中郡均包含有今土家族地区。秦占领土家族地区后，为控制这片新占领的民族地区，派驻军队镇戍地方，同时设置郡县进行管理，不可避免地有部分秦人移居土家族地区。考古发现也确实找到了相关的证据，1978—1979年间，考古工作者在湖南省溆浦县马田坪考古发现一座规格较高的秦墓，此墓有封土堆，墓内有墓道和棺椁，随葬器物中有铜器11件，玉璧1件，陶壶1件，出土的1件铜鼎上有"中脯（府）王鼎"的铭文，1件铜矛上有"少府"铭文，考古工作者根据出土兵器推断，此墓主人为征伐黔中的秦国将领。⑨ 又湖南龙山县里耶战国秦汉古城址发掘

---

① 湖南省博物馆、湘西土家族苗族自治州文物工作队：《古丈白鹤湾楚墓》，《考古学报》1986年第3期，第339—359页；湘西自治州文物管理处、湘西自治州博物馆、龙山县文物管理所：《龙山县里耶镇李拐堡战国墓》，见：《湖南考古2002》（上），长沙：岳麓书社，2004年，第126—143页。

② 永顺县文物管理所：《永顺县王村战国两汉墓清理简报》，见：《湖南考古2002》，长沙：岳麓书社，2004年，第463—469页。

③ 湘西自治州文物管理处、保靖县文物管理所：《保靖四方城战国汉代墓葬发掘报告》，见：《湖南考古2002》（上），长沙：岳麓书社，2004年，第174—219页。

④ 湘西自治州文物管理处、古丈县文物管理所：《古丈县白鹤湾战国西汉墓发掘报告》，见：《湖南考古2002》（上），长沙：岳麓书社，2004年，第147—173页。

⑤ 曹传松：《湘西北楚城调查与探讨——兼谈有关楚史几个问题》，见：《楚文化研究论集》第2集，武汉：湖北人民出版社，1991年，第177—190页。

⑥ （汉）司马迁撰：《史记》卷5《秦本纪》，北京：中华书局，1959年，第213页。

⑦ （汉）司马迁撰：《史记》卷5《秦本纪》，北京：中华书局，1959年，第213页。

⑧ 舒向今：《试探五溪蛮地的两个黔中郡》，《民族论坛》1997年第3期，第81—83页；贺刚：《黔中三论》，见：《湖南考古辑刊》第6辑，《求索》1992年增刊，第207—217页；赵炳清：《楚秦黔中郡略论——兼论屈原之卒年》，《中国历史地理论丛》2006年第3辑，第107—115页。

⑨ 湖南省博物馆、怀化地区文物工作队：《湖南溆浦马田坪战国西汉墓发掘报告》，见：《湖南考古辑刊》第2集，长沙：岳麓书社，1984年，第38—69页。

出大量秦简①，秦简纪年从秦始皇二十五年至秦二世二年（公元前222—前208）。出土秦简说明土家族地区腹地的里耶一带自战国末期至秦代都在秦王朝直接控制之下，有部分为官或戍守此地的秦人徙居于此。此外，在古丈县白鹤湾曾发现秦墓1座，张家界市发现秦墓3座。② 这些秦墓说明战国至秦代，有少数秦人因为官或从军入迁湘西张家界、古丈等地。

秦汉时期土家族地区土著居民被笼统地称为巴郡南郡蛮、武陵蛮。据文献记载，巴郡南郡蛮族属为廪君蛮，为巴人的一个重要分支。关于廪君蛮，《后汉书》载：

> 巴郡南郡蛮，本有五姓：巴氏，樊氏，瞫氏，相氏，郑氏。皆出于武落钟离山。其山有赤黑二穴，巴氏之子生于赤穴，四姓之子皆生黑穴。未有君长，俱事鬼神，乃共掷剑于石穴，约能中者，奉以为君。巴氏子务相乃独中之，众皆叹。又令各乘土船，约能浮者，当以为君。余姓悉沈，唯务相独浮。因共立之，是为廪君。乃乘土船，从夷水至盐阳。……廪君于是君乎夷城，四姓皆臣之。廪君死，魂魄世为白虎。巴氏以虎饮人血，遂以人祠焉。

> 及秦惠王并巴中，以巴氏为蛮夷君长，世尚秦女，其民爵比不更，有罪得以爵除。其君长岁出赋二千一十六钱，三岁一出义赋千八百钱。其民户出幏布八丈二尺，鸡羽三十鍭。汉兴，南郡太守靳强请一依秦时故事。③

秦、西汉时期，分布于巴郡、南郡的廪君蛮与朝廷关系融洽，这主要有赖于朝廷适宜的民族政策。东汉时期，廪君蛮与朝廷关系趋于紧张，如建武二十三年（47），南郡潳山蛮雷迁等反叛，叛乱平定后，"徙其种人七千余口置江夏界中"；和帝永元十三年（101），巫蛮许圣等以收税不均起兵反叛，叛乱平定后，"复悉徙置江夏"④。这里提到潳山和巫两个地名。关于潳山地望，范晔《后汉书》未作交代，唐代李贤等为《后汉书》作注时也忽略了此问题，

---

① 湖南省文物考古研究所：《湖南龙山里耶战国秦汉城址及秦代简牍》，《考古》2003年第7期，第15—19页；湖南省文物考古研究所：《湖南龙山里耶战国秦代古城一号井发掘简报》，《文物》2003年第1期，第4—35页。

② 贺刚：《论湖南秦墓秦代墓与秦文化因素》，见：《湖南考古辑刊》第5集，1989年《求索》增刊，第165—182页。

③ （南朝·宋）范晔撰，（唐）李贤等注：《后汉书》卷86《南蛮西南夷列传》，北京：中华书局，1965年，第2840—2841页。

④ （南朝·宋）范晔撰，（唐）李贤等注：《后汉书》卷86《南蛮西南夷列传》，北京：中华书局，1965年，第2841页。

笔者通过翻检史籍，发现清人赵一清《水经注笺刊误》载："沮又讹为柤，今襄阳以南沮水左右皆曰沮中，亦谓之柤中。后汉建武二十三年，南郡蛮反，刘尚讨破之。杜佑曰潳山蛮也，潳亦作柤，即柤中蛮矣，郡县志南漳县东北一百八里有柤山。"① 这里提到的沮水即今湖北境内沮水，潳作柤，柤作沮，则潳山当在古沮水一带，也即今沮水流域。② 关于巫，李贤注文载："巫，县，属南郡"③，汉巫县即今巫山县④，其地域范围包括巫山县所在的峡江一带、大宁河一带以及清江中上游一带。上述两地在汉代均属南郡。范晔将此二地蛮夷叛乱事迹载于巴郡南郡蛮下，则潳山蛮、巫蛮族属为廪君蛮。根据上述史迹来看，汉代南郡所辖夷水（今清江）流域、峡江一带、沮水（今沮水）流域一带均有廪君蛮分布。至于巴郡境内，在巴国曾经的都城江州（治今重庆市渝中区）、垫江（治今重庆市合川市）、平都（治今重庆市丰都县）、阆中（治今四川省阆中市）和枳（治今重庆市涪陵区）等地应该有一些廪君蛮聚居。廪君蛮西迁路线可能有多条，廪君蛮在廪君率领下，溯清江上行，打败盐神部落，据有清江流域，建立夷城（今恩施），后分数路进入今重庆境内，一部分溯清江上行至利川县境，再越七曜山，循龙河，过石柱，达今丰都一带；一部分越七曜山，循郁水至彭水，沿乌江达涪陵；一部分由夷城经宣恩县、咸丰县，越过七曜山，沿唐崖河，过黔江，由龚滩转乌江，下行至涪陵；一部分自清江河支流转大溪河入长江，再溯长江上至重庆、川东等地；一部分可能从夷城越七曜山至今奉节一带；一部分溯长江水道西上重庆、川东等地。⑤ 而在廪君蛮西迁路途沿线应该有一定数量的廪君蛮分布，秦汉时巴郡境内的廪君蛮应该是巴国早期迁入巴地的。

渝东南土家族地区秦汉属巴郡涪陵县，居民主要为巴人后裔，具体来讲，"多獽、蜑之民"⑥。獽、蜑为巴国时代巴人所属部族之一，属广义的巴人范畴。关于獽、蜑的族属，目前学术界争讼不一。此处笔者将之视为巴人部族，其具体族属暂不考论。

秦汉时期巴人在土家族地区的分布较为广泛。据考古发现，在今湖北、

---

① （清）赵一清：《水经注笺刊误》卷11，文渊阁四库全书本。
② 朱圣钟：《秦汉时期巴人的分布迁徙》，《重庆社会科学》2010年第1期，第85—91页。
③ （南朝·宋）范晔撰，（唐）李贤等注：《后汉书》卷86《南蛮西南夷列传》，北京：中华书局，1965年，第2842页。
④ 蒲孝荣：《四川政区沿革与治地今释》，成都：四川人民出版社，1986年，第12页。
⑤ 周集云：《巴族史探微》，成都：四川省社会科学院出版社，1989年，第42、52—53页；朱圣钟：《秦汉时期巴人的分布迁徙》，《重庆社会科学》2010年第1期，第85—91页。
⑥ （晋）常璩撰，刘琳校注：《华阳国志校注》，成都：成都时代出版社，2007年，第37页。

湖南、贵州、重庆四省市交界地区，出土有较多的虎钮錞于，其时代自战国延续至汉代。随虎钮錞于出土的还有具有巴人文化特点的柳叶形铜剑、巴氏矛等器物。虎钮錞于和巴文化特色器物的出现，说明秦汉时代巴人在土家族地区的分布较为普遍。

两汉时代，武陵郡境内少数民族统称为武陵蛮。武陵蛮的族属，史书记载为槃瓠蛮。关于槃瓠蛮，《后汉书》载：

> 昔高辛氏有犬戎之寇，帝患其侵暴，而征伐不克。乃访募天下，有能得犬戎之将吴将军头者，购黄金千镒，邑万家，又妻以少女。时帝有畜狗，其毛五采，名曰槃瓠。下令之后，槃瓠遂衔人头造阙下，群臣怪而诊之，乃吴将军首也。帝大喜，而计槃瓠不可妻之以女，又无封爵之道，议欲有报而未知所宜。女闻之，以为帝皇下令，不可违信，因请行。帝不得已，乃以女配槃瓠。槃瓠得女，负而走入南山，止石室中。所处险绝，人迹不至。于是女解去衣裳，为仆鉴之结，著独力之衣。帝悲思之，遣使寻求，辄遇风雨震晦，使者不得进。经三年，生子一十二人，六男六女。槃瓠死后，因自相夫妻。织绩木皮，染以草实，好五色衣服，制裁皆有尾形。其母后归，以状白帝，于是使迎致诸子。衣裳班阑，语言侏离，好入山壑，不乐平旷。帝顺其意，赐以名山广泽。其后滋蔓，号曰蛮夷。外痴内黠，安土重旧。以先父有功，母帝之女，田作贾贩，无关梁符传，租税之赋。有邑君长，皆赐印绶，冠用獭皮。名渠帅曰精夫，相呼为姎徒。今长沙、武陵蛮是也。①

说槃瓠蛮先祖为帝喾高辛氏之畜狗，这明显是受正统的华夷民族观的影响。在这种观念中，重华夏，轻夷狄，在演绎少数民族起源时，常把少数民族视为禽兽。范晔《后汉书》述槃瓠蛮起源时，也是如此。关于槃瓠蛮起源地，范晔提到"南山"、"石室"，但未详其处所。唐李贤注《后汉书》"今辰州卢溪县西有武山，黄闵《武陵记》曰：'山高可万仞。山半有槃瓠石室，可容数万人。中有石床，槃瓠行迹。'今案：山窟前有石羊、石兽，古迹奇异尤多。望石窟大如三间屋，遥见一石仍似狗形，蛮俗相传，云是槃瓠象也"②。若此说成立，则辰州泸溪县西武山为槃瓠蛮起源地。

秦、西汉时期，朝廷在今土家族地区南部区域先后设置黔中郡、武陵郡，

---

① （南朝·宋）范晔撰，（唐）李贤等注：《后汉书》卷86《南蛮西南夷列传》，北京：中华书局，1965年，第2829—2830页。

② （南朝·宋）范晔撰，（唐）李贤等注：《后汉书》卷86《南蛮西南夷列传》，北京：中华书局，1965年，第2830页。

聚居此地的少数民族"虽时为寇盗，而不足为郡国患"①，故不为世人所熟知，其名称依据汉代以地名命名少数民族的惯例而被称为武陵蛮。东汉时期武陵蛮多次叛乱，使朝廷劳师远征，其族属才引起人们的关注，槃瓠之名遂见诸史籍。东汉土家族地区槃瓠蛮分布情况，我们可从《后汉书》关于武陵蛮叛乱的记载窥见一斑②：

建武二十三年（47），"精夫相单程等据其险隘，大寇郡县。遣武威将军刘尚发南郡、长沙、武陵兵万余人，乘船泝沅水入武溪击之。……尚军大败，悉为所没"。

建武二十四年（48），"相单程等下攻临沅，遣谒者李嵩、中山太守马成击之，不能克。明年春，遣伏波将军马援、中郎将刘匡、马武、孙永等，将兵至临沅，击破之"。

建初元年（76），"武陵澧中蛮陈从等反叛，入零阳蛮界。其冬，零阳蛮五里精夫为郡击破从，从等皆降"。

建初三年（78）冬，"溇中蛮覃儿健等复反，攻烧零阳、作唐、孱陵界中。明年春，发荆州七郡及汝南、颍川弛刑徒吏士五千余人，拒守零阳，募充中五里蛮精夫不叛者四千人，击澧中贼。五年春覃儿健等请降，不许。郡因进兵与战于宏下，大破之，斩儿健首，余皆弃营走还溇中，复遣乞降，乃受之"。

永元四年（92）冬，"溇中、澧中蛮潭戎等反，燔烧邮亭，杀略吏民，郡兵击破降之"。

元初二年（115），"澧中蛮以郡县徭税失平，怀怨恨，遂结充中诸种二千余人，攻城杀长吏。州郡募五里蛮六亭兵追击破之，皆散降。赐五里、六亭渠帅金帛各有差"。

元初三年（116）秋，"溇中、澧中蛮四千人并为盗贼"。

永和元年（136），"武陵太守上书，以蛮夷率服，可比汉人，增其租赋，……其冬澧中、溇中蛮果争贡布非旧约，遂杀乡吏，举种反叛。明年春，蛮二万人围充城，八千人寇夷道，遣武陵太守李进讨破之，斩首数百级，余皆降服"。

永寿三年（157），"武陵蛮六千余人寇江陵，荆州刺史刘度、谒者马睦、

---

① （南朝·宋）范晔撰，（唐）李贤等注：《后汉书》卷86《南蛮西南夷列传》，北京：中华书局，1965年，第2831页。

② （南朝·宋）范晔撰，（唐）李贤等注：《后汉书》卷86《南蛮西南夷列传》，北京：中华书局，1965年，第2831—2834页。

南郡太守李肃皆奔走。……武陵蛮亦更攻其郡,太守陈奉率吏人击破之,斩首三千余级,降者二千余人"。

中平三年(186),"武陵蛮复叛,寇郡界,州郡击破之"。

上述文献提到的地名中,属武陵郡辖区的有:泛指地域的溇中、澧中、充中,河流有沅水、武溪,县名有零阳、临沅、作唐、孱陵,这些地方都是东汉时期槃瓠蛮曾经活动的地域。溇指溇水,即今溇水,为澧水支流,溇中当指溇水流域。澧为澧水,为洞庭湖水系支流,澧中当指澧水流域。充为东汉充县,治地在今湖南省桑植县,充中指今湖南省桑植县一带。沅水即今沅水。武溪为今沅水支流武水。东汉零阳县治今湖南省慈利县。临沅县治今湖南省常德市。作唐县治今湖南省安乡县境。孱陵治今湖北省公安县境。从这些地点来看,武陵郡槃瓠蛮活动地域主要还是以澧水流域、溇水流域、沅水支流武水流域为主;武陵蛮叛乱波及地域,北至江陵(即今湖北省荆州市),南至武水流域,东至临沅,西至澧水之源。这是东汉武陵郡参与叛乱的槃瓠蛮(澧中蛮、溇中蛮)主要的聚居区域,其核心区域在澧水流域和溇水流域。

秦汉时期朝廷在土家族地区设置郡县进行管理,一些地方性政治中心因接纳了部分汉人汉文化也成为区域文化的一部分。两汉时期朝廷在土家族地区设置巴郡、武陵郡、南郡等3郡,下辖佷山、巫县、迁陵、酉阳、充县、零阳、涪陵等7县。巴郡治江州县,即今重庆市渝中区;武陵郡治义陵县,即今湖南省溆浦县;南郡治江陵县,即今湖北省荆州市。3郡治地均不在土家族地区。辖县中巫县治今重庆市巫山县,涪陵县治今重庆市彭水县,迁陵县治今湖南省保靖县四方城,酉阳县治湖南省永顺县王村,充县治今湖南省桑植县,零阳县治今湖南省慈利县,佷山县治今湖北省长阳县境。除巫县治地不在土家族地区外,其他各县治所均在土家族地区。在这些县治附近有一定数量的汉人聚居。土家族地区考古发现有大量汉人活动遗迹遗物:1982—1998年考古人员在湖南省保靖县黄连乡一带发掘汉墓40座,还出土"陈过之印"青铜龟钮印章;黄连乡汉墓西北发现有汉代古城遗址和古墓群,龙山里耶还发现有古城址和大型古墓群。① 据《汉书·百官公卿表》载,龟钮铜印为600石以上贵族所佩。随葬青铜礼器及官印,说明陈氏可能为保靖黄连地区汉人,或者受汉文化影响较大的地方土著大姓。1983年吉首市河溪镇岩排

---

① 湘西自治州文物管理处、保靖县文物管理所:《湖南保靖黄连古墓发掘报告》,见:《湖南考古2002》(上),长沙:岳麓书社,2004年,第230—253页。

村后头溪发现一东汉窖藏点，出土东汉顺帝时期的铜器8件①；1984年湖南省保靖县梅花乡洞庭村发现东汉砖室墓，其墓葬形制与随葬物组合及风格与常德、长沙等地东汉墓基本一致②，这些汉墓都是当时汉人进入土家族地区的实物证据。

　　三国时期土家族地区少数民族被称为建平蛮、宜都蛮、武陵蛮、五溪蛮、涪陵夷。三国初期荆州为刘备、孙权所分割，"荆州江夏、长沙、桂阳以东属权，南郡、零陵、武陵以西属备"③，刘备据有土家族地区全部。蜀汉章武年间，刘备起兵伐吴，武陵五溪蛮"遣使请兵"④，积极参与了吴蜀夷陵猇亭之战。吴、蜀夷陵之战后，蜀汉荆州所辖建平郡、宜都郡、武陵郡为东吴所据，而益州所辖涪陵郡仍为蜀汉所有。三国时期土家族地区也不平静，东吴所辖武陵蛮，或称五溪蛮曾多次叛乱，如吴黄龙三年（231），武陵蛮夷叛乱，吴"遣太常潘濬率众五万讨武陵蛮夷"，至嘉禾三年（234）"太常潘濬平武陵蛮夷"⑤，叛乱持续4年之久；又黄盖为武陵太守时"武陵蛮夷反乱"，黄盖率军平叛，"自春讫夏，寇乱尽平，诸幽邃巴、醴、由、诞邑侯君长，皆改操易节，奉礼请见，郡境遂清"⑥；三国末年魏并蜀后，魏将郭纯率军入武陵郡迁陵、酉阳等地，五溪蛮"或起应纯"，吴武陵太守钟离牧率军平定五溪，击溃郭纯⑦；蜀汉涪陵（属国）郡在蜀延熙十一年（248）"民夷反，车骑将军邓芝往讨，皆破平之"⑧。在战乱中，部分参与叛乱的武陵蛮、武溪蛮、涪陵夷（巴人）战死，对土家族地区局部区域民族构成有一定微调作用，但对整个土家族地区民族分布格局影响甚微。三国时期土家族地区的民族构成和分布格

---

① 林时九：《湘西吉首出土东汉窖藏铜器》，见：《湖南考古辑刊》第3集，长沙：岳麓书社，1986年，第262、264页。
② 保靖县文化馆刘长治：《保靖县发现东汉砖室墓》，见：《湖南考古辑刊》第3集，长沙：岳麓书社，1986年，第270—272页。
③ （晋）陈寿撰，（南朝·宋）裴松之注：《三国志》卷47《吴书·吴主传》，北京：中华书局，1959年，第1119—1120页。
④ （晋）陈寿撰，（南朝·宋）裴松之注：《三国志》卷32《蜀书·先主传》，北京：中华书局，1959年，第890页。
⑤ （晋）陈寿撰，（南朝·宋）裴松之注：《三国志》卷47《吴书·吴主传》，北京：中华书局，1959年，第1136、1140页。
⑥ （晋）陈寿撰，（南朝·宋）裴松之注：《三国志》卷55《吴书·黄盖传》，北京：中华书局，1959年，第1285页。
⑦ （晋）陈寿撰，（南朝·宋）裴松之注：《三国志》卷60《吴书·钟离牧传》，北京：中华书局，1959年，第1394页。
⑧ （晋）陈寿撰，（南朝·宋）裴松之注：《三国志》卷33《蜀书·后主传》，北京：中华书局，1959年，第898页。

局变化较大的当属涪陵郡（属国），蜀汉时诸葛亮曾"发其劲卒三千人为连弩士，遂移家汉中"；平定涪陵夷叛乱之后，蜀汉政权"移其豪徐、蔺、谢、范五千家于蜀，为射猎官"①。涪陵地区大量的涪陵夷（巴人）迁出涪陵郡（属国），使该地涪陵夷（巴人）数量急剧减少，民族构成和分布格局也相应发生变化；同时蜀汉政权在涪陵夷迁出地增设汉平县，加强对巴人地区的控制和汉化进程。② 三国时期土家族地区民族分布格局，大抵是涪陵郡（属国）、建平郡、夷都郡主要为巴人分布区，武陵郡则杂居有槃瓠蛮。

两晋南朝时期也是土家族地区民族大融合的时期。这时对土家族地区的民族称谓，地域民族称谓和族别民族称谓混用，因而使此时的民族识别变得异常困难。

两晋时期见于文献的土家族称谓有：五溪夷（蛮）、武陵蛮、天门蜑（蛮）、涪陵夷、溪蛮等。两晋时期文献记载的土家族先民活动主要有：

宁康二年（374）十一月，"天门蜑贼攻郡，太守王匪死之，征西将军桓豁遣师讨平之"③。

"（杜）弢将王贡精卒三千，出武陵江，诱五溪夷，以舟师断官运，径向武昌"；"（陶侃）遣咨议参军张诞讨五溪夷，降之"④。

"天门、武陵溪蛮并反，詹讨降之"⑤。

"（涪陵郡）晋初，移弩士于冯翊莲勺。其人性质直，虽徙他所，风俗不变，……其为军在南方者犹存"⑥。

永嘉六年（312），涪陵太守义阳向沈"率吏民南入涪陵"⑦。

相对三国时期，两晋时期156年间土家族地区仅有3次反叛，而三国时期60年里发生4次反叛。两晋时期土家族地区土家族先民反叛频率比三国时期低，说明两晋时期土家族地区的民族关系较三国时期更为和谐。这一时期土家族先民，有蛮、蜑、夷、巴、醴、由、诞之名。⑧ 称蛮者有武陵蛮、五溪蛮、天门蛮，称夷者有五溪夷，称蜑者有天门蜑，可见关于土家族地区先

---

① （晋）常璩撰，刘琳校注：《华阳国志校注》，成都：成都时代出版社，2007年，第37页。
② 朱圣钟：《蜀汉汉平县治考察》，见：《中国人文田野》第4辑，成都：巴蜀书社，2011年，第138—143页。
③ （唐）房玄龄等撰：《晋书》卷9《孝武帝纪》，北京：中华书局，1974年，第226页。
④ （唐）房玄龄等撰：《晋书》卷62《陶侃传》，北京：中华书局，1974年，第1772页。
⑤ （唐）房玄龄等撰：《晋书》卷70《应詹传》，北京：中华书局，1974年，第1858页。
⑥ （晋）常璩撰，刘琳校注：《华阳国志校注》，成都：成都时代出版社，2007年，第37页。
⑦ （晋）常璩撰，刘琳校注：《华阳国志校注》，成都：成都时代出版社，2007年，第356页。
⑧ （晋）陈寿撰，（宋）裴松之注：《三国志》卷55《吴书·黄盖传》，北京：中华书局，1959年，第1285页。

民名称的称谓已开始趋同，蛮、夷、蜑都可指称土家族地区居民。先秦以至秦汉时期迁入土家族地区的外来移民，与当地土著居民逐渐融合，其民族特征已开始趋于同一。两晋时期由于人口迁移，可能对局部区域民族构成产生轻微影响。西晋初年涪陵巴人被作为弩士迁居至冯翊莲勺。弩士即弓箭手，冯翊为晋冯翊郡，莲勺为冯翊郡属县，治地在今陕西省渭南县东北。这表明晋初部分涪陵巴人迁居至关中渭南东北一带。汉晋时代因军事需要，不断从涪陵郡一带征调巴人从军，或作赤甲军，或作连弩士，或作助郡军。巴人成为朝廷或地方割据政权重要的军事力量。军事征调的同时，部分外地人口也迁入涪陵郡，如永嘉六年"吏民入涪陵"就是典型的例证。这种持续的军事征调和外来移民，使局部区域的巴人数量减少，巴人在地区人口中比例下降，使区域性民族构成和巴人分布发生了细微的区域性变化。

  南朝时期土家族地区居民多按地域被命名为"××蛮"。南北朝时期三峡地区西部及清江流域一带的土家族先民，北周时依其所处地域分别被称为楚州蛮、临州蛮、信州蛮。峡江地区中部和东部一带少数民族，在南朝刘宋时因其属荆州而被称为荆州蛮，朝廷设南蛮校尉负责处理荆州少数民族事务。刘宋景平元年（423）宜都蛮帅石宁等、元嘉六年（429）建平蛮张雍之、元嘉七年（430）宜都蛮田生等"谒阙上献"①，可见在一段时间内宜都蛮、建平蛮对刘宋王朝较为恭顺。其后因"山蛮寇贼"，刘宋王朝于泰始三年（467）于峡江地带"立三巴校尉以镇之"②，加强对峡江地区巴人的控制，但不久三巴校尉被废除。至刘宋大明中（457—464）建平蛮向光侯"寇暴峡川，巴东太守王济、荆州刺史朱修之遣军讨之，光侯走清江"，"时巴东、建平、宜都、天门四郡蛮为寇，诸郡民户流散，百不存一，太宗、顺帝世尤甚，虽遣攻伐，终不能禁"③。峡江蛮叛乱一直持续到刘宋顺帝升明年间（477—479），峡江蛮在刘宋王朝末期异常活跃。明帝泰始年间（465—471）孙谦任巴东、建平二郡太守，遂"布恩惠之化，蛮獠怀之，竞饷金宝，谦慰喻而遣，一无所纳。及掠得生口，皆放还家"，故"郡境翕然"④，以怀柔政策感化境内的"蛮獠"达到安治效果。这里"獠"并非实指"獠人"，而是与"蛮"合称，泛指巴东郡、建平郡蛮。臧质为巴东太守时，"甚得蛮楚心"⑤，蛮楚即巴东蛮。至西

---

① （南朝·梁）沈约：《宋书》卷97《蛮夷传》，北京：中华书局，1974年，第2396页。
② （南朝·梁）萧子显：《南齐书》卷15《州郡志》，北京：中华书局，1972年，第275页。
③ （南朝·梁）沈约：《宋书》卷97《蛮夷传》，北京：中华书局，1974年，第2397页。
④ （唐）姚思廉：《梁书》卷53《良吏传》，北京：中华书局，1973年，第772页。
⑤ （南朝·梁）沈约：《宋书》卷74《臧质传》，北京：中华书局，1974年，第1910页。

魏恭帝三年（556），信州蛮向五子王等叛乱，攻占信州，后李迁哲等平定向五子王叛乱①，信州治地在今重庆市奉节县。南朝萧齐时期，荆州峡江地带仍有"山蛮寇贼"。高帝建元二年（480）以山蛮聚居的巴东、建平、巴、涪陵等郡置巴州，至齐永明元年（483）废州②。齐建元年间明惠照为巴州刺史，"绥怀蛮蜑"③。巴州设置时间虽短，但在控御峡江地带山蛮方面，还是起到了一定的作用。南朝萧梁太清二年（548）阴子春"讨峡中叛蛮，平之"④。关于信州蛮（巴东蛮），在地域上为汉代巫蜑之地，其族属当为巴蜑族⑤，而其他如建平蛮、宜都蛮、楚州蛮、临州蛮，从秦汉峡江地区民族分布来看，也是廪君蛮、板楯蛮分布之地，他们均为巴人的主要支系。因此南北朝时期峡江蛮（包括清江流域的土家族先民）族属以巴蛮为主。

澧水流域有天门蛮。刘宋文帝永嘉十八年（441）天门蛮"田向求等为寇，破溇中，虏略百姓"，叛乱平定后"获生口五百余人"⑥。刘宋孝武帝大明中至顺帝年间（457—479），天门蛮为寇，致使"民户流散，百不存一，太宗、顺帝世尤甚，虽遣攻伐，终不能禁"⑦，说明南朝刘宋时期澧水流域天门蛮较为活跃。南朝萧梁时欧阳頠任天门郡太守，因"伐蛮左有功"而获升迁⑧，则是在萧梁时，天门蛮亦有所活动。

在沅水中上游一带，有雄溪、樠溪、辰溪、酉溪、舞（潕、武）溪等五条河流⑨。人们习惯上将这些河流所在区域称为五溪，居住于此的少数民族则被统称为五溪蛮，"所居皆深山重阻，人迹罕至"⑩，五溪蛮地多为偏远人

---

① （唐）令狐德棻等：《周书》卷44《李迁哲传》，北京：中华书局，1971年，第791页。
② （南朝·梁）萧子显：《南齐书》卷15《州郡志》，北京：中华书局，1972年，第275页。
③ （南朝·梁）萧子显：《南齐书》卷54《明僧绍传》，北京：中华书局，1972年，第928页。
④ （唐）姚思廉：《梁书》卷45《阴子春传》，北京：中华书局，1973年，第645页。
⑤ 董其祥：《巴子五姓考》，见：《巴史新考》，重庆：重庆出版社，1983年，第66—77页。
⑥ （南朝·梁）沈约：《宋书》卷97《蛮夷传》，北京：中华书局，1974年，第2396页。
⑦ （南朝·梁）沈约：《宋书》卷97《蛮夷传》，北京：中华书局，1974年，第2397页。
⑧ （唐）姚思廉：《陈书》卷9《欧阳頠传》，北京：中华书局，1974年，第157页。
⑨ （北魏）郦道元《水经·沅水注》载五溪为："雄溪、樠溪、酉溪、潕溪、辰溪"，南朝刘宋沈约《宋书·蛮夷传》载五溪为："雄溪、樠溪、辰溪、酉溪、舞溪"，唐初李延寿《南史·诸蛮传》载五溪为"雄溪、樠溪、辰溪、酉溪、武溪"。此三说中四溪名相同，唯"潕"、"舞"、"武"名不同。又唐梁载言《十道志》载五溪为"酉、辰、巫、武、沅"。陈致远：《五溪地望说异》，《中国历史地理论丛》2000年第1辑，第49—55页，认为《十道志》为后起之说，且沅水为主河道名称，其说不可取。笔者也认为还是以郦道元、沈约、李延寿五溪之说较为可信。舞、潕、武之不同，可能是取河流名称之读音，不同著书者据读音而以同音字著其名，实则当为同一条河流。
⑩ （南朝·梁）沈约：《宋书》卷97《蛮夷传》，北京：中华书局，1974年，第2396页。

烟稀少之地。南朝齐高帝年间（479—482），"西溪蛮田思飘寇抄，内史王文和讨之"，"豫章王遣中兵参军庄明五百人将湘州镇兵合千人救之，思飘与文和拒战，中弩矢死，蛮众以城降"①，酉水流域土家族先民被称之为酉溪蛮。西魏恭帝时（554—556）"黔阳蛮田乌度、田都唐等每抄掠江中，为百姓患"，后李迁哲"随机出讨，杀获甚多"②。这里"黔阳"即"黚阳"，其地在今湘西酉水上游龙山县一带③。从黔阳蛮"抄掠江中"来看，黔阳蛮活动地域曾波及渝东南、鄂西南一带，向北直至长江沿线。关于五溪蛮族属，学术界有不同认识：一说为槃瓠蛮，范晔《后汉书南蛮西南夷列传》载槃瓠蛮"今长沙武陵蛮是也"④，而《太平寰宇记》引《后汉书》载"在黔中、五溪、长沙间则为槃瓠之后"⑤，则刘宋时五溪蛮、长沙蛮属槃瓠蛮；一说为廪君后裔，其主要依据是五溪蛮居住区域为土家族分布区，他们崇敬白虎，而不是槃瓠，而廪君蛮是崇敬白虎的。⑥笔者认为南朝的五溪蛮，其民族成分应该较为复杂，可能包含有巴人中的廪君蛮、板楯蛮，也可能包含有槃瓠蛮（即苗瑶族系先民）。五溪蛮并不代表族属，只是一个地域人们共同体的称谓。

南朝时期土家族地区除廪君巴人、槃瓠蛮外，渝东南一带还有獠人分布。自晋永嘉之乱后，渝东南一带"地没蛮夷，经二百五十六年，至宇文周保定四年，涪陵蛮帅田恩鹤以地内附"⑦。这里"蛮夷"当为涪陵所辖少数民族。《华阳国志·巴志》载涪陵郡"多獽、蜑之民"，獽、蜑为巴人部族，属巴人群体成员。因此，永嘉之乱后涪陵郡为蛮夷所据，即为涪陵夷所据，也即为巴人所据。南朝齐建元元年（479）涪陵郡"蜑民"田健曾发现古钟、铜镎于各1件，"蜑人以为神物奉祠之"⑧。南齐涪陵郡治汉平县，汉平县治地当在

---

① （南朝·梁）萧子显：《南齐书》卷58《蛮传》，北京：中华书局，1972年，第1008页。
② （唐）令狐德棻等：《周书》卷44《李迁哲传》，北京：中华书局，1971年，第791页。
③ 谭其骧：《中国历史地图集》（第三册），北京：地图出版社，1982年，第28—29页。
④ （南朝·宋）范晔撰，（唐）李贤等注：《后汉书》卷86《南蛮西南夷列传》，北京：中华书局，1965年，第2830页。
⑤ （宋）乐史撰，王文楚点校：《太平寰宇记》卷178《四夷》，北京：中华书局，2007年，第3401页。
⑥ 董其祥：《巴子五姓考》，见：《巴史新考》，重庆：重庆出版社，1983年，第66—77页。
⑦ （唐）李吉甫撰，贺次君点校：《元和郡县图志》卷30《江南道》，北京：中华书局，1983年，第735页。
⑧ （南朝·梁）萧子显：《南齐书》卷18《祥瑞志》，北京：中华书局，1972年，第362—363页。

今武隆县鸭江镇①，蜑即巴人部族。又《太平寰宇记》载黔州"杂居溪洞，多是蛮獠"②，《蜀中广记》载其地有"夷獠"③，清人冉正维《仡佬溪》诗称"却闻仡佬居溪上，尚在思黔启土前"④。思黔启土是说思州、黔州纳入中央王朝直接统治之下，时间大致始自唐代；冉正维诗是说在唐代以前，渝东南、黔东北的乌江下游一带为仡佬族居地。仡佬前身为獠，则可知在唐宋以前，乌江下游一带有獠人分布。不过渝东南、黔东北一带早期为巴国地，自然为巴人聚居地。这个区域的獠人，应该是西晋后期獠人北迁巴蜀过程中迁入的。另外在当地地名中，还留存有仡佬沟、仡佬溪、仡佬村等地名，这也是獠人曾经聚居于此的地名学证据。渝东南、黔东北一带有被称为"仡兜"的冉姓、杨姓居民，当地人认为他们为仡佬族。⑤ 不管这些早期居民是否为獠人，但他们是比迁居此地的冉氏土司更早的本地土著居民。这种认识应该是没有问题的。

　　隋唐时期土家族地区少数民族仍统称为蛮，因其居住地不同又有不同的称谓。隋至唐初在渝鄂峡江地带仍有巴人活动。隋初杨素自信州（治今重庆市奉节县）顺江伐陈，"遣巴蜑卒千人，乘五牙四艘，以柏樯碎贼十余舰，遂大破之，俘甲士二千余人"⑥。《资治通鉴》亦载隋开皇九年（590）隋杨素伐陈荆门延洲，"遣巴蜑千人，乘五牙四艘，以拍竿碎其十余舰，遂大破之，俘甲士二千余人"，胡三省巴蜑注载"蜑亦蛮也。居巴中者曰巴蜑。此水蜑之习于用舟者也"⑦，则是陈末隋初之际，峡江一带仍多巴人。隋末唐初峡江地带仍有巴蛮活跃于此：隋大业十三年（617）蛮酋"冉安昌据巴东"⑧；武德四年（621）"巴东蛮帅冉安昌率兵与大军平萧铣"⑨；武德年间开州蛮冉肇则

---

① 谭其骧的《中国历史地图集》将汉平县及涪陵郡标注于今大溪河与乌江汇合处。笔者曾对此地进行过实地考察，大西河口两边及乌江河岸都是高达数十里的陡峭的悬崖，其间并非宽谷平地。谭图所标注的涪陵郡治，即汉平县治有误。笔者曾对蜀汉汉平县治做过详细的考证和考察，认为蜀汉汉平县治在今重庆市武隆县鸭江镇。南齐承袭前朝之制，则其涪陵郡治所亦当在今鸭江镇一带。

② （宋）乐史撰，王文楚点校：《太平寰宇记》卷120《黔州》，北京：中华书局，2007年，第2395页。

③ （明）曹学佺：《蜀中广记》卷19《名胜记》，文渊阁四库全书本。

④ 同治《酉阳直隶州总志》卷22《艺文志》。

⑤ 石应平：《土家族源考辨》，《西南民族学院学报》（哲社版）1990年第4期，第83—87页。

⑥ （唐）魏徵、令狐德棻：《隋书》卷48《杨素传》，北京：中华书局，1973年，第1283页。

⑦ （宋）司马光编著，（元）胡三省音注，标点资治通鉴小组校点：《资治通鉴》卷177《隋纪》，中华书局，1956年，第5512页。

⑧ （宋）欧阳修、宋祁：《新唐书》卷1《高祖本纪》，北京：中华书局，1975年，第3页。

⑨ （宋）王钦若等：《册府元龟》卷973《外臣部·助国讨伐》，文渊阁四库全书本。

"寇夔州",李靖"率兵八百破其屯,要险设伏,斩肇则,俘禽五千"①;元和初年柳公绰为开州刺史,"地接夷落,寇常逼其城。吏曰:'兵力不能制,愿以右职署渠帅'。公绰曰:'若同恶耶?何可扰法。'立诛之,寇亦引去"②。唐开州治今重庆市开县,开州蛮还有部族首领渠帅,说明其社会组织还保留了部族制度。不过就朝廷而言,这些蛮人渠帅只是民间性质的,并不为官方所认可。柳公绰若给予部族首领官职,即是"扰法"。这个事例说明部族制度在朝廷对地方控制力度强化、细化的大背景下,日渐失去了控制地方的功效,也说明峡江地区所谓"蛮"已接近消亡的边缘了。关于峡江蛮的族属,唐林宝《元和姓纂》载冉氏"槃瓠后,……代为巴东蛮夷酋帅。陈有南康太守、巴东王冉伽轸;轸孙安昌,唐潭州都督;安昌孙寔,河州刺史,娶江夏王宗女,生祖雍,刑部侍郎;祖雍生太华;华生子憎"③。宋王钦若《册府元龟》因袭此说:"安昌者,槃瓠之苗裔,代为蛮帅"④,冉氏既是巴东蛮夷世族,则当与南北朝时活跃于峡江地带的信州蛮同族;南北朝信州蛮为巴人后裔,冉氏蛮夷自然也属巴人后裔。至唐中后期,巴人作为蛮夷在巴地逐渐淡出人们的视野,但是武陵山区五溪蛮夷却仍然风光无限。五溪蛮夷中有槃瓠蛮,故唐代一些学者以峡江蛮夷为槃瓠蛮。林宝《元和姓纂》、王钦若《册府元龟》认定巴东冉氏蛮酋为槃瓠种类,正是这种大背景下的产物,而这种认识在较长时间内误导了对南北朝乃至唐代初年峡江蛮族属的认定。因此笔者以为隋唐时期峡江蛮只能是巴人后裔。这一点也可从北宋初年晏殊《晏公类要》对峡江地区蛮夷的表述中得到证明:"夷夏相半,有巴人焉,有白虎人焉,有蛮蜑人焉。巴人好歌,名踏蹄,白虎事道,蛮蜑与巴人事鬼,纷纷相间,浸以成俗。"⑤ 这里的巴人、白虎人、蛮蜑人,均属巴人后裔。只是到了北宋初年,这些巴人后裔分布于峡江以南地域,峡江河谷地带则早已成为汉人聚居之地。张雄在论及隋唐时期峡江地区冉氏蛮夷时,也以其族属为巴人后裔。⑥隋唐时代峡江地区除了称为"夷"的巴人外,还有称为"夏"的汉人。"夷夏相半"是说汉人已在地域性人群中占据了半数,俨然成为峡江地区主要的居民群体,而包括巴人在内的土著和少数民族则较汉人少。这一情况表明了峡

---

① (宋)欧阳修、宋祁:《新唐书》卷93《李靖传》,北京:中华书局,1975年,第3812页。
② (宋)欧阳修、宋祁:《新唐书》卷163《柳公绰传》,北京:中华书局,1975年,第5019页。
③ (唐)林宝:《元和姓纂》卷7,文渊阁四库全书本。
④ (宋)王钦若等:《册府元龟》卷973《外臣部·助国讨伐》,文渊阁四库全书本。
⑤ 民国《湖北通志》卷21《舆地志·风俗》。
⑥ 张雄:《隋唐时期巴人的汉化趋势》,《中南民族学院学报》(哲社版)1999年第1期,第61—65页。

江地区一直以来蛮夷为主体居民的格局彻底改变。

峡江以南清江一带仍为少数民族聚居地,同时也有汉人分布。《黔中记》载:施州"风俗虽杂夷落,犹近华风,故乡音则蛮、夷、巴、汉言语相混"①,则是说施州的少数民族,方言中还保存有巴人语言,"巴音"自然是属于巴人群体了;同时还有当地土著居民蛮、夷等群体,此外汉人也是唐代施州一带居民的组成部分。

在渝东南乌江流域一带,隋唐时期有被称之为"夷"的少数民族。隋炀帝即位后,"黔安首领田罗驹阻清江作乱,夷陵诸郡民夷多应者",朝廷命郭荣平定叛乱。② 黔安郡处峡江西部,清江郡在峡江之南,夷陵郡处峡江东部。既言夷陵诸郡"民夷",则是说隋代峡江一带仍有称为"夷"的巴人后裔聚居,其间还杂居有称为"民"的汉人。又唐代黔州是"五溪襟带,蛮蜑聚落"之地③,黔州与五溪地为少数民族"蛮蜑"聚居地。这里"蛮蜑"非确指"蜑人",其意与"蛮夷"同,即少数民族之义。

在湘西北澧水、沅水流域,隋代设有澧阳郡、武陵郡、沅陵郡,也是"多杂蛮左,其与夏人杂居者,则与诸华不别。其僻处山谷者,则言语不通,嗜好居处全异,颇与巴、渝同俗"。至于"蛮左"的族属,"诸蛮本其所出,承槃瓠之后"④。若按此说法,则这些称为蛮的人群,为槃瓠蛮后裔。但此说又与"与巴渝同俗"的说法相抵牾:与巴渝同俗者,其本源当出自巴人,而非槃瓠蛮。《隋书·地理志》看似矛盾的记载只有一种解释,即荆州辖区内的蛮族,同时含有廪君蛮、槃瓠蛮的文化特性。这种状况是巴人与槃瓠蛮在南北朝时期交错杂居,彼此融合后的结果。《隋书·地理志》将"蛮左"笼统地界定为槃瓠之后,并不完全正确。除"蛮左"外,隋代澧水、沅水流域还有"夏人",即汉人,说明当时澧水、沅水一带还有汉人分布。这些汉人主要分布在交通道路沿线的郡、县治所一带。唐代沅水流域辰州一带还有巴人后裔活动:唐韩翃《送李中丞赴辰州》有"白羽逐青丝,翩翩南下时。巴人迎道路,蛮帅引旌旗"的诗句⑤,刘长卿《赴巴南书情寄故人》有"南过三湘去,巴人此路偏"的吟诵。唐代辰州治沅陵县,即今湖南省沅陵县,"巴人"当为南迁至此的巴人后裔。这说明唐代时,今湖南沅陵一带还有巴人分布。不过

---

① (宋)祝穆撰,祝洙增订,施和金点校:《方舆胜览》卷60《夔州路·施州》,北京:中华书局,2003年,第1051页。
② (唐)魏徵、令狐德棻:《隋书》卷50《郭荣传》,北京:中华书局,1973年,第1320页。
③ (明)曹学佺著,刘知渐点校:《蜀中名胜记》,重庆:重庆出版社,1984年,第268页。
④ (唐)魏徵、令狐德棻:《隋书》卷31《地理志》,北京:中华书局,1973年,第897页。
⑤ (清)彭定求等:《御定全唐诗》卷244,文渊阁四库全书本。

在五溪地区，槃瓠蛮是当地蛮族中重要的组成部分。唐张鷟《朝野佥载》载："五溪蛮父母死，于村外阁其尸，三年而葬。打鼓路歌，亲属饮宴舞戏一月余日。尽产为棺，于临江高山半肋凿龛以葬之。自山上悬索下柩，弥高者以为至孝，即终身不复祀祭"①，而这种习俗与隋代槃瓠蛮习俗一脉相承。② 因此唐代湘西澧水、沅水一带居民除巴人、汉人外，还有槃瓠蛮。不过从地域分布来看，槃瓠蛮在土家族地区相对偏南一些。

通过对五代以前土家族地区民族的构成及其发展情况的梳理可知，土家族地区先有土著居民生存，后来巴人、楚人、秦人、汉人相继迁入土家族地区，他们后来都融入到土家族群体之中。由此我们也认识到，土家族的起源应该是多源的，巴人是土家族的族源之一。

在土家族形成后，伴随着兄弟民族进入土家族地区，土家族地区的民族分布格局也发生了相应的变化。

二、五代两宋时期土家族地区的民族分布变迁③

五代时，土家族作为一个民族初步形成，因此也就大致有了土家族聚居区。在五代、宋时期，土家族地区除了被称为"土人"的土家族，也有少量其他民族分布。

1. 土家族的分布变迁

五代宋时期，活跃于土家族地区的土家族先民除被称为"土人"、"土丁"外，又被称为夔州蛮、信州蛮、彭水蛮、施州蛮、辰州蛮、石门蛮、溪州蛮、天赐州蛮、洛浦磨搓蛮。见诸史籍的世家大族有湘西的彭氏、向氏、覃氏、田氏、陈氏、朱氏、龚氏、苻氏、罗氏、廖氏、屈氏、辛氏等，鄂西南的田氏、向氏、覃氏，渝东南冉氏、田氏、龚氏、杨氏，黔东北的田氏、杨氏。

对土家族虽按地域被称为"某某蛮"，但自五代起，人们在称呼土家人群体时已开始使用"土人"、"土丁"等称谓，如《宋会要辑稿·番夷五》称荆湖北路土家族为"溪洞头首土人"，宋王朝在土家族地区招募的本地砦堡兵丁

---

① （唐）张鷟撰，赵守俨点校：《朝野佥载》卷2，北京：中华书局，1979年，第40页。
② 《隋书》卷31《地理志》载："其死丧之纪，虽无被发袒踊，亦知号叫哭泣。始死，即出尸于中庭，不留室内。敛毕，送至山中"，"先择吉日，改入小棺，谓之拾骨"，"乃衣衾棺敛，送往山林，别为庐舍，安置棺柩。亦有于村侧瘗之，待二三十丧，总葬石窟"。
③ 朱圣钟：《五代至清末土家族地区的民族分布与变迁》，见：《西南史地》第1辑，成都：巴蜀书社，2009年，第109—126页。

被冠以"土丁"之名。①

五代宋时期，唐代迁入土家族地区的部分汉人，后来融入土家族群体并逐渐演变为土家族大姓。如黔东北的田氏，在唐初进入思州（大约在今黔东北一带），以后逐渐确立了在思州的统治地位。宋大观元年（1107）思州田氏内附，政和八年（1118）思州得到朝廷认可，其领地大约包括今务川、沿河、德江、思南、凤冈等县。②

宋建炎、绍兴年间土家族大姓冉氏逐渐取得今渝东南酉阳一带的统治地位。③在渝东南石柱一带，"南宋以前，则先为内地南宾县"，"其地东、南二境与五溪苗接壤，当宋高宗时南北构兵，中原大乱，苗蛮乘机不靖，劫掠邻境，当宋高宗时，沿江州县，荡析离居"④。南宋以前南宾县境只是东部和南部有土家人居住，南宋时土家族分布范围逐渐向北、向西扩展。乾隆《石柱厅志》中所记载的"苗"其实指土家族。清代文献在涉及南方或西南地区少数民族时，也称"苗"。"苗"在很多文献中成为清代南方地区和西南地区少数民族的泛称。

在土家族地区东南部，土家族分布范围有所扩展。文献记载"辰州旧有四县，今亡其一，瑶地旧在会溪之外，今已在北江之内，蛮僚日张，省地日削"⑤，北江指沅江支流酉水，北江蛮即土家族。会溪以北以西原为北江蛮（即土家族）聚居区，后来随着土家族的扩张，会溪以东以南瑶族聚居区也逐渐演变为土家族聚居区。

2. 汉族、瑶族、苗族、仡佬族的分布变迁

五代至两宋时期，土家族地区的主体居民是土家族，但在局部区域，也零星分布着汉族、瑶族、苗族、侗族和仡佬族。

宋代部分汉人进入土家族地区。汉人迁入土家族地区大致分三种情形：一是应募而入，如施、黔等州"界分荒远，绵亘山谷，地旷人稀。其占田多者须人耕垦，富贵之家争地客，诱说客户或带领徒众举室般（搬）徙"⑥，因此大量汉人应募进入土家族地区。二是因武力胁迫而入，土家族首领"攻州

---

① 《宋史》卷191《兵志》载施州诸砦有"土丁一千二百八十一人，壮丁六百六十九人"，《资治通鉴》卷92载：田佑恭为"思黔州夷，所部土丁药箭手"，当兵的土家人都称之为土丁。
② 张永国：《关于思州田氏土司的兴衰及其族属》，《贵州文史丛刊》1988年第2期，第54—58页。
③ 冉敬林：《明代酉阳土司制度特点》，《贵州文史丛刊》1994年第5期，第6—10页。
④ 乾隆《石柱厅志》卷1。
⑤ （宋）曹彦约：《昌谷集》卷11，文渊阁四库全书本。
⑥ （清）徐松辑：《宋会要辑稿》第161册《食货》，北京：中华书局，1957年，第6363页。

县，掠民男女入溪洞"，少则数十，多则数百；同时"诱胁汉户，不从者屠之，没入田土，往往投充客户"①。这两种情形下进入土家族地区的汉人，多分布于土家族地区边缘地带。三是军事性移民，宋王朝为有效控制土家族地区设立军事砦堡，据统计当时在澧州、峡州、归州、辰州、绍庆府、施州、思州等地共计有砦堡81处。砦堡兵丁"皆选自户籍"，"或自溪洞归投"②，主要为当地土著居民，当然也"募民为弓弩手，给地以耕，俾为世业"③，所以当时砦堡驻屯军中也有不少汉人。湘西的大小章人，其远祖为江西人。"江西章姓兄弟二人为屯长居泸溪上五都之大章、小章等处，分支而出，子孙繁衍，其出兄者为大章，出弟者为小章，后改为章，散居于永、保、永绥之间，坪扒、丫家、茶洞、老旺寨、尖岩等处为多，大约入赘彼地，遂仍其俗，在土村为土民，在苗寨为苗人，而张姓总皆大小章苗裔"④。章姓最早为入山屯戍之人，后逐渐融入少数民族。这部分军事性汉族移民及其后裔主要点状分布于军事砦堡周围。

瑶族主要分布在东南沿边及南部地区。宋代瑶族势力在今湖南沅陵、芷江、澧阳等地曾盛极一时，宋初瑶人秦再雄甚至曾担任辰州（治今湖南沅陵县）刺史，控制武陵、辰阳、澧阳、湘阴、邵阳等五州之地。⑤瑶族分布区与土家族聚居区的南部和东南部邻近，这为瑶族进入土家族地区创造了有利条件。

苗族在土家语里称为"白卡"，汉语意为"邻居的人"，说明苗族和土家族很早就相邻而居。苗族作为民族名称出现是在宋元时期。宋代土家族主要分布于酉水流域及其以北地域，苗族主要分布于五溪地区酉水以南，所以宋代文献中有南江蛮、北江蛮之别，大约北江蛮即土家族，南江蛮则以苗、瑶居多。

侗族主要分布于今渝东南酉阳、秀山和黔东北江口县等地。当时大姓为杨氏，是从湖南靖州迁入的。迁入之初，其民族特色还有所保留，后来在与土家族长期生活中融合而转变为土家族。⑥

土家族地区南部泸溪一带有仡佬族。宋乾道七年（1171）泸溪"犵狑乘

---

① （宋）李焘：《续资治通鉴长编》卷219，北京：中华书局，1995年，第5322页。
② （元）脱脱等：《宋史》卷191《兵志》，北京：中华书局，1985年，第4741、4743页。
③ （元）脱脱等：《宋史》卷494《蛮夷传》，北京：中华书局，1985年，第14195页。
④ 光绪《古丈坪厅志》卷9《民族》。
⑤ 吴永章：《瑶族史》，成都：四川民族出版社，1993年，第114页。
⑥ 李绍明：《从川黔边杨氏来源看侗族与土家族的历史关系》，《贵州民族研究》1990年第4期，第1—7页。

隙焚劫"①。犵狑为今仡佬族一支，当时聚居在今泸溪一带。他们能够在地方上引起骚乱，说明当时泸溪一带仡佬族势力较大。

五代宋时期，尽管土家族地区有少量汉、瑶、苗、侗、仡佬族零星分布，但土家族才是该地区的主体居民。

三、土司时期土家族地区的民族分布变迁②

自元历明至清代雍正改土归流期间，朝廷在土家族地区分封土家族大姓为土司官，通过土司统治土家族地区。土司都有相对固定的疆界。在土司辖区内，主体民族仍为土家族，其他民族仅有零星分布；而在土司辖区以外的地域，朝廷直接设府、州、县管理。这些区域土家族分布相对稀散，主体居民以汉族为主。

1. 土家族的分布

元明清土司时期，土家族地区主体民族为土家族，土家族大姓是土家族的主体。而在土司时期，土司又是土家族大姓的主体。因此土家族大姓的分布，大致也能反映当时土家族分布的大致情况。

土司时期土家族土司的分布情况见表1-1：

表1-1　土家族土司大姓分布简表

省、市名称	土司名称	土司治地及辖区	土司姓氏
湖北省	施南土司	初治青岩（今利川市青岩乡），后徙治夹壁（今利川市夹壁乡）、龙孔（今利川市共和乡），最后治今宣恩县城。辖今利川市西南，咸丰县东北及宣恩县北部地区	覃氏
	东乡五路土司	治今宣恩县东乡镇。辖地在今宣恩县境内	覃氏
	摇把峒土司	不详	向氏
	上爱茶峒、下爱茶峒土司	不详	不详
	镇远土司	不详	不详
	隆奉土司	不详	不详
	忠路土司	初治利川市马家坝，后徙治城池坝，后徙治忠路（今利川市忠路镇）。辖地在今利川市境内	覃氏

---

① （元）脱脱等：《宋史》卷494《蛮夷传》，北京：中华书局，1985年，第14192页。
② 朱圣钟：《五代至清末土家族地区的民族分布与变迁》，见：《西南史地》第1辑，成都：巴蜀书社，2009年，第109—126页。

续表

省、市名称	土司名称	土司治地及辖区	土司姓氏
湖北省	剑（建）南土司	治今利川市建南镇。辖地在今利川市境内	牟氏、覃氏
	忠孝土司	初治利川市旧司坝，后徙治老司城、忠孝村。辖地在今利川市境内	田氏
	金峒土司	治今咸丰县黄金洞。辖地在今咸丰县境内	覃氏
	西关峒土司	不详	不详
	西坪土司	治咸丰县活龙坪。辖地在今咸丰县境内	不详
	散毛土司	治来凤县猴栗坪。辖地为今来凤县及咸丰、宣恩县一部分	覃氏
	龙潭土司	治今咸丰龙潭司。辖地在今咸丰县东部	田氏
	上、下支罗洞土司	辖地在今咸丰县境内	不详
	大旺土司	治今来凤县旧司。辖地在今来凤县东部	田氏
	东流土司	治今来凤县东流水	田氏
	腊壁土司	治今来凤县腊壁司	田氏
	卯洞土司	治今来凤县安抚司	向氏
	漫水土司	治今来凤县漫水	向氏
	百户土司	治今来凤县百福司	向氏
	师壁洞土司	不详	不详
	忠建土司	治今宣恩县李家河老司城。辖地在今宣恩县境内	田氏
	忠峒土司	治今宣恩县沙道沟、上洞坪。辖地在今宣恩县境内	田氏
	高罗土司	治今宣恩县高罗、埃山。辖地在今宣恩县境内	田氏
	木册土司	治今宣恩县板栗园。辖地在今宣恩县境内	田氏
	思南土司	不详	不详
	唐崖土司	治今咸丰县唐崖镇。辖地在今咸丰县境内	覃氏
	活龙土司	治今咸丰县活龙坪	不详
	苍蒲土司	治今咸丰县八家台乡板桥村菖蒲司	不详
	沙溪土司	治今利川市沙溪。辖地在今利川市境内	黄氏
	镇南土司	不详	覃氏
	容美土司	治今鹤峰县城。辖今五峰县，鹤峰县大部，长阳、巴东、建始、恩施等县市一部分地区	田氏
	椒山玛瑙土司	辖今鹤峰县城北椒山一带	张氏、田氏
	五峰石宝土司	辖地在今五峰土家族自治县境内	张氏、田氏

续表

省、市名称	土司名称	土司治地及辖区	土司姓氏
湖北省	石梁下峒土司	辖地在今五峰土家族自治县境内	唐氏、田氏
	水浕源通塔坪土司	辖地在今五峰县与鹤峰县交界处	唐氏、田氏
	长茅土司	辖地在今长阳县境内	覃氏
	盘顺土司	辖地在今鹤峰县境内	不详
湖南省	永顺土司	初治古丈县会溪坪,后徙治龙潭城（永顺县麻岔乡弄塔）、灵溪福石城（永顺老司城）、颗砂（永顺颗砂），辖今湖南龙山、永顺、古丈县地	彭氏
	南渭州土司	辖今永顺县列夕、柏杨等地	彭氏
	施溶州土司	辖今永顺县镇溪、施溶及古丈县高峰、罗依溪等地	田氏
	上溪州土司	辖今龙山县地	张氏
	腊惹洞土司	辖今永顺县王村、保坪、高坪等地	向氏
	麦者黄洞土司	辖今古丈县茄通等地	黄氏
	驴迟洞土司	辖今永顺县松柏、羊峰、西米等地	向氏
	施溶溪洞土司	辖今永顺县长官、回龙及永茂部分地区	汪氏
	白岩洞土司	辖今龙山县西北部	张氏
	田家洞土司	辖今古丈县断龙、官坝等地	田氏
	马罗洞土司	辖今龙山县三元、石羔等地	田氏
	保靖土司	辖今保靖县、花垣县及凤凰、龙山县部分地区	彭氏
	两江口土司	辖今龙山县南部、保靖县西北部地区	彭氏
	五寨土司	治今凤凰县城。辖今凤凰县境	田氏
	竿子坪土司	治凤凰甘孜坪。辖地在今凤凰县境	田氏
	桑植土司	治今桑植县城。辖今湖南桑植县陈家河、凉水口、五道水等地	向氏
	柿溪土司（上峒、下峒）	治今桑植县上峒街。辖今桑植县廖家村与永顺县毛坝间地区	向氏
	茅冈土司	治今张家界市茅冈。辖今桑植东南、张家界市西南部	覃氏
	慈利土司	辖地在今慈利县境内	覃氏
重庆市	石柱土司	治今石柱县城。辖地在今石柱土家族自治县境	马氏
	酉阳土司	治今酉阳县城。辖地在今酉阳县、秀山县内	冉氏
	邑梅土司	辖地在今秀山县内	杨氏
	平茶土司	辖地在今秀山县内	杨氏
	石耶土司	辖地在今秀山县内	杨氏

· 34 ·

续表

省、市名称	土司名称	土司治地及辖区	土司姓氏
重庆市	地坝土司	辖地在今秀山县境内	杨氏
	麻兔土司	不详	冉氏
	绞娄千户	辖地在今秀山县境内	杨氏
	寨娄千户	辖地在今秀山县境内	杨氏
	马蹄千户	辖地在今秀山县境内	杨氏
贵州省	思南土司	治今思南县城。辖地在今铜仁市境内	田氏
	水德江土司 水德江副土司	辖地在今德江县等地	张氏 杨氏
	蛮夷土司 蛮夷副土司	辖地在今思南县境内	安氏 李氏
	沿河祐溪土司 沿河祐溪副土司	治今沿河县和平镇。辖地在今沿河土家族自治县境内	张氏 冉氏
	朗溪土司 朗溪副土司	辖地在今印江土家族苗族自治县境内	田氏 任氏

资料来源：王承尧、罗午：《土家族土司简史》，北京：中央民族学院出版社，1991年；谢华：《湘西土司及辑略》，北京：中华书局，1959年

从表1-1可以看出：

（1）土司大姓主要有彭、向、田、黄、覃、杨、冉、张、唐、牟、汪、安、任、李、马等。其中彭氏土司先后有4家，向氏8家，田氏21家，黄氏2家，覃氏11家，杨氏8家，冉氏3家，张氏6家，唐氏2家，牟氏1家，汪氏1家，安氏1家，任氏1家，李氏1家，马氏1家，不知姓氏的11家。可见土司大姓中，田氏土司最多，其次为覃氏、杨氏、向氏等。这些大姓现在仍然是土家族中的大姓。

（2）从土司大姓的地域分布来看，田氏主要分布于今湖北利川、咸丰、宣恩、来凤、鹤峰、五峰，湖南永顺、古丈、龙山、凤凰，贵州思南、印江等地；覃氏主要分布于今湖北利川、宣恩、咸丰、来凤、长阳，湖南张家界、慈利等地；向氏主要分布在今湖南永顺、桑植，湖北来凤等地；牟氏主要在湖北利川；黄氏主要在湖北利川，湖南古丈；张氏主要分布于湖北鹤峰、五峰，湖南龙山，贵州德江、沿河等地；杨氏主要分布于重庆秀山；彭氏主要分布于今湖南永顺、保靖、龙山等地；冉氏主要分布于今重庆酉阳，贵州沿河等地；唐氏主要分布于今湖北五峰等地；汪氏主要分布于今湖南永顺等地；安氏主要分布于今贵州思南等地；任氏主要分布于今贵州印江等地；李氏主要分布于今贵州思南等地；马氏主要分布于今重庆石柱等地。从土家族姓氏

的空间分布来看，田氏分布最广，其次为覃氏、向氏、张氏、彭氏等。

（3）土司大姓是土家族大姓的代表，土司大姓的分布也大致反映了土家族大姓分布情况，可见土司时期土司地区是土家族集中分布区。

土司区以外的地区也有一些土家族分布，但土家族在地区性人口中的比例逐渐下降，以汉人为主体的外来移民为地区性主体民族。当时思南府、石门县、慈利州、长阳县、巴东县、建始县等地，朝廷设府、州、县进行管理，由于开发较早，还接纳了众多流民，遂使这些地区的土家族在地区总人口中比例逐渐下降，外来移民逐渐成为区域性居民的主体。如巴东县本"居民鲜少"，嘉靖年间已是"流徙日聚"①；思南府在明永乐年间改流后因"流民入境者络绎道途"，导致"客既胜而主人弱"②。"客"即外来流民，多为汉人，"主人"即以土家族为首的土著居民。"客胜主弱"的变化反映了以汉人为主的外来移民在数量上已经超过了以土家族为主体的土著居民，土家族在区域性总人口中的主体民族地位已逐渐为以汉族为主体的外来移民所取代。土司时期石门县、慈利州、长阳县、建始县等地也有相似的情况。

2. 其他民族的分布

土司时期土家族地区民族的主体仍然是土家族，但同时其他的一些民族在土家族地区日益增多，分布地域也有所扩大。这些兄弟民族主要有汉、苗、蒙古、白、侗等。

1) 汉族的分布变迁

元时曾一度在土家族地区恢复隘丁弓弩手制度，"选民立屯"③。部分汉民随之进入土家族地区，主要分布于军事要塞附近。

明代在土家族地区设立卫所，计有羊山卫、大庸卫（后改大庸所）、永定卫、九溪卫、添平所、麻寮所、安福所、崇山卫、镇溪所、酉水所、施州卫、大田所、黔江所、平茶所、思州所、思南所等，先后有6卫11所。这些卫所官兵多为迁自内地的汉人。他们在土家族地区驻扎屯戍，形成特殊的汉族群体。现在土家族地区仍保留有一些以"屯"、"堡"命名的地名，如湖北利川市朱砂屯、恩施市团堡等，这些地名大多与明代军屯有关。在明代卫所制度下，军人必须娶妻组成军户，但同时又规定，不准卫所官兵与土司土民通婚。如嘉靖年间湖广都御史朱廷声提出"区别夷夏，以正婚姻"，严禁卫所官与土

---

① 嘉靖《巴东县志》卷1《舆地纪》。
② 嘉靖《思南府志》卷7《拾遗志》。
③ （明）宋濂：《元史》卷162《刘国杰传》，北京：中华书局，1976年，第3811页。

官联姻。① 要求军人娶妻组成军户，却又规定汉人不得与土家族通婚，因此军人娶妻只能选择汉人。所以卫所官兵组成的军户基本上也可看作是汉族移民。

不过在卫所屯戍区内，"军民错居"，"军皆迁诸内地"，"民则服属诸苗"②。这里的"苗"为土家族的代称，与古文献中的"蛮"同义。这样在卫所屯戍区内形成土家族和汉族杂居的局面。随着汉族与土家族相处日久，汉文化强大的向心力使得卫所区内出现"夷僚渐被德化"的局面③，部分土家族开始接受汉文化而渐被同化融合。不过在土司时期，朝廷有"蛮不出境，汉不入峒"的禁令④，汉人不能随意进入土司区，土家族也不能随意进入汉界。这在很大程度上限制了民族间人口的流动，从而使得民族分布状况长时间维持原貌。

在土家族地区，最先改土归流的是黔东北田氏土司，时间在明初永乐年间。改流后土家族聚居区包括思南府全境及铜仁府一部分。思南府"旧为苗夷所居，祐恭克服之，后芟夷殆尽，至今居民皆流寓者"⑤，这可视为田氏的赶苗拓业。"弘治以前川民不入境"，"弘治以来，蜀中兵荒流移入境，而土著大姓各空闲山地招佃安插，处为其业，或为一家跨有百里之地者，流移之人亲戚相招，僵属而至，日居月累，有来无去"⑥。因此今黔东北地区自永乐年间改流至弘治以后，汉人陆续迁入，成为土司时期土家族地区汉人分布较多的区域。

2）苗族的分布变迁

土司时期土家族地区南部有一个苗族聚居区，其范围"东据卢溪，南抵麻阳，西接乌罗，北连永保，东南一百里界乎辰溪，东北二百里界乎沅陵，西北三百里界乎蜀之酉阳、石耶、邑梅，西南一百五十里界乎黔之铜仁"，"广袤八百余里"⑦。泸溪即湖南泸溪县，麻阳即湖南麻阳县，乌罗即乌罗长官司，位于今贵州松桃县乌罗镇，永保即永顺司和保靖司，整个苗区面积方圆八百余里。当时朝廷为了有效控制苗疆，明万历四十三年（1615）在苗区东部边缘地带修筑了一道长城，即苗疆边墙。这条长城从贵州与湖南交界的

---

① 《明世宗实录》卷 115。
② 万历《湖广总志》卷 30《兵防二》。
③ 《贵州图经新志》卷 4《思南府》。
④ 同治《宣恩县志》卷 20《艺文志》。
⑤ 嘉靖《思南府志》卷 1《地理志》。
⑥ 嘉靖《思南府志》卷 7《拾遗志》。
⑦ 乾隆《乾州厅志》卷 2，侯加地《边哨说》。

亭子关，经王会营、五寨司、竿子坪司、镇溪所沿边，到今吉首境内的喜鹊营。① 而今这条长城部分地段重新得到修复，并成为当地发展旅游业的宝贵资源。当时边墙一带民族分布格局是"边墙以外者为生苗，边墙以内间有与民村相错居，或佃耕民地，供赋当差……则熟苗也"②。这条边墙尽管不是苗族分布区的东部边界，却是"熟苗"区和"生苗"区的分界线。所谓"熟苗"，即归顺明王朝，经济、文化等方面与汉族及朝廷联系非常紧密的那部分苗族，主要分布于边墙以东及靠近边墙的狭长地带内，即生苗区与汉区、土家族聚居区间的过渡地带；所谓"生苗"主要是指聚居于深山、政治上不受朝廷节制，政治、经济、文化发展保持了相对独立性的那部分苗族，主要聚居于边墙以西的高山深谷之中。

这条边墙不是政区上的疆界。从理论上讲，苗区许多地方为土司辖区。因此，土司辖区内也有苗族分布，如当时"五寨长官司管辖上下各五寨土民"③，"小凤凰营鸡公寨各处，熟苗土民错杂居住"④；乾州厅"自厅城外西北皆生苗寨落，边墙内民村稀少，视苗寨仅十之三四，杂以土人、仡佬"⑤，乾州"与永保邻者地稍辽阔，而土、仡、熟苗杂处，不尽民村也"⑥；永绥厅"土户寥寥数十家，其余居民俱自内地迁入者"，"历数十年来，或买土开垦，或贸易经营，渐觉充裕"⑦。这里苗区土民即土家族，仡佬即今仡佬族。针对苗区民族混杂而居的情况，朝廷施行"设流以驭土，设土以理苗"的政策⑧：用流官牵制土家族土司，用土家族土司来钳制苗族。这实际上是历代王朝对少数民族"以夷制夷"政策的延续。同时朝廷还在苗区内设置营哨，由镇竿"迄而北则长宁、箭塘、盛华、永安、永宁、凤凰、王会，迄而东则清溪、靖疆、洞口、竿子，转而之东北，则乾州、强虎，转而西，则石羊、小坡，其他小营堡各附其地，而以镇溪所终焉"，"各哨守拨有土兵，亦既烦岁饷矣"⑨。设置营哨主要也是为了加强对苗区及土家族地区的军事控制，而这些营哨守兵，一般由土家族充当。如此就形成了苗区内以苗族为主、杂居土家

---

① 郭曼文主编：《中国南方长城》，北京：作家出版社，2001年，第258页。
② （清）严如熤：《苗防备览》卷8，清道光二十三年（1823）邵义堂刊本。
③ 乾隆《辰州府志》卷12《备边》。
④ （清）严如熤：《苗防备览》卷8，清道光二十三年（1823）邵义堂刊本。
⑤ （清）严如熤：《苗防备览》卷9，清道光二十三年（1823）邵义堂刊本。
⑥ （清）严如熤：《苗防备览》卷3，清道光二十三年（1823）邵义堂刊本。
⑦ 同治《永绥直隶厅志》卷1《地理门》。
⑧ 康熙《思州府志》卷1《区域表》。
⑨ （清）顾炎武：《天下郡国利病书》卷68《湖广》，四部丛刊本。

族,苗区外以土家族为主、间杂苗民的民族分布格局。

说苗区内有土家族分布,还可从苗族白帝天王信仰中找到佐证。白帝天王之神"乾绥各处皆然,今属四县苗寨亦多,苗俗无异,然未闻有其庙者,盖此地原系土司之地,势盛而苗势微也"①。白帝天王信仰本为土家族所有,土家族进入乾、绥所属苗区内,把白帝天王信仰也带到这些地方,后来苗族中遂有了白帝天王的信仰。

当苗族势力强盛之时,苗区范围会有所扩展,于是就出现了苗族侵占土家族田地的现象。酉阳司九江、后溪一带先为土司地,后为镇筸苗所侵夺,致使土司"境土日削"。邑梅司部分地方也为镇筸苗族所蚕食。②

除苗区外,土家族集中分布区也有少量苗族分布。永顺"府属皆土司旧所治,其民为土人,若苗户方十之一,盖前时土司所招以为佃及逋逃于斯者,今犹族类聚居,间于各里"③,"古丈坪一带为白岩洞、施溶洞、田家洞各长官司地,往时各土官于间地招生苗,故近乾州一带间有苗寨"④。永顺县"惟功全、冲正、西英、罗衣等保系苗人,余俱土人,各保沿边苗人,乃土司招徕使捍御以备藩篱者"⑤。龙山县"邑本客、土、苗杂居,其俗不一。苗民于龙最少,盖曩时土司所招以为佃及逋逃于斯者"⑥。秀山县"至明东南边村俗近苗峒"⑦,显见明代秀山县东南部已有苗族分布。乾隆年间永顺府苗族分布状况是"永保二邑苗户多,龙山次之,桑植又次之"⑧。

这一时期鄂西南宣恩县高罗龙河、苗寨、麻阳寨、小茅坡营等地⑨,来凤县苗寨沟、革勒车等地⑩,建始县大洪寨、长寿里等地⑪,鹤峰县走马区、县城附近等地⑫,黔东北江口县莲花乡等地⑬,思南石盘山等地⑭也先后有苗

---

① 同治《永顺府志》卷12《杂记》。
② (清)顾炎武:《天下郡国利病书》卷70《四川》,四部丛刊本。
③ 乾隆《永顺府志》卷11《檄示》。
④ (清)严如熤:《苗防备览》卷2,清道光二十三年(1823)邵义堂刊本。
⑤ 同治《永顺府志》卷10《风俗》。
⑥ 嘉庆《龙山县志》卷7《风俗》。
⑦ 光绪《秀山县志》卷7《礼志》。
⑧ 同治《永顺府志》卷4《户口》。
⑨ 宣恩县志编纂委员会:《宣恩县志》,武汉:武汉工业大学出版社,1993年,第61页。
⑩ 湖北省来凤县志编纂委员会:《来凤县志》,武汉:湖北人民出版社,1990年,第47页。
⑪ 湖北建始县《龙氏族谱》。
⑫ 湖北省鹤峰县史志编纂委员会:《鹤峰县志》,武汉:湖北人民出版社,1990年,第94页。
⑬ 江口县志编纂委员会:《江口县志》,贵阳:贵州人民出版社,1994年,第124页。
⑭ 思南县志编纂委员会:《思南县志》,贵阳:贵州人民出版社,1992年,第147页。

族迁入。

土家族聚居区的苗族，大多是土司招募而来的，他们主要为土司佃种土地和保境安民。

3）蒙古族的分布变迁

土司时期有少量蒙古人进入土家族地区，主要分布于鄂西南恩施市，黔东北铜仁市、印江县、松桃县，重庆市彭水县境内。

元至元十八年（1281），朝廷派石抹按只"领诸翼蒙古、汉军三千余人戍施州"①。戍守施州的蒙古军人成为土家族地区最早的蒙古人。

明末清初，蒙古人的一支铁、金、余三姓迁至铜仁，分住乌罗、印江、塘头白岩沟等地。② 这也是黔东北蒙古族的由来。

明洪武七年（1374）明军于合川大败元军后，其中有部分蒙古人迁至夔州府定居，改为谭姓。至明末清初，谭启鸾迁至彭水县下汤口，改姓张，后迁至鹿鸣乡向家坝定居；元末部分湖北孝感乡高街珍珠码头的谭姓蒙古人因躲避明军追捕，西迁至四川万县三积里龙王坝，至明洪武四年（1371）谭姓蒙古人兄弟七人为避明军再次四散迁徙。其中谭满四与其妻黄氏先迁忠州，后迁居巫山，后又迁至石柱县沙子关。其子元龙及孙宗贵在明永乐年间迁至彭水县龙射堡定居，龙射堡即今太原乡谭家堡；清康熙年间部分余姓蒙古人因避难迁入今彭水润溪乡石坝村一带定居。③

4）白族的分布变迁

土司时期部分白族人进入土家族地区，他们主要分布于湘西北张家界市、桑植县、慈利县和鄂西南鹤峰县境内。

宋末忽必烈攻占大理后，征集白族人组成"寸白军"，随蒙古大军出征潭州（今湖南长沙）和鄂州（今湖北武汉）。忽必烈承继蒙古大汗位后，寸白军解散。寸白军中的熊安国兄弟落籍慈利羊角山，谷均万落籍今张家界兴隆街椰树坪，钟千一、王朋凯等落籍麦地坪芙蓉桥（今属湖南桑植）。④ 他们成为后来土家族地区白族的先祖。

清康熙年间，部分白族后裔从桑植迁入麻寮千户所地（今鹤峰走马区马

---

① （明）宋濂：《元史》卷154《石抹按只传》，北京：中华书局，1976年，第3642页。
② 思南县志编纂委员会：《思南县志》，贵阳：贵州人民出版社，1992年，第152—153页。
③ 重庆市地方志编纂委员会：《重庆民族志》，重庆：重庆出版社，2002年，第264—265页；彭水县志编纂委员会：《彭水县志》，成都：四川人民出版社，1998年，第705页；王希辉：《重庆蒙古族来源及其社会文化》，见：《中国西南民族研究学会建会30周年精选学术文库·重庆卷》，北京：民族出版社，2014年，第207—223页。
④ 湖南省慈利县志编纂委员会：《慈利志》，北京：农业出版社，1990年，第123页。

家、拓坪乡一带)①，这也是鹤峰县白族的由来。

5) 侗族的分布变迁

土司时期有部分侗族进入土家族地区，他们主要分布于黔东北铜仁市、江口县，鄂西南宣恩县等地。

明永乐年间罗姓侗族为逃难迁到铜仁府，后迁居偏岩罗家山，再迁江口张家屯；清顺治年间新晃姚姓侗族沿抚溪江进入江口大塘、车坝河一带定居。② 清康熙四十八年（1709）龙姓侗族自贵州府青溪县后山洞雁沟寨迁至宣恩县铜锣坪、牛鼻洞、八台等地；康熙五十四年（1715）吴姓侗族自贵州铜仁、青溪、玉屏等地迁入宣恩县卧西坪、龙头岩、土鱼河等地；雍正四年（1726）杨姓侗族自湖南芷江迁入宣恩马虎坪、九坝、茶园沟、白岩山、邓家坪、龙马山等地。③

总体说来，土司时期土家族地区的主体居民仍然是土家族，但土司时期又有汉族、苗族、侗族、蒙古族、白族等兄弟民族迁入土家族地区，使土家族地区出现"诸蛮错处"④ 的民族分布格局。

不过，当时朝廷规定"土人不许出境，汉人不许入峒"⑤，对出入土司疆界者盘查甚严。如容美土司境之五峰关"客司中者领单至此，旗长照验放行，如无单者，不准出关"⑥。关禁政策对人口流动会产生阻碍作用，这也是土司时期土家族地区与外地人口流动较少的一个重要原因。同时朝廷对土司区内的婚嫁也有规定："土官土舍婚娶，止许本境本类，不许越省，并与外夷交结往来，遗害地方"，如有违反"或削夺官阶，或革职闲住，子孙永不承袭"⑦。朝廷的这项政策限制了民族间通婚，也在一定程度上延缓了民族间的融合，不利于民族间团结及经济、文化的交流。

四、清代改土归流后土家族地区的民族分布变迁⑧

改土归流后外地汉族、苗族等兄弟民族大量迁入土家族地区，使地区性

---

① 湖北省鹤峰县史志编纂委员会：《鹤峰县志》，武汉：湖北人民出版社，1990年，第94页。
② 江口县志编纂委员会：《江口县志》，贵阳：贵州人民出版社，1994年，第125页。
③ 宣恩县志编纂委员会：《宣恩县志》，武汉：武汉工业大学出版社，1993年，第62页。
④ 光绪《湖南通志》卷末1《杂志》。
⑤ 同治《长乐县志》卷3《山水志》。
⑥ （清）顾彩：《容美纪游》，见：《小方壶斋舆地丛钞》第6轶，清光绪六年（1880）南清河王氏刊本。
⑦ （明）李东阳等：《大明会典》卷109《兵部》，文渊阁四库全书本。
⑧ 朱圣钟：《五代至清末土家族地区的民族分布与变迁》，见：《西南史地》第1辑，成都：巴蜀书社，2009年，第109—126页。

的民族构成和分布发生了巨大变化：土家族地区汉族、苗族等兄弟民族数量增多，土家族在地区人口中的比例相对下降；这些迁入的兄弟民族插花般分布于土家族地区，使这一地区土家族的分布呈大分散小聚居的格局，并逐渐形成现今土家族地区的民族构成和分布格局。

1. 土家族的分布变迁

改土归流以后，作为地区性主体少数民族的土家族，其分布格局发生比较大的变化。在改土归流过程中，朝廷为了直接统治土家族地区、削弱土司在土家族地区的影响，将许多土家族土司迁出领地，实行异地安置。这些土司在迁出时，其族人和部分部众也随之迁徙，形成改流后较大规模的土家族外迁。

清代改土归流后，土家族土司外迁概况见表1-2：

表1-2 改土归流后土司外迁概况表

土司名称	土司姓氏	迁出地（今所处地区）	迁入地	改流时间
永顺宣慰司	彭氏（彭肇槐）	永顺司（湖南）	江西	雍正六年
南渭州土知州	彭氏（彭祖裕）	南渭州（湖南）	湖南长沙	雍正六年
保靖宣慰司	彭氏（彭御彬）	保靖司（湖南）	辽阳	雍正六年
五寨长官司	田氏（田宏天）	五寨司（湖南）	河南	康熙四十六年
桑植宣慰司	向氏（向国栋）	桑植司（湖南）	河南	雍正六年
容美宣慰司	田氏（田旻如）	容美司（湖北）	陕西、广东、河南	雍正十三年
五峰石宝长官司	张氏（张彤柱）	五峰石宝司（湖北）	陕西、广东	雍正十三年
忠路安抚司	覃氏（覃梓楚）	忠路司（湖北）	湖北江夏	雍正十三年
忠孝安抚司	田氏（田璋）	忠孝司（湖北）	湖北孝感/汉阳	雍正十三年
金峒安抚司	覃氏（覃邦舜）	金峒司（湖北）	湖北汉阳	雍正十三年
散毛宣抚司	覃氏（覃煊）	散毛司（湖北）	湖北汉阳、孝感	雍正十三年
龙潭安抚司	田氏（田贵龙）	龙潭司（湖北）	湖北江夏	雍正十三年
大旺安抚司	田氏（田正元）	大旺司（湖北）	湖北孝感	雍正十三年
东流蛮夷长官司	田氏（尧封）	东流司（湖北）	湖北孝感	雍正十三年
腊壁长官司	田氏（田封疆）	腊壁司（湖北）	湖北孝感	雍正十三年
卯洞司	向氏（向舜）	卯洞司（湖北）	湖北孝感	雍正十三年
漫水司	向氏（向廷富）	漫水司（湖北）	湖北孝感	雍正十三年
百户司	向氏（向权）	百户司（湖北）	湖北孝感	雍正十三年
忠峒安抚司	田氏（田光祖）	忠峒司（湖北）	湖北江夏	雍正十三年
高罗安抚司	田氏（田昭）	高罗司（湖北）	湖北汉阳	乾隆二年

续表

土司名称	土司姓氏	迁出地（今所处地区）	迁入地	改流时间
木册长官司	田氏（田应鼎）	木册司（湖北）	湖北孝感	雍正十三年
唐崖长官司	覃氏（田梓桂）	唐崖司（湖北）	湖北汉阳	乾隆元年
沙溪宣抚司	黄氏（黄正爵）	沙溪司（湖北）	湖北汉阳	雍正十三年
西阳宣慰司	冉氏（冉广烜）	西阳司（重庆）	浙江仁和	雍正十三年

资料来源：王承尧、罗午：《土家族土司简史》，北京：中央民族学院出版社，1991年；田敏：《土家族土司兴亡史》，北京：民族出版社，2000年

通过表1-2可以看出：

（1）土家族地区总共约有24家土司在改流中被迁出异地安置。据《土家族土司简史》统计，清代改流前土家族土司总共约58家，则外迁土司占土司总数的41.38%，约有2/5土家族土司被迁出了土家族地区。众多土司及其家族被迁出，在一定程度上改变了区域性的民族构成，使土家族在地区总人口中的体例下降。

（2）从外迁土司行政级别来看，宣慰司有5家、宣抚司2家、安抚司7家、长官司6家、土知州1家、其他小土司3家。从土司规模来看，宣慰司、宣抚司、安抚司总计达14家，占外迁土司总数一半还多，说明土司外迁还是以大中型土司为主。土司迁出土家族地区后，土家族世家大族在原居住地的势力减弱，便于朝廷有效地对土家族地区进行直接控制。

（3）从外迁土司原来所处位置来看，以今鄂西南地区土司最多（18家），湘西北地区次之（5家），渝东南最少（1家），黔东北则没有土司外迁。鄂西南地区土司外迁较多与土司时期鄂西南土司分布较为密集有关。

（4）土司迁入地主要集中在湖北（16处）、陕西（2处）、河南（2处）、广东（2处）、浙江（1处）、江西（1处）、辽宁（1处）等地，其中尤以湖北最多。外迁土司这种地理分布与土司外迁中的就近安置原则有关。

（5）土家族土司迁出时间主要在康熙四十六年（1707）至雍正十三年（1735）之间，其中尤以雍正十三年土司外迁较为集中。这种情况与雍正年间在土家族地区大力推行改土归流政策有关。

土司及其部众的大量外迁，使局部区域内土家族的数量急剧减少，一定程度上改变了地区性的民族构成和民族分布格局。但从总体上来说，大多数土司家族及其成员仍得以留居原地，对原土司地区以土家族为少数民族主体的总体格局影响不大。以卯峒土司为例，至清嘉庆年间"故卯峒土司裔也，

今居孝感十之三,居卯峒者十之七"①。这似乎说明雍正年间改流时,卯洞土司家族外迁者占到土司人口总数30%,留居原地的土司家族仍有70%,也在一定程度上说明外迁土家族在土家族总体数量中还是少数,大多数土家族仍留居世代生息的武陵山区。

从上表统计的土司外迁情况来看,改土归流时约41.38%的土司被迁居外地,但绝大多数土司仍得以留居原地。这也在一定程度上保证了土家族地区以土家族为少数民族主体的民族分布格局无太大变化,原土司地区仍然是土家族分布相对集中的区域。

2. 其他民族的分布

改流后"蛮不出境,汉不入峒"的禁令被解除,汉族、苗族、侗族、蒙古族、仡佬族等民族迁入土家族地区,从而改变了土家族地区的民族分布格局和民族构成。

1) 汉族的分布变迁

清代自康熙年间全国人口显著增加,在人口密集的平原地区,"人民蕃庶,食众田寡,地尽垦种"②,有限的土地已不能养活众多人口。鄂湘渝黔交界的土家族山区"地广赋轻,开垦易于成业"③,激起了流民入山的兴趣。改流后"蛮不出境,汉不入峒"禁令废除,也为流民自由入山创造了条件。

自改土归流以后,土家族地区原土司区域均有大量汉族流民迁入。如施南府"自雍正十三年改土归流以来,久成内地,以致附近川、黔、两楚民人,或贪其土旷粮轻,携资置产;或籍以开山力作,搭厂垦荒,逐队成群,前后接踵"④;宜昌府"改土后人民四集"⑤;永顺府"各流民向以土司改流同于内地,故相率来永置产,分住城乡街市"⑥,流民大量进入,使永顺府出现"郡邑土民苗民……客户错居"的局面⑦;渝东南石柱厅"数十年来滋生日繁,流寓亦日集"⑧;酉阳州"境内居民土著稀少,率皆黔、楚及江右人,流寓兹土垦荒丘刊深箐,……其户皆零星四散,罕聚族而居者,五方杂处"⑨。可见

---

① 《卯峒向氏族谱》卷2《谱序》。
② 《清圣祖实录》卷259。
③ (清)严如熤:《三省边防备览》卷9《民食》,清光绪刊本。
④ 《宫中档乾隆朝奏折》,乾隆十七年十二月二日。
⑤ 同治《宜昌府志》卷16《杂述志》。
⑥ 乾隆《永顺府志》卷11《檄示》。
⑦ 乾隆《永顺府志》卷10《风俗》。
⑧ 道光《补辑石柱厅志》卷2《田赋志》。
⑨ 同治《增修酉阳直隶州总志》卷19《风俗志》。

改土归流后,汉族分布已遍及整个土家族地区了。以致后来汉族甚至成为土家族地区的主体民族,而土家族则成为土家族地区少数民族的主体。

2) 苗族的分布变迁

改土归流后,土家族地区苗族的分布也发生了变化。

清代改流后,土家族地区南部的苗族聚居区依然存在,但内部民族构成和分布逐渐发生了变化。明清时期苗民起义不断,但每次都遭到朝廷的血腥镇压。在镇压苗民起义的过程中,朝廷实行"赶苗拓业"政策:大量苗族被赶至深山野林,同时朝廷在苗地增设军事砦堡,派军驻守。随后相邻的土家族和外地流民迁至苗地,聚居于军事砦堡附近,形成苗、土家、汉等民族杂居的局面。如贵州松桃与秀山交界的白竹山"山上苗人所居,下山至茅坪,则土人村寨"①,形成民族立体分布、民族错居的分布格局。清政府在征伐苗族过程中陆续在苗区内设立了凤凰厅、永绥厅、松桃厅、古丈坪厅,直接经营苗疆。随着外来流民的涌入,苗疆四厅境内的土家、汉等族比例逐渐增多。这样的人口迁徙使原来的苗区内交错分布着土家族、汉族等民族,形成苗区内苗族大分散小聚居的分布格局。

改流后也有不少苗民北迁至土家族聚居区。目前鄂西南、湘西北、渝东南和黔东北土家族集中分布区内的苗族很多都是改流后陆续迁入的。不过对改流后苗族人口的流动,朝廷还是有诸多限制的,至光绪年间仍规定"各苗官不准在城内久住,如有苗民在城开店,立即封闭驱逐回寨;民差亦不得擅入苗寨"②,政府禁止苗人移居城镇,汉人也不得擅入苗疆。政府还"禁民苗结亲"③。这里的"民",既包括汉人,也包括土家族。禁止苗族与汉、土家等兄弟民族通婚,一定程度上阻碍了苗族与兄弟民族间的融合与交流,对局部地区民族分布的小格局也会有一定影响。

3) 侗族的分布迁徙

改流后侗族继续向土家族地区迁徙,主要分布于鄂西南宣恩县、恩施市、咸丰县等地,分布地域较土司时期有所扩大。

乾隆年间,部分侗族从湖南沅州(今新晃、芷江)、贵州玉屏、广西三江等地迁到鄂西南,主要分布地区为:恩施甘溪、芭蕉、大吉、白果、双河等地;咸丰金洞、清坪、和龙、马河等地;宣恩长潭区会口、洗马坪、龙马、兴隆、中间河,晓关区桐子营、覃家坪、八台、西坪、张官、猫山、大岩坝、

---

① (清)严如熤:《苗防备览》卷4,清道光二十三年(1823)邵义堂刊本。
② (清)但湘良:《湖南苗防屯政考》补编,清光绪九年(1883)蒲圻但氏湖北刻本。
③ 光绪《古丈坪厅志》卷7《建置》。

晓关镇，李家河区板栗园、上洞坪，沙道区两河口，椒园区桂花、椿木营区等地。①

4）蒙古族的分布变迁

改流后又有一支蒙古人迁入土家族地区，主要分布于鄂西南鹤峰县、恩施市，黔东北松桃县、印江县境内。

蒙古族部姓一支于元末定居松滋县，明代中叶其中一支徙居澧州，清乾隆二十一年（1756）从澧州迁至湖北鹤峰州（治今湖北鹤峰县）大路坪，后迁大路坪北的神仙园。光绪年间部分蒙古人从鹤峰中营坪迁至恩施石窑。②

思南县境内也有蒙古族人，主要聚居于塘头白鱼沟。这支蒙古人是在明末清初来到铜仁的，一部分居乌罗，一部分居印江。

5）仡佬族的分布变迁

改流后仡佬族在土家族地区主要分布于湘西吉首市和泸溪县境内。

严如熤《苗防备览·风俗考》："泸溪仡佬居上五都之大章、小章、大西老、烟竹坪、下五都六保之洞廷山等寨及乾州之下溪口、铁枕岩、把布、把金、上下百户各寨共计寨落百数十处，其民非苗非土，盖别为一种类"，泸溪县和乾州的部分地区有仡佬族分布。泸溪即今湖南泸溪县，乾州在今湖南省吉首市。

3. 改流后土家族地区的民族分布格局

改流初期土家族地区是"地无重赋政无苛，鸡犬桑麻尽太和"，"出山人少进山多"③。由于外地流民大量涌入，当地土家族发出"非我族类"的感慨④。随着流民迁入，土家族地区民族人口构成发生了相应变化，如永顺县"土人、汉人、苗民杂处。土人十之四，汉人三分，苗人亦仅三分"⑤。鹤峰州"自改土后客土混杂"⑥。改流后土家族的分布处于大分散小聚居状态。以卯峒为例，卯峒向氏本来"族广人繁"，后来由于流民迁入安插，向氏"散若棋布"⑦。卯峒向氏虽有部分族人仍居住于卯峒一带，但是在局部地区已较为分散。改流后土司地区土家族分布状况大多与卯峒相似。

---

① 吴万源：《鄂西侗族考》，《贵州民族研究》1987年第2期，第163—168页。
② 邓和平：《湘鄂边一支蒙古族人的来源与迁徙》，《内蒙古大学学报》（人文版）1999年第5期，第36—40页。
③ 同治《长乐县志》卷12《风俗志》。
④ 同治《咸丰县志》卷7《典礼志》。
⑤ 同治《永顺县志》卷6《风土志》。
⑥ 同治《宜昌府志》卷11《风土志》。
⑦ 《卯峒向氏族谱》卷2《谱序》。

迁入土家族地区的流民在与土家族和苗族长期相处中，受其习俗影响，逐渐演变为土家族、苗族。如湘西大小章人，"散处乾州、泸溪边界，相传有章氏兄弟官团练居此，其子孙习蛮俗，似苗非苗，似土非土"[①]。现今土家族人中不少姓氏就是由汉人带来的。[②] 严如熤《苗疆风俗考》载"永保苗人与永绥乾州毗连，各寨去县治绝远者系生苗，其去保靖县域古丈坪稍近，如哄哄寨之属，则虽系苗种落，沾化日久，别号曰土蛮"。苗族在与土家族长期相处中，习其风俗逐渐演变为土家族。改流前汉族与土家、苗族间禁止通婚，但并未禁绝。土司时期镇溪所汉官千户"久居边地，与夷联姻"[③]，施州卫官与土夷"为奸违例婚媾"[④]，民族间的融合并没有完全隔断。改流后禁婚令解除，民族间融合步伐也加快。在改流后的民族融合中，尽管有部分汉族、苗族融合为土家族，但伴随着外来汉族移民的持续涌入、土家族地区汉族人口的持续增长，土家族、苗族的逐渐汉化的趋势也是日趋明显。

综上所述，对于土家族地区的民族分布变迁，我们大致可以有以下几点认识：

（1）土家族地区民族分布变化过程呈现出阶段性发展的特点。大致可以分五代以前、五代两宋时期、元明清土司时期和清代改土归流后四个时期，民族分布变化与土家族地区的社会历史阶段性的发展进程是密切联系的。

（2）土家族地区民族分布格局变化很大。从总体上来说，五代以前土家族地区土家族先民各族杂居共住。五代宋时期土家族地区居民主体为土家族，其他民族如汉、瑶、苗、侗、仡佬仅有少量分布。其中瑶、苗、侗、仡佬主要分布于土家族地区的南部沿边一带，汉族则主要分布于土家族地区的沿边及砦堡一带。元明清土司时期，土司辖区内为土家族集中分布区。在土司辖区以外府、州、县等沿边地带，土家族随着外来移民的迁入在区域人口中的比例逐渐下降；苗族在土家族地区南部一带形成聚居区，同时也有部分苗族应土家族土司招募而进入土司地区；汉、蒙古、白、侗等民族则主要分布于府、州、县地区，其中尤以汉族为最多。清代改土归流至清末，随着土家族世家他族的外迁，汉、苗、侗、蒙古、仡佬等民族的随意迁入，民族分布格局大为改观，汉人逐渐成为土家族地区分布最广的民族，土家族则成为当地

---

① （清）严如熤：《苗防备览》卷9，清道光二十三年（1823）邵义堂刊本。
② 练铭志：《试论湘西土家族与汉族历史上的融合关系》，《贵州民族研究》1987年第4期，第128—134页。
③ （清）顾炎武：《天下郡国利病书》卷77《湖广》，四部丛刊本。
④ （清）顾炎武：《天下郡国利病书》卷71《四川》，四部丛刊本。

少数民族中分布最广的民族。因此，历史时期土家族地区民族分布格局的变化，大致有土家族由聚居向散居、大分散小聚居的转变，汉族由散居到聚居的转变。其他如苗、瑶、蒙古、白、侗、仡佬等民族在土家族地区的分布地域虽有扩大，但总体呈现零星的插花状分布。

（3）从土家族地区民族分布格局发生变化的影响因素来看，最直接的原因为移民。移民包括迁入移民和外迁移民。迁入移民又分为军事性移民和生存性移民两种。宋代砦堡移民和寸白军（白族）进入湘西北、明代卫所移民都属于军事性移民，而广大汉族、苗族、侗族、蒙古族等进入土家族地区则多属生存性移民，他们进入土家族地区是为了谋求生存。外迁移民主要为清雍正年间改土归流后土家族土司的外迁安置。这些迁入移民和外迁移民不仅改变了土家族地区的民族构成，也改变了土家族地区的民族分布格局。除了移民这个因素，朝廷的政治政策也对土家族地区的民族分布格局变化产生了重大影响。如土司时期实行的土司制度、"土人不许出峒，汉人不许入境"的关禁政策、禁止少数民族与汉族通婚的政策等都在一定程度上限制了土家族地区民族分布格局的变化，但军事性移民、土司外迁安置、改土归流、招民入山垦殖等政策又在很大程度上推动了土家族地区民族分布格局的变化。因此，政治政策的实施和改变是土家族地区民族分布格局形成和变化的最主要原因。

第三节　地域空间及其变化——土家族地区的政区沿革

经济发展是在一定的地域空间内进行的。土家族地区经济发展的地域空间，自然是在土家族分布的地域范围之内。土家族地区的地域空间，我们可用较为直观的行政区来衡量。在不同的历史时期，土家族地区在政区归属上略有差异。弄清土家族地区的行政区划及其演变情况，也就可大致廓清土家族地区在不同历史时期经济活动的空间范围。

秦代在土家族地区设置有南郡、巴郡和黔中郡。① 巴郡相当于今四川阆中以东，巫山以西，武隆、江安以北，大巴山以南地；南郡相当于今湖北省武汉以西，襄樊以南，监利以北，巫山以东地区；黔中郡相当于今湖南省洞庭湖以西沅水、澧水流域，湖北省清江流域，重庆市乌江流域②，土家族地

---

① （南朝·宋）范晔撰，（唐）李贤等注：《后汉书》，北京：中华书局，1965年，第3479、3484、3507页。

② 杨宽：《战国史》，上海：上海人民出版社，1980年，第537、538、539页。

区处于三郡交界地带。

汉代土家族地区分属巴郡、南郡和武陵郡（秦黔中郡改置）。① 土家族地区开始设县：巴郡有涪陵县，南郡有夷道、巫、秭归三县，武陵郡有佷山（东汉改属南郡）、充、零阳、沅陵、迁陵、酉阳、辰阳7县。

晋代土家族地区分属涪陵郡、建平郡、宜都郡、天门郡、武陵郡。② 土家族地区设置的县有：涪陵郡涪陵、汉复、汉平、汉葭、万宁5县；建平郡信陵、建始、秭归、沙渠、巫5县；宜都郡佷山县；武陵郡酉阳、迁陵、黔阳、沅陵4县；天门郡临澧、零阳、娄中3县。③

南朝刘宋时期土家族地区分属建平郡、宜都郡、天门郡、武陵郡。④ 涪陵郡永嘉后地大部为蛮人所占领，刘宋所设之涪陵郡辖地已不在土家族地区之内了。⑤ 土家族地区所设县有：建平郡巫、秭归、归乡、沙渠4县；宜都郡佷山县；天门郡临澧、娄中、零阳3县；武陵郡沅陵、迁陵、酉阳、黔阳4县。

隋代土家族地区分属巴东郡、黔安郡、清江郡、沅陵郡、南郡、澧阳郡。⑥ 土家族地区所置县为：巴东郡秭归、巴东、石城、务川4县；黔安郡彭水、涪川2县；清江郡盐水、巴山、清江、开夷、建始5县；南郡长杨县；澧阳郡崇义、慈利、石门3县；沅陵郡大乡、沅陵2县。

唐代土家族地区分属归州（巴东郡）、峡州（夷陵郡）、施州（清化郡）、澧州（澧阳郡）、溪州（灵溪郡）、辰州（卢溪郡）、锦州（卢阳郡）、思州（宁夷郡）、黔州（黔中郡）、忠州（南宾郡）。⑦ 土家族地区所设县为：归州巴东郡秭归、巴东2县；峡州夷陵郡长阳、巴山2县；施州清化郡清江、建

---

① （南朝·宋）范晔撰，（唐）李贤等注：《后汉书》，北京：中华书局，1965年，第3507、3479—3480、3484页。

② （唐）房玄龄等：《晋书》卷14《地理志》、卷15《地理志》，北京：中华书局，1974年，第437、456—457页。

③ 《晋书·地理志》天门郡下载有临澧、充二县，二县实为同一县，本人曾有专文予以考证，见：《〈晋书·地理志〉正误一则》，《中国历史地理论丛》2000年第4期。

④ （南朝·梁）沈约：《宋书》卷37《州郡志》，北京：中华书局，1974年，第1119、1122、1125—1126页。

⑤ 杨光华：《晋宋齐涪陵郡废置及属州考》，《西南师范大学学报》（哲社版）1999年第4期，第12—15页。

⑥ （唐）魏徵、令狐德棻：《隋书》卷29《地理志》、卷31《地理志》，北京：中华书局，1973年，第825—826、829、888—890、895页。

⑦ （后晋）刘昫等：《旧唐书》卷40《地理志》、卷39《地理志》，北京：中华书局，1975年，第1614、1620—1623、1553—1555页；（宋）欧阳修、宋祁：《新唐书》卷40《地理志》、卷41《地理志》，北京：中华书局，1975年，第1028—1030、1073、1075—1076页。

始 2 县；澧州澧阳郡石门、慈利 2 县；溪州灵溪郡大乡、三亭 2 县；辰州卢阳郡沅陵、卢溪 2 县；锦州卢阳郡洛浦、招谕、渭阳、万安、卢阳 5 县；思州宁夷郡务川、思邛、思王、宁夷 4 县；黔州黔中郡彭水、黔江、洪杜、洋水、信宁、都濡 6 县；忠州南宾郡南宾县。

宋代土家族地区分属归州、峡州、澧州、施州、归州、辰州、思州、绍庆府（黔州）、咸淳府。① 土家族地区所置县有：归州秭归、巴东 2 县；峡州长杨县；施州清江、建始 2 县；澧州石门、慈利 2 县；辰州沅陵、卢溪 2 县；思州务川、安夷、邛水 3 县；绍庆府彭水、黔江 2 县；咸淳府南宾县。此外，土家族地区又设有羁縻州，计有上溪、中溪、下溪、龙赐、天赐、忠顺、保靖、感化、永顺、懿、安、远、新、给、富、来、宁、南、顺、高等州②，各州长官由当地土家族首领担任。

元代土家族地区分属归州路、峡州路、澧州路、辰州路、夔州路、重庆路。③ 土家族地区县级政区有：归州路秭归、巴东 2 县；峡州路长阳县；夔州路施州及建始县；澧州路石门县及慈利、安定 2 州；辰州路沅陵、卢溪 2 县；重庆路下辖绍庆府、怀德府、忠州，绍庆府有彭水、黔江 2 县，怀德府西阳、柔远、来宁 3 州，忠州有南宾县。元代在土家族地区实行土司制度，设置的土司较多。据统计，至元代末年鄂西南有土司 18 个，湘西 15 个，渝东南 5 个，黔东 7 个，总计有土司约 45 个（详见表 1-3）。

明代在土家族地区边缘地带设置有荆州府、岳州府、辰州府、思南府、铜仁府、重庆府、夔州府等④，此外还设带有军事性质的机构卫所，既管地方军政，同时也兼管民政。明代土家族地区县级政区有：荆州府夷陵州辖巴东、秭归、长阳 3 县；岳州府辖慈利、石门 2 县；辰州府辖泸溪县；思南府辖安化、务川、印江 3 县；铜仁府辖铜仁县；重庆府辖黔江、彭水 2 县；夔州府辖建始县。思南、铜仁二府下辖有不少土司，府境土官和流官并置。明代沿袭元代土司制度。据统计，明代土家族地区设置土司，鄂西南有 31 个，湘西北 18 个，渝东南有 6 个，黔东北有 4 个，总计有土司 59 个（详见表 1-3）。⑤

---

① （元）脱脱等：《宋史》卷 88《地理志》、卷 89《地理志》，北京：中华书局，1985 年，第 2195—2196、2226—2227、2229 页。

② （元）脱脱等：《宋史》卷 493《蛮夷传》，北京：中华书局，1985 年，第 14177 页。

③ （明）宋濂：《元史》卷 59《地理志》、卷 60《地理志》、卷 63《地理志》，北京：中华书局，1976 年，第 1418、1442—1443、1525—1527 页。

④ （清）张廷玉等：《明史》卷 43《地理志》、卷 44《地理志》，北京：中华书局，1974 年，第 1030、1032—1033、1080、1082、1093、1095—1100、1209—1210、1212—1213 页。

⑤ 主要土司的分布情况见附图 1-2 "土家族地区主要土司分布示意图"。

表1-3 土司时期土家族地区土司一览表

地区	元代	明代	清代
鄂西南	施南宣慰司、湖南镇毛岭洞宣慰司、怀德军民宣慰司、散毛军民宣抚司、容美东宣抚司、高罗宣抚司、隆奉宣抚司、龙潭宣抚司、隆中路宣抚司、龙渠洞宣抚司、忠孝军民安抚司、盘顺军民安抚司、忠义军民安抚司、金峒安抚司、大旺安抚司、木册安抚司、忠建军民都元帅府、东乡五路军民府	施南宣抚司、东乡安抚司、摇把洞长官司、上爱茶长官司、下爱茶长官司、镇远蛮夷官司、隆奉蛮夷官司、忠路安抚司、剑南长官司、忠孝安抚司、金峒安抚司、西坪蛮夷官司、石关洞长官司、中峒安抚司、散毛宣抚司、龙潭安抚司、大旺安抚司、东流蛮夷官司、忠建宣抚司、忠洞安抚司、高罗安抚司、思南长官司、容美宣抚司、椒山玛瑙长官司、五峰石宝长官司、石梁下峒长官司、水尽源通塔坪长官司、盘顺安抚司、木册长官司、镇南长官司、唐崖长官司	容美宣慰司、施南宣抚司、散毛宣抚司、忠建宣抚司、东乡安抚司、金峒安抚司、忠路安抚司、忠孝安抚司、高罗安抚司、大旺安抚司、东流安抚司、龙潭安抚司、沙溪安抚司、五峰安抚司、石梁安抚司、椒山安抚司、水尽安抚司、木册长官司、唐崖长官司、腊壁长官司、卯洞长官司、漫水长官司、西萍长官司、建南长官司、玛瑙寨成长官司、石宝深溪长官司、下峒平茶长官司、塔平长官司、木寨前峒长官司、红鸾后峒长官司、戎角左峒长官司、能陛右峒长官司
湘西	永顺宣抚司、南渭州安抚司、泊崖洞安抚司、保靖安抚司、桑植宣慰司、朝南安抚司、成长长官司、芙蓉长官司、神旗长官司、龙潭州、安定州、化被州、美坪州、慈利安抚司、茅冈司	永顺宣慰司、南渭州、施溶州、上溪州、腊惹洞长官司、麦着黄洞长官司、驴迟洞长官司、施溶洞长官司、白岩洞长官司、田家洞长官司、保靖宣慰司、五寨长官司、杆子坪长官司、两江口 官司、茅冈冠带长官司、桑植安抚司、上峒长官司、下峒长官司	永顺宣慰司、南渭州、施溶州、上溪州、腊惹洞长官司、麦着黄洞长官司、驴迟洞长官司、施溶洞长官司、白岩洞长官司、田家洞长官司、保靖宣慰司、五寨长官司、杆子坪长官司、两江口靠近官司、茅冈冠带长官司、桑植宣慰司、上峒长官司、下峒长官司
渝东南	酉阳宣慰司、邑梅洞、平茶洞、石耶洞、石柱安抚司	石柱宣抚司、酉阳宣抚司、石耶长官司、地坝副长官司、邑梅长官司、平茶长官司	石柱宣慰司、酉阳宣慰司、石耶长官司、地坝副长官司、邑梅长官司、平茶长官司
黔东北	思州宣慰司、思州宣抚司、龙泉坪长官司、思印江等处长官司、沿河长官司、佑溪长官司、水特姜长官司	水德江长官司、蛮夷长官司、沿河佑溪长官司、朗溪长官司	水德江长官司、蛮夷长官司、沿河佑溪长官司、朗溪长官司

资料来源：田敏：《土家族土司兴亡史》，北京：民族出版社，2000年

清代前期仍沿明制，行政建置也同于明代。自清雍正六年（1728）至乾隆初年，土家族地区陆续改土归流，土司制度被废除，普遍设流官。土家族地区分属施南府、宜昌府、澧州直隶州、永顺府、辰州府、永绥直隶厅、凤凰直隶厅、乾州直隶厅、古丈坪厅、思南府、铜仁府、松桃直隶厅、西阳直

隶州、石柱直隶厅。① 土家族地区所置县有：施南府辖恩施、建始、利川、咸丰、来凤、宣恩6县；宜昌府辖鹤峰州、长乐、长阳、归州、巴东2州3县；澧州辖石门、慈利、安福、永定4县；永顺府永顺、保靖、桑植、龙山4县；思南府辖安化、务川、印江3县，朗溪、沿河佑溪2长官司；铜仁府辖铜仁县，省溪、提溪2长官司；酉阳直隶州辖彭水、黔江、秀山3县。

通过上文对历史时期土家族地区政区沿革的梳理，我们发现土家族地区政区沿革至少有以下三个方面的特点：一是土家族地区一直分属地方一级行政区的交界地带，在行政区划的区位上具有远离政治中心的边缘性特点；二是从土家族地区政区设置的区域差异来看，政区建置在空间上的变化态势是由土家族地区的边缘地带渐次向腹心地带推进，至清代改土归流后土家族地区的政区建置才完全同于内地；三是从行政管理制度方面来看，土家族地区长期实行的是与内地有别的管理体制。在土家族地区的腹心区域，秦汉至宋代实行羁縻统治政策，元明至清初实行土司制度，而在土家族地区的边缘地带则实行与内地一样的行政管理体制，直接设置州、郡、路、府、县进行管理。这两种行政管理制度或者说行政管理模式直到雍正年间改土归流之后才趋于一致，趋同于内地。这些特点一方面与土家族地区地处武陵山区，自然条件相对闭塞有关；另一方面也与本区域为土家族聚居区，其经济、政治、文化行为主体与内地有别紧密相关。

---

① （清）赵尔巽等：《清史稿》卷67《地理志》、卷68《地理志》、卷69《地理志》、卷75《地理志》，北京：中华书局，1976年，第2181—2184、2193—2194、2200—2201、2203—2205、2234—2235、2238—2239、2359—2362、2369页。

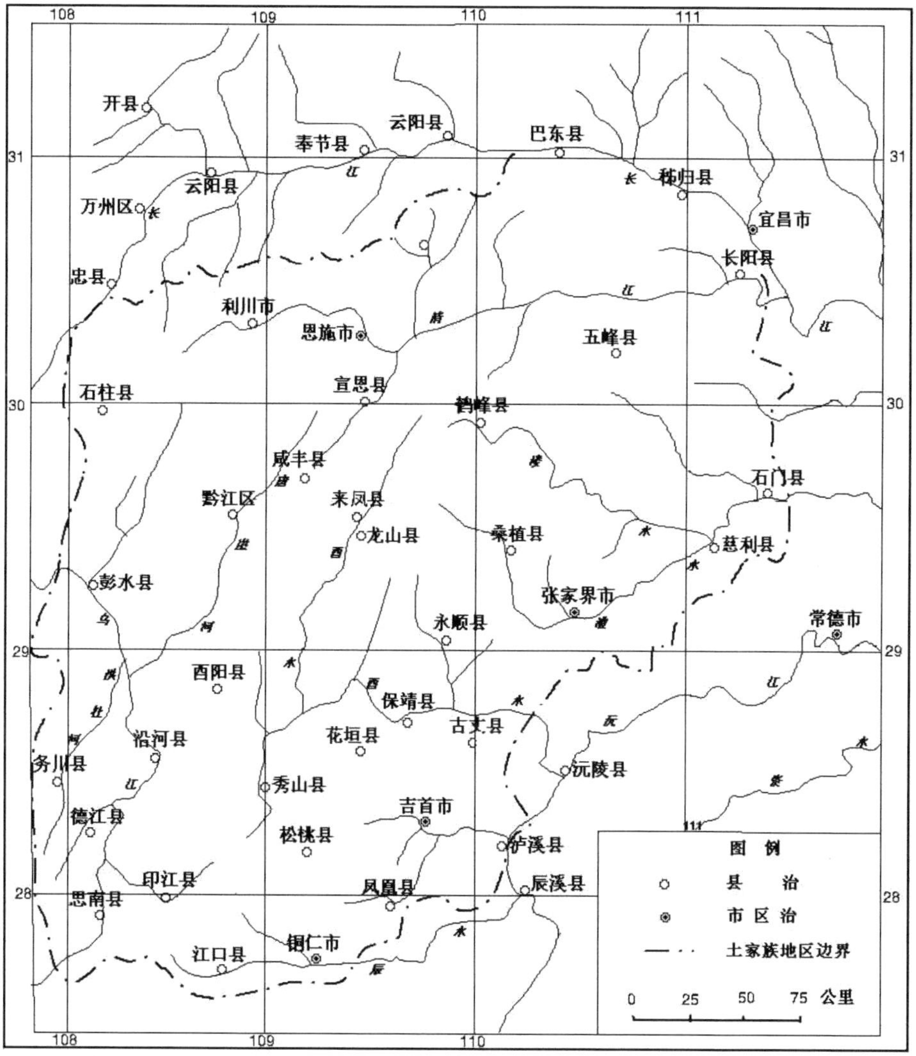

第一章 土家族地区的地理环境与地域空间

附图1-1 土家族地区区域示意图

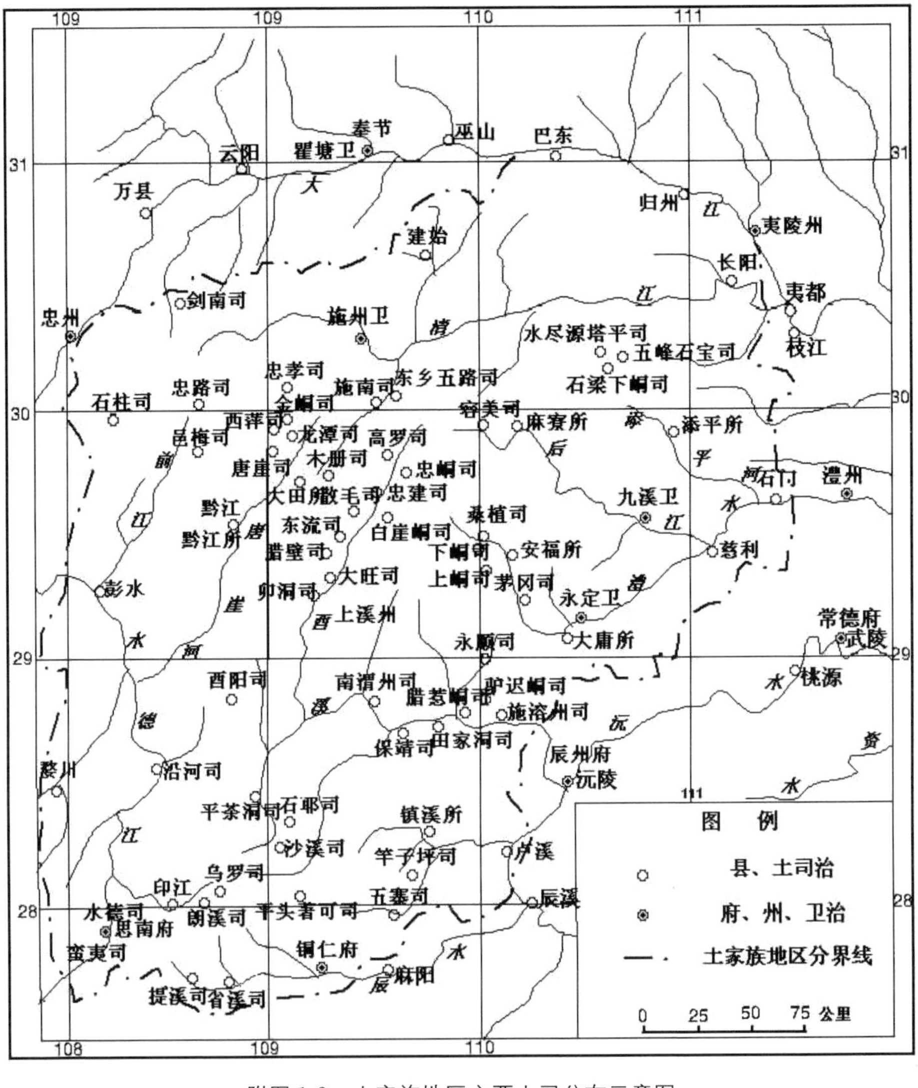

附图 1-2 土家族地区主要土司分布示意图

第二章 历史时期土家族地区交通及地理变迁

交通对社会经济的发展影响很大。原料的运输、劳动力的组织及产品的流通都离不开交通,生产技术的革新、生产工具的改良及生产组织管理方式的进步也有赖于交通扩大影响,并由此推动社会经济的发展。

土家族地区崇山峻岭,"这里的山路十八弯,这里的水路九连环","上山到云间,下山到溪边,两山能对话,行走要半天",交通不便在很大程度上阻碍和延缓了土家族地区社会经济的发展。不过,历史时期土家族地区这种交通状况还是有所改善,故而土家族地区交通便利之地的经济得以优先发展。历史时期土家族地区的交通分陆路和水路两种。

第一节 历史时期土家族地区的陆路交通

土家族地区地处武陵山区,因受高山深谷的阻隔,再加上长期为土家族及其先民的聚居地,历代王朝以蛮荒之地视之,交通发展并未得到足够的重视。因此,陆路交通的发展极为缓慢。

先秦时代,土家族地区北部的长江三峡水路是巴蜀与荆楚间最早的交通孔道。除峡江水道以外,在峡江两岸,历史时期还开凿有贯通巴蜀与荆楚两地的陆路交通线。

关于峡江南岸古道,杨华、屈定富[①]等都曾有论述。从目前来看,峡江南岸古道路线大致已经廓清,峡江南岸古道路线基本上与现在的318国道一致。

这条穿越土家族地区北部区域的道路"外蔽夔峡,内绕溪山,道至险阻,

---

① 杨华、屈定富:《长江三峡南岸入蜀古道考证》,《三峡大学学报》(人文社科版)2006年第4期,第5—11页。

蛮獠错杂，自巴蜀而瞰荆楚者，恒以此为出奇之道"①。南北朝时，信州蛮"屯据三峡，断遏水路，荆蜀行人至有假道者"，所走的就是这条道路。西晋渝东石柱西界沱至今恩施的盐道由西界沱始，经楠木垭、石家坝、黄水坝、卡门（入利川）、柏杨塘、汪家营、利川县城至今恩施。②这条盐道也是经由土家族地区北部连接荆楚与巴蜀的重要交通孔道。

渝东南由于有郁山盐井，很早就形成由郁山镇经野猪地、长顺、堡上、文斗、十字路、新民、龙嘴河、沙溪、活龙坪、大河边至今湖北省咸丰县城地的盐道。③湘西北石门、慈利一带开发较早，应存在由石门循澧水上行至今慈利的交通线路。除以上交通路线外，其他区域陆路交通均不发达。到五代时，溪州铜柱铭文载溪州之地"水泉无汲引之门，樵采莫通，粮糗无转输之道"，这大致也是整个土家族地区交通极为闭塞的写照。

唐代土家族地区的交通状况有所改观。当时途经土家族地区的交通要道有夔州巫山县至黔州的道路、涪州至南宁州的道路、思州至辰州的道路、黔州至辰州的道路、施州至峡州的道路等。④

夔州巫山县至黔州道路。这条山道从巫山对岸南陵山一百零八盘至大石岭驿（仙掌岭）、建始县、小猿叫驿（今恩施县东80里）、浮塘驿、施州（今恩施），再经驴瘦岭铺（今恩施城西7里）、歌罗驿（今恩施西南约100里）、黔江区、四十八渡水（今黔江区西35里）、彭水县至黔州。宋代建始县东25里猿啼山有小猿叫驿，黄庭坚（一说为黄叔达）《题小猿叫驿》诗载其地"大猿啼罢小猿啼，箐里行人白昼迷，恶藤牵头石啮足"。道路所经之地深林密箐，道路在山林中蜿蜒穿行，沿途甚为荒凉。

涪州至南宁州的交通道路。这条古道从涪州（今涪陵）沿今乌江，经武龙县（今武隆北）、信宁县（今彭水江口镇）、彭水（黔州治，今彭水县）、洪杜县（龚滩）、务川县（思州治，今沿河县）、思王县（今思南）、慈头滩、多田县、涪川县（今鹦鹉河与乌江汇合处南岸）、充州（今余庆县境）、建安县（牂柯州治）入南宁州（今曲靖县）。这条道路经过土家族地区渝东南和黔东北部分地区。

---

① 道光《施南府志》卷2《疆域志》。
② 鄂西土家族苗族自治州公路史志委员会：《鄂西公路史》，武汉：武汉出版社，1996年，第19—20页。
③ 鄂西土家族苗族自治州公路史志委员会：《鄂西公路史》，武汉：武汉出版社，1996年，第19—20、27、22—26页。
④ 严耕望：《唐代黔中牂柯诸道考略》，《中央研究院历史语言所研究集刊》第50本第2分册，第361—380页。

思州至辰州道路。由思王县东南陆行入辰水河谷至常丰县（今铜仁县），再循辰水东行至锦州治所卢阳县（今麻阳县西 30 里），又东北水程经麻阳（今麻阳县东）、辰溪（今辰溪县）、卢溪（今卢溪县西南）至辰州治所沅陵县。

黔州至辰州的道路。由黔州东行至黔江区（今县东 20 里），又东入西水河谷水陆相兼至三亭县（今保靖县西百里），又东沿西水至溪州治所大乡县（约今永顺南境），又东南经西水至辰州治所沅陵县。

施州至峡州的道路。严耕望认为是由施州向东循清江而行或取水道至峡州，不过笔者认为施州至峡州道路很可能走的是峡江南岸古道。因为在这条古道沿线，考古发现有唐代遗物、遗迹，而循清江水道，目前还未发现有古道痕迹，故笔者以为由施州至峡州道路，应该不是循清江而行的。

北宋时期川盐行销鄂西南形成定例后，从今重庆境内至鄂西南的盐道渐次开通，也在一定程度上推动了土家族地区北部区域的陆路交通。当时主要盐道有恩施至西界沱的盐道；今咸丰经利川柏杨塘至西界沱的盐道；利川经柏杨坝、卡门、地坝滩至云阳及新军场盐道；咸丰至郁山盐场的盐道；恩施经龙凤坝、杉木坝、当阳坪、红椿沟、观坪至巫山大溪口盐道；利川经柏杨坝、李子坳、龙驹河、安平镇再经水路至奉节的盐道；建始经龙门子、当阳坪、横槽入巫山境，或由建始城经茅草坝、杉木梁子、高岩子至横槽至巫山城的盐道。① 宋代恩施至巴东的道路也已开通，这条道路由恩施经红庙、龙凤镇、白杨坪、龙驹河（入建始）、罗家坝、建始县、长梁子、茅田、龙潭坪（另一路经罗家坝、马水河、河水坪、三里坝、高店子、石门河）、鹞鹰坪、绿葱坡、三尖观、茶店子、马鹿池达巴东县城。明代还曾于河水坪设州门驿。② 宋代湘西北辰州会溪"当保静、南渭、永顺三州之冲"③，则会溪往永顺州、保靖州、南渭州等羁縻州的道路也已开通。

元代由河南行省首府汴梁路至云南行省首府中庆路（治今昆明市）之间有一条陆路交通线。④ 这条道路经过湘西，虽然不经过土家族地区，但作为一条贯通中原与西南的交通主干道，对土家族地区的交通也有一定的影响。

---

① 鄂西土家族苗族自治洲公路史志委员会：《鄂西公路史》，武汉：武汉出版社，1996 年，第 19—20、27、22—26 页。
② 鄂西土家族苗族自治洲公路史志委员会：《鄂西公路史》，武汉：武汉出版社，1996 年，第 19—20、27、22—26 页。
③ （宋）王象之：《舆地纪胜》卷 75《荆湖北路·辰州》，台北：文海出版社，1971 年，第 451 页。
④ 王颋、祝培坤：《元代湖广行省站道考略》，见：《历史地理》第 3 辑，上海：上海人民出版社，1983 年，第 166—177 页。

元代土家族地区也曾开凿陆路交通线。至元二十一年（1284）因施、黔、鼎、澧、辰、沅等地"蛮僚叛服不常，往往劫掠边民，乃诏四川行省讨之"。朝廷分兵四路，"曲里吉思、惟正一路出黔中，巴八一军出思、播，都元帅脱察一军出澧州，忽兰吉一军自夔门会合"，"诸将凿山开道，绵亘千里，诸蛮设伏险隘，木弩竹矢，伺间窃发"①。这些为便于军事行动而修凿的道路对改善土家族地区的陆路交通也有一定影响。至元三十一年（1294），泊崖洞、楠木洞、桑木溪蛮酋联合反叛，刘国杰率兵平叛，"国杰命绘图以进，使部将……以澧州武口进兵"，自率一部"从会溪施溶口进兵"，"破泊崖、楠木诸洞"②。泊崖洞地大致在今永顺县镇溪、施溶与古丈县高峰、罗依溪等地，楠木洞大致在泊崖洞附近，地域大略在今永顺、古丈一带，桑木溪大致在今桑植县北部。由此可知澧州武口、会溪施溶等处都有陆路通至永顺、古丈一带。据《新元史·地理志》载元至大元年（1308），朝廷讨伐容米等十七洞地主要行军路线有四条，"其一，自红砂堡直趋容米、玩珍、昧惹、卸甲、阿惹、石驴等洞；其一，从苦竹寨抵桑厨、上桑厨、抽拦洞；其一，由绍庆至挚摩、大科、阳蔓师、大翁迦洞；其一，征又巴洞向十万、大帝什用洞兵接应"，这四条行军路线也是取用当时的交通要道。田敏先生对以上地点进行了考证③，认为红砂寨即明清时红砂堡，容米洞即今鹤峰县，则当时有一条由巴东经红砂寨至鹤峰县的道路；元时苦竹寨在今慈利县地，桑厨即明清时桑植，也即今桑植县，则从今慈利县经桑植有道路可通容米十七洞地；元时绍庆路治今渝东南彭水县，大翁迦洞在今宣恩县中东部，则从今彭水县有道路通往今宣恩县中东部；又巴洞在今宣恩县境，则由宣恩县有道路可通往鹤峰县。除了军事征伐过程中开通道路外，朝廷还在归附的土司境内设置驿站，如至正六年（1346）在散毛峒地"置官属，给宣敕、虎符，设立驿铺"④，驿、铺即设置于道路沿线道路管理机构。不过从现有文献来看，元代土司地区铺驿设置还不普遍，道路疏凿往往与军事征伐有关。

明初征服贵州少数民族后，朱元璋令傅友德"乘其势修治道途，务在平行，水深则构桥梁，水浅则垒石以成大路"⑤，大力进行交通道路整治。明永乐十一年（1413）拓修了思南、印江、省溪（江口）、铜仁、麻阳的思麻驿

---

① （明）宋濂等：《元史》卷162《李忽兰吉传》，北京：中华书局，1976年，第3794页。
② （民国）柯劭忞：《新元史》，南京：开明书店，1935年，第471页。
③ 田敏：《土家族土司兴亡史》，北京：民族出版社，2000年，第7—8页。
④ （明）宋濂等：《元史》卷41《顺帝本纪》，北京：中华书局，1976年，第875页。
⑤ 《明太祖实录》卷149。

道。① 在修筑驿道的同时，明政府大量增设铺递，基本上形成以各土司治所为中心的陆路交通网：由水德司向东至蒙溪铺，向南至山人家铺，向北经鹦鹉铺、板坪铺至蛇盘铺；由蛮夷司向南经蒋溪铺至地施铺，向西经黑鹅铺、大塘铺至松溪铺，向东北经枫香铺、樵家铺至茅田铺；由沿河司向南经沙陀铺至土陀铺，向北经官舟铺至石马铺；由朗溪司向东经大谷旦铺至木桶铺；由务川县向南经牛塘铺、丰乐铺至天井铺，向北经岩前铺、木悠铺至板场铺；由印江县向南至战溪铺，向北经小田铺、安牙铺至野猫铺。② 铜仁府也有铺递设置，明万历年间有 12 铺：府前铺、关添铺、油鱼铺、桃映铺、客寨铺、坝盘铺、坝黄铺、省溪司前、提溪司前铺、凯土铺、孟溪铺、平头司前铺等。③ 明代黔东北形成以驿道为主，以铺递为支线的道路交通网。铺递驿路及道路网络的形成与明初在黔东北的改土归流密切相关。

渝东南石柱司在明代形成以土司城为中心的交通网络。从今县城向东经鲤塘坝、卷店、沙子关、湖镇、菜子坝通今利川县白杨塘；由鲤塘坝经双庆场、六塘坝、石梁河场、经河口场（新龙乡新龙村）通今黔江区白石关；由六塘坝走漆辽坝、擂鼓台、马武坝抵今彭水县界；由司城南行经下路坝、五斗坝、都会、双流坝、木坪至石流坝到今彭水县界；从司城西行经灯盏窝、磨盘石、倒流水、永清关到洋渡溪（今属忠县）至今忠县界，左走分水岭，经今丰都水桶坝，至高家镇抵江边；从司城向北经大歇塘、油柞房、悦来场、仰天窝、青龙场（今王家坝）、临溪场抵河嘴场至今万州区界；经悦来场、鱼池坝、青草坡至西界沱；经大歇塘、茶店、竹林沟抵今忠县南岸辰溪口。④ 元明时今酉阳、彭水、黔江境内也有驿道相通，由今彭水县向东经亭子关、西池铺、金子铺、石塔铺、黄草铺、黄木铺、今黔江区、深沟铺、龙桥铺、偏坡铺、谢家坝铺、濯河坝铺、犁湾铺、河口铺入今酉阳土圹铺；由黔江区向东，经插旗山、杉木垭、黄山岭、老鹰关、县坝、马家坝渡口、乾沟入今湖北咸丰县石耶关，为黔江通咸丰最早道路；由今黔江区东门经七十八渡溪、下坝、观音岩、蒲家岩、胖土地、舟白渡圹、龚家坝圹、湾圹、朗溪沟、石门坎、石板坡至渝鄂交界的天生桥圹；由今黔江去酉阳干线上的南家坪分路东南行，经驼腰树、正阳、鲤鱼池、官渡河、火草坝、夏凉桥、甘溪、马喇湖、凉风垭、鱼泉口、官庄、凉洞、早化、细沙河入酉阳界；元明时期还有

---

① 江口县志编纂委员会：《江口县志》，贵阳：贵州人民出版社，1994 年，第 403 页。
② 嘉靖《思南府志》卷 2《建置志》。
③ 万历《黔记》卷 22《邮传志》。
④ 石柱县志编纂委员会：《石柱县志》，成都：四川辞书出版社，1994 年，第 248 页。

一条从涪陵经乌江水道至彭水，再转入郁江船运至郁山镇，再由郁山镇陆运至黔江的盐道。① 明清至民国年间，黔江与万县、常德也有商道相通：黔江至万县的西大路从今区治出发，沿驿道干线至梅子关分路，经两会坝、白石关、长顺坝（属利川县）、冷水坝（属石柱）、中坝、大河坝、西界沱至今万州；东大路由区治循古驿道线，经杉木垭、老鹰关、古无慈城、马家坝、韦关坳（属咸丰）、黄水坝（属石柱）、鱼池坝至万县；黔江去常德大路由今区治沿驿道干线至南家坪分路，经河口场、水路至两河口、火石坳（入酉阳）、黑水坝、甘溪、麻旺、龙潭转水运，沿酉水东下，再转运沅江，过沅陵、桃源至常德。②

明代湘西北慈利、石门县铺递驿路的修筑对这两地的交通状况也有所改善。至隆庆年间慈利县置有铺递43处：由县前铺向东经英溪、水傍、茶林、高桥、善山、界首至石门县；由县前铺经三义、行溪、退田、畲刀、任市、宜冲、黄鱼、穿石、白杨、围布、施陶、唤狗、潭头、杨林、社溪、苟家、古城、大庸、黄土、桑溪至永定、大庸；由县前铺向西北经亚门、长峪、通济、赵家、仁和、九溪卫前、滑潭、三家、竹家、土坡、虾子、原古、水踏、安福、羊楼、麻寮所前至九溪、安福、麻寮等地。③ 石门县铺递驿路，由县前铺向东经华林、马鞍可达澧州；由县前铺向西经花山、新店可达慈利县；由县前铺向西北经野鹅、铜盘、沿公、渡首、黄虎、渔潭、门扇、潘家、野韭、所门至麻寮、添平等地。④ 慈利、石门县尽管有铺递设置，交通道路实际情况是"石路萦纡马行难，青峰蜿蜒嶂叠嶂，绿水盘回湾复湾，路僻不逢人来往"⑤，总体上山路偏僻，崎岖难行。

明代鄂西南途经建始县的交通道路依然畅通。明代建始县对县域的交通整治不力，仅设有上坝、莱头2铺。⑥ 由施州卫至夷陵州大路起于施州卫城，经金子坝、向家村、鸡心笼、熊家岩、南里渡、鸦雀水、百步梯（入建始）、红岩子、高店子、野三河（属巴东）、大支坪、野三关、泗渡河、椰坪（长阳）、贺家坪、木桥梁、安安庙等地达于宜昌，据说明初平定明玉珍就是经由

---

① 郭兆毓：《黔江古道》，见：《黔江文史资料》第2辑。
② 郭兆毓：《黔江古道》，见：《黔江文史资料》第2辑。
③ 隆庆《岳州府志》卷10《建置考》。
④ 隆庆《岳州府志》卷10《建置考》。
⑤ 嘉庆《石门县志》卷49《艺文志》，（明）周顗《北乡道中》。
⑥ 同治《建始县志》卷2《建置志》。

此路。① 由施州卫至巴东县的交通道路仍然畅通。明代巴东县南 80 里设有召化堡，"通本县后里二关（石柱关、连天关）及施、建要路"②。县南 200 里有古驿铺，"通石柱、连天二巡司"③。由巴东县向南经召化堡、古驿铺可达石柱关、连天关，由此两关可达容美土司境内。从归州经江南茅坪铺、荒口铺、九湾铺、花界铺等地可至夷陵。④ 长阳县向东经板桥铺、白岩铺达于宜都县城，向西由县城经安远铺可至巴东县。⑤

土司时期，广大土司地区也开辟了一些交通道路。土家族地区的土司辖区之间一般有道路相通，只是土司区间的交通畅通与否，主要看土司之间的关系融洽与否，一旦关系恶化，土司区间交通随之断绝。如容美土司至保靖土司，取道桑植较为便捷。康熙年间由于容美土司与桑植土司交恶，行旅从容美至保靖司不得不绕道酉阳司，费时长达 27 天。⑥ 在各土司区域内，以司治为中心形成一些交通路线，如永顺土司有由老司城到颗砂、猛洞河的外出大道。⑦ 容美土司由中府经细柳城、云来庄、细砂溪、燕子坪、梅篮坡、桦皮界、红毛尖、百顺桥、大面山、湾潭、石梁荒、牛顶岭、杜鹃坪、菩提界、栗子坪、东坪、油溪、五峰司、谢家坪、长乐坪、三登坡、汉阳河、渔阳关、白马溪、钱村至枝江县城，由中府经细柳城、东乡坪、李虎坡、难到江、南府、五里坪、核桃荒、三路口、大隘关、白果树、麻寮所、清官渡、石门县宜沙、渔洋隘、南山坡、罗村、苦竹坪、松滋县官渡坪、龙山坪至枝江县城。⑧ 不过总体来说，土司地区的道路是"略无十步宽平径"⑨，交通道路艰险难行。

清代改土归流后，土家族地区陆路交通得到很大发展。各府、厅、州、县对道路整修极为重视，在主要道路上设置铺递塘汛（各府、州、县设铺递，松桃厅设塘汛除负责邮传），遂形成以各府、厅治为中心联系所属各县，以各州、县治为中心联系所属各地的交通网络。改流后土家族地区各地铺递驿路

---

① 鄂西土家族苗族自治州公路史志委员会：《鄂西公路史》，武汉：武汉出版社，1996 年，第 22—26 页。
② 同治《巴东县志》卷 9《兵防志》。
③ 嘉靖《巴东县志》卷 2《铺舍》。
④ 嘉靖《归州志》卷 1《地理志》。
⑤ 嘉靖《湖广图经志》卷 6《荆州府》。
⑥ （清）顾彩：《容美纪游》，见：《小方壶斋舆地丛钞》第 6 轶，清光绪六年（1880）南清河王氏刊本。
⑦ 《永顺土家族》，永顺县民族事务委员会编印，1992 年，第 151 页。
⑧ （清）顾彩：《容美纪游》，见：《小方壶斋舆地丛钞》第 6 轶，清光绪六年（1880）南清河王氏刊本。
⑨ 张兴文、牟廉玖注释：《历代诗人咏施州》，北京：民族出版社，2001 年，第 129 页。

开发情况详见表2-1：

表2-1 清代改土归流后土家族地区的铺递简表

地区名称		铺递及其路线	资料来源
澧州	州属	州总铺向西经高楼、五马、停弦、合口、新兴至石门县界	光绪《湖南通志》
	石门县	总铺向东经华林、川店、马鞍至澧州界； 总铺向南经花山、新店至慈利县界； 总铺向北经夜香、水南至水南渡	同上
	慈利县	总铺向东经迎议、水湾、茶林、高桥、嘉山、义忠至石门县界； 总铺向西经三义、行溪、瀼头、见田、实力、朝市、黄玉、川石、白羊、夫马、招市、狮头至永定县界； 总铺向北经长路、通济、赵家、卫前、翼子、万家、所前、开田、当堤至永顺府桑植县界	同上
	永定县	总铺向东经社溪、杨林、鸡公、潭头至慈利县界； 总铺向西经大庸、黄土、桑溪、太坪至永顺府永顺县界	同上
永顺府	永顺县	总铺向东经撒树坪、他沙、岩弄已、倚窝坪、小龙村、枫香坪、王村、榆树沱、茅坪、铁匠铺、高望水井、焦坪至辰州府沅陵县葛竹溪铺； 由王村向西经王家峒、田家峒至保靖县界之白栖关； 总铺向西经户坪、勺哈、农夕客铺、伴湖至龙山县农车铺； 总铺向南经时铁湖、七溪、夹树坪、惹毛至保靖县龙溪铺； 总铺向北经钓矶岩、颗沙、朱坪、马洛坪、九道水、排柴坳、岩屋口至桑植县桐油铺	同上
	保靖县	总铺向东经大水田、摇洞、白栖关至永顺县界之田家洞； 总铺向西经马世溪、新寨、古铜溪至永绥厅界； 总铺县北经龙溪至永顺县界之惹毛铺	同上
	龙山县	总铺向东经偏岩、官桥、茨岩、马食、散卡、红岩、铁炉、新家、革车、龙车至永顺县界； 南经欧席、干比、桃坪、万家、杂果、腊竹、龙头至隆头司	同上
	桑植县	总铺向东经渔家坪、水獭、闹口、沿古至澧州慈利县界； 总铺向西经杨潭、桐油关至永顺县界	同上
	乾州厅	总铺向东经大庄、大车机至辰州府泸溪县界； 总铺向北经镇溪营、溪头营、良章营、喜鹊营至永顺府永顺、保靖二县	同上

续表

地区名称		铺递及其路线	资料来源
永顺府	凤凰厅	总铺向东经石里牌至沅州麻阳县界； 总铺向西南经菖蒲、栗林、全胜营、苜蓿冲、哑喇营、小凤凰营至贵州正大营界； 总铺向北经奇梁、清溪、靖疆营、得胜营、沟田、红树坡、竿子哨、湾溪至乾州厅界	光绪《湖南通志》
	永绥厅	总铺向东经洞溪坪、望城坡、导马汛、得胜坡、跃马卡至永顺府保靖县界； 总铺向西经三角岩、凉水井、老鸦塘、坳口、岩坳、塌沙、小寨、老石山、茶洞坡至四川秀山县界	同上
	泸溪县	总铺向东经沙井洞至沅陵县界； 总铺向西经洞底、鸾团湾、潭溪至乾州厅界； 总铺向南经桐木、船溪至辰溪县界	同上
	古丈坪厅	署前、丛树坪至永顺茅坪铺	同上
辰州府	沅陵县	总铺向西经罗仙、榆溪、乌宿、施溪、李子、枫香、桃子、桃板、葛竹溪至永顺府永顺县界； 总铺向南经苦藤、清水、柳溪、麻阳、杨溪至泸溪县界	同上
宜昌府	长阳县	县城总铺向东经板桥铺达于宜都县白岩铺； 总铺向西南经平乐铺、石岭铺、张家湾铺、龙潭寺铺、黄草坪铺达于长乐县三岔铺； 总铺向北经赶牛铺、偏岩铺达于东湖县鲁家坝铺； 总铺经天里铺达于东湖县望州铺； 总铺经天里铺、白沙驿铺达于归州花桥铺	同治《长阳县志》
	归州（江南）	州城总铺向南经茅坪铺、荒口铺、周坪铺、九湾铺达于长阳县白沙驿铺； 总铺向西经夏罗铺、石门铺达于巴东县牛口铺	光绪《归州志》
	巴东（江南）	县城总铺向南经土地塘铺、风吹垭铺、茶店子铺、三尖观铺达于建始县箐口铺； 三尖观铺经绿葱坡、古驿铺、支井铺、野三关、连天关达于鹤峰州； 野三关经椒山司地至容美司	同治《巴东县志》
	鹤峰州	州总铺向东经凉水井铺、石龙洞铺、燕子坪铺、三陡坪铺、百顺桥铺，达于长乐县大棉铺；有总铺向南经凉水井铺、石龙洞铺、茶店子铺、五里坪铺、白果坪铺、山羊隘铺，达于慈利县牛角尖铺； 总铺向北经水沙坪铺达于北佳坪铺	道光《鹤峰州志》 民国《湖北通志》
	长乐县	县城向东经卸甲坪铺至渔洋关铺，由此向东可达宜都凉水井铺； 县城向西经好土塘铺、朱家屋场铺、栗子坪铺、青草坪铺、椒园铺、竹拓营铺、树皮营铺、湾潭总铺、中坪铺、泗坪铺至大面铺，达于鹤峰州南渡江铺； 县城向东北经观垭铺、三岔溪铺，由此可达长阳县黄草坪铺	同治《长乐县志》

续表

地区名称		铺递及其路线	资料来源
施南府	恩施县	县城东门底铺经莲花池铺、丫沐峪铺、一桶水铺、南里渡铺、滚龙坝铺、崔家铺达于建始县红岩子铺； 县城南门底铺经天桥铺、乾溪铺达于宣恩县椒园铺； 南门底铺经芭蕉铺、桅杆铺、天池铺、下营坝铺达于咸丰县七里塘铺； 北门底铺经方家坝铺、黄草坡铺、罗针田铺达于利川县长坎铺； 北门底铺经长坡铺、鸡心垅铺、峦山子铺达于建始县龙驹河铺	同治《恩施县志》
	建始县	县城总铺向南经牛角水铺、龙驹河铺达于恩施县峦子山铺； 总铺向东经马水河铺、小坝铺、乾沟铺、石门铺、连三坡铺、箐口铺达于巴东三尖铺； 总铺向东经羊背垅铺、核桃园铺、红岩子铺达于恩施县崔家铺	同治《建始县志》
	利川县	县前铺向东经火塘铺、下马溪铺、长坎铺石板顶达于恩施县罗针田铺； 县城向西经官屋基铺、三步街铺、老屋基铺、孙家塘铺、忠路、石门坝铺界接石柱厅菜子铺； 忠路向南经蕉园铺、沙溪司铺、界牌达于咸丰县活龙坪铺； 县城向北经小箐铺、南坪、野槽坝铺、打杆坳铺、箭竹溪铺、木城铺、建南铺、界牌磅达于万县龙驹坝铺	光绪《利川县志》
	咸丰县	县城总铺向东经猴子岭铺、邢家村铺、白果铺达于宣恩县黄草坝铺； 总铺向南经十字路铺、土老坪铺达于来凤县革勒车铺； 总铺向西经水车坪铺、张家坪铺达于黔江县； 总铺向西北经马家池铺、两河口铺、毛坝铺、活龙坪铺达于利传县沙溪铺	同治《咸丰县志》
	宣恩县	县城总铺向东经刘家庄铺达于东乡铺； 总铺向南经乾溪铺、茅坝铺、东门关铺、板寮铺、高罗铺、头道水铺、乾坝铺、崖脚铺达于来凤县峡口寨铺； 由头道水可达忠峒铺；总铺向北经椒园铺达于乾溪铺； 椒园铺经倒洞铺、大岩坝铺、黄草坝铺达于咸丰县白果坝铺	同治《宣恩县志》
	来凤县	县城总铺向东经峡口寨可达宣恩县崖脚铺； 总铺向西经散毛铺、革勒车铺达于咸丰县土老坪铺； 散毛铺经石门崖铺达大旺铺； 总铺向南经红岩铺、上寨铺、漫水铺达于卯洞铺	同治《来凤县志》
石柱厅		本城向北经大歇塘、茶店、彭家场至忠州辰溪口	道光《补辑石柱厅志》

续表

地区名称		铺递及其路线	资料来源
酉阳州	州属	底塘铺向东经大丫口、蒿芝坨、滥泥坝、蒲海坝、龙潭铺、深溪坝至秀山县界； 州城向北经泉孔、龙池、箐口、旧染沟、土塘坝、两河口、梨湾滩至灉河坝	同治《增修酉阳直隶州总志》
	黔江县	本城底铺向南经龙桥铺、偏坡铺至谢家铺； 县城底铺向西经黄木坝铺、梅子关铺、石塔铺、西池铺至亭子关铺； 县城底铺向东经周白渡铺、天生桥铺交湖北咸丰县界	嘉庆《四川通志》
	彭水县	县城底铺向北经白蜡铺、赵家铺、牛岩铺至木棕铺； 县城向东北经乾溪铺、大河铺、清水铺、郁山镇至亭子铺	光绪《彭水县志》
	秀山县	底铺北经贵图、石莲岩、溪口至酉阳县界	光绪《秀山县志》
思南府	安化县	府前铺经掌溪铺、仙人铺、塘头铺、板桥铺、石阡府前铺、铁厂铺、路濑铺、谷旦铺至偏桥与至省城驿路会； 北路府前铺经天井铺、鹦鹉铺、板坪铺、煎茶铺、松溪铺、务川县前铺、牛塘铺至凉水井铺； 东路由县前铺经凉水井铺至印江县； 东北路有水道至沿河司	道光《思南府续志》
	印江县	西路有县署前、凉水井、缠溪、小田、安涯、野猫等铺（后4铺道光年间废止）	道光《印江县志》
	婺川县	南路有县前铺、牛塘铺、丰乐铺（清初还有天井铺、岩前铺、木悠铺、板场铺，康熙年间裁除）	道光《思南府续志》
	蛮夷司	黑鹅铺、大塘铺、枫香铺、谯家铺、茅田铺（康熙年间裁除）	同上
	沿河司	司前铺、大谷铺、旦木桶铺（康熙年间裁除）	同上
铜仁府	府属	府属铺递有省溪铺、关添铺、油鱼铺、提溪铺、凯土铺、乌罗铺、孟溪铺、平头铺	道光《铜仁府志》
	铜仁县	县属铺递有府前铺、坝黄铺、坝盘铺、客寨铺、桃映铺等	同上
松桃厅		东路由松桃水塘、平所、凉水井、银梳沟、樟桂溪、凉亭坳、麦地、安定、官舟营、正大营汛、报国、哑喇、新寨、大兴、马颈坳至铜仁府城； 南路由厅城、牛角河、大平场、老鸦穴、孟溪场、乌罗司到麻兔司； 西北路由厅城、两河口、静岘、（木暴）木、鸡公岭、冷水溪至秀山邑梅司； 北路由厅城、长冲、卡落、黄板、桃子坪、椰木坪、尚家寨至彭贡	道光《松桃厅志》

这些铺递、塘汛陆路交通线均以府、厅、州、县治所为中心，形成较为复杂的陆路交通网络，府、厅、州、县治所也就成为交通网络中的枢纽。不过，改流后土家族地区的铺递驿路大多是在原有道路基础上整修而成的，路面大多铺成石板路，以方便行旅往来。如利川县光绪年间曾对境内道路进行整修，"一律统修石路"①，又如永顺通往龙山、保靖、桑植等县大道，路面也都铺成石板路。②

尽管改流后土家族地区已基本形成陆路交通网络体系，但山区的地理条件决定了道路会随山势的起伏而辗转变化。清人王协梦赋诗描述土家族地区的道路状况："方从山后来，忽度山前去。下下而高高，沿缘百盘路"③。改流后虽对道路进行过整修，但也仅限于铺递驿路。即便是铺递驿路，也多是"略无十步宽平径"④，而民间仍然是羊肠小道蜿蜒其间，陆路交通状况较中原地区仍显落后。交通道路改善乏善可陈，也是长期制约土家族地区经济发展的一个重要因素。

第二节 历史时期土家族地区的水路交通

土家族地区的主要河流有长江、清江、沅江及其支流酉水、澧水、乌江等。历史时期土家族地区的水路交通也主要凭借这些河流而展开。

一、峡江水道

根据考古工作者的考古发现和相关研究，上自重庆市，下至宜昌市，峡江地带相对平缓的河流阶地上多有人类活动的遗址、遗迹分布，而且其考古学文化还存在一定的共性或相似性。而峡江一带的考古学文化又与四川盆地的巴蜀文化、江汉平原、洞庭湖平原地区的考古学文化有联系和交流。这些文化联系和交流，显然也是通过峡江水道而完成的。因此可以断定，峡江水道的开发利用，应该可上溯到新石器时代。

春秋战国时期，"巴、楚相攻，舟师常出此路"⑤。峡江水道是巴蜀、荆楚间重要的交通孔道，因此纵横家在游说诸侯时多提到峡江水道。如张仪说楚王说"秦西有巴蜀，方船积粟，起于汶山，循江而下，至郢三千余里。舫船载卒，一舫载五十人，与三月之粮，下水而浮，一日行三百余里；里数虽多，

---

① 光绪《利川县志》卷13《艺文志》。
② 永顺县民族事务委员会编印：《永顺土家族》，1992年，第151页。
③ 张兴文、牟廉玖注释：《历代诗人咏施州》，北京：民族出版社，2001年，第164页。
④ 同治《来凤志》卷30《艺文志》。
⑤ （清）胡渭著，邹逸麟整理：《禹贡锥指》卷9，上海：上海古籍出版社，2006年，第296页。

不费马汗之劳，不至十日而距扞关"①，苏代说燕王说"蜀地之甲，轻舟浮于汶，乘夏水而下江，五日而至郢。汉中之甲，乘舟出于巴，乘夏水而下汉，四日而至五渚"②。甚至后来秦惠王在先伐蜀还是先伐楚的问题上犹豫不决时，司马错、田真黄一席话打消了秦惠王的疑虑，"（蜀）水通于楚，有巴之劲卒，浮大舶船以东向楚，楚地可得。得蜀则得楚，楚亡则天下并矣"③。先伐蜀灭巴，后利用峡江水路东下攻楚，进而鼎定天下。秦后来灭楚并天下，基本也是在这个大的战略下展开的。正是由于峡江水道如此重要，巴、楚诸国曾在峡江水路上设置阳关、扞关、江关、弱关等关隘以控扼峡江水路。

自春秋至于唐代，峡江水路一直是连接巴蜀和荆楚两地的重要交通孔道。据统计，自春秋至晋代经由峡江水道的军事征战和运输见于文献记载、颇有影响的有 37 次之多。④ 不过笔者以为，这个数据可能还偏低，因为有一些经由峡江水道的征战和运输还没有计算入内。如廪君巴人沿峡江的西迁、春秋战国时期巴楚间的军事征伐、三国时蜀汉大臣费祎经由三峡出使吴国、东吴使者张温出使蜀汉、唐代巴蜀贡赋运输等。应该说从先秦至唐代，峡江水道的开发利用是极为频繁的。

宋至清代，历代王朝均在长江水路沿线设置水驿。峡江地带作为从成都至长江下游的重要河段，也不例外。水驿的设置保证了峡江段乃至长江水道交通的畅通。宋代在峡江沿线究竟设置了哪些水驿，并无详细的文献记载。据严耕望、蓝勇等人的研究，设置于峡江一带可考的水驿大致有云阳龙日驿、夔州瞿塘驿、巫山云阳驿（神女馆）、巴东万年驿、新滩新安驿、峡州覆盆驿、夷陵水馆、松滋江亭驿等。⑤ 元代峡江沿线水驿主要有朝天水站（重庆市渝中区朝天门）、木洞水站（重庆市巴南区木洞镇）、涪州水站（重庆市涪陵区）、溉云根乌蒙大水站（重庆市忠县旧治）、梅沱小水站（重庆市石柱县西界沱）、万州水站（重庆市万州区）、云阳水站（重庆市云阳县旧治）、夔府水站（重庆市奉节县旧治）、巫山水站（重庆市巫山县）、万流水站（湖北省

---

① （西汉）刘向集录：《战国策》卷 14《楚策》，上海：上海古籍出版社，1985 年，第 506 页。
② （西汉）刘向集录：《战国策》卷 30《燕策》，上海：上海古籍出版社，1985 年，第 1077—1078 页。
③ （晋）常璩撰，刘琳校注：《华阳国志校注》（修订版），成都：成都时代出版社，2007 年，第 97 页。
④ 蓝勇：《四川古代交通路线史》，重庆：西南师范大学出版社，1989 年，第 166—168、173 页。
⑤ 蓝勇：《四川古代交通路线史》，重庆：西南师范大学出版社，1989 年，第 174 页；严耕望：《唐代成都江陵间蜀江水陆道考》，见：《唐代交通图考》，上海：上海古籍出版社，2007 年，第 1132—1133 页。

巴东县马家村)、巴东水站(湖北省巴东县旧治)、建平水站(湖北省秭归县旧治)、黄牛庙水站、凤楼水站(湖北省宜昌市)等。明代峡江沿线的水驿则有朝天水驿、木洞水驿、龙溪水驿(重庆市长寿区)、蔺市水驿(重庆市涪陵区蔺市镇)、涪陵水驿、东清水驿(重庆市涪陵区珍溪镇)、邦陵水驿(重庆市丰都县旧治西)、花林水驿(重庆市忠县洋渡镇花岭)、云根水驿(重庆市忠县旧治南)、曹溪水驿(重庆市忠县石宝镇西南曹溪盘)、瀼途水驿(重庆市万州区瀼渡镇)、集贤水驿(重庆市万州区)、周溪水驿(重庆市万州区大周镇)、巴阳水驿(重庆市云阳县巴阳镇)、五峰水驿(重庆市云阳县南)、南沱水驿(重庆市奉节县高坪)、安坪水驿(重庆市奉节县安坪镇)、永宁水驿(重庆市奉节县旧治)、龙塘水驿(重庆市奉节县旧治东南80里)、马口水驿(重庆市奉节县东南170里)、高唐水驿(重庆市巫山县)、万流水驿、巴山水驿(湖北省巴东县旧治南)、建平水驿、白沙水驿(湖北省宜昌市西120里)、屈溪水驿(湖北省宜昌市西60里)、黄牛水驿(湖北省宜昌市黄牛山下)、凤楼水驿等①。清代经雍正年间裁并驿站,峡江沿线仅剩朝天、长寿、涪州、万县、云阳、奉节、巫山小桥、火峰口、巴东、建坪、归州、白沙、东湖等13陆驿②,但峡江水道仍然是重要的交通孔道。

宋至清代见于文献的峡江航运事例不胜枚举。宋代峡江水路不仅是重要漕运路线,同时也是军旅与行旅往来频繁的水上通道,"川益诸州金帛及租、市之布,自剑门列传置,分辇负担至嘉州,水运达荆南"③。乾德二年(965)北宋平蜀之战④、雍熙二年(985)宋平定王小波、李顺起义均是取道峡江水路⑤;苏辙、李石、李景、范成大、黄庭坚、陆游等往返荆楚与巴蜀,也都是取道峡江水路。元代因置驿传,峡江水路畅通,致有"巨舟临峡江"的景观出现。⑥ 明代峡江水路是重要的漕运路线,明代云南、四川等地市马、贡马多取道峡江水路沿江运至南京⑦;同时峡江水路也是巴蜀与荆楚间重要的军旅通道,明初平定明玉珍大夏政权、明末平定张献忠起义军就是取道峡江

---

① 蓝勇:《四川古代交通路线史》,重庆:西南师范大学出版社,1989年,第181、183—185页。
② (清)王杰修:《钦定大清会典事例》卷529、卷530《兵部·邮政》,清光绪重修本。
③ (元)脱脱等:《宋史》卷175《食货志》,北京:中华书局,1985年,第4252页。
④ (元)脱脱等:《宋史》卷260《曹翰传》,北京:中华书局,1985年,第9014页。
⑤ (元)脱脱等:《宋史》卷278《雷德骧传》,北京:中华书局,1985年,第9456页。
⑥ (元)苏天爵:《元文类》卷3,文渊阁四库全书本。
⑦ 同治《宜昌府志》卷4《建置志》。

水路。清代峡江水路不仅是转运京铜、京铅的水道①，同时也是粮米运输、商旅往来的重要水上通道。也因为如此，清政府在夔州府设置夔关，对来往商船征收商税。

峡江水路保证了巴蜀与荆楚间交通的顺畅。作为土家族地区北部边缘地带的一条黄金水运通道，峡水路在一定程度上对土家族地区北部边缘地区经济的发展起到促进作用。

二、清江水道

清江河的水道交通，从传说的廪君时代就已有之。《世本》载廪君浮夷水，"乘土船从夷水至盐阳"②。夷水即今清江③，说明在远古时期，清江有水上交通，所用交通工具为土船。土船为何物呢？目前学者们对这一问题还有争议：有学者提出土船即用土烧制的陶船④，也有学者认为即"本土之船"，为两头上翘的独木舟。⑤不管土船为何物，早在廪君时代峡江一带和清江一带有水上交通应该是事实。

战国时期清江为巴蜀与荆楚间的重要水上交通孔道，楚肃王四年（公元前377），"蜀伐楚，取兹方，于是楚为捍关以距之"，这里的捍关为湖北长阳佷山捍关⑥。楚肃王在清江河设置捍关，则蜀伐楚应该是取道清江。三国时刘备伐吴，数路大军齐发，其中一支部队也是沿清江而下的。⑦

早期清江河上的水运，可能仅限于小船小规模的航运，这是由清江的自然条件所决定的。据《水经·夷水注》载夷水"自沙渠县入，水流浅狭，裁能通船"⑧，"水流浅狭"，说明河道径流量不大，河道水量有限，这种状况自

---

① 蓝勇：《清代滇铜京运路线考释》，《历史研究》2006年第3期，第86—97页；马琦：《国家资源：清代滇铜黔铅开发研究》，北京：人民出版社，2013年，第382页。
② （清）张澍：《世本》，《世本八种》，北京：中华书局，2008年。
③ 关于夷水，绝大多数学者均认为夷水即今清江河。近有学者之《廪君巴人夷水应为今大宁河考——兼论廪君巴人迁徙原因》（《历史地理》第23辑，上海：上海人民出版社，2008年，第380—399页）一文提出夷水为今大宁河的观点，颇有新意，但论据尚嫌不足，笔者不予采信，仍赞同夷水为今清江河的观点。
④ 王绍荃：《四川内河航运史（古近代部分）》，成都：四川人民出版社，1989年，第6页；邓和平：《荆南土家族研究》，北京：中央民族学院出版社，1992年，第183页。
⑤ 邓晓：《论巴人与土船》，《重庆师范大学学报》（哲社版）2006年第5期，第87—92页。
⑥ 朱圣钟：《〈水经注〉所载土家族地区若干历史水文地理问题考释》，《中央民族大学学报》（哲社版）2002年第6期，第68—72页。
⑦ 王家佑、刘志远：《四川古代的对外交通》，《四川日报》1962年5月11日。
⑧ （北魏）郦道元著，（清）王先谦校注：《合校水经注》卷37《夷水》，北京：中华书局，2009年，第529页。

然只能航行小船或放排。沙渠县大致在今湖北省恩施市一带,说明到北魏时,清江河水运大致只能沿河上溯到今恩施市一带。

唐宋时期清江为联系巴蜀与荆楚的又一通道。这条交通孔道一部分为陆路,即江南古道的西段,即从万州至恩施路段为陆路。但从恩施市往东,似有一条沿清江而行或是利用清江水道的交通路线。严耕望在探讨唐代巴蜀与荆楚间交通道路时,就提到了这条道路。① 唐宋时期这条道路为峡江水路外的一条出奇之道,其间"宋末蒙古搭海入蜀,荆湖帅孟珙遣兵屯施州以备之。又蒙古兵渡万州湖滩(今重庆万县),施、夔震动,盖施、夔表里大江,而清江源出彭水,中贯卫境,至夷陵宜都而和大江,其取迳尤捷也"②。宋代的这次军事行动,可能走的清江水路。

元明至清代,清江水道"仅通小舟,而险恶殊甚"。雍正年间曾有一郑姓商人对清江险滩进行疏凿,但也只是"夏秋水满可通小舟,若春冬则舟难停泊矣";其支流津洋溪、沿头溪"可通小舟"③。历史上清江上游屯堡至恩施28公里、恩施至浑水河37公里可通行5吨木船。④ 贡水(忠建河)为清江上游较大支流,部分河段可通小船。建始县"河皆浅狭多滩,罔施舟楫,惟兹江(清江)可乘柞艋舟至长阳易大舰"⑤。清代、民国时期清江沿岸设有资丘、马连、鸭子口、都镇湾、津洋口、龙舟坪、磨市等码头,清江水运由船民自发组成的荆宜帮进行管理。⑥ 清江支流渔洋河可行船,上可达于渔洋关,故"渔洋关有船",但渔洋河"冬月水涸,船多不能行,必候闸水,闸水法,用石横砌溪河,以草补塞石缝,俾水拥积成渊,然后开口放船,船从闸口出甚快,若闸水一消,遇沙石滩,必一人抱头,一人背船尾,推移而行","由渔洋关通宜都之溪河,险滩层叠,溪涨则下流堪虞,水涸则上挽甚难,每见船户岩隙负缆,上过一滩,气息不属,而水雪在地,赤足力挽,恒有跌阧之患"⑦。总体来说,清江水道的水运条件相对较差。

---

① 严耕望:《唐代黔中牂柯诸道考略》,《中央研究院历史语言所研究辑刊》第50本第2分册,第361—380页。
② 道光《施南府志》卷2《疆域志》。
③ 乾隆《长阳县志》卷2《地理志》。
④ 恩施自治州交通志编纂委员会:《恩施自治州交通志》,武汉:湖北人民出版社,1993年,第305页。
⑤ 同治《建始县志》卷1《方舆志》。
⑥ 湖北省长阳土家族自治县志地方志编纂委员会:《长阳县志》,北京:中国城市出版社,1992年,第240页。
⑦ 同治《长乐县志》卷12《风俗志》。

三、沅江水道

夏商时代，沅江及其支流澧水、酉水流域就有人类聚居。考古发现在沅江及其酉水溪河沿岸分布着不少遗址、遗迹，这些早期遗址上的居民可能利用沅江及其支流酉水进行小规模的水上运输。

沅江主干道的水上交通也是由来已久，战国末期，沅江水道交通就已见于记载。屈原在《楚辞·涉江》中载"乘舲船以上沅兮"，"朝发枉渚兮，夕宿辰阳"，"入溆浦余儃徊兮，迷不知吾所如"①。沅即沅江，辰阳在今辰溪县西，溆浦即今湖南溆浦。如果沅江水道不通，屈原不可能有此诗句。后来史家在记述战国庄蹻伐夜郎王滇事件时，载"庄蹻从沅水伐夜郎"②。此说虽有待考证，但沅水水道早已开通应该是不争的事实。东汉光武帝建武年间五溪蛮反叛，刘尚发南郡、长沙、武陵兵万余人"乘船泝沅水入武溪击之"③，也是利用沅水水道上至武溪地区平叛的。沅江水道的畅通对沅水、酉水沿线的交通发展有一定的促进作用。

宋代五溪地区水上交通，由单纯利用沅水水道发展到开发支流五溪（雄、樠、潕、酉、辰）。史载五溪蛮"蛮地多楠木，刳以为舟，有绝大者"④，独木舟为重要的水上交通工具。

元代经湘西的水上交通线为洞庭湖经由沅江至无水一线。在这条交通线上，元王朝设有众多驿站。⑤ 这条道路虽不经过土家族地区，但对酉水、澧水、武水等河流的水上交通会有一定的影响。

明代湘西能制造载重千斤以上的篷船⑥。篷船的载重量比独木舟要大得多，因此篷船可增加湘西的水上运输量。

清代湘西水上交通较为发达的河流为酉水、武水、辰水等。

酉水为沅水一条大支流，上至施南府来凤县卯洞，下至酉水河河口皆可通航。上游来凤境内支流娃娃河、安抚河（怯道河）、新峡河等河流都可通

---

① （宋）朱熹撰，蒋立甫校点：《楚辞集注》，上海：上海古籍出版社，2001年，第78页。
② （清）顾炎武：《天下郡国利病书》卷67《四川》，四部丛刊本。
③ （宋）范晔撰，（唐）李贤等注：《后汉书》卷86《南蛮西南夷列传》，北京：中华书局，1965年，第2832页。
④ （清）陆次云：《峒溪纤志》，见：《小方壶斋舆地丛钞》第8轶，清光绪六年（1880）南清河王氏刊本。
⑤ 王颋、祝培坤：《元代湖广行省站道考略》，见：《历史地理》第3辑，上海：上海人民出版社，1983年，第166—177页。
⑥ 湘西土家族苗族自治州概况编写组：《湘西土家族苗族自治州概况》，长沙：湖南人民出版社，1985年，第31页。

航,但大多数河流由于季节性及落差大等原因,航船吨位普遍很小,有的只有部分河段能通小船。百福司港为酉水上游起航港口,百福司港位于怯道河与酉水汇合处,早在清初就是鄂、川、湘边区土特产集散地,是来凤县出境通向沅陵、常德的起点港口。清末民初,百福司商业兴盛,水运活跃,仅造船者就有14家,可造10吨木船顺流运销到洞庭湖一带①。保靖县酉水沿岸于同治年间增设官码头、四衙河、黄泥巷、龙马嘴等4处水码头。清嘉庆四年(1799)古丈厅在酉水开通罗依溪至王村客船,至光绪元年(1875)始有15吨吨位木货船4艘下运桐油、农副产品至辰州、常德,上运日杂百货回厅。② 酉水支流龙潭河也"可行舟辑"③。高岩河于雍正八年(1730)用小船筏进行水运,嘉庆七年(1801)永绥厅改花垣后,在花垣、茶洞等地开辟河码头。④ 其上游松桃设厅后,沿松桃河设在城水塘、落塘水塘、石花水塘、土孔碉水塘、木树水塘、潮水溪水塘、三岔河水塘⑤,以保证水上运输畅通。洗车河可通行木船。猛峒河"春夏可通小舟,径达府治,但源短流细,至秋冬干涸,行人涉浅而过,小舟亦寸步难行"⑥。罗依溪"自西英保排达、午源至厅治古丈坪城外演武厅后大埠、湾潭曲折将50里,至此始可以行舟,出罗依滩会酉水"⑦。明代湘西已能自制大乌篷船,清代酉水河乌篷船载重可达200—600石。另有一种划船,为数不多,其载重量为数石至一二十石不等,也能运货至常、辰之间。⑧

武水下通沅水,乾州厅城以下至沅水可行舟楫,乌除河舟船能至凤凰城下,司马溪、潭溪皆可通舟数十里。⑨ 乾州厅北高岩河溯河而上七十余里可通舟楫。⑩ 武水支流阿拉溪至平坝以下可行舟。⑪

辰水下通沅水,从江口以下至沅水河道很早就有舟楫往来。⑫ 清代对江

---

① 恩施自治州交通志编纂委员会:《恩施自治州交通志》,武汉:湖北人民出版社,1993年,第319—320页。

② 同治《保靖县志》卷2《舆地志》。

③ 同治《增修酉阳直隶州总志》卷2《地舆志》。

④ 湖南省花垣县志编纂委员会:《花垣县志》,北京:生活读书新知三联书店,1993年,第236页。

⑤ 道光《松桃厅志》卷5《邮传》。

⑥ 光绪《古丈坪厅志》卷3《舆图》。

⑦ 光绪《古丈坪厅志》卷3《舆图》。

⑧ 古丈县志编纂委员会:《古丈县志》,成都:巴蜀书社,1989年,第202页。

⑨ 光绪《古丈坪厅志》卷11《物产》。

⑩ 光绪《乾州厅志》卷2《山川志》。

⑪ 光绪《古丈坪厅志》卷3《舆图》。

⑫ 江口县志编纂委员会:《江口县志》,贵阳:贵州人民出版社,1994年,第402页。

口至提溪司的河道进行了整治，其支流闵孝河、桃映河、瓮达河部分河段也可行小船。①

四、澧水水道

早在石器时代，澧水中下游一带可能已有了水上交通。考古发现在澧县八十垱、彭头山、石门皂市等地有距今七八千年的新石器时代遗址。生活在这些遗址一带的原始居民可能利用澧水河道进行水上运输，估计石门以下的澧水河段有了水上交通。

两汉时期澧水流域属于武陵郡辖区，澧水流域设有零阳、充县，则可能自澧水下游溯河道可上行至零阳一带，零阳在今慈利县一带。

明代澧水支流溇水可通独木舟，鄂西南容美土司宜沙别墅，"南环大溪，下通水南渡，属澧州，水盛时舟楫可溯滩而上"，土家族"刻木一段为舟"②，说明明代澧水也有相对发达的水上运输。水量大的河段多用舟楫，水量小的则用独木舟运输。

清代澧水支流溇水及其上游鹤峰境内大典河、南渡江仍可通行小船。江口港位于大典河与溇水汇合处，为鹤峰境内的水上码头，清光绪二十年（1894）始有木帆船和木排运输，为贸易转运港口。③ 道水为澧水又一支流，可通舟楫。清人于国义《道水谣》载："道山青兮道水绿，五里一亭十里曲，道田肥美生嘉谷，浮岭雾多膏雨足，秋米谷船遥相望，沿河竟认道口装，道之船兮号板子，十只五只送津市，津人时望板子来，遗我玉粒是此水"④。道水水道主要用于运输稻米，下运至津市。澧水上流绿水河，水色如靛，以铁桶铺为界，其上流河段不通舟楫，其下河流段可通小舟。⑤ 澧水河道可行舟船，"春夏多涨，秋冬多枯，所行之船，大者可容五六百石，小者可容三四百石，视水之涨落，定货之轻重"。河中险滩甚多，下水便捷，上水则需人力牵引。乾隆五十一年（1786）地震，茅岩崩，河水壅塞，逆流数十里，上至桑植赤溪，历久方消。自此乱石纵横，不通舟楫，以下船筏通行，直达澹澧，

---

① 道光《铜仁府志》卷2《地理》。
② （清）顾彩撰：《容美纪游》，见：《小方壶斋舆地丛钞》第6轶，清光绪六年（1880）南清河王氏刊本。
③ 恩施自治州交通志编纂委员会：《恩施自治州交通志》，武汉：湖北人民出版社，1993年，第320页。
④ 嘉庆《石门县志》卷49《艺文志》。
⑤ 同治《桑植县志》卷1《疆域志》。

"其余诸溪水不能行舟,遇盛涨时采木料编木为排,乘水下放以达于河"①。

五、乌江水道

战国时期乌江下游称丹涪水,"秦将司马错由之取楚商於地为黔中郡"②。道光《思南府续志》载"战国时司马错溯丹巴江水取楚黔中地,则即德江之下流"③,这儿所说的德江即乌江。据郭仁成、戴亚东先生考证,秦伐黔中应是溯乌江到达今唐崖河于黔江口(今龚滩)登陆,过今酉阳,再东行达酉水支流,然后顺流而下,直取黔中。④此后这条通道一直为当地人所采用。

乌江下游水道在战国时已开通,唐代仍是重要的水上交通要道。乌江水道可能上延至今思南一带。严耕望考证出由涪州(治今重庆涪陵区)至南宁州(治今云南曲靖)的交通线各站都位于乌江沿岸,乌江水道应该是这条交通线上重要的一环。唐德宗贞元九年(793),云南王异牟寻所遣使者取道三条路线入唐:一出成州(今四川宜宾市),一出安南外,一路经黔州(治今重庆彭水县)。⑤经黔州的路线即是走的乌江水道。唐代乌江下游水道为联系涪州和黔州的重要通道,其间"路途涧远,亦无馆舍,凡至宿泊,多依溪岩"⑥。馆舍为朝廷在交通要道沿线设置的道路运输及管理机构。无馆舍设置,一定程度上说明当时对乌江水道交通的管理和开发力度并不大。

土司时期渝东南、黔东北的交通仍多依赖乌江水道。元代沿乌江设有不少水驿,乌江下游沿江水站计有涪州水站(今涪陵)、关滩水站(今武隆关滩)、辛酉滩水站、绍庆在城水站(今彭水)、新滩水站(今德江新滩)⑦,驿站的设置使乌江水道交通更为便利。明代乌江水道"陆与水相出入,此川、贵商贾贸易之咽喉"⑧,水道交通和陆路交通相得益彰,乌江"自石阡流入,至塘头镇以北始大通舟楫"⑨。

---

① 民国《永定县乡土志》卷3《兵事》。
② (晋)常璩撰,刘琳校注:《华阳国志校注》(修订版),成都:成都时代出版社,2007年,第37页。
③ 道光《思南府续志》卷2《地理门》。
④ 瑞洁:《楚黔中腹地在酉水流域》,《求索》1987年第1期,第97—98页。
⑤ (宋)司马光编著,(元)胡三省音注,标点资治通鉴小组校点:《资治通鉴》卷234《唐纪》,北京:中华书局,1956年,第7547页。
⑥ 同治《增修西阳直隶州总志》卷1《地舆志》。
⑦ 蓝勇:《元代四川驿站汇考》,《成都大学学报》(社科版)1991年第4期,第53—61页。
⑧ (明)王士性撰,吕景琳点校:《广志绎》卷5《西南诸省》,北京:中华书局,1981年,第135页。
⑨ (清)陈登龙:《蜀水考》卷4,成都:巴蜀书社,1985年。

清代改流后乌江主河道得到了整治，清嘉庆十八年（1813）朝廷开始对乌江水道进行整修，但过龚滩、新滩、潮砥仍需起运换船方可通行。① 道光十二年（1832）对思南镇江阁、咸丰六年（1856）对德江县江左滩、光绪二十年（1894）对德江县江右滩分别进行疏浚治理，使乌江水道交通有所改善。但总体上乌江水运仍然艰难，"蜿蜒千里中，中有千层滩，放舟惹悬溜，瞥眼过重峦，挽舟如登天，捷足困盘跚"就是这种情形的写照。② 乌江的部分支流在清代也能用于水上交通，如塘头河"源出石阡包溪，通舟楫"③，隘溪渡河（今洪渡河）由洪渡溯流而上至县城外8里隘溪渡可通小舟④，郁江自郁江镇以下水道曾开辟为水上盐道，其上游忠路水"出大峡至官渡始通舟楫"⑤。相比乌江主干道，乌江支流的水上交通则显得微不足道。

总体来说，土家族地区的水道交通还是以外围的河道长江、乌江、沅江为主干，土家族地区的河流大多注入这几条河流。这些支流在历史时期也有少量的水上航运，但多为小船运输，少见大船，而这种水上交通状况与武陵山区河流落差大，水流急，且河流水量的季节变化大有很大关系。

---

① 沿河土家族自治县志编纂委员会：《沿河土家族自治县志》，贵阳：贵州人民出版社，1993年，第315页。
② 光绪《乾州厅志》卷15《艺文志》。
③ 光绪《彭水县志》卷4《艺文志》。
④ 道光《思南府续志》卷2《营建门》。
⑤ 民国《务川县志稿》卷10《经业》。

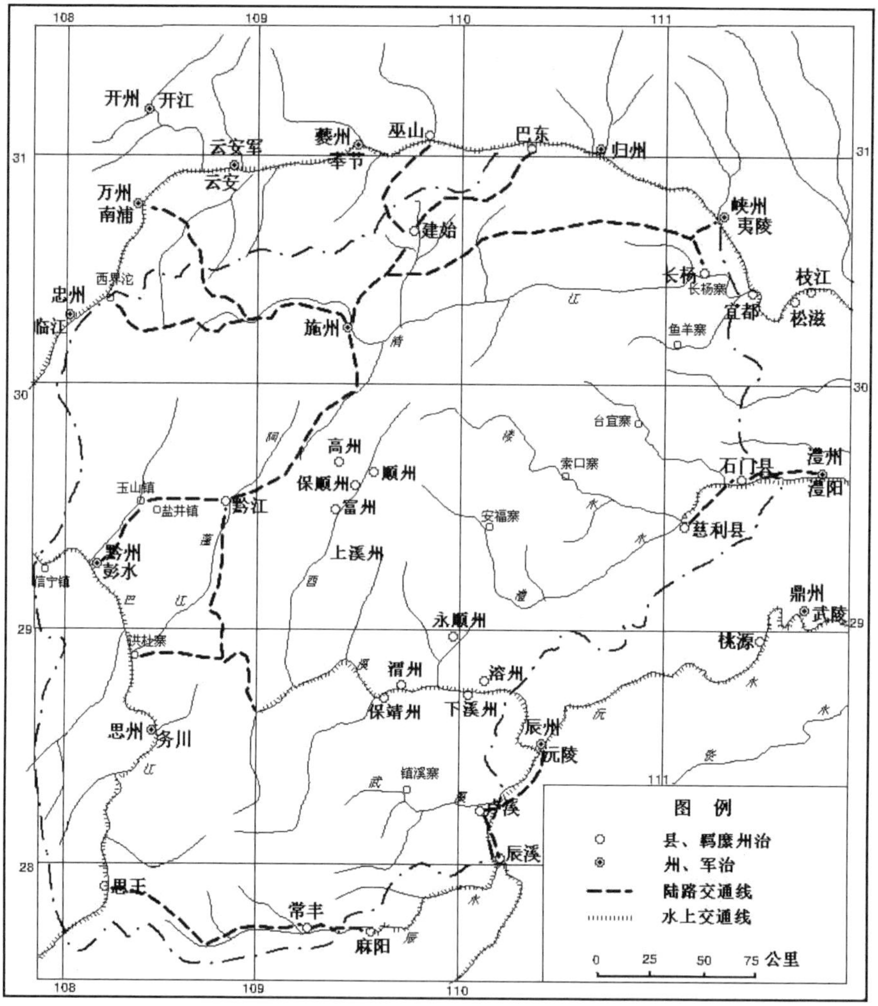

附图 2-1 唐宋土家族地区主要交通路线示意图

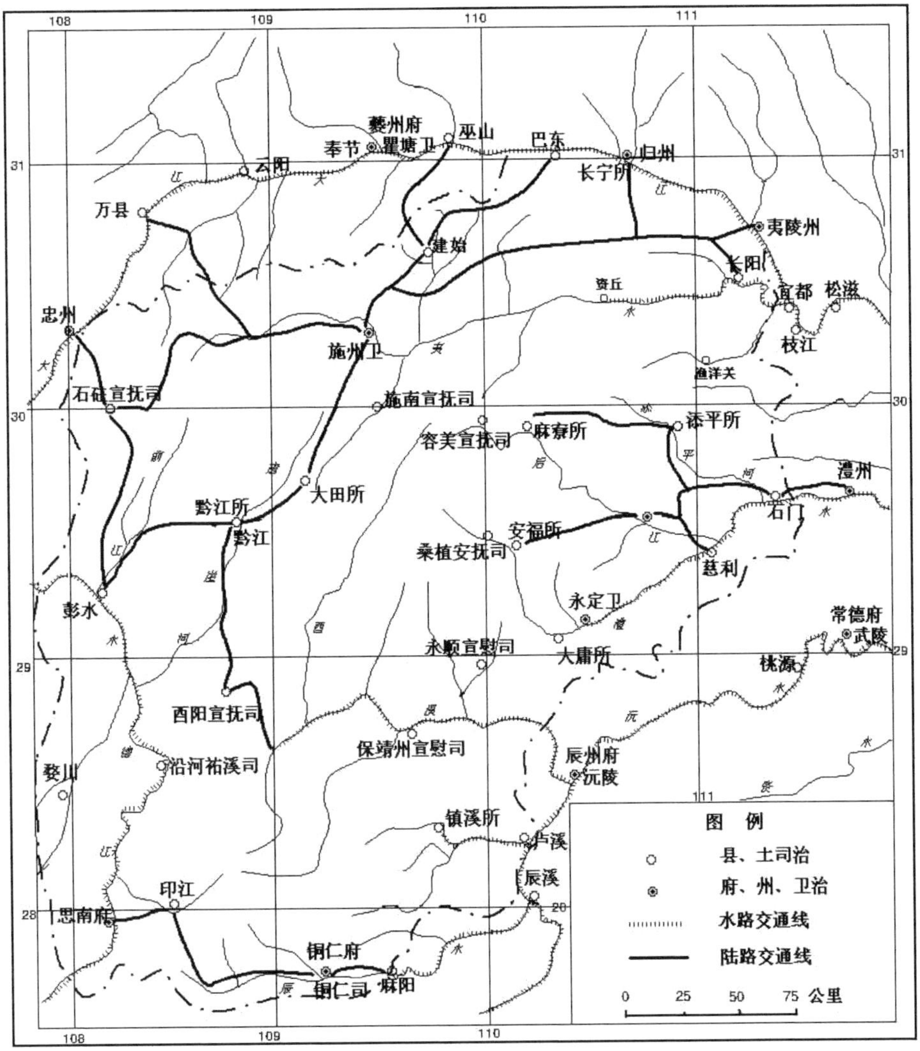

第二章 历史时期土家族地区交通及地理变迁

附图2-2 明代土家族地区主要交通路线示意图

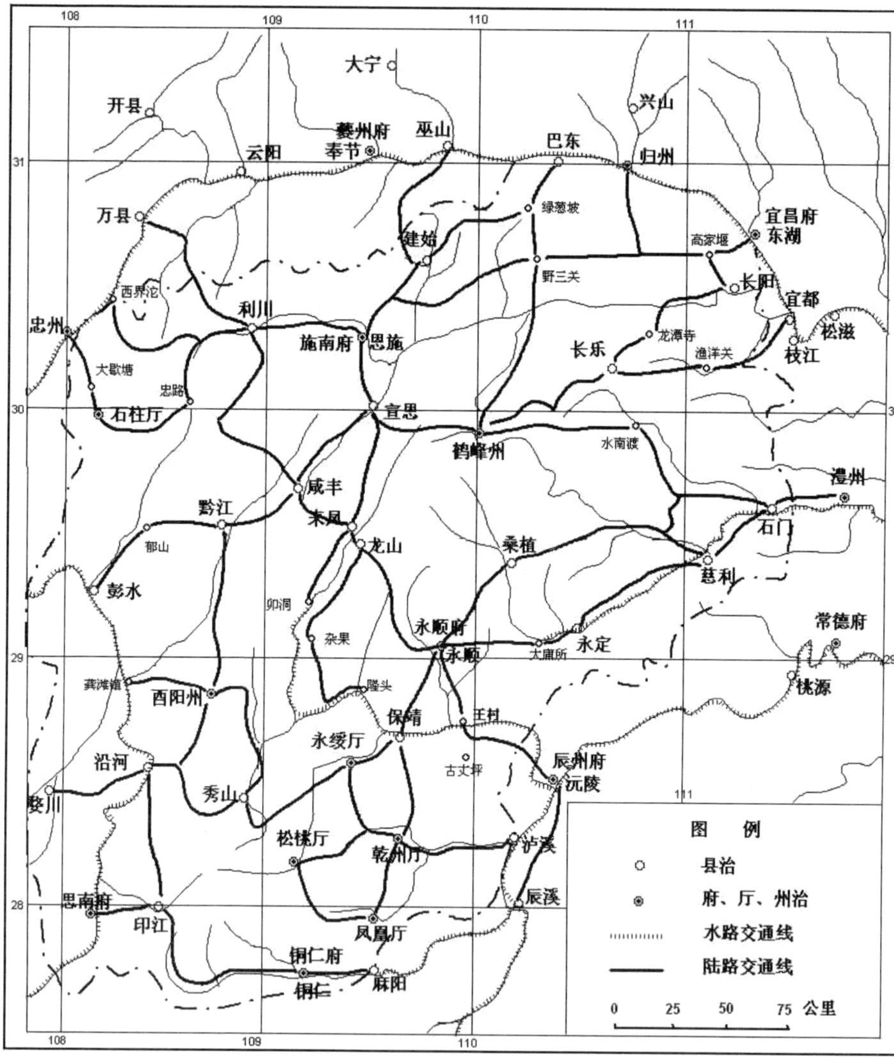

附图 2-3 清代改土归流后土家族地区交通路线示意图

第三章 历史时期土家族地区农业及其空间过程

作为少数民族地区之一，土家族地区和其他少数民族地区一样，由于自然因素和人为原因的制约，历史时期经济开发的进程相当缓慢。不过由于土家族地区靠近内地，有着一定的区位优势，经济开发的进程相对整个西南民族地区而言要略微提前一些。

农业是经济的重要组成部分，也是衡量经济发达与否的重要指标之一。在土家族地区，历史时期农业经济一直是人们经济生活的主要内容。

历史时期土家族地区的农业经济开发，主要表现在农业结构的演进、农业区的扩展、农作物的引种与传播等方面。

第一节 历史时期农业结构的演变[①]

农业结构指在取得农产品的全部经济活动中形成的各主要经济成分或经济要素的构成情况及其相互关系。[②] 农业生产部门是农业经济最重要的构成因素，一般意义上的农业生产部门指的是农、林、牧、渔等经济部门。与中原地区农业生产主要由农、林、牧、渔等生产部门构成不同，土家族地区历史时期主要的农业生产部门为农耕、渔猎和采集等，历史时期这些生产部门在农业生产中的地位发生了较大变化，这里所说的农业结构演变主要指各类农业生产在农业经济中地位的变化。历史时期土家族地区的农耕、渔猎、采

---

① 朱圣钟：《鄂西南土家族地区的农业结构》，《中国历史地理论丛》2002年第2辑，第92—102页；《历史时期土家族地区农业结构的演变》，《湖北民族学院学报》（哲社版）2004年第2期，第38—43页。

② 张保民：《农业经济结构的几个理论问题的探讨》，《农业经济问题》1982年第2期，第44—48、43页。

集以及后来发展起来的林业和畜牧业，它们在农业经济中的地位在不同历史时期、不同区域存在一定的差异。

一、部门农业结构的演变

考古发现表明，新石器时代土家族地区农业经济中渔猎经济占相当大的比重。鄂西南清江隔河岩遗址中出土了大量动物遗骸和鱼骨。生产生活中大量使用骨器和陶网坠，表明当地"经济生活中捕鱼和狩猎占有很大比重"①。恩施州一带土家族先民在石器时代主要从事狩猎、采集和农牧等经济活动。②与土家族地区相邻的峡江地带城背溪文化、大溪文化时期的先民均以渔猎为主要生活来源。③湘西北石门皂市遗址新石器时代遗存中发现了大量动物残骨，出土遗物中还有网坠④，显示当时狩猎和捕鱼在经济生活中占很重要地位。五溪地区旧石器时代的先民以采集和渔猎所得为食，到新石器时代中期，才开始有种植业，经济生活仍以渔猎为主。⑤黔东北新石器时期沿乌江及其主要支流岩头河、黑鹅溪、石阡河沿岸的人们过着渔猎、牧、农的生活。⑥从考古发现不难看出，远古时代土家族地区农业经济中渔猎占了非常大的比重，农业经济以渔猎为主。

春秋战国时期土家族地区农业经济中增加了农耕生产的成分，但仍以渔猎、采集为主。《华阳国志·巴志》载巴国物产有灵龟、巨犀、山鸡、白雉等⑦，《逸周书·王会解》中载巴人贡比翼鸟⑧，这些均为巴人狩猎所得。土家族先民巴人在长期渔猎中积累了不少经验，捕鱼方法有手抓鱼、锥刺鱼、叉鱼、钓鱼、网鱼、箕捞、用石砸鱼、涸泽而渔等，狩猎方法有追赶箭射弹打、群围火攻、下陷阱、下卡子和笼子等。⑨蜀王杜宇时，"教民务农"，蜀

---

① 湖北省清江隔河岩考古队：《湖北清江香炉石遗址的发掘》，《文物》1995年第9期，第4—28页。
② 鄂西土家族苗族自治州公路史志委员会：《鄂西公路史》，武汉：武汉出版社，1996年，第12页。
③ 张绪球：《长江中游新石器时代文化概论》，武汉：湖北科学技术出版社，1992年，第46、145页。
④ 湖南省博物馆：《湖南石门皂市下层新石器遗存》，《考古》1986年第1期，第1—11页。
⑤ 舒向今：《五溪蛮地的先秦文化》，《民族研究》1990年第5期，第58—65页。
⑥ 姚敦睦：《浅谈思南在黔东北历史上的中心地位》，《贵州民族研究》1996年第4期，第53—57页。
⑦（晋）常璩撰，刘琳校注：《华阳国志校注》（修订版），成都：成都时代出版社，2007年，第6页。
⑧ 黄怀信、张懋镕、田旭东撰，李学勤审定：《逸周书汇校集注》，上海：上海古籍出版社，1995年，第917—918、920页。
⑨ 王家德：《三峡地区古代渔猎综述》，《四川文物》1995年第2期，第8—11页。

地始有农耕生产。此后"巴亦化其教而力农务",巴人逐渐推广农耕生产,巴地遂"土植五谷"①。春秋战国时期,以农为主的楚人陆续进入土家族地区。他们也给土家族地区带去农耕生产,土家族地区农耕开始起步。所以有学者说巴人"经济生活仍以狩猎为主,农业仅占辅助地位"②是有道理的。又据《华阳国志·巴志》载巴人"牲具六畜",可知包括土家族地区在内的巴地也有了家畜的喂养。

关于秦汉时期土家族地区的农业结构,部分学者认为秦汉时代土家族地区农业生产已是以农耕为主了。如李幹等认为当时土家族先民"以农业为主,兼畜牧、狩猎"③,伍新福认为包括土家族地区农业经济"以种植水稻为主,而辅之以渔猎"④。这些学者的主要依据为《汉书·地理志》记载楚地"江南地广,刀耕火种。民食鱼稻,以渔猎山伐为业,瓜果蠃蛤,衣食常足"⑤。

《汉书·地理志》所载楚地范围极广,包括肥沃的江汉平原、洞庭湖平原,也包括湘鄂西武陵山区,乃是泛言楚地农业生产状况。作为楚地一部分的土家族山区,农业结构与平原地区是有差异的。楚江南有宽广的平原,又有洞庭湖水系,农业生产中有较多的农耕成分不足为怪,由于生产力低下,农耕不足则辅以渔猎和采集生产;土家族山区农业刚好与平原地区相反。出土于鄂湘渝黔四省市交界地带战国至东汉的虎钮錞于上刻划有鸟、舟和鱼纹图案。熊传新认为它们都与巴人渔猎经济有关⑥,曾湘军认为这些纹饰属于土家族先民的巫术内容,而"以渔猎为主的生产、生活方式是产生渔猎巫术的物质基础"⑦。渔猎生活进入到土家族先民的精神生活领域中,可见渔猎经济在土家族先民经济生活中的重要性。从张家界市区东汉砖室墓出土的"张氏作画像镜"上也有射猎内容,所绘动物有虎、羊、兔、九尾狐、朱雀、三足鸟、鱼等⑧,显示当时狩猎和捕鱼在该地农业经济中占有重要地位。三国

---

① (晋)常璩撰,刘琳校注:《华阳国志校注》(修订版),成都:成都时代出版社,2007年,第6页。
② 郭声波:《巴蜀先民的分布与农业的起源试探》,《四川文物》1993年第3期,第23—27页。
③ 李幹、周祉征、李倩:《土家族经济史》,西安:陕西人民教育出版社,1996年,第4页。
④ 伍新福:《秦汉至唐宋时期苗族社会经济探考》,《中南民族学院学报》1992年第2期,第51—56页。
⑤ (汉)班固撰,(唐)颜师古注:《汉书》卷28《地理志》,北京:中华书局,1962年,第1666页。
⑥ 熊传新:《记湘西新发现的虎钮錞于》,《江汉考古》1983年2期,第38—43页。
⑦ 曾湘军:《湘西出土虎钮錞于纹饰与渔猎巫术》,《民族论坛》1991年第3期,第61—67页。
⑧ 湖南省文物考古研究所、湘西自治州文物工作队、大庸市文物管理所:《湖南大庸东汉砖室墓》,《考古》1994年12期,第1078—1096页。

蜀汉延熙十一年（250）①，巴中大姓徐巨反，叛乱平定后，"乃移其豪徐、蔺、谢、范五千家于蜀，为射猎官"②。这些人既为射猎官，当是因为他们善于射猎而用之，可见当时巴人仍以狩猎为重要的生计方式；蜀相诸葛亮曾征涪陵郡夷人为连弩士，也是因为他们善于使用弓箭，勇猛善战。而弓箭一直是巴人狩猎的主要工具之一，后来土家族人善于使用弩弓药箭，与其早期狩猎生产也是密切相关的。至迟在南北朝时期，土家族地区先民有了闹鱼的捕鱼法，如夷水支流丹水，"每旱，村人以芮草投渊上流，鱼则多死"③。

土家族地区山深林密，植物资源丰富，山民采集野生植物充食，主要有蕨、葛等。蕨"处处山中有之，二三月发芽"，"高三四尺，其根紫，皮内有白粉，捣乱洗澄取粉名橛粉，可御饥"，葛亦如之。④ 可见采集也是土家族先民重要的经济活动。所有这些都说明土家族先民主要经济活动与平原地区是有区别的。

也有学者认为土家族地区经济在五代以前以原始的渔猎经济为主，人们不事农业，专以渔猎为主⑤，实际上这种观点与前一种一样失于片面。南北朝至隋唐，土家族地区农业经济中农耕在局部地区还是有一定的发展的。北周孝闵帝时郭彦为澧州刺史，当地居民"聚散无恒，不营农业。彦劝以耕稼，禁共游猎，民皆务本，家有余粮"⑥，说明在郭彦任澧州刺史以前，澧州地区土家族先民以狩猎为生，无农耕。郭彦在澧州发展农耕后，澧州农耕才有所发展。南北朝时澧州和五溪地区河谷地带有农耕生产，而其他地域内农业生产部门构成则少有改变。

唐代土家族地区农耕生产继续发展，渔猎、采集经济仍占有突出的地位。唐代今黔东北一带招慰使冉安昌"请置郡以抚之，其后思、夷等州土地之辟，夷民之附，自斯举始"⑦，唐以后思州地区农业垦殖得到发展。在鄂西南地

---

① 朱圣钟：《蜀汉汉平县治考察》，见：《中国人文田野》第4辑，成都：巴蜀书社，2011年，第138—143页。
② （晋）常璩撰，刘琳校注：《华阳国志校注》（修订版），成都：成都时代出版社，2007年，第37页。
③ （北魏）郦道元著，（清）王先谦校：《合校水经注》卷37《夷水》，北京：中华书局，2009年，第531页。
④ 同治《保靖县志》卷3《食货志》。
⑤ 王朝晖：《试论近代湘西市镇化的发展》，《吉首大学学报》（社科版）1996年第2期，第66—71页。
⑥ （唐）令狐德棻等：《周书》卷37《郭彦传》，北京：中华书局，1971年，第667页。
⑦ 嘉靖《思南府志》卷5《官司志》。

区，施州"重田畴辟"①。"田畴辟"指农田开垦，"重田畴辟"是说当时施州官吏非常重视发展农耕，这在一定程度上促进了施州农耕的发展。在湘西北澧州"人纳火田租"②，农耕采用刀耕火种方式进行，每个人都要交纳田租，这必然会极大促进澧州一带农耕的发展。

唐代广大土家族地区渔猎经济仍占有突出的地位。在渔业生产方面，澧州"吏征鱼户税"③。渔业税为当时澧州主要的赋税来源，可见渔业在农业经济中的重要性。狩猎生产方面，唐代五溪地区先民"熏狸掘沙鼠"④，以狩猎为生。同时施州、澧州、溪州、辰州、锦州、黔州等地还把狩猎所得的犀角作为贡品进献给朝廷。⑤从这个意义上说，狩猎不光关系到日常生计问题，也关系到土家族地区的政治安定，狩猎的重要性不言自明。

唐代土家族地区采集生产也相当重要。当时土家族先民"冬日取生葛捣入水中揉出粉，澄成，倒入沸汤中，良久色如胶者，其体甚韧，以蜜拌食"，蕨"民间冬无储粟者赖此以济食，比于杂粮，其取粉之法与葛同"⑥，蕨、葛等采集物仍是重要的食物来源。当地山民还"腰斧上高山"⑦，直接向山林索取林木资源。

五代时土家族地区的农业生产仍以渔猎为主。唐末彭氏入主湘西以前，当地有称为吴著冲的部族首领。⑧"冲"是土家族古语"王"或"首领"的意思，"吴著"为土家语的汉语音读，其土家语本音为"禾撮"。用汉语解释，"禾"即"围"，"撮"即"猎"，"禾撮"是"围猎"的意思。"禾撮冲"是率领族人围山打猎的头领。部族首领既为狩猎头领，显见狩猎在当地土家族先民经济生活中占有极为重要的地位。

土家族地区溪河中多产鱼类。土家族多沿溪而居，捕鱼也就成为土家族重要的经济活动。在土家语地名中还可找到古代渔业生产的蛛丝马迹，秀山县有地名宋农（龙），来凤县有宋笼界。在土家语中，"宋"汉语意为"鱼"，"笼"为"生、养"之意，宋笼（龙）即为养鱼、长鱼的地方。龙山县有地名

---

① （宋）郭知达：《九家集注杜诗》卷13《郑典设自施州归》，文渊阁四库全书本。
② （宋）王象之：《舆地纪胜》卷70《荆湖北路·澧州》，台北：文海出版社，1971年，第432页。
③ （宋）王象之：《舆地纪胜》卷70《荆湖北路·澧州》，台北：文海出版社，1971年，第432页。
④ 光绪《湖南通志》卷末3《杂志》。
⑤ （宋）欧阳修、宋祁：《新唐书》卷40《地理志》、卷41《地理志》，北京：中华书局，1975年，第1029、1073、1076页。
⑥ 光绪《龙山县志》卷12《物产》。
⑦ 光绪《湖南通志》卷末3《杂志》。
⑧ 光绪《龙山县志》卷6《土司考》。

"乐乐湖"。"乐乐"为"乐乐闭"的简化,为一种叫"华鳈"的鱼,"湖"为"两个山梁间有水的深沟",乐乐湖土家语义就是产华鳈的小山沟。而今这些地方几乎已找不到渔业生产的痕迹了。

土家族地区传统农业生产中也有农耕。湘西酉水河谷的里耶镇,土家语意为"耕地",反映里耶自聚落形成时就有农耕生产。溪州铜柱铭文也反映出部分农业生产信息。铭文载楚王与溪州土家族首领约定"无扰耕桑,无焚庐舍,无害樵牧"。耕桑指的是农耕,樵牧则指的是樵采林木和畜牧,大意是不要破坏当地农耕、林业和畜牧生产,说明当时溪州经济生活中有农耕、林业和畜牧等内容。

关于宋代土家族地区的农业结构,已有的研究成果认为在农业部门构成上,有农耕生产、渔猎生产、采集生产等部门,"采集经济、渔猎生产在土家人的生活中所占的比例下降,农耕经济迅速发展,在人们的经济生活中已处于主导地位"①。宋代土家族地区农耕得到了较大发展是实情,但说农耕在农业经济中已占主导地位则有欠妥当。事实上宋代农耕只是取得与渔猎、采集同等重要的地位。

宋代在土家族地区实行屯田,客观上带动了土家族地区农耕的发展。屯田分军屯和民屯。宋代澧州、施州、黔州等地均有军屯,朝廷规定"凡军士,相险隘立堡砦,且耕且守","兵屯置屯主一员,以大使臣为之"②。军屯推行后,"屯田赡给,不烦辇运"③,屯耕所得能满足军粮需求。宋王朝鼓励屯田,并实行轻徭薄赋和给予土地政策,"水田亩赋粳米一斗,陆田豆、麦夏秋各五升,满二年无欠,给为永业"④,极大地刺激了山民农耕的积极性;朝廷还募民垦荒,使许多汉人进入土家族地区从事农耕生产,《元丰九域志》所载土家族地区各州客户中就有入山佃种土著豪族田地的汉人。民屯"岁获粟万余石"⑤,屯田区内农耕得到快速发展,并成为屯田区农业生产的主导部门。而土家族地区其他区域则还不知耕稼,如今巴东野三关一带,宋代寇准来此劝民耕垦,该地农耕才开始有所发展。为纪念寇准劝民农耕功绩所修筑的劝农亭,至今尚存。屯田和募民垦荒,使农耕在土家族地区分布范围迅速扩大,农耕生产在农业生产中的比重有所上升。宋代土家族地区"大山深谷","居

---

① 段超:《宋代土家族地区农业发展浅析》,《西南民族学院学报》1999年第4期,第46—49页。
② (清)徐松:《宋会要辑稿》第121册《食货》,北京:中华书局,1957年,第4830页。
③ (清)徐松:《宋会要辑稿》第198册《蕃夷五》,北京:中华书局,1957年,第7804页。
④ (元)脱脱等:《宋史》卷176《食货志》,北京:中华书局,1985年,第4271页。
⑤ (宋)李焘:《续资治通鉴长编》卷61,北京:中华书局,1995年,第1368页。

民鲜少","土地瘠薄","为刀耕火种之地"①,农耕以刀耕火种、畲田经营方式进行。艰难的农耕生境加上原始的农耕技术,农耕生产"稼穑艰难,最为下下"②。土家族地区先民"终岁勤劳,不得一饱"③。农耕产量低,所产不能满足人们生活所需,"每遇岁丰,民间尤不免食草木根实"④,同时"猎取野兽,至烧龟蛇唊之"⑤。狩猎、捕捞和采集生产相对于粗放的农耕生产收获更为稳定,农业生产中狩猎、捕捞和采集与农耕生产具有同等重要的地位。在部分地区,如峡江地带"山穷林薄不肥沃",所以"少农桑"⑥,农耕生产仍不发达。

狩猎在宋代土家族地区的农业经济中地位突出。施州蛮、黔州蛮为"比近蛮,子弟精悍,用木弩药箭"⑦。木弩药箭既是战斗武器,也是狩猎的必备工具,可见狩猎在宋代施、黔二州农业生产中占有重要地位。宋代以前黔州黔江县居民以采集植物和猎取动物为主,后来才出现农耕生产,今黔江地区保留有"撵仗"和"祭梅山"的狩猎习俗就是原始狩猎经济的遗留。⑧ 思州田佑恭"所部土丁药箭手,悉其种族,轻捷习山险"⑨,与施、黔二州情形相似。宋代五溪地区(辰、酉、巫、武、沅)有盘瓠蛮分布,"其民皆射生而食用"⑩,可见狩猎为重要的经济活动。宋代巴、硖、巫、夔四郡土产中有鸟羽⑪,鸟羽为狩猎产品,这些均表明狩猎在农业生产中极为重要。在沿溪河一带,捕鱼仍是土家人重要的农事活动,如处长江岸边的秭归县有"鱼仓"之说。⑫ 采集仍是土家族生活资料的重要来源,黔州人多采掘苦笋以为蔬食⑬,澧州石门九女闭地,相传有女于此采蕨而得名⑭,采集在当时土家族地区仍很普遍。

---

① (宋)汪应辰:《文定集》卷4,文渊阁四库全书本。
② (宋)度正:《性善堂稿》卷6,文渊阁四库全书本。
③ (宋)周去非:《岭外代答》卷4,文渊阁四库全书本。
④ 正德《夔州府志》卷3《土产》。
⑤ (宋)陆游:《老学庵笔记》卷4,文渊阁四库全书本。
⑥ (宋)王象之:《舆地纪胜》卷74《荆湖北路·归州》,台北:文海出版社,1971年,第446页。
⑦ (元)脱脱等:《宋史》卷496《蛮夷传》,北京:中华书局,1985年,第14243页。
⑧ 《黔江县土家族苗族简况》编写组编印:《黔江县土家族苗族简况》,1984年,第44页。
⑨ (宋)杨仲良:《续资治通鉴长编纪事本末》卷141《讨卜漏》。
⑩ (宋)乐史撰,王文楚等点校:《太平寰宇记》卷178《四夷七》,北京:中华书局,2007年,第3396页。
⑪ (宋)乐史撰,王文楚等点校:《太平寰宇记》卷178《四夷七》,北京:中华书局,2007年,第3398页。
⑫ (宋)王象之:《舆地纪胜》卷74《荆湖北路·归州》,台北:文海出版社,1971年,第446页。
⑬ 光绪《彭水县志》卷4《艺文志》。
⑭ (宋)王象之:《舆地纪胜》卷70《荆湖北路·澧州》,台北:文海出版社,1971年,第430页。

宋代土家族地区的林业和畜牧业也得到初步发展。土家族地区林深箐密，蕴藏着丰富的林业资源，但受闭塞的山地条件所限，交通极为不便，林业资源并未得到有效开发。自宋代以后，朝廷在采办皇木时，也将土家族地区林木纳入采伐范围。宋元时期在归州沙镇溪深山中作厂采办皇木，"丘壑中大杉、大楠埋没沙内甚多，今犹时出，商贾得之以为奇货"①，清人所见埋没沙中的杉木、楠木即宋元时皇木采伐的遗物。土家族先民还采伐柴薪出山售卖，苏轼《夜泊牛口》载峡江地带山民"负薪出深谷，见客喜且售"。土家族地区山林中盛产药材，宋代施州、峡州药材一直是进奉朝廷的贡品之一。②苏轼《送乔施州》诗中提到黄连，"蜂闹黄连采蜜花"。黄连有成片的成长，当是人工种植使然，说明当时施州黄连作为药材已进入了人工栽植的阶段，而不仅仅是采挖野生药材了。

宋代土家族地区耕牛喂养有所增多。李周任职施州时"为辟田数千亩，选谪戍知田者，市牛使耕"③。李周推广牛耕后，施州牛的喂养可能较前增多。《黔中记》载施州"山冈砂石，不通牛犁"④，牛耕技术推广受自然条件限制，因此施州耕牛的喂养也不会特别多。而且当时朝廷对耕牛入土家族地区也是反对的，《宋会要辑稿·番夷五》载咸平六年（1003）四月，"诏禁蛮人市牛入溪洞"。禁止贩卖牛入溪洞也限制了土家族地区耕牛喂养。

土司时期，土家族地区农耕继续发展。在卫所屯戍区及开发较早区域内，农耕已成为农业生产的主导部门，狩猎和采集退居附属地位。而在广大的土司区，渔猎、采集和农耕同样重要，林业和畜牧业形成了一定的规模。

在湘西，据《元史·兵志》载"内而各卫，外而行省，皆立屯田以资军饷"，元代在各地进行屯田，土家族地区也设置有屯田。"辰、澧地接溪峒，宋尝选民立屯，免其徭役，使御之，在澧者曰隘丁，在辰者寨兵，宋亡，皆废，（刘）国杰悉复其制"⑤，是为湘西军屯；元成宗大德初年元政府颁布诏令，募民到辰、澧接界旷土耕种⑥，是为湘西民屯。在鄂西南，至正十八年（1281）元王朝"命诸蒙古、汉军三千余人戍施州"⑦，开始在施州实行屯田。出土于建始县的"屯田万户府印"，为明玉珍大夏政权所颁发，时间为大夏开

---

① 光绪《归州志》卷2《土产》。
② 光绪《秀山县志》卷12《货殖志》。
③ （元）脱脱等：《宋史》卷344《李周传》，北京：中华书局，1985年，第10934页。
④ 《大清一统志》卷274《施南府》，文渊阁四库全书本。
⑤ （明）宋濂等：《元史》卷162《刘国杰传》，北京：中华书局，1976年，第3811页。
⑥ 同治《永顺府志》卷4《户口》。
⑦ （明）宋濂等：《元史》卷154《石抹按只传》，北京：中华书局，1976年，第3642页。

熙元年（1367）①，时间上处于元末。既有屯田万户府之设，自当有屯田存在。在渝东南，元世祖至元十九年（1282）在绍庆路签发当差民 23 户置屯田，次年又加入 32 户，二十六年（1289）再签彭水编民 16 户补充入民屯内，共有民屯田户 71 户。②屯田以农耕生产为主，无疑会促进农耕生产的发展。元代土司辖区内土家族也从事农耕生产，如渝东南石柱土司所属土民"无事尽力农亩"，"凡境内高峰绝岭，星罗棋布，皆各族屯兵边所"，"富庶为川东冠"③。石柱土司境内农耕生产有较大发展。

明代在土家族地区仍实行屯田，也有军屯和民屯两种。明代土家族地区先后设有羊山、永定、九溪、崇山、施州、大庸（先置为卫，后改为所）等卫，添平、麻寮、安福、镇溪、酉水、大田、黔江、平茶、思州、思南等所④，"大率五千六百人为所，千一百二十人为千户所，百十有二人为百户所"。这些卫所官兵"三分守城，七分屯种"⑤，从事农耕生产的人数还是很多的。"明太祖以土司滋扰，设卫广屯，欲使官省粮运而人为战也。其后兵不能卫民，反借民以卫兵，又借客以卫……是有卫无兵矣"⑥。卫所屯田到明代中后期虽受到一定的破坏，但是屯田所带来的农耕经济却在卫所屯戍区内保留并得到发展。不过明代卫所屯田仍不能满足官兵的食粮所需，至嘉靖年间"施州卫指挥、千百户、旗军，食夔州府十三州民粮"⑦，军粮不得不从夔州转输。民屯户由外来汉人组成，主要分布于土家族地区边缘地带及卫所区附近。他们与卫所官兵一起组成农耕大军，使农耕成为卫所屯田区最主要的农事活动。如大田所"俗尚耕稼"⑧，施州卫境"大儿扶犁小儿耙，新妇插禾阿姑馌"，"大麦垂黄小麦青，晚稻含华早稻熟"⑨，完全是一片农耕生产的繁盛景象。其他卫所地区也有相似的情况，农耕生产已在这些地区占据了主导地位。卫所屯戍区内居民时而"采剥草茎、树皮以为食"⑩，农耕之外，还兼营采集，以补充农耕之不足。

---

① 王晓宁：《湖北恩施发现的古代官印》，《四川文物》2000 年第 2 期，第 69—73 页。
② 冉景福：《黔江民族经济史略》，见：中国人民政治协商会议黔江土家族苗族自治县委员会文史资料委员会印：《黔江文史资料》第 5 辑，1990 年，第 83—116 页。
③ 重庆市石柱县《马氏家乘》。
④ 田敏：《土家族土司兴亡史》，北京：民族出版社，2000 年，第 92 页。
⑤ （清）张廷玉等：《明史》卷 77《食货志》，北京：中华书局，1974 年，第 1884 页。
⑥ 同治《施南府志》卷 16《武备至》。
⑦ 嘉靖《四川总志》卷 16《经略》。
⑧ 万历《湖广总志》卷 35《风俗志》。
⑨ 同治《施南府志》卷 28《艺文志》。
⑩ 民国《咸丰县志》卷 3。

在一些开发较早的地区,农业经济中农耕逐渐占据主导地位,同时也兼营渔猎。鄂西南建始县、长阳、巴东、归州等峡江地带居民"在野刀耕火种","力于田亩"①。渝东南黔江、彭水等地"重本力稼"②。黔东北思南府明初"禁小民不得水田","不得种稻"③。永乐年间改流,原宣慰司所属十八庄田"小民亦得稍稍开垦以为业"④,"土著大姓将各空闲山地招佃安插"⑤,甚至一家"拥有佃户数千户"⑥,至嘉靖年间府境已是"务本力穑"⑦。铜仁府铜仁司土家族也是"务农为本"⑧。湘西北石门县"邻澧阳者力耕桑",慈利县民"力农务桑"⑨。泸溪"以刀耕火种为业"⑩。这些开发较早区域的农业经济基本上以农耕为主。除农耕外,这些地区仍然保留有渔猎、采集生产。如归州"刀耕火种,以渔猎为业"⑪。建始县"伐木烧畬以种五谷,猎渔以供庖厨"⑫。思南府弘治以前"渔猎易于山泽"⑬,弘治以后"负弩农暇,郎以渔猎为事",府属朗溪司"以猎为业"⑭。铜仁府提溪司"以渔猎为生"⑮。慈利县"以田猎渔罟为生","滨河者多依渔营生,……颇足自给"⑯。渔猎和采集基本上是作为农耕生产的补充而存在的。

在土司地区和偏远山区,传统的农业结构模式没有太大变化,在历代流民的影响下,土司地区农耕也有一定发展。各土司所辖土民,"有事调集为兵,以备战斗,无事则散处为民,以习耕作"⑰,土兵参与军事活动,并从事农耕生产。明代一些土司开始重视农耕生产,如卯洞土司向那吾颁布《广垦殖告示》:"凡有业之家,务相其有水处,概行开垦成田;既属旱地,亦须遍

---

① 光绪《秀山县志》卷2《地志》。
② (明) 李贤:《大明一统志》卷69《重庆府》,西安:三秦出版社,1990年,第1077页。
③ 嘉靖《思南府志》卷7《拾遗志》。
④ 嘉靖《思南府志》卷3《地理志》。
⑤ 嘉靖《思南府志》卷首《序》。
⑥ 嘉靖《思南府志》卷7《拾遗志》。
⑦ 嘉靖《思南府志》卷1《地理志》。
⑧ 嘉靖《贵州通志》卷3《风俗》。
⑨ 隆庆《岳州府志》卷7《职方考》。
⑩ (明) 李贤:《大明一统志》卷65《辰州府》,西安:三秦出版社,1990年,第1001页。
⑪ 嘉靖《归州全志》卷上《风俗》。
⑫ 正德《夔州府志》卷1《风俗》。
⑬ 嘉靖《思南府志》卷7《拾遗志》。
⑭ 嘉靖《思南府志》卷1《地理志》。
⑮ 嘉靖《贵州通志》卷3《风俗》。
⑯ 万历《慈利县志》卷6《风俗》。
⑰ 乾隆《永顺府志》卷12《杂志》。

行耕种……倘有游手好闲、不思竭力垦殖以开财源者,不惟难免农官惩责,即本司亦决不宽宥"①,以行政手段促进农耕生产的发展。容美土司鼓励农垦,"其田任自开垦,官给牛具,不收租税"②。鼓励农耕的措施使得土司地区农耕得到一定程度的发展,不过总体上狩猎在农业经济中仍然占有非常重要的地位。如酉阳宣抚司部族"暖则捕猎山林",石耶长官司部族"配长刀而捕猎",平茶长官司部族"性好捕猎,火炕焙谷"③。施州卫所辖各土司"伐木烧畲以种五谷,捕鱼猎兽以供庖厨"④。卯峒土司"草木畅茂,禽兽多焉。猎者于冬日常鸣角逐犬以求之"⑤。永顺宣慰司"刀耕火种,渔猎养生",保靖州宣慰司"喜食腥膻","刀耕火种为业"⑥。土司时期土家族地区也有渔业生产。土家族地区溪河中多鱼类,"沧浪几处听渔歌"⑦,即是对溪河捕鱼的描述。溪河捕鱼,"渔者刻木一段为舟,牵巨网截江,度其中有鱼,则飞身倒跃入水,俄顷两手各持一鱼,口中复衔一鱼,分波跳浪登舟,百无一空者"。土家族地区已有了池塘养鱼⑧,渔业生产中还有以捕鱼为业的渔人。⑨池塘养鱼和渔人的出现表明土家族地区渔业开始向专业生产方向发展。

　　土司地区"田地虽有,悉系靠天"⑩,又因"地不能胜旱涝,虽丰岁不能自给"⑪,且"于稻田水利略焉不讲,殊不知蓄水之法"⑫,不讲究施肥,简单粗放的农耕生产不能提供充足的粮食,因此以采集的葛、蕨当粮的情况较为普遍。如容美土司境内,服差役者"以葛粉、蕨粉和以盐豆,贮袋中,水溲食之",而"蕨粉、葛粉荒年尤多",采集物在荒歉之年更显重要。除蕨、葛

---

① 张兴文、周益顺、田紫云等注释:《卯洞土司志校注》,北京:民族出版社,2001年,第31—32页。

② (清)顾彩:《容美纪游》,见:《小方壶斋舆地丛钞》第6轶,清光绪六年(1880)南清河王氏刊本。

③ (清)顾炎武:《天下郡国利病书》卷70《四川》,四部丛刊本。

④ (明)李贤等:《大明一统志》卷66《施州卫》,西安:三秦出版社,1990年,第1029页。

⑤ 张兴文、周益顺、田紫云等注释:《卯洞土司志校注》,北京:民族出版社,2001年,第17页。

⑥ (明)李贤等:《大明一统志》卷66《永顺司》、卷66《保靖司》,西安:三秦出版社,1990年,第1031、1032页。

⑦ 同治《施南府志》卷28《艺文志》。

⑧ (清)顾彩:《容美纪游》,见:《小方壶斋舆地丛钞》第6轶,清光绪六年(1880)南清河王氏刊本。

⑨ 嘉靖《思南府志》卷7《拾遗志》。

⑩ 乾隆《永顺府志》卷首。

⑪ 康熙《巴东县志》卷4。

⑫ 乾隆《永顺府志》卷首。

外,竹笋、天蒜、野菜也是常见采集物。①农耕所提供的是人们赖以活命的粮食,采集所得的葛、蕨也是土民的食粮补充,可见采集和农耕是同等重要的。在荒歉之年,采集的重要性甚至超过农耕。

在一些交通不便的偏远山区,农业生产仍保持传统的结构模式。如麻寮所山羊隘地方"草木畅茂,荒郊旷野,道路俱系羊肠小径,崎岖多险,兽蹄鸟迹,交错于道。山则有熊、豕、鹿、麂、豺、狼、虎、豹诸兽,成群结队,或若其性。水则有双鳞石鲫、莹唇诸色之鱼,举网即得,其味脆美。时而持枪入山,则兽物在所必获,时而持钓入河,则水族终致盈笱……真有取之不尽,用之不竭之慨……春来采茶,夏则砍畲,秋时取岩蜂、黄蜡,冬则入山寻黄连、剥棕。常时以采蕨、挖葛为食,饲蜂为业,取其蜂蜡为赋税之资,购盐之具"。②农业生产仍延续传统的模式,以狩猎、捕鱼和采集为主,农耕在农业生产中无足轻重。山羊隘地处土家族地区的边远山区,大致代表了这一类地区的农业结构模式。

土司时期土家族地区的畜牧业得到一定的发展。土司时期,土司地区养马现象很普遍,土司朝觐贡品中以马最为常见。土家族土司贡马的记载多见于史籍。以鄂西南地区为例,明代这一地区土家族土司朝贡总次数为348次,其中贡马的有209次;渝东南土家族土司朝贡87次,有贡马的为62次③,可见马是土家族土司进献朝廷的主要贡品。为保证贡马的供应,土司设牧马场养马,如容美司"川马皆出司中,上坡板如平地"④。明代在屯田区内推广牛耕,耕牛的喂养可能较多。以洪武二十三年(1390)为例,沅州、思州、镇远的屯军得到官牛770余头⑤,其他卫所屯军得到的官牛应该也不在少数。家庭养殖业也有了一定的规模。顾彩游容美司行至南山,见所住居民家中鸡、鹅、犬、蜂、羊、马、豕、牛成队。又据京洞《何氏族谱》记载和民间传说,明永乐十七年(1419)酉阳土司发兵攻打京洞土知州何应乾,曾到京洞(今金洞乡)、早化、官庄(今小庄乡)一带征集羊群近千只,挂灯于羊角,夜驱羊群冲关。一次就征集到羊千只,说明民间养羊极为普遍。土司时期土家族

---

① (清)顾彩:《容美纪游》,《小方壶斋舆地丛钞》第6轶,清光绪六年(1880)南清河王氏刊本。
② 中共鹤峰县委统战部县史志编纂办公室中共五峰县委统战部县民族工作办公室编印:《容美土司史料汇编》,1984年,第490—493页。
③ 段超:《土家族文化史》,北京:民族出版社,2000年,第222页"明代湖北地区土司朝贡情况表"、第247页"渝东土家族地区土司朝贡表"。
④ (清)顾彩:《容美纪游》,见:《小方壶斋舆地丛钞》第6轶,清光绪六年(1880)南清河王氏刊本。
⑤ 《明太祖实录》卷201。

地区饲养的牲畜主要有马、猪、羊、牛、狗、鸡、鸭、鹅等。

土司时期土家族地区的林业也有所发展,主要表现为对山林资源的开发利用。在土司时期,整个土家族地区植被面貌呈现深林密箐的状态,林业资源相当丰富,其中包括用材林木、药材、食用植物以及其他有经济价值的植物。明清时期"楚中与川中均有采木之役"①,土家族地区也包括在采木区之列。永顺司、卯洞司、容美司、金洞司、酉阳司、铜仁、思南、黔江等地都有采木之役②,朝廷派遣官员到地方负责采木事宜。今利川县境皇木漕"崇祯时工部差官何金枝采办皇木,凿山开道",其地遂以皇木漕为名。③ 土司时期土司间还因采木引发争斗,如明嘉靖二十一年(1542),酉阳司和保靖司因采木仇杀,致酿兵端。④ 一些土司为表示对朝廷的忠心,向朝廷贡奉大木、楠木。如湖广金峒安抚司覃彦龙因境内产松木,欲向朝廷献大木,"鬻金三千贮库"⑤。在采办皇木的过程中,一些木商也乘机营利,楠木"大者既备官家之采,其小者土商用以开板造船,载负至吴中则拆船板,吴中拆取以为他物料"⑥。经过官、商联合采办和砍伐,用材林木特别是楠木被大量消耗,许多地方楠木出现"伐尽"⑦的现象。土司时期土家族地区开发较早的区域由于毁林垦荒而致使许多林地变为农田。如思南府明弘治以前"林木足于林,渔猎易于山泽"。弘治以后,大量流民入境,"合抱连云之材尽山伐而焚之,布种其上"⑧。不过毁林垦荒对土家族地区林木资源的消耗不大,思南府仍是"山箐险恶"之地⑨,湘西土司地区则是"林深箐密"⑩,容美土司也是"老林未垦"⑪,散毛司是"高林深箐翠成围,人自中原到者稀"⑫。土家族地区有不少高寒山地,这些地方的居民以种植药材为生。如施州卫木抚、板桥、蒿坝

---

① (明)王士性撰,吕景琳点校:《广志绎》卷4《江南诸省》,北京:中华书局,1981年,第95页。
② 嘉庆《四川通志》卷71《食货志》。
③ 同治《施南府志》卷2《地舆志》。
④ 同治《增修酉阳直隶州总志》卷末《杂事志》。
⑤ (清)张廷玉等:《明史》卷310《湖广土司传》,北京:中华书局,1974年,第7988页。
⑥ (明)王士性撰,吕景琳点校:《广志绎》卷4《江南诸省》,北京:中华书局,1981年,第96页。
⑦ 康熙《贵州通志》卷12《物产》。
⑧ 嘉靖《思南府志》卷7《拾遗志》。
⑨ (明)李贤等:《大明一统志》卷88《思南府》,西安:三秦出版社,1990年,第1352页。
⑩ 同治《永顺府志》卷1《沿革》。
⑪ 道光《鹤峰州志》卷14《杂述志》。
⑫ 同治《施南府志》卷28《艺文志》。

等地，地高寒且无沃土，当地土家人剪伐荆榛种药材。① 容美土司境内"土产药材有百余种，内黄连甚佳"②。土家山林中多葛、蕨，从远古时期就一直为土家人重要的食物来源之一，在土司时期，采集蕨、葛仍是当地居民重要的农事活动之一。明王朝还重视种植经济林木，洪武二十四年（1391）令五军都督府"凡天下卫所屯军士兵，每人种桑枣百株，柿、栗、胡桃之类，随地所宜植之"③。既然是天下卫所士兵都得栽种桑等经济林木，土家族地区的卫所屯区内当然也不例外。

土司时期土家族地区的农业结构在不同的区域内不尽相同：在卫所屯田区和开发较早的区域内，农业生产中以农耕生产为主，以渔猎和采集为辅；在广大的土司区内，农业生产中渔猎、采集和农耕同等重要；而在边远山区，农业生产以渔猎、采集为主，农耕生产为二者的有效补充。土司时期，土家族地区的林业和畜牧业有所发展，并有了一定的规模。

改土归流后，土家族地区的农耕生产得到空前发展，在农业生产中取得了主导地位，渔猎和采集生产的重要性已明显不如农耕生产，林业和畜牧业逐渐成为农业生产的独立部门。

改土归流后，土家族地区的土司制度被废除，"蛮不出境，汉不入峒"的禁令被解除，"外来各处人民，挈妻负子，佃地种田，植包谷者接踵而来。山之巅，水之涯，昔日禽兽窠巢，今皆膏腴之所"④。入山流民散布于土家族地区各地，农业垦殖亦在土家族地区广泛展开，"地日加辟，人日加聚，从前弃为区脱者，今皆尽地垦种之，幽岩邃谷亦筑茅其下，绝壑穷巅亦播种其上"⑤。入山流民和当地土家人一起推动了土家族地区农耕生产的发展。

随着农耕生产的发展，农耕逐渐成为土家族地区主要的农业生产活动。如湘西北永顺府四县"重耕农"⑥，石门县"务耕种"，"重本力农"⑦，凤凰厅民"乡居力农者多"⑧，乾州厅"乡居力穑者众，有业者服田畴"⑨，古丈坪厅

---

① 同治《施南府志》卷28《艺文志》。
② （清）顾彩：《容美纪游》，见：《小方壶斋舆地丛钞》第6轶，清光绪六年（1880）南清河王氏刊本。
③ （明）李东阳等：《大明会典》卷17《农桑》，文渊阁四库全书本。
④ 中共鹤峰县委统战部县史志编纂办公室中共五峰县委统战部县民族工作办公室编印：《容美土司史料汇编》，1984年，第490—493页。
⑤ 同治《恩施县志》卷7《风俗志》。
⑥ 同治《永顺府志》卷10《风俗》。
⑦ 嘉庆《石门县志》卷18《风俗志》。
⑧ 道光《凤凰厅志》卷7《风俗志》。
⑨ 光绪《乾州厅志》卷5《风俗志》。

土人"重耕农，男女合作"①。黔东北思南府"务本力穑"，甚至"士多兼力农"②，铜仁府"农知务本力田"③，松桃厅"农知务本力田"④。渝东南最为偏僻的秀山县也是"细民勤朴习农"，"最富之家，田无过万亩"⑤。鄂西南施南府、宜昌府等地与上述各地情况相同。伴随着农耕的发展，农耕生产赖以发展的土地的重要性日益突出，土地价格也日贵一日。如永顺县乾隆年间"所属田土价值，迄年日贵一日，偶遇出售民间，即争先议价，甚至已有田主，犹欲添钱买夺，期予必得"⑥。土地是农耕生产的基础，土地价格的增长反映出在乾隆年间农耕生产已得到飞速发展，农耕在经济生活中的重要地位日益突出。改流后土家族对农耕生产极其重视，以致在家训中也加入了"勤耕读，负耒横经"的内容⑦，显示农耕生产的地位得到了极大提高。

在农耕生产发展的同时，渔猎和采集仍是农业生产的重要内容，但它们在农业生产中的地位有所下降，"民食所资，杂粮为多"，"渔猎所得益鲜"⑧，"乡人于农隙之后以猎兽捕鱼为事"⑨。土家族地区居民主要生活资料来自于农耕所得，渔猎所得比以前减少，农耕成为农业生产的首选，渔猎只是在农闲时进行。采集在土司时期还是土家族地区居民主要的食物来源之一，随着改流后农耕已基本能满足日常生活的粮食需求，采集只是在灾荒歉收时才进行，其在农业生产中的地位也已大不如从前。

狩猎一直是土家族传统的农事活动。改流后由于无节制的毁林垦荒、林木采伐，土家族地区的林地急剧减少，动物资源也随着林地的消耗日渐稀少，狩猎也就难以为继了。如长乐县"设县初山深林密，獐麂兔鹿之类甚多，各保皆有猎户，今则山林尽开，禽兽逃离，间有捕雉兔狸獾者，皆农人暇时为之，而饲鹰畜犬者罕矣"⑩，鹤峰州"山林既垦，野兽久稀"⑪，石柱厅"野禽兽皆居山，山中人渐多，虎豹熊罴亦稀见矣"⑫，酉阳州"酉地皆山，先年故

---

① 光绪《古丈坪厅志》卷10《民族》。
② 道光《思南府续志》卷2《地理门》。
③ 道光《铜仁府志》卷2《地理》。
④ 道光《松桃厅志》卷6《风俗》。
⑤ 光绪《秀山县志》卷7《礼志》。
⑥ 乾隆《永顺县志》卷6《田赋》。
⑦ 《卯峒向氏族谱》卷2《家训》。
⑧ 同治《永顺府志》卷10《物产》。
⑨ 同治《宣恩县志》卷10《风土志》。
⑩ 同治《长乐县志》卷12《风俗志》。
⑪ 道光《鹤峰州志》卷14《杂述志》。
⑫ 道光《补辑石柱厅志》卷9《物产志》。

多野兽，承平日久，深林穷谷开垦略尽，异类无所藏身，已非伊朝夕矣"①，思南府"山则荆莽芟刈，野兽无栖，数十年前猎人绝迹矣"②，永顺府改流后"垦殖日广，间事渔猎以佐鲜食"③。伴随野生动物日渐稀少，狩猎由土家族的经常活动演变少量猎户的专职行为，"民专以游猎为业者名其籍，猎户者以猎为事，而因猎得资以糊口"④。狩猎之时"鸟枪以击飞走，发无不中，取山鸡，携囮置其处，雉性喜斗，见囮昂颈鼓翅而前，先张箐棚，手火枪匿其中，雉近，自棚击之，无飞逸者。猎獐、麂各物，嗾犬逐之，先以人执火枪伏要隘，其物为犬逐至，迎而击之，无不毙，或不用枪，则张网各要隘处，走辄罹网中，可生执以归"⑤。

渔业是土家族地区传统的农事活动，但以溪河捕鱼为主，池塘养鱼为数不多。改流后，随着人口剧增，土家族地区溪河捕鱼现象更为普遍。沿长江一带巴东、归州、长阳渔人"在平潭深溪处，施以网罟之属"，归州"近江者半为渔"⑥。长乐县"渔洋关、本城、水尽、麦庄、石梁、抵东、采花数保溪河中产鱼"⑦。鹤峰州"渔人捕鱼，滩河难施网罟，昼用钓竿，夜以绳系钩于水或于滩上垒石，用笱承流取鱼，名曰栫，又山水涨发，于洄漩处施罾，或以小网缚竿头取之"⑧。溪河捕鱼中又有闹鱼一法，"菜油渣乃能毒鱼，渗粉入水"⑨。改流后还出现专以打鱼为生的渔户，古丈坪厅"凡沿罗江以渔船资生者约三二十人，北河以渔船资生者三十余户"⑩，保靖县沿酉水有刘、胡、李三姓渔户，官准专以捕鱼为生。⑪

溪河鱼类资源毕竟有限。随着捕鱼者增多，渔业资源日渐耗竭，部分地区出现"鱼鳖罄焉"⑫，"涧溪繁多，鱼虾极鲜，渔者寥寥"⑬的情况。为保证

---

① 同治《增修酉阳直隶州总志》卷末《杂事志》。
② 道光《思南府续志》卷2《地理门》。
③ 同治《永顺府志》卷2《山水》。
④ 光绪《古丈坪厅志》卷11《物产》。
⑤ 光绪《龙山县志》卷11《风俗》。
⑥ 同治《宜昌府志》卷11《风土志》。
⑦ 同治《长乐县志》卷12《风俗志》。
⑧ 道光《鹤峰州志》卷6《风俗志》。
⑨ 光绪《秀山县志》卷12《货殖志》。
⑩ 光绪《古丈坪厅志》卷11《物产》。
⑪ 保靖县地方志编纂委员会：《保靖县志》，北京：中国文史出版社，1990年，第156页。
⑫ 中共鹤峰县委统战部县史志编纂办公室中共五峰县委统战部县民族工作办公室编印：《容美土司史料汇编》，1984年，第490—493页。
⑬ 道光《思南府续志》卷2《地理门》。

渔业生产，政府鼓励挖塘养鱼，于"两山相夹及卑陷阴湿及村庄左右处所，尽可挖塘"，"既可灌田，又可养鱼"①，塘堰养鱼随之兴盛。长乐县境内筑河塘7处，堰塘28处，"皆人力筑成，可以灌田蓄鱼"②，"鲤、鲢、鲫、鳊、青鱼多蓄诸塘堰"③。当时人们还利用稻田养鱼，"民间沿河蓄鱼秧，春田既作，民间鬻之以放于田，秋收后鱼至二三斤不等，而鱼之得于农家者甚多"④。此外也利用山塘水库养鱼、拦河网箱养鱼。总的来说，改流后土家族地区渔业生产中尽管溪河捕捞减少，但塘堰、水库、稻田养鱼得到较大发展，渔业生产趋向稳定，出现了专门从事渔业生产的人员。这些现象表明渔业已成为农业生产中一个相对独立的门类。由于鱼类的养殖有赖于农田水利工程的兴修，所以渔业生产摆脱不了从属于农耕生产的地位。

采集在改土归流前是土家族地区重要的农事活动，其重要性不亚于农耕生产。改流后随着农田大量开辟，农耕得到极大的发展，农耕生产所得基本上能满足人们的粮食需求。但是土家族地区为多灾害地区（见附表3-1），一遇灾荒，人们又不得不依赖采集度荒。所以尽管采集生产在改流后重要性有所减弱，但各地采集生产并没有消失。如永顺府"岁歉则入山采蕨，掘苗根沥粉以充食"⑤，巴东县"地不能任旱涝，虽丰岁不能自给，小裖则粉蕨根为食"⑥，归州"冬春间多采蕨为粉以资食"⑦，鹤峰州"民遇岁歉则挖蕨粉，并采可食野草和饭充腹"⑧，长乐县"高下收成不齐也，乐岁犹以野菜瓜豆和饭充腹，一遇荒年，则高山大岭无贩运之资，挖蕨捣粉草根树皮剥食为幸"⑨，施南府蕨"山中最多，掘根捣烂去渣澄粉，其味甚甘，可以备荒"⑩，石柱厅"岁歉则掘蕨根为粉食之"⑪。采集物除蕨外，还有葛，"可做粉，岁饥则民间开土仓掘此为食"⑫。采集作为农耕生产的有效补充，对生境艰难的土家族地区居民而言是必不可少的。

---

① 同治《桑植县志》卷2《风土志》。
② 同治《长乐县志》卷5《水利志》。
③ 同治《长乐县志》卷12《风俗志》。
④ 光绪《古丈坪厅志》卷11《物产》。
⑤ 同治《永顺府志》卷10《风俗》。
⑥ 光绪《巴东县志》卷10《风土志》。
⑦ 光绪《归州志》卷2《俗尚》。
⑧ 道光《鹤峰州志》卷14《杂述志》。
⑨ 同治《长乐县志》卷12《杂记志》。
⑩ 同治《施南府志》卷11《食货志》。
⑪ 道光《补辑石柱厅志》卷6《风俗志》。
⑫ 光绪《古丈坪厅志》卷11《物产》。

土家族地区的畜牧业受小农经济的影响,多表现为各家独户饲养牲畜。改流后,土家族地区的畜牧也开始了规模化生产,有了专门进行畜牧生产的"厂"和专门从事畜牧业经营的商贩。牲畜不外乎猪、牛、羊、马、骡、驴、兔、狗、猫、鸡、鸭、鹅等。

改流后土家族地区牛耕技术得到推广,"高低田地皆有牛犁"①。牛成为农耕生产主要动力之一,耕牛喂养就显得非常重要了。土家族地区还形成来凤、龙山一带的养牛区。该区域"牛厂城乡皆有","川贵牛只聚集,自辰常以及长沙,大半从此买去,有市自桃源者,非由此间,即由龙山贩去者"②。设厂养牛,形成规模经营,所养牛大量销往辰州、常德、长沙、桃源等地,形成来凤、龙山一带的畜牧业产区。马的喂养也较前增多,土家族地区的马匹善于驮运,为外地马贩所喜爱,所以外地马贩多进山贩马。所贩运马匹时常践食道路两旁庄稼,引起当地土家族的强烈不满,以致永顺知县陈惠畴在《马贩经由苗地禀》中称"道旁隙地,种植日广,各马贩较前倍多,驱放马匹践食路旁杂粮,毫无顾忌,以致苗民有种无收,纷纷争控","今马贩以永顺地方随路皆有杂粮,可以喂马,乃并不携带刍粮,骚扰苗地","生意外之衅"③,后勒令马贩对所贩马匹严加管束,不致滋害地方。土家族地区的南部区域"耕织之外,惟事牧畜,牛马犬羊豕猫鸡鸭之类最多,而所重惟牛",马"各砦亦知蓄之,富者尝蓄至10余匹,转卖于外"④。古丈坪苗区一带在清代畜牧所获已是巨万,民间依之为利。⑤松桃厅西北有马厂,出厅治东门自小河一带,由争锁洞历两岔溪至水源头,"地宽平可资游牧"⑥,形成又一畜牧区。

历史时期土家族地区林木资源相当丰富。土家族地区林业资源的开发利用主要表现在用材林木砍伐、薪炭林砍伐、毁林垦荒、林特产品开发利用和经济林木栽培等方面。

在改流之前,土家族地区的林业资源相当丰富,森林广布。施南府"土

---

① 同治《恩施县志》卷7《风俗志》。
② 同治《来凤县志》卷28《风俗志》。
③ 同治《永顺府志》卷11《檄示》。
④ 同治《永绥直隶厅志》卷1《地理门》。
⑤ 古丈县志编纂委员会:《古丈县志》,成都:巴蜀书社,1989年,第177页。
⑥ 道光《松桃厅志》卷2《说》。

广人稀，荒山未辟，畅茂繁殖"①，永顺府"林深箐密"②，酉阳州"多大山深林"③。思南府务川县道光年间仍有豺等野兽入城伤人④，说明县城附近仍有野兽赖以藏身的深山密林。改流后用材林木大量砍伐，使林木资源日渐稀少。如建始县改流前"木植甚繁"，改流后"峻岭丛林剪伐殆尽，不特香楠、瘿木甚少，即成材之古杉、古柏亦不易见"⑤。石柱厅"山多树，流寓砍之，……无良材"⑥。永顺府楠木"积岁砍伐，良材尽矣"。烧炭业的发展也毁坏了大量林木资源，"取用者多，山渐童而薪亦渐贵矣"⑦。古丈坪厅"四面环山，林木蓊郁，惟因炊爨需用，旦旦而伐，难成合抱之材"，"柴薪盗伐，嘉种日少"⑧。凤凰厅大木"旧日最多，以采伐者众，今则深山穷谷不数见"⑨。石门县"虽非童山可比，……（木材）本地则不足用"⑩。思南府"数十年前合抱之木所在多有，今为土贩运售川境，斫伐无余，墟墓神坛间有存者，膏桐、乌桕居人以浓阴荫地不便种植，护蓄亦稀，木类虽繁，只供樵爨"⑪。由上述材料可知，林木资源经过改流后持续不断地砍伐已日渐稀缺。

改流后大面积毁林垦荒也毁掉了大量森林。土家族地区农耕长期以来一直采用刀耕火种的方式，但由于有休耕和复垦制度的存在，森林植被在休耕期间有一定程度的恢复。因此总体上来说，农耕对森林植被的破坏不大。改流后大量流民入山后，"散木良木一同炬，年年十月便烧山"⑫，抛荒和复垦制度在粮食生产的压力下被放弃，被破坏的森林植被无法得到恢复。如秀山县"四郊盛山，旧时林木不可胜用，今垦辟皆尽，无复丰草长林"⑬，彭水县皇木槽"明季殿工尝采大木于此故名，今则山皆开垦，无复栋梁之材"⑭，鹤峰州"设流以后，常德、澧州及外府之人入山承垦者甚众，老林初开"，"迨

---

① 同治《施南府志》卷11《食货志》。
② 同治《施南府志》卷1《沿革》。
③ 同治《增修酉阳直隶州总志》卷末《杂事志》。
④ 道光《思南府续志》卷11《艺文门》。
⑤ 同治《建始县志》卷4《食货志》。
⑥ 道光《补辑石柱厅志》卷6《风俗志》。
⑦ 同治《永顺府志》卷10《物产》。
⑧ 光绪《古丈坪厅志》卷1。
⑨ 道光《凤凰厅志》卷18《物产志》。
⑩ 嘉庆《石门县志》卷31《木政志》。
⑪ 道光《思南府续志》卷3《食货志》。
⑫ 同治《来凤县志》卷30《艺文志》。
⑬ 光绪《秀山县志》卷12《货殖志》。
⑭ 同治《增修酉阳直隶州总志》卷2《地舆志》。

耕种日久，肥土为雨潦洗净，粪种亦有不可多获者，往时人烟辏集之处，今皆荒废"①。

林木资源渐次消耗的同时，野生药材资源也逐渐减少。改流前土家族地区"人户稀少，药材遍满山谷间，惟黄柏最多"，改流后"居民日繁，近日伐木开垦，以种洋芋，黄柏殆尽，无人采办"②。

清代末年，随着土家族地区商品经济的发展，"树木丰于稼穑，乃谋集股收买荒山广兴种植"，当地居民开始种植一些经济林木。所种经济林木有五倍子、漆树、白蜡树、油桐、油茶树、柏树、杉树、枞树、椿树、枫香树、桐皮树、棕树、桑树、木油树、桃树、李树、梨树、柑、枇杷、枣树、花红树、石榴树、核桃树、板栗树、湖桑树、贵竹、水竹、墨竹等，其中"五倍子、桐、茶、漆、蜡之利皆甚丰厚"③。

经过改流后的掠夺式开发，土家族地区许多地方森林资源已被耗尽，这种局面引起了社会各界的普遍关注。地方官府还因此专门颁布告示，劝民多植树。如乾隆二十五年（1760）永顺府颁布《掘壕种树示》，规定"近溪河者种杉木，背阴者种蜡树，平坦者种桐油树，多沙石者种花椒树，园角墙边或种桑养蚕，或种麻纺绩"④。民间也有很多地方以各种方式提醒人们保护山林，禁止滥砍滥伐。如道光四年（1824）宣恩县板栗园老司沟立"永镇地方"碑，碑文规定："遍野所有树木，如有乱砍窃伐者，验收所罚"；光绪十二年（1886）万寨芊荷坪向国忠、向逢春立护林碑："伐人树木，情理两亏，罚落演戏，酒席随宜，各管其业，超占莫为，后有行者，仍照前规"；铜仁府存有《梵净山禁树碑记》，其碑文载该山"崇山茂林"，戒勿伐。⑤ 植树和禁止滥砍滥伐的规定，对于遏制森林资源的急剧消耗无疑有一定的积极作用，甚至在一定程度上促进了部分地区森林植被的恢复，这些朴素的生态保护意识，对当前生态环境问题突出的土家族地区而言，无疑是一笔值得继承发扬的宝贵财富。

如前所述，较长的历史时期内，土家族地区主要的农业生产部门为渔猎、农耕和采集。部门农业结构的演变实际上是农耕生产逐渐发展并最终占据农业生产的主导，渔猎和采集在农业生产中的地位相对下降，相关的农业生产

---

① 道光《鹤峰州志》卷14《杂述志》。
② 同治《长乐县志》卷12《风俗志》。
③ 光绪《古丈坪厅志》卷3《物产》。
④ 同治《桑植县志》卷2《风土志》。
⑤ 道光《铜仁府志》卷8《艺文》。

部门林业和畜牧业随之缓慢发展的历程。

二、立体农业结构的演变

土家族地区地处武陵山区，海拔最高处在2500m以上，最低处在100m以下，相对高差悬殊，因而自然条件存在垂直地带性分异。农业生产不能脱离自然规律的制约，故土家族地区的农业生产也存在海拔高度上的地带性分异规律。

按自然条件而言，土家族地区比较合理的立体农业结构是：海拔350m以下河谷地带适于发展农耕生产和渔业；海拔350—700m的低山地带适于发展农耕生产和经济林木；海拔700—1300m的二高山地带适于栽种旱地作物和经济作物；1300—2000m的高山地带适于高寒作物、药材和林木生长；2000m以上的高山地带适于林业和畜牧生产；山地生长着大量的蕨、葛等野生可食用植物，山地丛林中多有野生禽兽，适于采集和狩猎。不过，历史时期土家族地区的山地农业结构并非完全如此。

从远古时代起，土家族地区的先民就沿清江、澧水、酉水、乌江定居生活，过着以渔猎、采集为主要经济内容的生活，杂有少量农耕生产。广大山地及土家族地区部分溪河还是荒无人烟之地。由于受低下的生产力水平限制，那时人们的经济活动范围也仅限于离这些定居点、河岸不太远的地带。此后，农业生产的范围逐渐向河谷两岸的山地扩展。

汉代三峡两岸"皆种燕麦，春夏之交，黄遍山谷"[①]，农耕生产主要集中于河谷沿岸。这大致也是汉代土家族地区农业生产所及的范围。汉代在土家族地区设立的涪陵县（今重庆市彭水县）、酉阳县（今湖南省永顺县王村）、迁陵县（今湖南省保靖县）、零阳县（今湖南省慈利县东）、充县（今湖南绳桑植县李家台）、佷山县（今湖北省长阳县）都位于溪河岸边，与农业生产的分布范围相一致。这些信息显示当时农业生产所及的范围限于河谷地带。

南朝时期沿溪河农耕生产得到了极大发展，当时土家族地区先民部族"大者万家，小者千户"[②]，农耕生产的大发展和人口的增长必然会使农业生产的范围向山地有所扩展。

隋代在土家族地区广设郡县，计有6郡17县。郡县治所分别位于清江、澧水、酉水、乌江岸边，而且县治分布伸展到溪河上游地区，如清江中、上游有清江、盐水和开夷（均在今湖北省恩施市一带）等县，表明这一时期对清江流

---

① （明）曹学佺：《蜀中广记》卷64，文渊阁四库全书本。
② （唐）令狐德棻等：《周书》卷49《异域传》，北京：中华书局，1971年，第887页。

域的开发已扩展到清江的上游,农业生产分布范围比以前又有了很大扩展。

唐代土家族地区各州开始向朝廷朝贡,贡品中有犀角、苎麻、茶、柑、橘、漆、葛、药材等物。① 犀角为犀牛之角。犀牛为热带森林喜水动物,土家族地区绝大部分地区为山地,只有河谷地带为水生环境,犀角自然是捕猎河谷森林地带的犀牛所得。苎麻、柑、橘等农作物适于生长于海拔700m以下的低山、河谷地带,茶、漆适于生长于海拔700—1300m的二高山地带,药材适于生长于1300m以上的高山丛林中,葛为野生之物,山地丛林中皆可生长。这些贡品的出现,表明当时土家族地区的居民农业经济活动的空间已扩展到高山地带下部,土家族地区开始有了立体农业结构的雏形。

宋代在河谷地带,仍有水稻种植和溪河捕鱼活动。河谷两岸的山坡地,土家族"焚山而耕"②,山坡地得到一定程度开垦。不过整个土家族地区仍然处于"大山深谷","居民鲜少"的状态。③ 当时农耕生产沿河谷向山地伸展的范围是有限的,可能仅及于低山地带。宋代土家族地区的土产有鸟羽,贡品有虎皮、麝脐等物,这些都是狩猎所得产品。从捕猎对象虎、麝推测,狩猎的范围扩展到山坡丛林地带,即扩展到河谷地带以上区域。宋代土家族地区贡马,马为畜牧生产所得,山地畜牧生产得到初步发展。宋代开始在土家族地区作厂采办皇木,木材采伐的范围仅限于溪河沿岸的河谷地带。

元明清土司时期,沿溪河河谷地带,"滨河者多依渔营生"④,河谷低地"相其有水处,概行开垦成田"⑤,河谷地带仍从事水稻种植和捕鱼。低山地带和二高山地带,"随势开垦无顷亩","石多则掘土,施运为田以种"⑥,进行旱地作物的耕种。虽然如此,广大土家族地区仍处于"土广人稀,荒山未辟,畅茂繁殖"的自然状态,农耕生产的发展在整个土家族地区还相当有限。土司时期森林植被分布广阔,该时期的林木采伐,包括皇木采办、木商采伐、柴薪樵采范围可能涉及低山地带以上各地域。高山有药材生产,在采掘野生药材的同时,也开始人工种植部分药材。畜牧生产中,耕牛由于与农耕生产相关,可能主要在低山地带喂养,而山羊、马等牲畜则主要在二高山、高山地带喂养。狩猎主要由动物资源的分布状况决定,可能在低山、二高山、高

---

① (宋)欧阳修、宋祁:《新唐书》卷40《地理志》、卷41《地理志》,北京:中华书局,1975年,第1028、1029、1073、1075、1076页。
② (宋)陆游:《老学庵笔记》卷4,文渊阁四库全书本。
③ (宋)汪应辰:《文定集》卷4,文渊阁四库全书本。
④ 万历《慈利县志》卷6《风俗》。
⑤ 张兴文、周益顺、田紫云等注释:《卯峒土司志校注》,北京:民族出版社,2001年,第31页。
⑥ (明)吴守忠编辑,(明)卢国祯校次:《三峡通志》卷5,北京:中国书店,1991年。

山地带都有狩猎生产。由于低山以上的地带受到农耕生产的影响小，动物资源可能比低山地带更为丰富，二高山、高山地带狩猎在农业生产中的地位较低山要高。低山地带平时采集生产较少，食物主要源自农耕，只是在农耕歉收时才进行。低山以上的地带农耕生产相对有限，采集生产就成为农耕以外重要的食物来源。

改土归流后，土家族地区的农耕生产遍及高山与河谷。如施南府自改流后"流人麇至，穷岩邃谷尽行耕垦"①，石柱厅境高山峻岭乃至山腰山脚"随其高下曲折而垦之"②，酉阳州黔江县"梯云垦坂田，或临水之涯，或傍山之巅，刀耕与火种"③，思南府"百年前尚有未垦之地，榛芜蒙密，灌莽纵横，今则山巅水沫殆无旷土"④，铜仁府高阜、低地皆有谷田，并广辟山地种植杂粮⑤，永顺府"垦殖日广"，"从前瘴雨蛮烟岚重雾袭之景象廓然改观"⑥。

山巅水沫农耕生产的发展促使山地农业生产结构发生了相应的变化。首先，农耕生产在高山和溪谷间普遍分布，改变了以前仅沿河谷地带和坪坝分布的格局。以龙山县八面山为例，该山山顶"纵横共百里，土沃可莳杂粮"，"间夷地做町畦，引潭水灌之，以艺稻禾"，而其半山腰"亦多沃土，可种莳，民居数十家"，溪河两岸也是"左右方田"⑦，农耕生产得到立体式全方位发展。其次，传统狩猎活动逐渐向高山地带转移。改流后农耕生产扩展的主要手段为毁林开荒，这样做的后果之一是农耕区内"山林既垦，野兽久稀"⑧，动物资源也随着森林的破坏而日渐稀少，而高山地带则仍是"有獐麂诸兽"⑨，狩猎也只能向偏远的高山地带转移。再次，采集生产逐渐减少，并主要分布于农耕生产相对不发达的高山、二高山地带。这主要是因为在农耕生产相对发达的二高山以下地带，农耕已能满足人们的粮食需求，而极度的毁林垦荒也使大量野生植物随之消耗，而使采集失去了对象。另外，林业发展形成高山用材林木、低山经济林木的林业生产格局。经过改流后的农垦、用材林木的砍伐和柴薪樵采，二高山以下地带的用材林消耗很大，而高山地带

---

① 同治《施南府志》卷11《食货志》。
② 道光《补辑石柱厅志》卷6《风俗志》。
③ 光绪《黔江县志》卷5《艺文志》。
④ 道光《思南府续志》卷3《食货志》。
⑤ 道光《铜仁府志》卷8《艺文》。
⑥ 同治《永顺府志》卷2《山水》。
⑦ 光绪《龙山县志》卷3《山水》。
⑧ 道光《鹤峰州志》卷14《杂述志》。
⑨ 光绪《龙山县志》卷3《山水》。

因开发较晚,许多原始森林得以保留下来,蕴藏着丰富林业资源,适于发展林业;二高山以下地带开发较早,林业的发展往往为经济利益所左右,茶树、油桐树、桑树、柑、橘等经济树种广为种植。渔业因受水源的限制,仍主要集中于低山地带。从而形成农耕生产广布于高山低地,渔业生产分布于低山地带,采集生产分布于二高山以上地带,狩猎和林业生产分布于二高山以上地带的立体农业结构。

通过对历史时期土家族地区农业结构的探讨,我们大致可以有以下几点认识:

从农业结构的演变过程来看,农业的主要生产部门没有增减,农耕、采集、渔猎、林业、畜牧等生产部门在整个历史时期几乎都存在。农耕、渔猎和采集是土家族地区传统的农业生产部门,在历史时期的农业生产中发挥着重要的作用。历史时期各部门在农业中的重要性发生了较大的变化,总的趋势是农耕逐渐成为农业生产的主导生产部门,渔猎和采集在初期曾拥有比农耕生产更重要的地位,但后来随着农耕生产的持续发展,逐渐下降为农耕生产的附属;畜牧业由最初的家庭畜养逐渐发展为农业生产的一个重要门类;林业也由最初的林木砍伐逐渐发展成为农业生产的一个门类。历史时期农业部门结构的演变只是各农业生产部门在农业生产中地位和关系的变化。

土家族地区高山深谷,自然环境垂直分异明显。由于受自然条件的制约,历史时期农业生产部门构成也存在垂直地带性分异。由于历史时期土家族地区的农耕生产发展较快,而农耕生产的发展一般是河谷地带优先发展,渐次向山地推进,所以,历史时期土家族地区的立体农业结构的演变是农耕生产由河谷地带向山地推进,并逐渐占据主导地位,其他农业生产部门随之变化的过程。从总体上讲,由河谷地带向山地,农耕生产的重要性是逐渐减弱的,但农耕生产又有逐渐由河谷地带向山地扩展的趋势。

农业结构的变化存在地区差异。设县开发较早的地区、河谷地带以及交通道路沿线,由于经济开发相对较早,汉族人口相对较多,农耕生产较为发达,因而农业结构中农耕生产的比重相对较大;而土家族聚居的偏远山区,仍维持着传统的渔猎和采集为主、兼营农耕的局面。

第二节 历史时期主要农作物的分布变迁

土家族地区各地的自然状况大致相似,在农作物的分布上大同小异。在历史时期,由于各地的开发时间有早有晚,新农作物品种的传播在地域上有先有后，再加上山区地形所造成的小气候影响，历史时期农作物的分布时间尺度和空间尺度上都有一定的差异。历来对土家族地区农业经济史的研究都忽略了对主要农作物分布变迁的研究，笔者便在这里对土家族地区历史时期主要农作物的分布情况做尝试性探讨。

早在春秋战国时期，包括土家族地区在内的很多地域，农作物以黍和稷的种植为多，"川崖惟平，其稼多黍"，"野惟阜丘，彼稷多有"[①]，这里提到黍、稷两种农作物。黍在古代专指一种子实称黍子的一年生草本作物，喜温暖，不耐霜，抗旱力极强，叶子线形，子实淡黄色者，去皮后北方通称黄米，性黏，可酿酒，其不黏者，别名穄，亦称稷，可作饭。稷也是一种食用作物，即粟，《尔雅·释草》载"粢，稷"。邢昺疏："郭云'今江东人呼粟为粢'，然则粢也，稷也，粟也，正是一物。"北魏贾思勰《齐民要术·种谷》："谷，稷也，名粟。"可见黍和稷其实为同一类植物，性黏者为黍，不黏者为稷，即我们通常所说的粟。《华阳国志》的记载说明当时巴地的农作物主要为黍和稷，其中黍主要栽种于平坝地带，稷也即粟主要栽种于山坡地。粟、稷为汉晋时代巴人的主要粮食作物，不仅供食用，还用于酿酒，可见黍、稷种植普遍且有一定的规模。

秦汉两晋南朝时期，土家族地区丘陵地带多种燕麦、粟等杂粮，河谷地带多种水稻。以开发较早的三峡地区为例，秦汉时"三峡两岸土石不分之处皆种燕麦，春夏之交，黄遍山谷，土人赖以充食"[②]。三峡地区如此，地理条件与三峡地区相似且部分地区属三峡范围的土家族地区，农作物中必定也有燕麦的种植。南朝时期水稻的种植主要集中在河谷地带，《水经·夷水注》载夷水下游支流长杨溪平乐村附近产水稻。南北朝时期，一些原来本不产水稻的地方也逐渐有了水稻种植，如当时澧州居民"聚散无恒，不营农业"，水稻种植很少，后因郭彦"劝以耕稼，禁其游猎"，才有"民皆务本，家有余粮"[③]的情况出现。随着农业的发展，水稻种植也随之增多。

唐代土家族地区的农作物主要有粟、豆、黍、稷、燕麦等，大致是河谷低地种植水稻、黍，坡地种植粟、豆、燕麦。经济作物有棉花的种植。

宋代土家族地区的农作物种类有所增多。当时土家族地区"焚山而耕，所种粟豆而已"[④]，主要农作物为粟、豆，"焚山而耕"说明粟、豆主要种植

---

① （晋）常璩著，任乃强校注：《华阳国志校补图注》，上海：上海古籍出版社，1987年，第5页。
② （明）曹学佺：《蜀中广记》卷64，文渊阁四库全书本。
③ （唐）令狐德棻等：《周书》卷37《郭彦传》，北京：中华书局，1971年，第667页。
④ （宋）陆游：《老学庵笔记》卷4，文渊阁四库全书本。

于岗阜山地。当时施、黔二州"岁获粟万余石"①,"获粟万担"说明粟的年产量已较大。宋代土家族地区还有麦类作物的种植,苏轼称宋代石门一带"人随衣貌古,家以麦禾迁"②,描述的便是土家族地区采用休耕轮歇制度种麦的情景。除大小麦外,土家族地区还有燕麦和粟的种植。当时黔江地区主要农作物为小米(即粟)和燕麦③,而宋代今永顺一带"食以糁子为主"④。糁子即稗子,又称龙爪粟,为粟之一种。沿溪流平坦之地仍种植水稻。宋代在土家族地区实行屯田,当时朝廷规定"凡民:水田亩赋粳米一斗,陆田豆、麦夏秋各五升,满二年无欠,给为永业"⑤。田赋征收秔米,这对土家族地区水稻种植的推广有一定促进作用。宋代土家族地区居民还"种芋充饥"⑥,芋主要是用于救荒,以后才逐渐演变为一种蔬菜。

宋代土家族地区的瓜果类中增加了一种新的水果——西瓜。宋代在施州开始种植西瓜,今湖北省恩施市旧州城西门外保留有"西瓜碑",其碑文载"郡守秦将军到此,栽养万桑,诣菜园间修迤花池,创立接客亭及种西瓜。西瓜有四种:内一种蒙头蝉儿瓜,一种团西瓜,一种细子儿,又名御西瓜,此三种在淮南种食八十余年矣。又一种回回瓜,其身长大,自庚子嘉熙北游带过种来,外甜瓜、稍瓜有数种,咸淳五年在此试种,种出多产,满郡皆兴,支逸其味甚加(佳),种亦遍及乡村处"。这段碑刻文字不仅记载了西瓜在鄂西南种植的情况,还指出了西瓜的种类以及其他地方始种的事实。此后西瓜在土家族地区广为栽种,大大丰富了土家族地区瓜果的种类。宋末元初土家族地区边缘地带开始有了经济作物棉花的种植,如泸溪县当时开始种植棉花。⑦

土司时期土家族地区见于文献记载的农作物不少,如嘉靖《思南府志》记载思南府农作物主要有稻(9种)、苦荞、甜荞、大麦、小麦、燕麦、粟、粱、大刀豆、豌豆、扁豆、蚕豆、豇豆、小豆、黄豆、绿豆、黑豆、莴苣、蔓菁、苦荬、王瓜、冬瓜、丝瓜、瓠、葫芦、葫荽、芋头、萝卜、芹、青菜、白菜、苋、甜菜、菠菜、笋、芥、蕨、葱、蒜、韭、茄等⑧,万历《慈利县

---

① (宋)李焘:《续资治通鉴长编》卷61,北京:中华书局,1995年,第1368页。
② 嘉庆《石门县志》卷49《艺文志》。
③ 《黔江县土家族苗族简况》编写组编印:《黔江县土家族苗族简况》,1984年,第44页。
④ 民国《永顺县志》卷6《地理志》。
⑤ (元)脱脱等:《宋史》卷176《食货志》,北京:中华书局,1985年,第4271页。
⑥ (宋)李焘:《续资治通鉴长编》卷214,北京:中华书局,1995年,第5221页。
⑦ 湖南省泸溪县志编纂委员会:《泸溪县志》,北京:社会科学文献出版社,1993年,第292页。
⑧ 嘉靖《思南府志》卷3《田赋志》。

志》载慈利县主要农作物有稻、粟、高粱、大麦、小麦、甜荞、苦荞、黄豆、黑豆、绿豆、褐豆、白豆、豌豆、蚕豆、扁豆、芥、萝卜、苦荬、茼蒿、芹、茄子、芋、冬瓜、瓠瓜、丝瓜、王瓜等。① 从两地农作物的记载来看,作物种类没有太大区别。

　　由于各种农作物对光、热、水的需求不同,再加上农业生产在地域分布上的不同,因而在具体区域内,各种农作物的分布和栽植量还是有些差异。湘西北慈利县"邑人多莳大麦"②,并"种禾、黍、粟、豆、山芋杂以为粮"。这里"禾"即水稻,该县主要农作物为大麦、粟、水稻、黍、豆、山芋。鄂西南建始县农作物有黍、稷、稻、粟、粱、麦、豆、荞、芝麻等③,归州、巴东、长阳等地"麦登场,伺雨侯布茅又火之,乘土热下粟"④,山地作物主要为麦和粟。渝东南黔江地区主要农作物则为小米、大麦、黄豆。⑤ 黔东北思南府主要农作物为粟、豆和水稻。⑥ 而在土司辖区,慈利县所属麻寮所控制区内"所植惟秋粟、龙爪谷"⑦,农作物主要为粟和龙爪谷;施州卫主要农作物则为大麦、小麦、水稻⑧;永顺司"食以小米、穇子为主"⑨,小米即粟,穇子即龙爪谷,主要农作物与麻寮所相同;容美土司境内以种植荞、豆、大麦、龙爪谷为主⑩;卯洞土司境主要农作物为麦、小谷(粟)、水稻,同时也种植荞、龙爪谷、豆、高粱、芝麻等作物。⑪ 以上所提到的这些农作物多为山地旱地作物,主要种于坡地。

　　除旱地作物外,土司时期土家族地区的河谷地带和有水源区域还种植水稻。黔东北思南府在明永乐年间改流前,"禁小民不得水田",因此水稻种植不多;改流后伴随着汉族移民的大量迁入,于是"小民亦得稍稍开垦"⑫,思南府境水稻种植迅速增多。渝东南黔江地区地势低平、水源较好的地方在土

---

① 万历《慈利县志》卷7《物产》。
② 万历《慈利县志》卷7《物产》。
③ 正德《夔州府志》卷3《土产》。
④ 弘治《夷陵州志》卷1《风俗》。
⑤ 《黔江县土家族苗族简况》,黔江县土家族苗族简况编写组编印,1984年,第47页。
⑥ 嘉靖《思南府志》卷3《田赋志》,卷7《拾遗志》。
⑦ 万历《慈利县志》卷17《土夷》。
⑧ 同治《施南府志》卷28《艺文志》。
⑨ 同治《永顺府志》卷10《风俗》。
⑩ (清)顾彩:《容美纪游》,见:《小方壶斋舆地丛钞》第6轶,清光绪六年(1880)南清河王氏刊本。
⑪ 张兴文、周益顺、田紫云等注释:《卯峒土司志校注》,北京:民族出版社,2001年,第18页。
⑫ 嘉靖《思南府志》卷7《拾遗志》。

司时期开垦有不少水田种植水稻①,石柱土司北部地区水稻种植较多,南部山区只有零星种植。鄂西南施州卫有水稻种植,黄溥《劝农台》"晚稻含华早稻熟",就是对该地种植双季稻的真实记载。② 卯洞司也有水稻种植,土司规定"务相其有水处,概行开垦成田"③,这就使有水平坦之地水稻种植增多。峡江地带归州、巴东等地,由于地形地貌的影响,"地少水田"④,水稻种植非常有限。湘西北永定卫、大庸所等处产稻较多,除本地食用外,还运往永顺司土司地,故永顺司"稻谷多仰永定卫、大庸所两处"⑤。从整个土家族地区来看,思南府、永定卫、施州卫、黔江所及石柱司北部地区水稻种植较多。水稻种植要求有适宜的水热条件和平缓的地势,所以水稻主要分布于上述各地的河流沿岸、地势低平有水源的低山平坝或山间盆地中。

明中晚期,番薯(又称甘薯、红苕)、玉米(又称玉蜀黍、包谷)、洋芋(又称马铃薯)自海外传入中国。它们传入中国主要有三条渠道:一是自海外传入东南沿海各省再传入内地,时间大约在明嘉靖年间;二是由西北陆路传入陕甘地区,最早见于嘉靖年间;三是由西南陆路传入,最早见于明嘉靖年间。⑥ 玉米传入土家族地区大概经由西南和东南两条途径,时间大致在清代初年。黔东北思南府玉米的种植大致始于清康熙年间⑦,其传入的路线应该是自云南向东先传入贵州,进而传入黔东北一带。鄂西南长阳县在康熙年间始有包谷的种植⑧,其传入的路线大致是从东南沿海传入两湖地区,然后传入鄂西南一带。这三种作物在土家族地区的广泛种植大致是在清代改土归流后。

土司时期土家族地区尽管商品经济不发达,但在一些开发较早的区域内已有了少量经济作物种植,这一时期的经济作物主要有棉花、麻等。黔东北思南府在明弘治年间由四川人引入棉花种植,因"种之获利,土人效其所为,弃菽粟而艺其棉"⑨。印江一带麻的栽种开始带有商品经济的色彩,"处处桑

---

① 黔江县土家族苗族简况编写组编印:《黔江县土家族苗族简况》,1984年,第47页。
② 同治《施南府志》卷28《艺文志》。
③ 张兴文、周益顺、田紫云等注释:《卯峒土司志校注》,北京:民族出版社,2001年,第31页。
④ 嘉靖《归州志》卷1《地理志》。
⑤ 同治《永顺府志》卷10《风俗》。
⑥ 陈树平:《玉米和番薯在中国传播情况研究》,《中国社会科学》1980年第3期,第187—204页。
⑦ (清)严如熤:《苗疆风俗考》,见:《小方壶斋舆地丛钞》第8轶,清光绪六年(1880)南清河王氏刊本。
⑧ 《容美土司史料汇编》,中共鹤峰县委统战部县史志编纂办公室中共五峰县委统战部县民族工作办公室编印,1984年,第490—493页。
⑨ 嘉靖《思南府志》卷3《田赋志》。

麻生意遂"①，在经济利益的驱动下，印江一带麻的种植极为普遍。渝东南酉阳、秀山一带棉花种植较少，但麻的栽种相对较多。② 鄂西南施州卫一带种棉、麻，明人黄溥《劝农台》诗载"木棉可纺麻可绩"，纺棉绩麻就要栽种大量的棉花、麻。建始县"产棉花"③，同时也有麻的种植。④ 在土司区，也有棉花的种植，"但种植不多"⑤。土司时期土家族地区种棉之地主要集中于思南府、施州卫、建始县等地，而印江、酉阳、秀山、施州卫、建始等地种麻相对较多。

总的来说，土司时期土家族地区主要农作物和经济作物的分布，大致是开发较早的土司地区（思南府及石柱土司）、卫所屯戍区以及设府、州、县地区多种植水稻和经济作物，广大土司地区的农作物以粟、麦、豆、龙爪粟为主，经济作物相对较少。农作物立体分布格局，大致是沿河谷地带及低山地带平坦有水之处的农作物以水稻为主，并有棉花、麻等经济作物的种植，低山地带以粟、麦、豆、龙爪谷等农作物为主。

改土归流后土家族地区的农耕得到极大发展，由外地引进的适合山地种植的玉米、番薯、洋芋等农作物很快成为土家族地区最主要的粮食作物，粟、荞、麦、豆、龙爪谷、水稻等本地作物的种植也同步增长。经济作物的种植在清代改流后迅速增多，农作物的空间分布也发生了较大的变化。改流后土家族地区主要的农作物有玉米、洋芋、番薯、水稻、粟、麦（包括燕麦、大麦、小麦、荞麦）、豆、高粱及各种瓜类、蔬菜类。不过各种农作物在土家族地区的分布有一定差异。

玉米、番薯、洋芋自土司时期末期，即清康熙年间开始传入土家族地区，经雍正年间改土归流、流民入山而得到大面积推广。改流后土家族地区各府、厅、州、县几乎都有了玉米的种植。在土家族地区，各地玉米的始种时间有先有后：黔东北思南府在清康熙年间有了玉米的种植，湘西北的永顺、辰州等府、永绥等厅在乾隆、嘉庆之际已普遍种植包谷。⑥ 则玉米的始种时间至迟也在乾隆年间。鄂西南长阳在康熙年间始有玉米的种植，改流后包谷在鄂西南

---

① 弘治《贵州图经新志》卷3《思州府》。
② （清）顾炎武：《天下郡国利病书》卷70，四部丛刊本。
③ 同治《建始县志》卷4《食货志》。
④ 正德《夔州府志》卷4《赋税》。
⑤ 同治《来凤县志》卷29《物产志》。
⑥ （清）严如熤：《苗疆风俗考》，《小方壶斋舆地丛钞》第8轶，清光绪六年（1880）南清河王氏刊本。

广泛种植，地处偏远之地的山羊隘"至乾隆年间，始种包谷"①。渝东南大致也是在改流后引进了包谷，至乾隆年间石柱厅已是"最多者包谷"的景象。②

玉米具有不择肥瘠，播不忌晴雨，而且高下皆宜的特性。因此玉米传入土家族地区后，"凡七里高处无水源所在均宜种植包谷"③，玉米在土家族地区得到了广泛的种植。鄂西南施南府"深林幽谷开辟无遗，所种惟包谷最多，巨阜危崖，一望皆是"④，谷地和山坡均有包谷的种植，以致后来"山居以（包谷）为正粮"⑤，包谷取代其他粮食成为主粮；宜昌府"自彝陵改府后，土人多开山种植（玉米），今所在皆有，乡村中即以代饭"⑥；鹤峰州到道光年间"邑产包谷十居其八"，"坡陀硗确之处皆种包谷"⑦；长乐县"邑产包谷者十之九"⑧，玉米成为最主要的粮食作物。渝东南石柱厅在道光年间"山地最多者包谷"，"南境深山惟玉蜀黍可种，贫民资以为粮"⑨，大体厅境南部山区包谷种植最多；酉阳州至同治年间"山谷贫民半皆以包谷、荞麦为饔飧"⑩。黔东北思南府在道光年间"山农则全资包谷"⑪，包谷为最主要的粮食作物；松桃厅在道光年间也是"山谷高耸阴沉之处广种包谷"⑫。湘西北石门县在嘉庆年间"西北宜黍（玉蜀黍）"⑬，石门县西北部为山地，正适合种植包谷；永顺府至同治年间"民食所资，杂粮为多"，"杂粮中所产（包谷）最广"⑭；永绥厅在乾隆年间年产"包谷万余石"⑮；凤凰厅在道光年间"居民相率垦山为陇争种之（包谷）以代米"，"山家倚之以供半年之粮"⑯，所产包谷不仅供本地食用，还挑运出境售卖。乾州厅至光绪年间"种杂粮于山坡，包

---

① 中共鹤峰县委统战部县史志编纂办公室中共五峰县委统战部县民族工作办公室编印：《容美土司史料汇编》，1984年，第490—493页。
② 乾隆《石柱厅志·物产志》。
③ 同治《宣恩县志》卷10《风土志》。
④ 同治《建始县志》卷4《食货志》。
⑤ 同治《施南府志》卷11《食货志》。
⑥ 同治《宜昌府志》卷11《风土志》。
⑦ 道光《鹤峰州志》卷6《风俗》。
⑧ 同治《长乐县志》卷12《杂记志》。
⑨ 道光《补辑石柱厅志》卷6《风俗志》。
⑩ 同治《增修酉阳直隶州总志》卷19《物产志》。
⑪ 道光《思南府续志》卷2《地理门》。
⑫ 道光《松桃厅志》卷6《风俗》。
⑬ 嘉庆《石门县志》卷18《风俗志》。
⑭ 同治《永顺府志》卷10《物产》。
⑮ 宣统《永绥厅志》卷15《物产》。
⑯ 道光《凤凰厅志》卷18《物产志》。

谷为最"①。改流后经过垦山种植，包谷已广布于土家族地区的山岭沟谷间，并成为人们的主食。

番薯为喜温作物，畏寒霜，很难在海拔1000m以上的地区正常生长。番薯传入土家族地区的路线和包谷传入路线相当，传入时间则比包谷稍晚，大约改流后在土家族地区广为种植。乾隆三十五年（1770）渝东南黔江县官府"告以种植之法与种植之利"②，在地方政府的推动下，黔江县番薯种植逐渐增多；西阳州至同治年间"贫民以（番薯）代谷食，山原遍种之"③。鄂西南施南府至同治年间贫民"以种薯为正务"④，"居下者恃甘薯为接济正粮"⑤，番薯种植主要集中于地势较低的河谷地带和低山地带，番薯甚至成为主粮，其种植之多可见一斑；宜昌府至同治年间"洋芋与薯以为佐粮"⑥，番薯与洋芋是仅次于包谷的重要粮食作物。从其分布地域而言，当时是"高坡洋芋低坡薯"⑦，大致高山地带适合种洋芋，低山地带、河谷一带适合栽种番薯。黔东北思南府在道光年间"居人广种（薯）以佐饔飧"⑧，番薯为重要的辅粮；松桃厅在道光年间"山之平衍处广栽红薯，贫民资以佐食"⑨。湘西北永顺府境在同治年间"穷民赖其济食，与包谷同"⑩，番薯与包谷一样，二者皆为主粮；乾州厅至光绪年间番薯"山人恃以为粮"⑪，山坡地有较多番薯种植；凤凰厅道光年间甘薯"亦知种之"⑫，但种植规模相对有限。改流后，番薯在土家族地区各地均有种植。由于番薯受水热条件限制较大，因此番薯主要种植于海拔低于1000m的低山坡地。

洋芋为耐寒作物，阴寒过甚、五谷不生的高寒山地可种植洋芋。洋芋与玉米、番薯一样也是从国外引进的农作物，传入中国的时间与玉米相当。洋芋传入土家族地区的路线和包谷传入的路线大体相当，传入土家族地区的时间则比包谷稍晚，大约在清代雍正年间改土归流后才在土家族地区广为种植。

---

① 光绪《乾州厅志》卷7《苗防志》。
② 光绪《黔江县志》卷3《食货志》。
③ 光绪《秀山县志》卷12《货殖志》。
④ 同治《恩施县志》卷7《风俗志》。
⑤ 同治《来凤县志》卷28《风俗志》。
⑥ 同治《长乐县志》卷12《杂记志》。
⑦ 同治《宜昌府志》卷14《艺文志》。
⑧ 道光《思南府续志》卷3《食货志》。
⑨ 道光《松桃厅志》卷1《天文门》。
⑩ 同治《龙山县志》卷12《物产》。
⑪ 光绪《乾州厅志》卷13《物产志》。
⑫ 道光《凤凰厅志》卷18《物产志》。

鄂西南施南府属高山，同治年间已是"遍种洋芋"，"山民聊以备荒"[1]；宜昌府属高荒之地，同治年间"土人多种洋芋以为粮"[2]。渝东南酉阳州在同治年间"山野居民多种番薯、洋芋"[3]。黔东北印江县居民"刊木垦山"，种植洋芋[4]。湘西北永顺府在同治年间洋芋"农家种以助饱"[5]，乾州厅在光绪年间"农人种以助饱"[6]，凤凰厅在道光年间"多种之（洋芋）以助饱"[7]。可见改流后，洋芋在土家族地区种植较为普遍。洋芋在高山地带种以为粮，低山地带则用以"备荒"、"助饱"，这一现状决定了洋芋的种植多集中于高寒山地。河谷平坝地带、低山地带虽也有洋芋的种植，因不是主粮，故其重要性不如包谷、番薯等作物。

水稻在土家族地区种植的历史较为悠久，但历史时期土家族地区水稻种植并不多。改流后随着流民大量入山垦殖，许多近水平地被开垦以种水稻。因此，改流后土家族地区水稻种植迅速增多。鄂西南施南府同治年间"山行平旷处皆开田种稻"，但因"地少平"，故"水稻无多"[8]，府境仅利川县支罗所产支罗米负有胜名[9]；宜昌府属鹤峰州、长乐县、归州、巴东县等地"平田可种稻者甚少"[10]，因此水稻种植有限。不过长阳县自乾隆年间"凡有水道可引平坦地方，悉行开挖，改旱为水，播种稻谷"[11]，后来逐渐形成枝柘坪、磨市、椰坪三个水稻集中产地。渝东南石柱厅至道光年间"土人惟食稻，且惟知种水稻"，"厅地山多少平原，凡围者曰田，不围者乃曰地，山腰山脚绝无水泉可引，亦概围之为田，于高山峻岭上，随其高下曲折而垦之，围成稻田，远望若阶梯"[12]，人们依据山势开挖围田，形成阶梯状稻田景观。黔东北思南府至道光年间已是"农家稻居其七"[13]，水稻成为最重要的粮食作物，其

---

① 同治《施南府志》卷 11《食货志》。
② 同治《长乐县志》卷 1《分野志》。
③ 光绪《黔江县志》卷 5《风俗志》。
④ 道光《印江县志》卷 1《田赋志》。
⑤ 同治《保靖县志》卷 3《食货志》。
⑥ 光绪《乾州厅志》卷 13《物产志》。
⑦ 道光《凤凰厅志》卷 18《物产志》。
⑧ 同治《咸丰县志》卷 18《艺文志》，蒋仕槐《咸丰杂咏》。
⑨ 光绪《利川县志》卷 7《户役志》。
⑩ 同治《宜昌府志》卷 11《风土志》。
⑪ 乾隆《长阳县志·乡约》。
⑫ 道光《补辑石柱厅志》卷 6《风俗志》。
⑬ 道光《思南府续志》卷 2《地理门》。

中尤以印江县大石墩山麓所产稻米负有胜名。① 湘西北石门县"东南宜稻"，至嘉庆年间"南乡多谷，县城多仰给焉，道溪板船装运津市，每石较他处取值有加，谓之道溪谷，以米好也"②，所产稻颇有盈余，以致贩运出境盈利。在土家族地区南部的苗区内，水稻种植同样比较多。凤凰厅都用、卢塘、清溪哨、高凤营、靖疆营、旧司坪、竿子坪、全得营、永安哨，乾州厅镇溪哨、湾溪、马颈坳，永绥厅隆团、董维、大排吾、已冬坪、丰和场之等地"水高泉旺，易于灌溉"，"当未滋事（乾嘉苗民起义）之先，三厅（凤凰、永绥、乾州）米谷甚贱，他食物俱为便宜"③，由于稻谷产量颇丰，以致米价和其他粮食价格随之降低。松桃厅至道光年间"民食以稻为主"④，如果土质好，气候好，耕种得法，亩产毛谷可达四石⑤，这个情况已和汉族山区相差无几。由于受水、热以及地势条件限制，加上历史时期土家族地区多种旱地作物，因此水稻种植仅限于河谷平坝和有水源的低山地带。这种情况在改流后有了改变，在地势相对平缓、有水源的二高山地带山间平地也有了水稻种植。如龙山县八面山山顶，其最高处登天堡海拔 1385m，至光绪年间当地居民"夷地做町畦，引潭水灌之，以艺稻禾，所出与下方田亩等"⑥。这就使水稻种植不再限于河谷沿岸，而是扩展至二高山地势平缓有水源之地。总体而言，改流后土家族地区石柱厅、思南府、长阳县、石门县、南部苗区等地水稻的种植相对较多，其他地方水稻的种植则相对较少。

粟在很长的历史时期内是土家族地区最主要的农作物。改流后由于包谷、番薯、洋芋等山地作物的大量种植，粟的种植相对减少，但仍为除包谷、番薯、洋芋、水稻外重要的山地作物，在土家族地区有广泛的种植。按粟的特性和土家族地区地理条件来说，无水源山地基本上均可种粟，不过改流后土家族地区各地种粟的情况还是有些差异。鄂西南施南府所属宣恩县山地多有粟、豆、高粱等杂粮的种植⑦，来凤县则只是"山田中间有种者"⑧；宜昌府属各地至同治年间，山地居民"间用麦、菽、粟之类"为食⑨，

---

① 道光《印江县志》卷1《田赋志》。
② 嘉庆《石门县志》卷18《风俗志》。
③ （清）严如熤：《苗防备览》卷22《杂识》，清道光二十三年（1823）邵义堂刊本。
④ 道光《松桃厅志》卷1《天文门》。
⑤ 光绪《古丈坪厅志》卷11《物产》。
⑥ 光绪《龙山县志》卷3《山水》。
⑦ 同治《宣恩县志》卷10《风土志》。
⑧ 同治《来凤县志》卷29《物产志》。
⑨ 同治《宜昌府志》卷11《风土志》。

粟的种植也较为有限。渝东南酉阳州至同治年间，无水山地多种包谷、粟、菽等杂粮①，粟为山地作物之一种。湘西北永顺府在同治年间"居民多种小米、穇子"②，粟的种植相对较多；古丈坪厅至光绪年间"日食杂粮，以小米、穇子为食"③，小米即粟，穇子为粟的一种，古丈坪厅也是湘西北地区粟种植较多的区域；乾州厅在光绪年间"种杂粮于山坡，包谷为最，粟米、穇子、荞麦、高粱次之，麻豆、薏苡又次之"，"所食多粟、米、包谷"④，粟为仅次于主粮包谷的杂粮。黔东北思南府在道光年间"城市家常脱粟"⑤，粟的种植也不在少数；松桃厅在道光年间"山坡杂植粟、菽、高粱、大小麦"⑥，厅境山地多种有粟。可见改流后粟在土家族地区各地都有种植，且多种于山坡地，与包谷、麦、豆、高粱等杂粮一起为当地居民主要的粮食作物，为主粮之外的辅粮。与改流前土家族地区主粮的地位相比，其重要性已大为下降。

土家族地区的麦类作物有大麦、小麦、荞麦、燕麦等品种。麦类在土家族地区早有种植，改流后，麦类作物在土家族地区各地也多有种植。鄂西南施南府至同治年间"低山田地收获之后旋种菜、麦、麻"⑦，同时"种将菽、麦满山坡"⑧，河谷坪坝和山坡地均有麦的种植；宜昌府属各地至同治年间也是山居"间用麦、菽、粟之类"⑨，这里"间"是"偶尔"的意思，说明麦子并不是主粮，其种植很有限。道光年间黔东北思南府居民的主食中"稻居其七"，"麦居其二"⑩，稻米为主食，麦只是主粮的补充，麦的种植较水稻要少。在麦类作物中，"土人以燕麦为正粮"⑪，当地土家族种麦以燕麦为主。渝东南石柱厅至道光年间"牟麦粱菽仅见山地"⑫，牟麦即荞麦，则石柱厅境内山地的麦类作物以荞麦较多。酉阳州至同治年间"山谷贫民半皆以包谷、

---

① 同治《增修酉阳直隶州总志》卷19《物产志》。
② 同治《永顺府志》卷10《物产》。
③ 光绪《古丈坪厅志》卷10《民族》。
④ 光绪《乾州厅志》卷7《苗防志》。
⑤ 道光《思南府续志》卷2《地理门》。
⑥ 道光《松桃厅志》卷6《风俗》。
⑦ 同治《恩施县志》卷7《风俗志》。
⑧ 同治《咸丰县志》卷18《艺文志》，王伟《瀑泉竹枝词》。
⑨ 同治《宜昌府志》卷11《风土志》。
⑩ 道光《思南府续志》卷2《地理门》。
⑪ （清）张澍：《续黔书》卷6《燕麦》，黔南丛书本。
⑫ 道光《补辑石柱厅志》卷6《风俗志》。

荞麦为饔飧"①，麦类作物也是以荞麦为主。湘西北永顺府"土性寒不宜麦，种者收甚薄，面皆市之沅陵、永定县"②，由于地理条件不适合种麦，因此麦的种植较少。不过桑植县所种大、小麦有"可作面，贩给他境"③，桑植县为永顺府四县中种麦较多的区域。凤凰厅至道光年间已是"种杂粮于山坡，包谷为最，粟米、穇子、荞麦、高粱次之"④，麦类作物中主要为穇子、荞麦。总体而言，改流后各地虽都种植麦类作物，但各地麦类作物的种植种类各不相同。大致大小麦各地均有种植，而荞麦在渝东南的石柱厅、酉阳州、湘西北凤凰厅境内种植较多，而燕麦在黔东北的土家族中种植较多。

豆类作物在文献中或称为"菽"，也是改流后土家族地区的农作物之一。当时主要的豆类作物有可作粮食的黄豆、绿豆、豌豆、蚕豆、赤豆等，可作蔬菜的豇豆、扁豆、刀豆、四季豆、羊眼豆等。改流后豆类作物在土家族地区广泛种植。鄂西南施南府至同治年间，其所属的无水源地区皆有豆类作物的种植⑤；宜昌府山地居民"间用麦、菽、粟之类"⑥，多有豆类作物的种植。渝东南石柱厅"牟麦、粱、菽仅见山地"⑦，豆类作物主要在山地种植；酉阳州至同治年间"饔飧每用玉蜀黍及菽、粟"⑧。黔东北思南府在道光年间"硗瘠之户或菽或稗"⑨。湘西永顺府至同治年间已是"田畔种菽无隙地"⑩，豆类作物主要栽种于田地边角地带；永绥厅在乾隆年间"黄豆岁出万余石，出境五、六千石"，"绿豆岁出二三百石，做油货，作粉"⑪，种植的黄豆、绿豆不仅满足日常所需，还出售到外地，则可知当时永绥厅黄豆、绿豆种植较普遍；凤凰厅、石门县也都有豆类作物栽种。⑫总体而言，豆类作物在改流后的土家族地区有广泛种植，在局部区域内还形成豆类作物种植区，如永绥厅为改流后土家族地区黄豆、绿豆的集中产地。

通过对改流后土家族地区主要农作物种植情况的梳理，我们认为土家族

---

① 同治《增修酉阳直隶州总志》卷19《物产志》。
② 同治《永顺府志》卷10《物产》。
③ 同治《桑植县志》卷2《风土志》。
④ 道光《凤凰厅志》卷11《苗防志》。
⑤ 同治《宣恩县志》卷10《风土志》。
⑥ 同治《宜昌府志》卷11《风土志》。
⑦ 道光《补辑石柱厅志》卷6《风俗志》。
⑧ 同治《增修酉阳直隶州总志》卷19《物产志》。
⑨ 道光《思南府续志》卷2《地理门》。
⑩ 同治《永顺府志》卷10《物产》。
⑪ 宣统《永绥厅志》卷15《物产》。
⑫ 道光《凤凰厅志》卷11《苗防志》；同治《石门县志》卷4《食货志》。

地区的农作物主要还是以山地旱地作物为主，水稻种植不多；农作物在地区分布上相对均衡，但也存在一些作物集中分布区；在海拔高度上，河谷地带和低山地带主要种植水稻、番薯，间或种植豆、麦、粟、包谷，二高山地带主要以包谷为主，辅以粟、麦、豆、洋芋种植，间有水稻种植，高山地带以洋芋为主，有少量麦、豆、粟种植，高寒山地则主要种植洋芋。

改流后随着土家族地区商业的发展，经济作物的种植迅速增多。改流后土家族地区经济作物种植增多与朝廷鼓励种植经济作物是分不开的，当时朝廷规定"各省地土其不可以种植五谷之处，则不妨种他物以取利"①。因此，土家族地区经济作物的种植较以前有较大变化。改流后土家族地区的经济作物主要有棉花、苎麻、蓝、烟叶、罂粟等。

改流后土家族地区部分区域有棉花的种植。鄂西南施南府大部分地区因海拔较高，地气太寒，不宜种棉花，仅在局部区域有棉花栽种。恩施、建始县等地起初有棉花的种植，至同治年间棉花为麻所取代②；利川、来凤有少量棉花种植，利川县"县境惟南坪十一保产木棉"③，来凤县花厂产棉花，并因此而得名④；宜昌府仅长阳县产木棉⑤，鹤峰州、长乐县等地因地势高，气候"寒冷，不产棉花"⑥。湘西北永定县阳和坪、大庸溪产棉花⑦；慈利县也有棉花的种植⑧；安福县"种棉者少"⑨，棉花的种植有限；永顺府各县都产棉花，棉花"所产可给本境织成布"⑩；乾州厅"地宜棉者少"⑪，棉花的种植很少。黔东北思南府康熙年间"是处皆种"⑫，乌江两岸普遍种植棉花。思南一带产棉尤多，印江县还从河南、湖北引进良种，《印江大事记》载乾隆元年（1736）印江县各地"棉花丰收，普通农家均可纺织"，至道光年间"地不甚出，岁由常德运至"⑬。思南府棉花种植经历了康熙至乾隆年间大范围种植、

---

① 《清世宗实录》卷54。
② 江远鸣：《我州油桐生漆的发展概况》，见：《鄂西文史资料》第15辑。
③ 《大清一统志》卷374《澧州直隶州》，文渊阁四库全书本。
④ 同治《来凤县志》卷29《物产志》。
⑤ 同治《宜昌府志》卷11《风土志》。
⑥ 道光《鹤峰州志》卷12《风俗志》。
⑦ 民国《永定县乡土志》卷4《耆旧》。
⑧ 同治《续修慈利县志》卷14《艺文》。
⑨ 乾隆《湖南通志》卷49《风俗》。
⑩ 同治《永顺府志》卷10《物产》。
⑪ 光绪《乾州厅志》卷5《风俗志》。
⑫ 康熙《贵州通志》卷12《物产》。
⑬ 道光《思南府续志》卷2《地理门》。

道光年间种植萎缩的变化过程。渝东南酉阳州"地卑暖处亦有种者"①，因受水热条件限制，棉花种植不多；石柱厅乾隆年间"间有种者，……花商贩渝，获息加倍……厅民惊喜，种植乃多"②，厅内棉花的种植大致始于乾隆年间，后在经济利润的驱动下，至道光年间棉花种植大幅度增加。总体说来，改流后土家族地区的棉花种植，其分布情况大致是黔东北、渝东南种植较多，鄂西南仅长阳县种植较多，湘西北永定县、慈利县、永顺府属四县相对较多。从其立体分布情况来看，棉花主要分布于河谷地带与低山地带气候温暖之地。

苎麻喜温暖湿润气候，多分布于低山坪坝和河谷一带。苎麻在土家族地区种植较早，改流后仍有种植。鄂西南施南府在嘉庆年间广种苎麻，后来麻的种植面积不断扩大。到清光绪中叶，苎麻完全取代棉花，年产量达到两万余捆（每捆60斤），输出量达100万斤以上，该地区苎麻生产至此达到鼎盛。施南府所属6县以恩施县苎麻种植面积最大，其次是建始，来凤等县，鹤峰最少。清末民初，恩施城麻商云集，仅城内就有18家麻号。③ 湘西北以安福县种麻较多。④ 苗区乾州厅"桑麻遍野"，麻的种植较多。渝东南秀山县县城"初名烟麻坪，盖旧饶苎麻、烟草之利"，至光绪年间"四境稀闻艺麻，或有之，率里不十亩"⑤，麻的种植呈现逐渐减少趋势。总体说来，改流后恩施县、建始县、来凤县、安福县、乾州厅、秀山县种苎麻较多，其他地区则相对较少。

蓝多指一年生的蓼科草本植物，即蓼蓝，叶可加工成靛青做染料。此外蓝也泛指叶含蓝汁可制蓝靛作染料的植物。改流后土家族地区种植的多为蓼蓝，也有板蓝。鄂西南来凤县至同治年间种蓝，其"利倍于农"，"种蓝十亩，敌谷田一顷"⑥。在经济利益驱动下，来凤县蓝的种植有一定的规模。渝东南酉阳州至同治年间也有蓝的种植，而"酉属所艺则板蓝"⑦。秀山县"县地蓝畴相望"，"岁货亦数千金"⑧，在经济利益驱动下，蓝的种植也极为普遍。黔东北松桃厅"种蓝可以供染，亦通商"⑨，蓝的种植也形成了一定规模。总体

---

① 同治《增修酉阳直隶州总志》卷19《物产志》。
② 道光《补辑石柱厅志》卷9《物产志》。
③ 曹泽恩：《恩施苎麻产销简述》，见：《鄂西文史资料》第15辑。
④ 乾隆《湖南通志》卷49《风俗》。
⑤ 光绪《秀山县志》卷12《货殖志》。
⑥ 同治《来凤县志》卷29《物产志》。
⑦ 同治《增修酉阳直隶州总志》卷19《物产志》。
⑧ 光绪《秀山县志》卷12《货殖志》。
⑨ 道光《松桃厅志》卷6《风俗》。

来说，改流后土家族地区来凤县、酉阳州、秀山县、松桃厅等地，蓝的种植相对集中，其他地方蓝的种植较少。

烟草在改流后的土家族地区也有种植，一部分用于当地居民自食，一部分则成为当地重要的商品。鄂西南宜昌府最初无烟草栽种，到同治年间才"多有种植"①。湘西北石门县燕子峡所产烟草颇为有名，时称峡烟②。永顺府各地至同治年间均种烟草，以龙山县农车一带最多，以郑兰坝所产烟草最好③。渝东南酉阳州至同治年间烟草"所在有之，其产于秀山官庄者尤胜"④。秀山县至同治年间"独烟草为繁盛，捆载出境，岁万金，……秀产以东乡小水坡为美种，然不及千金"⑤。总体而言，改流后土家族地区各地虽均有烟草种植，但尤以宜昌府、石门县、永顺府各地、酉阳州、秀山县所产较为集中。

罂粟为一年生栽培植物，栽种地的海拔高度一般在300至1700m，罂粟果实可制作成鸦片。清道光、咸丰年间制作鸦片的罂粟种子由殖民者传入武陵山区的土家族地区，初期只是在一些穷乡僻壤有零星种植，如龙山县明溪（今桂塘乡）、二梭（今老兴乡）、大达乡（今贾市、内溪乡）和保靖县南门外等地，种植规模小，产量少。同治光绪年间，罂粟在土家族地区的种植已相当普遍。清政府在土家族地区设立土厘局，征收鸦片税。清末至民国时期，土家族地区罂粟种植已泛滥成灾⑥。鄂西南施南府境来凤、咸丰、宣恩等地罂粟种植较为集中。来凤县于光绪年间传入罂粟种子，此后在深山野岭中广为种植；咸丰县至同治后期罂粟种植遍及全县，鸦片年产量约20余万两⑦；宣恩县李家河一带居民以种罂粟为生⑧；宜昌府鹤峰州在同治年间也有罂粟种植⑨。湘西北永定县云朝山在清末有罂粟种植⑩；永顺府属龙山、保靖县种植罂粟较多。渝东南酉阳州至同治年间"乡村篱落皆遍植之"⑪；秀山县至光

---

① 同治《宜昌府志》卷11《风土志》。
② 嘉庆《石门县志》卷52《物产志》。
③ 同治《永顺府志》卷10《物产》。
④ 同治《增修酉阳直隶州总志》卷19《物产志》。
⑤ 光绪《秀山县志》卷12《货殖志》。
⑥ 陈廷亮：《近代湘鄂川边鸦片种植及其危害》，《吉首大学学报》（社科版）1997年第4期，第40—44页。
⑦ 袁简：《漫话鸦片在鄂西的泛滥》，见：《鄂西文史资料》第5辑。
⑧ 《鸦片在宣恩的兴亡》，见：《宣恩文史资料》第1辑。
⑨ 同治《宜昌府志》卷11《风土志》。
⑩ 民国《永定县乡土志》卷3《兵事》。
⑪ 同治《增修酉阳直隶州总志》卷19《物产志》。

绪年间"平原广陆花时红白弥望,农氓以其无妨树艺,尤竟种之,岁货万金"①。黔东北土家族地区在光绪初年"鸦片弥山漫谷",以致地方官惊呼"光绪三、四年大荒之故,祸由鸦片"②,罂粟种植之多可见一斑。总体来说,清末土家族地区的罂粟种植已极为普遍,尤以来凤县、咸丰县、宣恩县、鹤峰州、永定县、龙山县、保靖县、酉阳州、秀山县等地较为集中。

第三节 历史时期农业区的分布变迁③

农业有广义和狭义之分,广义农业包括农(耕)、林、牧、渔等生产门类,狭义农业主要指农耕。本节所讨论的是狭义的农业,因此,这儿讨论的农业区主要指的是农耕区。农耕区的强势扩张既是我国古代农业发展的表现之一,同时也是农业发展的重要推动力。关于中国古代农耕区总体扩展方向和过程,学者们已有详细论述,但对不同地域农耕区的扩展过程和方式关注较少。④ 笔者近年来在从事南方少数民族地区农业经济开发研究的过程中,发现在农耕原本欠发达的少数民族山区,历史时期农耕区的扩展呈现出一种特别的方式,即以点块片的方式扩展。这一点在土家族分布的武陵山区表现得较为明显。

关于土家族地区历史时期农业的发展情况,目前专论性研究成果不多。本人曾对土家族地区历史时期的农业结构进行尝试性探讨⑤,但对农业区的扩展问题未做过多讨论。这为此问题的探讨提供了一定的学术空间。

一、五代以前农耕生产的点状零星分布

五代以前,土家族地区的农耕生产发展有限。农业经济以渔猎、采集为主,只是在局部区域内有零星的农耕生产。

新石器时代,土家族地区已有人类生存繁衍。目前在土家族地区考古发现的石器时代人类活动遗址,清江流域有长阳县香炉石⑥、桅杆坪、西寺坪、

---

① 光绪《秀山县志》卷 12《货殖志》。
② 《清宣宗实录》卷 264。
③ 朱圣钟:《点块片式扩张——历史时期武陵山区土家族地区农业区扩展过程述论》,《白沙历史地理学报》13 期,(台湾)彰化:彰化师范大学历史学研究所,2012 年,第 1—38 页。
④ 邹逸麟主编:《中国历史人文地理》,北京:科学出版社,2001 年,第 176—189 页。
⑤ 朱圣钟:《历史时期鄂西南土家族地区的农业结构》,《中国历史地理论丛》2000 年第 2 辑,第 92—102 页;《历史时期土家族地区农业结构的演变》,《湖北民族学院学报》(哲社版)2004 年第 2 期,第 38—43 页。
⑥ 王善才:《香炉石:我国早期巴文化遗址的发现与研究》,北京:科学出版社,2007。

沙嘴、深潭湾①；澧水流域有石门县宝塔、桅岗，桑植县朱家台，鹤峰县江口、千户坪；酉水流域有永顺县不二门、新田堡，保靖县喜鹊溪、柳树坪、大丘堡、长丘、瓦场、尚堡、团鱼背、大坪、芭蕉湾、大田、大田坎、枫香堡、庙堡、庙嘴、庄屋，龙山县尚家屋场、婆婆庙、湾潭、瓦场、金毕卡、龙洞湾、溪口，来凤县漫水葫芦堡、田家河、吊水河、牛摆尾②；乌江流域有沿河县黑獭、酉阳县邹家坝③、清源④等。从这些遗址出土遗物看，当时土家族地区的居民经济主要以渔猎为主，农耕发展相对有限。

商周时期，土家族地区的农业发展情况与新石器时代相似，此不赘述。

春秋战国时期，土家族地区农耕有所发展。考古人员曾在酉水河谷保靖县四方城遗址发现一战国时期的粮窖，其中储存有稻谷、高粱、粟、豆类等粮食⑤，说明当时酉水一带已有农耕生产，有水（稻谷）旱（高粱、粟、豆类）作物的耕作；粮窖位于河谷地带城址附近，说明当时农耕生产主要集中于河谷城镇等人口集聚之地。到秦、西汉、东汉时期，土家族地区分设郡县管理，先后设有涪陵县（先治今重庆市彭水县郁山镇，后治彭水县汉葭镇）、酉阳县（治今湖南省保靖县龙溪乡）、迁陵县（治今湖南龙山县里耶镇）、零阳县（治今湖南省慈利县城东）、充县（治地一说在今湖南省桑植县境，一说在今湖南省张家界市境）、佷山县（治今湖北省长阳县境）等县，人口聚居的县治附近的河谷地带有农耕生产发展。⑥

南北朝时期，土家族地区局部区域的农耕有所发展，如澧州（齐置为天门郡，治澧阳县，即今湖南省石门县）在周孝闵帝时（557）经过郭彦"劝以耕稼，禁其游猎"，"民皆务本，家有余粮"⑦。农耕生产藉以发展，澧水沿岸农耕生产分布范围有所扩大。

---

① 湖北省清江隔河岩考古队、湖北省文物考古研究所编，王善才主编：《清江考古》，北京：科学出版社，2004年，第34、81、149、157页。
② 邓辉：《土家族区域的考古文化》，北京：中央民族大学出版社，1999年，第98—102页。
③ 白九江：《巴盐与盐巴——三峡古代盐业》，重庆：重庆出版社，2007年，第111—112页。
④ 李映福、陈芳：《从清源遗址看乌江流域商周时期的考古学文化》，《考古》2010年第5期，第79—91页。
⑤ 邓辉：《土家族区域的考古文化》，北京：中央民族大学出版社，1999年，第149页。
⑥ 朱圣钟：《历史时期土家族地区农业结构的演变》，《湖北民族学院学报》（哲社版）2004年第2期，第38—43页。
⑦ （唐）令狐德棻：《周书》卷37《郭彦传》，北京：中华书局，1971年，第667页。

隋代在土家族地区设置 6 郡 15 县进行开发①，其郡、县治所都位于清江、澧水、酉水、乌江岸边，而且县治的分布伸展到溪河上游一带。如清江中上游分别设置有清江（治今湖北省恩施市）、盐水（治今湖北省恩施市境）和开夷（在今湖北省恩施市境）等县，澧水上游设置崇义县（治今湖南省桑植县）。可见至隋代时土家族地区局部区域的农业开发扩展到溪河上游，主要还是集中在开发较早的澧水流域、清江流域一带。

唐代土家族地区的农耕生产大多集中分布在州治所在地区域内。如农耕生产已有所发展的澧州附近地区"人纳火田租"，思州（治今贵州省沿河县境）在田氏入主后一部分土地也得到开垦，施州（治今湖北省恩施市）州治附近也是"重田畴辟"。

自新石器时代至唐代，土家族地区的局部地点内农耕生产有所发展，农耕点有所增多，但农耕点分布稀疏。这与此时段土家族地区农业经济以渔猎和采集生产为主、农耕为辅的经济结构有关。②

二、五代两宋时期农耕的点块状分布

五代以后，随着农耕生产的发展，土家族地区逐渐形成小规模的农耕区。这些农耕区呈点块状分布于土家族地区。农耕区的农业经济以农耕为主，其他区域的农业经济仍以传统的渔猎、采集生产为主。

五代短祚，土家族地区的农耕生产发展情况鲜于记载，因此，这里谈到五代两宋时期土家族地区的农耕生产分布情况时，以两宋时期为主进行讨论。宋代土家族地区农耕生产主要有赖于屯田的发展，因此每一个屯田点也就代表着当时土家族地区的农耕生产分布点。

宋代朝廷为有效控制地方，在土家族地区设置军事砦堡，招募当地居民为士兵，"相度地形险隘远近酌中处，置立堡寨"③。砦堡兵丁既有驻防的军事职责，也有屯田的义务。屯田大多分布于军事砦堡附近。军事砦堡的分布，在一定程度上反映了当时屯田的分布情况。

---

① 《隋书》卷 24《地理志》载巴东郡下辖临江、石城、务川 3 县，黔安郡下辖彭水、涪川 2 县，同书卷 26《地理志》南郡下辖有长杨 1 县，清江郡下辖有盐水、巴山、清江、开夷、建始 5 县，澧阳郡下辖有石门、崇义、慈利 3 县，沅陵郡下辖有大乡 1 县。据谭其骧先生《中国历史地图集》（第五册）（地图出版社 1982 年版）第 11—12、26—27 页所标注各郡辖区及各县治地位置，上述 6 郡 15 县辖区包有土家族地区。

② 朱圣钟：《历史时期土家族地区农业结构的演变》，《湖北民族学院学报》（哲社版）2004 年第 2 期，第 38—43 页。

③ （清）徐松：《宋会要辑稿》第 154 册《食货六三》，北京：中华书局，1957 年，第 6031 页。

宋代土家族地区各地设置的军事砦堡情况见表3-1：

表3-1 宋代土家族地区砦堡分布表

州县名称		砦堡	砦堡数量（处）
峡州	长阳县	新安、长杨（属长杨县，元丰五年废）	2
归州	巴东县	折迭砦	1
施州	清江县	歌罗、永宁（元丰三年废）、细沙、宁边、尖木、永兴（夷平）、行廊、安碓（俱元丰三年置）	9
	建始县	连天	
黔州（绍庆府）	彭水县	盐井、玉山、洋水、都濡、信宁、洪杜、小洞、界山、难溪	38
	黔江县	白石、门阑、佐水、永安、安乐、双弘、射营、右水、蛮家、浴水、潜平、鹿角、万就、六堡、白水、土溪、小溪、石柱、高望、木孔、东流、李昌、仆射、相阳、小村、石门、茆田、木栅、虎眼	
澧州	石门县	台宜砦	6
	慈利县	索口、安福、西牛、武口、澧川	
辰州		镇溪（熙宁三年置）、黔安（熙宁八年置）	2
总计			58

资料来源：《宋史·地理志》、《元丰九域志》

从表3-1的统计来看：黔州（绍庆府）有砦堡38处，其中黔江县29处，彭水县9处；施州共9处，清江县8处，建始县1处；澧州共6处，慈利县5处，石门县1处；峡州2处，均在长阳县境；归州巴东县1处；辰州2处。从数量的比较来看，黔州、施州、澧州的砦堡相对较多，尤以黔州为最。这些砦堡的分布地大致也就是宋代的土家族地区军屯田的分布区域。

由于文献对这些砦堡大多只载其名而不详方位，所以现在只能略知其大略的处所。峡州长杨、新安二砦大致在今湖北省长阳县境内；折迭砦在今湖北省巴东县境内；澧州台宜砦为土司时期之添平所，索口砦为九溪卫，安福砦为安福所，澧川从其名称来看应该在慈利县境的澧水岸边，西牛、武口位置不详；辰州镇溪砦即土司时期之镇溪所，黔安位于酉水茶滩南岸；施州清江县8砦中，歌罗砦位于今湖北省恩施市西南90里，唐宋时曾在此地设置歌罗驿，其他7砦无考；黔州彭水县9砦中，盐井砦可能为当时伏牛山附近之盐井，玉山为郁山的同音异写，洋水砦为今重庆市彭水县西北50里之洋水坝，洪杜在洪杜溪，难溪位于今彭水县南90里，其他各砦无考；黔江县29砦中，安乐砦位于今重庆市彭水县连湖镇安乐坝，射营位于今重庆市黔江区李家营，浴水为可能为郁水的同音异写，鹿角为今彭水县南90里鹿角沱，万就为今彭水县万足,六堡为今黔江县保家楼,土溪为今黔江县大河,茆田为今彭水县东茅田,石门为今彭水县走马乡石门坝,其他各砦无考。这些砦堡在土家族地区的分布相对较为零散。

从这些约略可知方位的军事砦堡分布来看,澧州砦堡多分布于澧水(如安福、澧川)及其支流溇水(如台宜)、渫水(如索口)沿岸,辰州镇溪位于峒河岸边,黔安位于酉水岸边。黔州砦堡多分布于乌江(如洋水、万足、鹿角、难溪、洪杜)、郁水(如石门、茆田、安乐、土溪、六堡、郁水、盐井、玉山)沿岸,宋黔江县为今重庆市黔江区县坝,其地位于唐崖河岸边,可能唐崖河沿岸也有砦堡分布,只是旧迹磨灭无存。施州清江县砦堡多位于县南,有迹可考的歌罗砦位于从施州至黔州的驿道上,其他各砦可能也分布在这条驿道沿线。因此,宋代土家族地区军事砦堡大体的分布特点是多位于交通道路沿线和河流沿岸,砦堡的设置与水陆交通关系密切。

与砦堡设置相对应,各地配备有一定数量的兵丁:黔州义军3900名,施州土丁、壮丁共1950人,澧州500人,辰州1000人。辰州、澧州到绍兴六年(1136)复设隘丁弓弩手时,辰州有3砦,土家族地区只有2处,按每处平均330人计算,辰州土家族地区2砦有660人;澧州共有7处,土家族地区有6处,按平均每处70人计算,则澧州有土家族地区6砦有420人。朝廷规定"每招士兵一名,给官田百亩"①。以每人100亩计算,则黔州砦堡共屯田390 000亩,施州共195 000亩,澧州42 000亩,辰州66 000亩,黔、施、澧、辰四州总计耕地约有693 000亩。这还只是上述四州军屯田数,如果加上峡州、归州军屯田数,估计当时土家族地区军屯田数接近70万亩,在农耕并不发达的土家族地区已是一个不小的数目。通过规模性军屯,农耕所得"积聚皆可自给"②,基本解决了军粮供给问题。除此之外,还"出租赋如汉民"③,和内地农民一样缴纳租赋,这说明军屯区农耕已接近内地水平。

宋代土家族地区还有民屯。朝廷规定"以所余闲田募人耕作,岁收其租"④,招募外地汉民入山耕垦,民屯"一夫授田百亩","凡授田五人为甲别给蔬地五亩为庐舍场圃","民屯以县令主之"⑤。这种募民垦殖政策,对土家族地区农耕的发展无疑是有推动作用的。不过宋代土家族地区民屯时断时续,

---

① (清)徐松:《宋会要辑稿》第173册《兵三》,北京:中华书局,1957年,第6817页。
② (元)脱脱等:《宋史》卷283《丁谓传》,北京:中华书局,1985年,第9566页。
③ (元)脱脱等:《宋史》卷493《蛮夷传》,北京:中华书局,1985年,第14180页。
④ (元)脱脱等:《宋史》卷494《蛮夷传》,北京:中华书局,1985年,第14188页。
⑤ (元)脱脱等:《宋史》卷176《食货志》,北京:中华书局,1985年,第4271页。

当土家族首领与朝廷关系紧张时,朝廷规定土蛮"不得与汉民交通,其地不得耕牧"①,民屯随之中断;关系缓和时"民复耕莳"②,又有汉人入境耕种。土家族大姓"占田多者须人耕垦,……诱说客户,或带领徒众举室搬徙"③,或"诱胁汉户,不从者屠之,没入田产,往往投充客户"④,许多汉人因各种原因进入土家族地区从事农耕。屯田的"旁户素役属豪民,皆相承数世"⑤,客户对主户有很强的人身依附关系。民屯成果显著,施、黔等州岁获粟万余石。理宗开庆元年(1259),施州知州谢昌元"自备缗钱百万,米麦千石,筑郡城"⑥。由于宋代土家族基本不向官府缴纳租赋,因此知州谢昌元的"缗钱百万,米麦千石",大部分应该是来自屯田汉民缴纳的租赋。关于民屯地点,史籍中并没有确切记载。不过从军屯以所余田亩募民耕作来看,民屯田应该多分布于砦堡屯田附近,或是与军屯田地相间,从而与军屯田连成块状的屯田区,并成为当时土家族地区的农业区。

土家族地区以山地为主,河谷中坪坝地不多,且多为山地所分割,加上其时土家族地区农耕生产发展有限,因此各军事砦堡及其屯田也多为山地分割。从整个土家族地区来看,砦堡及其屯田在土家族地区的分布就显得较为零散。一些军屯田和民屯田相接,形成块状的屯田区;一些砦堡分布较为零散,屯田相对有限,呈点状分布于土家族地区。这样就形成了当时土家族地区农耕的点块状分布格局。

宋代尽管在土家族地区形成了以军事砦堡为中心的点块状农业区,但农耕对生态环境的影响并不大。宋代黔江"水常湛然澈底"⑦,清江也是"水色清照十丈分沙"⑧。水质清澈,说明河流中泥沙含量低,农耕生产区内森林植被覆盖良好。这也从侧面说明农耕区内农耕生产的强度并不大。

在农耕经济区以外的地区,仍是"草木丛茂,居民鲜少","旷土遍地"的景观⑨,农耕生产发展有限。由于土家族地区土地本就瘠薄,再加上农耕中采用"刀耕火种"的原始耕作方式,使得土家族"终岁勤劳不得一饱",农

---

① (元)脱脱等:《宋史》卷494《蛮夷传》,北京:中华书局,1985年,第14196页。
② (清)徐松:《宋会要辑稿》第198册《蕃夷五》,北京:中华书局,1957年,第7804页。
③ (清)徐松:《宋会要辑稿》第161册《食货》,北京:中华书局,1957年,第6363页。
④ (宋)李焘:《续资治通鉴长编》卷219,北京:中华书局,1995年,第5322页。
⑤ (清)徐松:《宋会要辑稿》第165册《刑法》,北京:中华书局,1957年,第6499页。
⑥ (元)脱脱等:《宋史》卷44《理宗本纪》,北京:中华书局,1985年,第865页。
⑦ (宋)王象之:《舆地纪胜》卷174《夔州路·涪州》,台北:文海出版社,1971年,第839页。
⑧ (宋)王象之:《舆地纪胜》卷73《荆湖北路·峡州》,台北:文海出版社,1971年,第440页。
⑨ 湖北利川沙溪《何氏族谱》。

耕难以满足基本食物需求。为解决生计，当地居民不得不从事渔猎和采集生产，"猎取野兽，至烧龟蛇啖之"①，"每遇岁歉，民间尤不免食草木根实"②。渔猎和采集在农耕区以外的区域仍占据十分重要的地位。

三、土司时期土家族地区农业区的块状分布

土司时期土家族地区的农耕区较宋代有所扩展。

元代土家族地区仍有屯田。元成宗大德初年曾颁布诏令，招民到辰、澧接界处耕种旷土③，进行民屯；同时刘国杰在辰州、澧州和土家族分布区的交界地带设砦堡立屯④，恢复军屯，使湘西军屯有所恢复。元代鄂西南施州（治今湖北省恩施市）也有屯田，元至正十八年（1281）朝廷"命诸蒙古、汉军三千余人戍施州"⑤。出土于建始县的"屯田万户府印"⑥，虽为明玉珍大夏政权开熙元年（1366）所颁发，但其屯田万户府之设，应是延续了元代施州的屯田机构。府印出土于建始县，说明元代建始县有屯田分布。渝东南绍庆路（治今重庆市彭水县）也有屯田，元世祖至元十九年（1282）朝廷在绍庆路签发差民23户置屯田，次年又加入32户，二十六年（1289）再签彭水编民16户补充入民屯内，共计屯户71户。⑦这些屯户从事屯田，农耕是其主要职责。这对延续宋代黔州农耕区农耕的发展是有帮助的。

明代在土家族地区设立卫所，先后设有羊山、崇山、永定、九溪、施州等卫，大田、添平、麻寮、安福、大庸、酉水、镇溪、思南、思州、黔江、平茶等千户所。⑧各卫、所都领有一定数量的官兵，"军皆迁诸内地"⑨。明朝政府规定，军人必须娶妻组成军户⑩，卫所军户就构成了庞大的汉人群体。这些官兵在镇戍地方的同时，还肩负屯田责任。由于屯户们辛勤的劳作，相对成块的农耕区出现在卫所镇戍区内：

---

① （宋）乐史：《太平寰宇记》补阙卷119，清黎氏影刻古逸丛书影印本。
② （宋）汪应辰：《汪文定公集》卷4，文渊阁四库全书本。
③ 同治《永顺府志》卷4《户口》。
④ （明）宋濂等：《元史》卷162《刘国杰传》，北京：中华书局，1976年，第3811页。
⑤ （明）宋濂等：《元史》卷154《石抹按只传》，北京：中华书局，1976年，第3642页。
⑥ 王晓宁：《湖北恩施发现的古代官印》，《四川文物》2000年第2期，第69—73页。
⑦ 冉景福：《黔江民族经济史略》，见：《黔江文史资料》第5辑，中国人民政治协商会议黔江土家族苗族自治县委员会文史资料委员会1990年编印，第83—116页。
⑧ 田敏：《明初土家族地区卫所设置考》，《吉首大学学报》（社科版）2004年第4期，第116—119页。
⑨ 万历《湖广总志》卷30《兵防志》。
⑩ 《明世宗实录》卷115。

1. 羊山卫、大庸卫、永定卫、大庸所及其屯区

羊山卫设于明洪武三年（1370），卫治在永顺县东八十里贺虎溪发源处，官兵多为襄阳、黄州、沔阳、安陆等地的汉人。① 洪武四年（1371）卫治迁至大庸，改名大庸卫，治今湖南省张家界市。洪武三十一年（1398）废大庸卫为所，大庸所西迁至卫城西三十里桑汊关，改大庸卫为永定卫。② 永定卫初置于洪武二十三年（1390），卫治在永顺司之芋岸坪，洪武三十一年（1398）迁至大庸卫址，改大庸卫为永定卫③，领有前、后、左、中、右及大庸六所，黑松、后坪、金藏、桑溪、龙虎、茅冈等 6 隘。永定卫原额军 5600 人④，由于军人必须娶妻组成军户，因此 5600 名军人实际上就是 5600 户。如以每户 5 口人计算，则永定卫共有人口 28 000 人。永定卫屯田约为 800 余顷⑤，相当于 80 000 亩，则永定卫境人均耕地约 2.86 亩。"本境户口旧系军屯"⑥，卫境军户人口即民户人口，则军屯区内人均耕地数也就是永定卫屯区的人均耕地数。大庸所领旗军 2240 人，户 560⑦，约有人口 14 000 人。经卫、所军民的屯垦，卫、所境内"田土沃衍"⑧。

2. 九溪卫及屯区

九溪卫始置于明洪武二十三年（1390），卫治在慈利县西北 90 里二十二都⑨，古名溇口市，领安福、添平、麻寮三所。⑩ 九溪卫原额旗军 2860 人，户 1100⑪，总计约有 3960 户，约有人口 19 800 人。九溪卫屯田约 1802 顷 10 亩⑫，相当于 180 210 亩，则九溪卫境人均耕地约 9.10 亩。

3. 安福守御千户所及屯区

安福守御千户所始置于明洪武四年（1371），先治宋安福砦旧址，即今桑植县澧源镇方家坪村，后移治瓦窑冈，即今湖南桑植县，辖区包括今湖南省

---

① 民国《永顺县志》卷 7《建置志》。
② 同治《直隶澧州志》卷 2《舆地志》。
③ 万历《湖广总志》卷 14。
④ 万历《慈利县志》卷 16《卫所》。
⑤ 隆庆《岳州府志》卷 6《军政纪》。
⑥ 民国《永定县乡土志》卷 3《兵事》。
⑦ 万历《慈利县志》卷 16《卫所》。
⑧ （清）顾炎武：《天下郡国利病书》第 24 册《湖广上》，上海涵芬楼影印昆山图书馆藏稿本。
⑨ "都"为地方性的行政单位，类似于中原地区里甲制度中的"里"。
⑩ 康熙《九溪卫志》卷 1。
⑪ 万历《慈利县志》卷 16《卫所》。
⑫ 隆庆《岳州府志》卷 6《军政纪》。

桑植县朱家台、洋公潭、兴望塔等方圆50里地区。安福所设所时领官兵2240人①，约有人口11 200人。官兵中，"沔阳州、景陵县军人守城"，"屯田尽招慈利县民耕种"②。

4. 麻寮丁千户所及屯区

麻寮千户所始置于明洪武四年（1371），治所位于今湖南省慈利县西北300里，后拨入鹤峰州③，领有黄家（今象市镇）、九女（今杨柳铺乡）、青山（今江垭镇）、山羊（今三合乡）、梅梓（今通津铺乡）、曲溪（今国太桥乡）、拦刀（今国太桥乡）、樱桃（今通津铺乡）、靖安（今东岳观乡）、在所隘（今杨柳铺乡）等10隘④，屯戍官兵1120名，约有人口5600人。设所之时将"各里百姓所收充土官隘军员役，坐隘守把，各军在彼开辟田地"⑤，但因"地瘠山硗，刀耕火种，钱粮免七征三"⑥。田地本就瘠薄，耕作方式原始，虽有隘丁耕垦，麻寮所生境艰难，朝廷赋税政策也作了优惠性调整，征三留七。即便如此，经济状况仍是"较添平稍贫"⑦，农耕经济总体水平低于添平所。

5. 添平隘丁千户所及其屯区

添平隘丁千户所始置于明洪武二年（1369），所治初在邓坪富石堡台，后迁至瓦店头寨坪、夏家溶，最后迁至刘家坪台宜。添平所辖区"东抵澧州界，南抵九溪、慈利县界，西抵各土司界，北抵渔阳关、长阳、松滋界"，下辖渔洋、走避、细沙、遥望、鹞儿、中靖、磨冈、石磊、长梯、龙溪等10隘⑧，其地域大致包括今湖南省石门县新关镇、皂市镇、维新镇、磨市镇、雁池乡、罗坪乡、南北镇、所街乡、壶瓶山镇、湖北省五峰县渔洋关镇等地。明初所辖兵丁1100名⑨，人口约5500人。

6. 崇山卫、镇溪所及屯区

崇山卫始置于明洪武初年，卫治在夜郎坪（今湖南省花垣县吉卫镇卫城村）。⑩洪武二十三年（1390）废卫为所，三十年（1397）废除崇山所置镇溪

---

① 万历《慈利县志》卷16《卫所》。
② 同治《永顺府志》卷12《杂记》。
③ 同治《续修慈利县志》卷3《城池》。
④ 万历《慈利县志》卷16《卫所》。
⑤ 万历《慈利县志》卷8《田赋》。
⑥ 康熙《九溪卫志》卷3《麻寮所志》。
⑦ 隆庆《岳州府志》卷7《职方考》。
⑧ 康熙《九溪卫志》卷3；万历《慈利县志》卷16《卫所》。
⑨ 康熙《九溪卫志》卷3；嘉庆《石门县志》卷11《关隘志》。
⑩ 乾隆《辰州府志》卷12《备边》。

军民千户所。① 镇溪军民千户所建于洪武三十年，所治位于乾州厅东北十里（今湖南省吉首市）。至清顺治十五年（1658）镇溪所统兵1600名②，约有人口8000人。

7. 酉水守御千户所及其屯区

酉水守御千户所位于永顺县东北③，其设置年代史籍无考。史籍中也没有关于该所官兵数量的记载，但据洪武年间所规定的"大率以5600人为一卫，1120人为一千户所，112人为百户所"推算④，酉水所官兵数量大概有1120名，约有人口5600人。

8. 施州卫、大田军民千户所、支罗百户所及屯区

施州卫始置于明洪武十四年（1381），治今湖北省恩施市⑤，领有左、中、右三所及大田所。施州卫有官兵4679名⑥，即有军户4679户。以每户5口计，共有军户人口23 395口。施州卫屯田206顷60亩⑦，相当于20 660亩，则施州卫军屯田区内人均耕地0.88亩。施州卫屯区以卫治为中心，东连建始，西达利川齐岳山麓。该区域现今以屯、堡为名的地方，大多为明代施州卫的屯戍地点，如恩施市的屯堡、利川县的团堡、珠砂（屯）就是在明代屯戍点基础上发展起来的。明黄溥《劝农台》诗载施州卫及其附近地区"大儿扶犁小儿耙，新妇插禾阿姑馌，沾体涂足不为辱，但顾时和生事足，大麦垂黄小麦青，晚稻含华早稻熟"⑧，描述的是施州卫屯区内农忙时节的农耕景象。

大田所位于今湖北省咸丰县，有官兵3127名⑨，即约有军户3127户，人口15 635口。大田所屯田155顷60亩⑩，相当于15 560亩，则大田所军屯区内人均耕地1.00亩。大田所屯区以所治为中心，沿龙潭河南岸，东北至小关与施州卫屯区相邻，西南延伸到今重庆市酉阳马喇湖。大田所屯区内"俗尚耕稼"⑪，农业经济以农耕为主。

---

① 同治《永绥直隶厅志》卷1《地理门》。
② 光绪《乾州厅志》卷5《兵防志》。
③ 乾隆《永顺府志》卷1《沿革》。
④ 《钦定续文献通考》卷122《兵考2》，文渊阁四库全书本。
⑤ 《明太祖实录》卷137。
⑥ 雍正《湖广通志》卷24《军政志》。
⑦ 万历《湖广总志》卷29《兵防志》。
⑧ 同治《施南府志》卷28《艺文志》。
⑨ 雍正《湖广通志》卷24《军政志》。
⑩ 万历《湖广总志》卷29《兵防志》。
⑪ 万历《湖广总志》卷35《风俗志》。

支罗镇守百户所，治今湖北省利川县谋道镇境，"以百户二镇之，为支罗镇守百户所，今称上、下支罗也"①。该地所产支罗米颇负盛名，为土司进献皇帝的珍品。

施州卫、大田所辖区内"军民错居"，"军皆迁诸内地，令戍守，民则服属诸蛮"②。卫所屯区内既有屯军又有外来移民，屯军与外来移民一起推动了卫所屯戍区内农耕生产的发展。施州卫有九渡溪，"居民引其水溉田可数千顷"③，都亭山下"多良田广园"④，正是屯田后的景象。

9. 黔江、平茶二守御千户所及其屯区

黔江守御千户所始设于洪武十一年（1378），所治今重庆市黔江区。明初有官兵1216名，约有军户人口6080人，"守军分饷以给屯，屯军分粮以给守，互相通济，分桃子、茶园、南沟等三屯，今三屯乡是也"⑤。黔江所屯区大致在今渔滩、小江、大堆坝、上下庙溪、官村、谢家坝、泉门口、桐车坝、高碛口、两河口、桃子坝、城郊桃子坝、南沟、茶园等处。⑥ 黔江所屯田区内使用牛耕，通过开渠引水、水车提水、龙骨车抽水灌溉田园，其农耕生产水平要高于周围的土司地区。

平茶守御千户所设置于明洪武十九年（1386）⑦，隶属五开卫，其治地与辖区无考。既名平茶，或与平茶司同处一地，平茶守御千户所治地当在今重庆市秀山县清溪场镇司城村一带，其屯戍区应该位于平江河一带。⑧ 今秀山县隘口镇还有地名屯堡，其名或源于明初平江所的屯田。平茶所官兵史籍无载，估计有官兵1120人，人口约5600口。

10. 思南、思州守御千户所及屯区

思州千户所设于明洪武二十五年（1392），洪熙元年（1425）革去千百

---

① 光绪《利川县志》卷10《武备志》。
② （清）顾炎武：《天下郡国利病书》第24册《湖广上》，上海涵芬楼影印昆山图书馆藏稿本。
③ 万历《湖广总志》卷32《水利》。
④ 《大清一统志》卷351《施南府》，文渊阁四库全书本。
⑤ 同治《增修酉阳直隶州总志》卷9《武备志》。
⑥ 冉景福：《黔江民族经济史略》，见：《黔江文史资料》第5辑，中国人民政治协商会议黔江土家族苗族自治县委员会文史资料委员会编印，1990年，第83—116页。
⑦ 《明太祖实录》卷119。
⑧ 据《四川秀山县地名录》（秀山县地名领导小组1983年编印，页177、178）载龙凤公社有司城大队，其驻地即为原平茶土司衙门所在地。后经政区调整，龙凤公社撤销，司城大队调整为司城村，现隶属于秀山县清溪场镇。司城村所在的平江河一带为原平茶土司辖区，平江守御千户所治地和屯区当也在此区域内。

户，后又从外地征调官军 169 名驻府防守。① 思南守御千户所，据永乐十四年（1416）贵州左布政司蒋廷瓒奏文中称"思州、思南二府，旧有土军二千户，聚则为兵，散则为民"②，可知在明永乐十四年以前已有思南所。洪熙元年思州、思南二所废止，"千户令归旧卫所，其本土头目仍属各长官司，后或用土兵令其率领"③。其所治位置史载不详，据洪熙元年拨兵赴府驻守的史实推断，思南所的治地应该与思南府同治。既为千户所，各所官兵数量估计在 1120 名左右，大约有人口 5640 人；贵州各旗军士屯田情况，每名士兵 10 亩④，这个 10 亩可算作二所屯田区内的人均耕地数。由此计算，思州千户所、思南守御千户所共计约有屯田 24 640 亩。

卫所军屯始于明洪武年间建卫所之时，经永乐、宣德年间军屯鼎盛一时，土家族地区屯田也步入正轨。明中叶以后各卫所土地兼并之风盛行，卫所官员乘机变屯田为私产，随意盘剥，屯戍区军民出现逃匿到土司地区的情况⑤，屯政渐废，屯田荒芜，屯田区内农耕生产趋于萎缩。不过，从明代军屯的人数、军屯涉及地域以及垦田数量来看，明代屯田规模明显超过宋代。

除卫所屯戍区外，土家族地区边缘地带和设府州县开发较早的区域，农耕也得到了较大发展，"流民入境者络绎道途"，甚至出现"客既胜而主人弱"，"尽山伐而焚之，播种其中"⑥的情形。万历年间，长阳县田 27 954 亩，巴东县 72 045 亩，石门县田 180 993 亩，慈利县田 152 313 亩，泸溪县田 19 282 亩⑦；万历年间，长阳县人口 6372 口，巴东县 8833 口，石门县 32 840 口，慈利县 48 632 口，泸溪县 14 741 口⑧，由此计算各地人均耕地数分别为：长阳县 4.39 亩，巴东县 8.16 亩，石门县 5.51 亩，慈利县 3.31 亩，泸溪县 1.31 亩。建始县正德年间田地 26 440 亩⑨，人口 3686 口⑩，人均耕地 7.17 亩。万历年间，思南府水德司田地 55 841 亩，蛮夷司 20 592 亩，沿河司 8734 亩，朗溪司 8476 亩，印江县 18 747 亩，务川县 26 118 亩；万历年间，水德

---

① （清）顾炎武：《天下郡国利病书》第 32 册《云贵交趾》，上海涵芬楼影印昆山图书馆藏稿本。
② 《明太宗实录》卷 100。
③ 《明宣宗实录》卷 8。
④ （清）顾炎武：《天下郡国利病书》第 32 册《云贵交趾》，上海涵芬楼影印昆山图书馆藏稿本。
⑤ 《明穆宗实录》卷 53。
⑥ 嘉靖《思南府志》卷 7《拾遗志》。
⑦ 万历《湖广总志》卷 10《田土志》。
⑧ 万历《湖广总志》卷 11《户口志》。
⑨ 正德《夔州府志》卷 4《田地》。
⑩ 正德《夔州府志》卷 4《户口》。

司人口 6310 口，蛮夷司 6310 口，沿河司 5878 口，朗溪司 2127 口，务川县 4055 口，印江县 3661 口①，据此可计算出各地人均耕地：水德司 8.85 亩，蛮夷司 3.26 亩，沿河司 1.49 亩，朗溪司 3.98 亩，务川县 6.44 亩，印江县 5.12 亩。万历年间，铜仁府铜仁县田地 30 194 亩，提溪司 8463 亩，省溪司 21 580 亩，乌罗司 13 280 亩，平头司 14 967 亩；万历年间，铜仁府属铜仁县人口 3832 口，提溪司 627 口，省溪司 2600 口，乌罗司 1692 口，平头司 1557 口。② 由此计算出各地人均耕地：铜仁县 7.88 亩，提溪司 13.50 亩，省溪司 8.3 亩，乌罗司 7.85 亩，平头司 9.61 亩。

明代土家族地区各地农耕生产情况见表 3-2：

表 3-2 明代土家族地区各农耕生产概况

地区名		农耕人口数（人）	耕地数（亩）	人均耕地（亩/人）
湖广都司	永定卫	28 000	80 000	2.86
	大庸所	14 000	—	—
	安福所	1 182	—	—
	九溪卫	19 800	180 210	9.10
	麻寮所	—	—	—
	添平所	5 500	—	—
	镇溪所	8 000	—	—
	酉水所	5 640	—	—
	施州卫	23 395	20 660	0.88
	大田所	15 635	15 560	1.00
	黔江所	6 080	—	—
湖广布政司	石门县	32 840	180 993	5.51
	慈利县	48 632	152 313	3.31
	卢溪县	14 741	19 282	1.31
	长阳县	6 372	27 954	4.39
	巴东县	8 833	72 045	8.16
	建始县	3 686	26 440	7.17

---

① 万历《黔记》卷 20《贡赋志》。
② 万历《黔记》卷 20《贡赋志》。

续表

地区名		农耕人口数（人）	耕地数（亩）	人均耕地（亩/人）
贵州布政司	务川县	4 055	26 118	6.44
	印江县	3 661	18 747	5.12
	铜仁县	3 832	30 194	7.88
	思南所	5 640	—	11
贵州市政司	水德司	6 310	55 841	8.85
	沿河司	5 878	8 734	1.49
	蛮夷司	6 310	20 592	3.26
	朗溪司	2 127	8 476	3.98
	省溪司	2 600	21 580	8.30
	平头司	1 557	14 967	9.61
	提溪司	627	8 463	13.50
	乌罗司	1 692	13 280	7.85
四川都司	黔江所	6 080	—	—
	平茶所	—	—	—

备注："—"表示缺乏资料

从表3-2各地耕地数据可看出：

（1）改流较早的黔东北各地以及湖广设县较早的地区，人均耕地数相对较多。黔东北提溪司13.50亩/人，思南所11亩/人，水德司8.85亩/人，乌罗司7.85亩/人，铜仁县为7.88亩/人，务川县为6.44亩/人，印江县为5.12亩/人，朗溪司3.98亩/人。黔东北地区人均耕地较多与该区域改土归流较早，大量汉人入山垦殖有密切关系。在湖广布政司辖区内，巴东县为8.16亩/人，建始县为7.17亩/人，石门县为5.51亩/人，慈利县为3.31亩/人。这些很早就设县开发的区域由于临近汉族地区，便于接纳汉族移民，农耕生产较其他区域发展迅速也在情理之中。在湖广设县开发的还有卢溪县，其人均耕地仅1.31亩/人，数量较少。这可能与该地距离汉族地区较远有一定关系。

（2）明代土家族地区卫所屯戍区的农耕生产已有较大发展，但各卫所屯戍区内农耕发展的总体情况差异较大。这在各地人均耕地数上也有所反映，最多者可达9.10亩/人，少者仅0.88亩/人。明代卫所制度，先是规定边地卫所官兵守屯比例是三分守城、七分屯种，内地二分守城、八分屯种；后又规定，"临边险要，守多于屯"，"地僻处及输粮艰者，屯多于守"①。考虑到土家族地区各卫所在土司区内所处位置、土司与朝廷政治联系的疏密等方面的差异，各卫所官兵守屯比例会有一些不同。但具体到土家族地区各卫所的屯守比例，由于目前缺乏直接的文献记载，尚难以定论。但可以肯定的是，各卫所守屯军的比例会存在一些差异。卫所守屯军的比例会影响到屯田的实际数额，自然也就会影响到各卫所的人均耕地数额。明代卫所制度规定，屯军每名士兵都有一块50亩的份地②，但在实际操作中，各地卫所官兵的份地数额却有很大差别，多者数百亩，少者十数亩。③ 同时还由于各卫所守屯军比例不一，导致各卫所实际屯田数量存在较大差异。而本文在计算人均耕地数之时，所统计的各卫所人口数，既包括了守军人数，也包括了屯军人数。屯军较多的卫所，其屯田数额较多，所计算出来的人均耕地数自然就要多些；屯军比例较低的卫所，其实际屯田数额较少，其人均耕地数就要少一些。这就是有的卫所人均耕地多达9亩多，而有的卫所人均耕地却不到1亩的原因所在。

（3）广大土司地区除改流较早的黔东北外，其余各土司地区鲜有人均耕地数的相关统计资料。这在某种程度上说明广大土司地区农耕生产的发展有限，农业经济仍是延续着传统的农业经济模式，这与前文的分析也是相对应的。

在农耕区内，军户人口和入境流民推动了农耕区内农耕生产的发展，但农耕并未打破这些区域的生态平衡。如黔东北虽"草昧渐开辟，而山箐峭深"④，施州卫境虽经屯垦，仍是"土广人稀，荒山未辟，畅茂蕃殖"的景象⑤，农业生态环境仍保持良好。

土家族聚居的广大土司区，农耕发展有限。在土司区，土司拥有辖区内所有平坦肥沃的田土。其余为舍把、头人分占，广大土家族民众只有"零星犄角"的一点份地。⑥ 土司侵占田地使土家族百姓可耕种的土地有限。土司在其辖区内因"守险而戒敌"的需要，规定"峰尖岭畔准其耕种，平原处荆棘漫塞，不许开垦"⑦。平坦之处即使荆棘丛生也不许开垦，当地百姓只能耕

---

① （清）张廷玉等：《明史》卷77《食货志》，北京：中华书局，1974年，第1884页。
② （清）张廷玉等：《明史》卷77《食货志》，北京：中华书局，1974年，第1884页。
③ 王毓铨：《明代的军屯》，北京：中华书局，1965年，第68—71页。
④ （清）顾炎武：《天下郡国利病书》第32册《云贵交趾》，上海涵芬楼影印昆山图书馆藏稿本。
⑤ 同治《施南府志》卷11《食货志》。
⑥ 嘉庆《湖北通志》卷首。
⑦ 同治《永顺府志》卷12《杂记》。

种峰尖岭畔的弃地。弃地本就地力瘠薄，再加上采用刀耕火种的原始耕作方式，因此农耕不可能生产出更多的粮食。而土司"每年杂派类次，任意轻重"①，收获不多的粮食还得用以缴纳租税，所以土家族民众终年辛苦，供自己食用的粮食所剩无几。为了谋生，大多数土家族民众不得不采集蕨、葛，"以葛粉、蕨粉和以盐豆，贮袋中，水溲食之"②，主要粮食依靠采集所得蕨、葛。因此土司地区农耕生产发展滞缓和广大下层民众依赖采集生产有关。也正因为如此，渔猎仍是土司区内土家族主要的生产活动，"男不耕"，"以渔猎为生"③。渔猎是比农耕更为重要的生产活动。

四、改土归流后土家族地区农业区的片状分布

改流后大量外地流民涌入土家族地区，为土家族地区补充了大量的农业劳动力，也给土家族地区带来了新的农作物品种和先进的生产技术。土家族地区各地的农耕生产都得到发展，土司时期形成的块状农耕区逐渐连接成片，并在土家族地区全面扩展。

鄂西南施南府改土归流以后，"附近川、黔、两楚民人，或贪其土旷粮轻，携资置产，或籍以开山力作，搭厂垦荒，逐对成群，前后接踵"④。大量流民进入施南府进行垦殖，以致"穷岩邃谷尽行耕垦"⑤，农田面积迅速扩大。由于过度垦殖，"砂石之区土薄水浅，数十年后山水冲塌，半类石田"⑥，出现了水土流失和石漠化等生态问题。在耕作技术上，普遍使用牛耕，"高低田地皆用牛犁"⑦。牛耕技术提高了农耕生产的效率，有利于农耕的发展。"农民耕山锄岭，半皆仰给杂粮，即丰穰亦鲜蓄积，以遇凶荒，民饥乏食，草根木皮掘削殆尽，而山路崎岖，商贩梗绝，所以视他邑之饥馑为尤困"⑧。农业垦殖虽然广泛，但耕作技术粗放落后，农耕所得有限，致使灾害应变能力低下，农耕经济总体水平不高。

恩施县在土司时期属施州卫屯戍区，农耕生产已有相当基础。改流后

---

① 同治《桑植县志》卷8《杂识》。
② （清）顾彩：《容美纪游》，见：《小方壶斋舆地丛钞》第6轶，清光绪六年（1880）南清河王氏刊本。
③ 嘉靖《贵州通志》卷3《风俗》。
④ 《宫中档乾隆朝奏折》，乾隆十七年十二月二日。
⑤ 同治《施南府志》卷11《食货志》。
⑥ 同治《施南府志》卷11《食货志》。
⑦ 民国《湖北通志》卷21《舆地志》。
⑧ 同治《施南府志》卷29《艺文志》。

"地日加辟，民日加聚，从前所弃为区脱者，今皆尽地垦种之，幽岩邃谷亦筑庐其下，绝壑穷巅亦播种其上"①。改流后随着人口的增多，弃地、隙地、高山深谷都开辟成农田，农业垦殖的范围大为拓展。建始县改流以后"流人麇至，穷岩邃谷，尽行耕垦，砂石之区，土薄水浅，数十年后，山水冲塌，半类石田"，"深林幽谷，开辟无遗"②。经过全方位的垦殖，大量原始森林被开辟成农田，水土流失和石漠化加剧。咸丰县土司时期为大田所屯戍区，当时已是"俗尚稼穑"，农耕已有所发展。改流后"外来各处民人，挈妻负子，接踵而至，愈迁愈甚，遍满乡邑"。他们"入山伐木，借粮耕种"③，农田大量垦辟，耕地面积大增，仅咸丰县"郭外良田万顷多"④。来凤县原为土司区，改流前"林深菁密"⑤，森林密布。改流后大量流民入境垦荒，至道光年间"户口约倍于前，而山多田少，无荒可垦"⑥。利川县原为土司区，土司时期设有15屯，农耕有所发展。改流后"流人麇至，穷岩邃谷尽行耕垦"⑦，农耕区有较大扩展。与农耕区扩展相对应，利川县土民"衣冠嗜好渐染华风"⑧，土家人生活习俗开始受到汉族影响，但土家族传统经济模式仍有所保留。宣恩县原为土司区，改流后农耕发展情况与来凤县相似。总体来看，改流后施南府所属恩施县、建始县、咸丰县、利川县、来凤县的农耕区均有很大扩展。

宜昌府自改流以后，"常德、澧州及外府之人入山承垦者甚众，老林初开"⑨，大量流民入境毁林开荒，从事农耕生产。由于过度垦殖，山林被毁之后，"肥土雨潦洗净，粪种亦不能多获"⑩，水土流失加剧，地力也趋于贫瘠。

鹤峰州在改流之初，"民间有主荒土，到处尚多未开"⑪。后经多年耕垦，就连"坡陀硗确之处皆种苞谷"⑫，农耕在鹤峰州有大范围扩展。不过，农垦

---

① 同治《恩施县志》卷7《风俗志》。
② 同治《建始县志》卷4《食货志》。
③ 同治《咸丰县志》卷7《典礼志》。
④ 张兴文等：《历代诗人咏施州》，北京：民族出版社，2001年，第231页。
⑤ 同治《来凤县志》卷3《地域志》。
⑥ 同治《来凤县志》卷30《艺文志》。
⑦ 同治《利川县志》卷4《食货志》。
⑧ 光绪《利川县志》卷13《艺文志》。
⑨ 同治《宜昌府志》卷16《杂载》。
⑩ 同治《宜昌府志》卷16《杂载》。
⑪ 中共鹤峰县委统战部史志编纂办公室中共五峰县委统战部县民族工作办公室编印：《容美土司史料汇编》，1984年，第80页。
⑫ 道光《鹤峰州志》卷6《风俗志》。

进程相对较慢，至同治年间，鹤峰州仍然"地广民稀，荒土甚多"①。即便是已开垦荒地，大多也是"山石硗确，膏腴地稀，农人终岁辛苦所获无几"②，"山氓半赖蕨为粮"③，农耕生产总体水平不高。长乐县改流后"外来各处人民，挈妻负子，佃地种田"④，"耕种日久，粪土为雨潦洗净，土愈瘠，而收成益薄"，"乐岁犹以野菜、瓜、豆和饭充腹，一遇荒年则高山大岭无贩运之资，挖蕨捣粉，草根、树皮剥食为幸"⑤。改流后长乐县农耕区有所扩大，但农耕水平相当低下，农耕所获不能满足日常食粮需求，情形与鹤峰州相似。长阳县改流前是"林深密箐，熊虎之蔽"，乾隆年间"劝民垦荒，土尽辟"⑥，农耕范围较鹤峰州、长乐县要广，总体水平也比上述两地高。巴东县"水田甚少，居民开荒山，依地形凹凸垦做旱田，不能成亩，高山苦寒，晴则气暖，种物易生，低山少积水之处，地常苦燥，故时宜小雨润之，与他处高田苦旱，低田苦涝相反"⑦，自然条件对发展农耕生产十分不利，不过仍有垦山之举。改流后宜昌府属各土家族地区的农耕区都有明显扩展，但就农业生产水平而言，除长阳县外，其余地方均较低。

湘西北澧州直隶州所属各县中，石门县开发较早，因此农业发展受改土归流影响不大。"民多土著"，"勤耕桑"⑧，主要经济活动为农耕，改流后农耕在石门县的扩展主要集中在县境西部土家族聚居区内，当时有部分流民进入到这些地区从事垦殖。慈利县也是开发较早的区域，改流前有九溪卫屯田区，改流后随着农垦的不断深入，出现"山日童"的情况⑨，农耕区扩展导致森林面积萎缩。永定县改流前有永定卫屯区，经多年耕垦，至光绪年间"地无不垦之土"⑩，县境基本上都可纳入农耕区范围。澧州所属石门县、慈利县、永定县农耕分布较为普遍，农耕已成为最主要的农事活动。

---

① 同治《宜昌府志》卷14《艺文志》。
② 中共鹤峰县委统战部县史志编纂办公室中共五峰县委统战部县民族工作办公室编印：《容美土司史料汇编》，1984年，第414页。
③ 同治《宜昌府志》卷11《风土志》。
④ 中共鹤峰县委统战部县史志编纂办公室中共五峰县委统战部县民族工作办公室编印：《容美土司史料汇编》，1984年，第491页。
⑤ 同治《长乐县志》卷12《杂记志》。
⑥ 乾隆《长阳县志》卷2《地理志》。
⑦ 同治《巴东县志》卷15《艺文志》。
⑧ 嘉庆《石门县志》卷4《食货志》。
⑨ 民国《慈利县志》卷6《实业》。
⑩ 民国《永定县乡土志》卷3《兵事》。

永顺府改流后大量流民入山垦殖，使府境各地"种植日广"①，农耕区迅速扩展。永顺县改流后"土司之官山任民垦种，……一无禁厉"②，大量土司田土被开垦成农田。龙山县改流后经流民大力垦殖，但"林荒人迹少"之处仍有不少③，农耕发展有限，许多地方仍为原始森林所覆盖。桑植县改流后"深林通透密箐除"，"牛羊满野稻满坡"④，许多林地辟为农田。保靖县改流后经大力垦殖，但"大峡、坪冲、坦夷坡畴尽有可耕之地，弃置于荆棘榛莽之中"⑤，易耕之地多为森林所覆盖，农耕扩展有限。改流后永顺府各地农耕生产有所发展，农耕区范围也都有所扩展，其中尤以永顺、桑植二县境内农耕扩展较快，而龙山、保靖等地农耕发展相对有限。

渝东南石柱厅改流后，农耕区也有大范围扩展，缘山开辟梯田。⑥梯田技术的采用不仅扩大了农垦范围，也有利于水土保持。土司官山改流后也成为流民耕垦之地，"或削平开垦为田地，或乘隙作房屋园圃"，甚至出现"人稠土贵"的情形。⑦改流后石柱厅山坡地，包括原土司官山区农耕扩展迅速。

酉阳州地方"巉岩峭壁，沃壤无多"，农垦条件有限。改流后移民垦殖，"州之沃壤在泉孔场以至龙潭镇，平壤砥道百五十六里，虽横径只二三里，……稻田麦陇触目青葱，种豆芸苗四时不绝……其余方圆一二里、四五里平畴沃壤亦所在有之"⑧。酉阳州境内出现了从泉孔场至龙潭镇的成片农耕区，地势低平之地还有小规模块状农耕区。改流后酉阳州还有13处军屯田：中屯龙池铺、酉筹场、皂木坝、玛瑙湖、两河口、火石丫、学堂坪、太极场、周家寨、铺子口、城子头、南腰界、让坪⑨，屯田2744亩。⑩黔江县"山多田少"，改流后"百姓终岁经营，无旷土"⑪，县境可耕垦土地已尽行垦辟为农田。秀山县改流后"自贵图以迄县治，原隰奥衍，多稻田，产嘉谷"，而"平茶、地坝、南洞、月旗四里原隰平衍，堰水流通，凤称沃壤，余里滨河取

---

① 同治《永顺府志》卷11《檄示》。
② 民国《永顺县志》卷33《艺文》。
③ 同治《龙山县志》卷16《艺文》，晏良冕《过龙头岩》。
④ 同治《桑植县志》卷7《艺文志》。
⑤ 同治《保靖县志》卷12《艺文志》。
⑥ 道光《补辑石柱厅志》卷6《风俗志》。
⑦ 道光《补辑石柱厅志》卷10《艺文志》，王紫绪《牒城隍庙神文》。
⑧ 同治《增修酉阳直隶州总志》卷19《物产志》。
⑨ 同治《增修酉阳直隶州总志》卷9《武备志》。
⑩ 同治《增秀酉阳直隶州总志》卷11《武备志》。
⑪ 光绪《黔江县志》卷5《风俗志》。

水，引以筒车……山地则恃雨泽"①。农田垦殖现象普遍，形成从贵图至县城、平茶、地坝、南洞、月旗等地的成片农耕区。彭水县情况与酉阳州相同。改流后酉阳州及所辖区域内形成相对成片或成块的农耕区。

黔东北思南府在明初实行改流，是土家族地区改流最早的。不过由于改流不彻底，农耕生产发展相对较慢。清代雍正年间改流后，思南府一带又迎来了一次农业开发高潮，"百年前尚有未垦之地，榛芳蒙密，灌莽纵横，今则山巅水沫殆无旷土，一易再易，而后华实被野，黍稷盈畴"②。由道光年间上溯100年，时代大致在清雍正改流前后。也就是说，在雍正改流前后，思南府一带很多地方仍为原始森林覆盖，林地演变为农田是雍正改流后的事情。林地变农田本就是农耕区扩展的结果。由于当时采用广种薄收的耕作方式，因此常常是"家无一年之储，所恃年谷顺成乃足自给，一遇水旱，鸠形鹄立遍于四关，各乡之扶老挈幼远徙上游者踵相接"③。尽管改流后农耕区有所扩展，但农业产量有限，难有储粮以备灾荒。印江县民"刊木垦山"，"雨甚沙漂，岁恒无获"④。大规模地毁林垦荒导致水土流失、土壤贫瘠化，进而影响农田收成。思南县原本"林深箐密"，改流后"开垦渐广，无蛮烟瘴毒之虞"⑤。毁林垦殖在促进农耕发展的同时，也改变了局部地区瘴气频发的环境状况。德江县自雍正年间改流后，新增农田主要分布于沿溪河一带。⑥沿河县总体而言"田土稀少"⑦，但改流后县境南部、东南部"以耕耘为事"⑧，农耕有一定发展。清代改流后思南府各地的农耕都有所发展，而尤以思南、印江一带的农耕区地域较广，德江、沿河等地农耕发展较前述两地缓慢。总体而言，思南府农耕区分布虽广，但农耕总体水平不高。

铜仁府"山多田少，鲜有平畴，每届播谷之后，若雨水稍多则高阜得济，而低洼之处未免浸损，若晴霁稍久则低下者正赖有秋，而高阜山田灌溉不足，……土多沙石，最为浅薄"⑨。从地形、气候、土壤等因素来看，铜仁府发展农耕的先天条件不足，因而农耕生产水平普遍较低。即便是改土归流后，

---

① 同治《增修酉阳直隶州总志》卷19《物产志》。
② 道光《思南府续志》卷3《食货志》。
③ 道光《思南府续志》卷12《艺文门》。
④ 道光《印江县志》卷1《田赋志》。
⑤ 民国《思南县志稿》卷2《营建志》。
⑥ 民国《德江县志》卷1《地理志》。
⑦ 民国《沿河县志》卷16《艺文志》，王建中《代地方绅耆拟上盐务禀》。
⑧ 民国《沿河县志》卷13《风土志》。
⑨ 道光《铜仁府志》卷8《艺文》。

这种情况也没有多大改变。府境仅省溪、提溪、乌罗、平头等土司"输租纳税"①，农耕生产相对较为发达。

土家族地区南部苗族聚居区内，嘉庆年间征服苗民后，清政府实行赶苗拓业政策。"清复一处，即筑屯一区，拨壮丁给军器屯守"②，以武力占据苗区后即进行屯田。屯丁"给牛具籽种，且耕且战"③，这对苗区农耕区拓展有一定推动作用。嘉庆年间凤凰厅（治今湖南凤凰县）苗区屯田30 000亩，乾州厅（治今湖南省吉首市）苗区屯田3000余亩，保靖县苗区屯田1500余亩，古丈坪厅（治今湖南省古丈县）苗区屯田500余亩，永绥厅（治今湖南省花垣县南新卫城）苗区屯田10 000余亩。④苗区中以凤凰厅屯田最多。凤凰厅原本"大雾弥漫"，后经屯垦，"开辟日久，阴霾颇开"⑤。在农耕区拓展的同时，多雾的气候状况也随之改观。乾州厅农田在"深山穷谷中零星开辟"⑥，农田分布稀散。永绥厅"自内地民人徙居于此，……凿池浚洽，先后开农田数万亩"⑦，在流民推动下，农耕分布极为广泛，耕地多达数万亩。松桃厅乌罗司所管13峒、平头司管15峒地"前明安插汉户"，故早有农田开辟。厅属30个汛堡各有数量不等的兵丁，其"家室屯住汛堡之内"，流民也附汛堡而居。⑧客民、汛堡军户多务农，从而推动了汛堡附近农耕的发展。

从上面对文献记载的各地农耕扩展情况的梳理，可看出改流后土家族地区各地的农耕生产均得到了发展，但各地农耕的分布情况还存在一定的差异。如果说前文根据文献记载所作的定性分析还过于笼统的话，我们还可利用相关资料较为直观地展示当时土家族地区各地农耕的情况。

改流后，土家族地区各地经乾隆年间的大力垦殖，农耕生产发展迅速。自嘉庆以后，清王朝国势日衰，土家族地区农耕经济进入相对平缓的发展时期。所以嘉庆年间的农耕生产状况大致可代表改流后土家族地区农耕的发展情况。根据嘉庆二十五年（1820）土家族地区各府、州、厅的地域面积、耕地数、人口数，可计算出各地的农耕垦殖指数、人均占有耕地数，具体情况见表3-3：

---

① （清）罗绕典辑：《黔南职方纪略》卷6，清道光二十七年（1847）刊本。
② （清）但湘良：《湖南苗防屯政考》卷3，清光绪九年（1883）蒲圻但氏湖北刻本。
③ （清）但湘良：《湖南苗防屯政考》卷5，清光绪九年（1883）蒲圻但氏湖北刻本。
④ （清）魏源撰，韩锡铎、孙文良点校：《圣武记》，北京：中华书局，1984年，第322页。
⑤ 道光《凤凰厅志》卷11《苗防志》。
⑥ 光绪《乾州厅志》卷3《田赋志》。
⑦ 同治《永绥直隶厅志》卷1《地理门》。
⑧ （清）罗绕典：《黔南职方纪略》卷6，清道光二十七年（1847）刊本。

表 3-3 嘉庆二十五年土家族地区所属各府（厅、州）农耕垦殖简表

地区名	地域面积（平方公里/亩）		耕地数（亩）	人口数（人）	垦殖指数（‰）	人均耕地（亩）	人口密度（平方公里/人）
施南府	18 300	27 450 000	494 407	919 981	18	0.54	51
宜昌府	20 100	30 150 000	1 888 434	733 625	63	2.57	37
澧州直隶州	15 300	22 950 000	2 897 293	1 033 980	126	2.80	68
永顺府	11 400	17 100 000	107 819	643 095	6	0.17	57
辰州府	13 500	20 250 000	801 012	898 954	40	0.89	67
乾州直隶厅	1 500	2 250 000	10 635	35 604	5	0.30	24
永绥直隶厅	1 100	1 650 000	54 237	23 596	3	2.30	21
凤凰直隶厅	2 100	3 150 000	61 131	74 755	19	0.82	36
石柱直隶厅	3 000	4 500 000	1 880	93 569	0.4	0.02	31
酉阳直隶州	12 000	18 000 000	496 220	461 579	28	1.08	39
思南府	12 300	18 450 000	114 367	335 882	6	0.34	28
松桃直隶厅	2 400	3 600 000	2 003	115 453	6	0.19	49
铜仁府	3 000	4 500 000	55 786	131 261	12	0.43	44

注：1. 耕地数和人口数源自《嘉庆重修一统志》；
2. 各府、厅、州的地域面积资料系根据谭其骧：《中国历史地图集》相应政区量算

从表 3-3 的数据可看出：

（1）从垦殖指数来看，澧州直隶州、宜昌府的垦殖指数最高，分别为 126‰ 和 63‰；其次为酉阳直隶州，垦殖指数为 28‰；再次为凤凰直隶厅、施南府、铜仁府，分别为 19‰、18‰、12‰；垦殖指数最低的为永顺府、乾州直隶厅、思南府、松桃直隶厅，仅为 6‰ 或 5‰。

（2）以人均占有耕地排序，则依次为澧州直隶州、宜昌府、永绥直隶厅、酉阳直隶州、凤凰直隶厅、施南府、铜仁府、思南府、乾州直隶厅、松桃直隶厅、永顺府、石柱直隶厅。

（3）改流后土家族地区农耕生产的区域发展并不均衡，相比较而言，澧州直隶州、宜昌府、施南府、酉阳直隶州、凤凰直隶厅等地农耕生产较为发达，而石柱厅、永顺府、思南府、铜仁府、乾州厅、松桃厅、永绥厅等地相对滞缓。

（4）从各地耕地数、人口数等指标来看，清代各地农耕生产的指标都比明代高，这说明清代改流后土家族地区各地的农耕生产都有较大的发展。从各地的人均耕地数量来看，清代人均耕地数量总体上较明代少：清代人均耕

地最多为2.8亩/人，许多地方人均耕地不足1亩；而明代卫所屯田人均耕地最多达13.5亩/人，绝大多数地方人均耕地超过了1亩。明清时期这种人均耕地数的变化充分说明了明代的地广人稀和清代改流后人稠地狭的变化。

在农耕生产相对较为发达的澧州、宜昌府、施南府、酉阳直隶州、凤凰直隶厅等地，人们日常生活所需多来自农耕，食物来源相对稳定。在农耕生产发展滞缓的石柱厅、永顺府、思南府、铜仁府、乾州厅、松桃厅、永绥厅等地，农耕生产总体水平不高。在风调雨顺的年岁里，农民辛勤劳作仅能糊口，"遇岁歉，则挖蕨捣粉并采可食野草和饭充饥"，人们日常生活所需还有赖于传统的生产方式提供必要补充。

改流后，移民在土家族地区的垦殖过程是跃进式的，即初迁到一个地方，开拓出一片农耕区，此后一部分人向其他地点迁徙，又开拓出第二个、第三个甚至更多的农耕区。通过不断地迁徙和耕垦，农耕区越来越多，因而农耕区多分布于交通道路沿线。长阳县枝柘坪离光堂《覃氏族谱》所载其祖先在长阳垦荒就是如此：

> 由清江而至很山……由此以上，峰回路转，林壑尤美，地僻人静，膏腴亦多，三公闻之喜，乃越阻历险，至一处所，两山逼狭……林木阴翳，约复仍数里，两涧合沐，观其地，平坦开阔，仿佛桃源，三公卜宅居之，遂名地为两河口。开垦锄种五年，一日游至一区亦爱之，次年开泽七丘……越次年命明、宁二公各居一地，（高祖）乃备行装，扳藤越岭至招徕河，循溪而上，径登峰巅，……兽虽多而不逼人，山虽高而有泉，驻足盘桓者久之，遂不禁低回不忍离去焉。

覃氏祖先在长阳的垦荒是以跃进式的方式沿道路进行的，其他地区入山耕垦的流民的垦荒过程也有类似的情况。随着农耕的发展，农耕区的分布也有跃进式分布的特点，农耕区与交通道路紧密联系在一起。

由于土家族山区地表崎岖，故而耕地分布多呈碎块状，分布不均匀。在现今土家族地区，这种情况仍然存在。改流后农垦发展的最显著变化就是农耕生产分布空间扩大，"从前弃为区脱者，今皆尽地垦种之"，"绝壑穷巅亦播种其上"①。改流后农耕生产发展的另一个变化是农耕水平缓慢提高，各地农业生产的水平有所提高，但这种变化并没有农耕区的拓展那么显著。

通过以上的分析，我们大致可以有以下几点认识：

（1）通过对武陵山区土家族地区历史时期农业区空间扩展过程的梳理，

---

① 同治《恩施县志》卷7《风俗志》。

可知土家族地区农耕区的扩展经历了四个阶段：五代以前的点状零星分布、五代两宋时期的点块状分布、元明清土司时期的块状分布和清代改土归流后的片状分布。先有零星的农耕点，后有零星的块状农耕区，最终发展成更多的块状农耕区，再发展成成片的农耕区。农耕区在土家族地区的分布呈现出点状→点块状→块状→片状的扩展历程。这种点块片式的农耕区扩展模式，在南方的其他原本农耕生产不发达的少数民族山区也同样存在，如凉山彝族地区历史时期农耕区的扩展模式也是如此。① 因此这种农耕区的点块片式扩展模式，可视为历史时期南方原本农耕欠发达的山地少数民族地区农业区扩展和农耕经济发展的一种模式。

（2）历史时期武陵山区土家族地区农业区的变化趋势是农耕区逐渐扩大，农业经济中农耕经济比重逐渐增加，而土家族传统的渔猎和采集经济比重逐渐减少，并最终形成以农耕为主的农业经济模式。农耕区的无限扩展是造成当前武陵山区土家族地区以农耕为主的经济模式的一个重要推动力，而这种变化在南方很多少数民族山区也同样存在。

（3）历史时期武陵山区土家族地区的点、块、片状农耕区大多分布于交通道路沿线和河谷地带。正如前文所述，宋、元、明时期的军事性屯田因为军事控制的需要，大多位于交通道路沿线及便于耕作的河谷地带；改流后，流民垦殖所形成的农耕区，也是沿着交通道路进行跃进式扩展的。

（4）农耕区点块片式的扩展引起了农耕区内生态环境的变化。历史时期武陵山区土家族地区农耕区点块片式的扩展大多是通过毁林垦荒来实现的，农耕区扩展也就意味着森林植被萎缩。但在改土归流之前，农耕区的扩展以点、块形式扩展，对森林植被的破坏还只是局限于土家族地区的局部区域。因此总体上土家族地区森林覆盖良好，少有水土流失的现象。改土归流之后，伴随着农耕区的迅速扩展，原来点、块状的农耕区逐渐连接成片，大量林地被辟为农田。森林的大量消失导致土家族地区水土流失、山地石漠化现象加剧，土壤肥力下降，引起农业生态的恶化。改流后土家族地区生态环境的恶化与农耕区的无限制扩展有着密切的联系。历史时期农耕区的无限制扩展并引发生态环境问题的情况在其他南方少数民族山区也同样存在。

（5）在武陵山区土家族地区农耕生产发展与农耕区扩展过程中，朝廷的军事、政治举措以及外来移民起到了很大推动作用。武陵山区高山深谷，交通不便，加之山区土地瘠薄，本不适合发展农耕，以土家族为主体的当地居

---

① 朱圣钟：《历史时期凉山彝族地区农业分布与变迁》，见：《南方开发与中外交通——2006年中国历史地理国际学术研讨会论文集》，西安：西安地图出版社，2007年，第256—272页。

民遂形成以渔猎和采集为主、农耕为辅的农业结构模式。后来随着朝廷在土家族地区施行军屯、募民垦殖、改土归流等一系列军事或政治举措，大量外来移民（包括军事性移民和民间自发性移民）进入武陵山区，这些移民主要从事农耕。在外来移民的带动下，农耕逐渐演变为土家族地区主要的农业经济活动，农耕区也以点块片式逐渐扩张。可以说，土家族地区农耕经济的发展和农业区的扩展是伴随着外力的推动逐步完成的。如果不是外力的推动，包括武陵山区土家族地区在内的南方少数民族山区也不会形成现在以农耕为主的单一的农业经济结构模式。

第四节　历史时期土家族地区农业经济的地域特征

土家族地区地处武陵山区。历史时期农业开发因其自然条件和人为因素的影响，农业经济的发展呈现一些地域特征。这些地域特征主要表现在以下几个方面：

一、农业结构具有地域民族特色

广义的农业包括农业、林业、牧业、渔业等生产门类。历史时期中原地区农业经济形成以农业（农耕）为主，以林业、牧业、渔业为辅的农业部门构成格局。而土家族地区的农业结构在较长历史时期内与中原地区迥异。

土家族在很长时间内为土家族地区的主体居民，因而地域性农业经济结构理所当然地打上土家族的烙印。历史时期土家族农业生产的主要内容为渔猎、采集和农耕，其中农耕只是渔猎和采集的有效补充。农耕演变为土家族地区最主要的农业生产方式，其间经历了漫长的过程。在这个变化过程中，外来移民特别是汉族移民对土家族地区的民族构成和民族分布造成较大影响。同时他们带来的以农耕为主的农业经济模式也对土家族地区传统的以渔猎采集为主、农耕为辅的农业经济结构产生了冲击，土家族地区农业结构逐渐向着一体化的农耕经济模式转化。农耕逐渐成为土家族地区农业经济的主导成分，传统的渔猎和采集经济仅作为一种习俗得以保留，传统的农业经济模式完全为单一的农耕经济模式所取代。这种农业结构的演化模式在西南地区其他少数民族聚居区也同样存在。①

土家族地区地处武陵山区，其山地地形决定地理要素存在垂直地带分异

---

① 朱圣钟：《论历史时期凉山彝族地区农业结构的演变》，《中国农史》2008年第4期，第55—65页。

性的特点，因而农业结构也存在垂直地带性分异。历史时期土家族地区的渔业生产主要集中河谷沿岸，农耕生产主要集中在河谷地带和低山地带，狩猎和采集则主要在山林中进行。自宋代以后，随着农耕逐渐由河谷地带、低山地带向二高山地带、高山地带扩展，河谷地带、低山地带的林业资源逐渐被消耗，野生动物资源也随之减少，狩猎逐渐向二高山、高山地带转移。采集生产受林业资源减少的影响，蕨、葛采集随之减少，采集生产也向二高山、高山地带退缩。所以土家族地区立体农业结构的演变过程是渔业生产沿河谷分布，农耕生产逐渐由河谷地带向高山地带扩展，狩猎、采集生产向高山退缩的历程。伴随着农业经济在空间上的变化，畜牧业和林业生产也逐渐向高山地带扩展。改土归流后土家族地区逐渐形成立体农业结构模式：河谷地带发展农耕生产和渔业生产，低山地带发展农耕生产和经济林木生产，二高山地带发展旱地作物和经济作物，高山地带发展高寒作物、药材和林木，高寒地带发展林业和畜牧生产。山坡、山岭多生长蕨、葛等野生可食用植物，山地丛林中多有野生禽兽，发展采集和狩猎生产。

总体而言，不论是农业部门结构还是农业空间结构的演变，都深深打上了土家族农业经济的传统色彩，即农业经济中渔猎、采集、农耕长期相辅相成。

二、农业区的动态变化

正如前文所述，依据历史时期土家族地区农业经济发展的特点，土家族地区的农业经济区可划分为土家族传统农业经济区和农耕区两大类型区。在土家族传统农业经济区内，农业生产中的渔猎、采集尤为重要，农耕为渔猎采集的有效补充；在农耕经济区内，农业经济以农耕为主，农耕在地区农业经济中占据主导地位，渔猎和采集等为农耕生产的有效补充。从整个历史时期而言，土家族地区农业区分布变化呈现出一定的规律性。

首先，历史时期农耕区大多分布于地势相对平缓的河谷地带和为数不多坪坝、盆地中，土家族传统农业经济区则主要分布于山地。河谷、坪坝和盆地因地势平坦易于开垦，有溪河可供灌溉，对农耕生产极为有利。迁入土家族地区的汉人及与汉人杂居的土家族从事农耕生产，优先考虑的也是这些地区。

宋代以军事砦堡为中心的屯田区为当时的农耕区。施州军事砦堡主要分布于今恩施盆地和建始盆地中，黔州砦堡主要分布于乌江沿岸和唐崖河、郁江沿岸，澧州砦堡主要分布于澧水河谷坪坝，辰州镇溪、黔安二砦也位于河流沿岸。宋代设立的州、县治所也分布于河谷、盆地中，如施州位于恩施盆地中，建始县位于建始盆地中，长阳县位于清江岸边，石门县、慈利县位于澧水岸边，彭水县位于乌江岸边，黔江县位于唐崖河岸边。这些治所附近也有农耕生产分布。上述农耕区以外的广大地区则为土家族聚居区，即土家族传统农业经济区的范围。元代时间短促，其农业区分布格局与宋代相似。

明代卫所屯戍区为当时土家族地区主要农耕经济区。从屯田区分布来看，施州卫屯田区沿清江河分布于利川盆地、恩施盆地和建始盆地；大田所屯区主要沿龙潭河岸分布；黔江千户所屯田区沿唐崖河岸展布；九溪卫、麻寮所屯区分布于娄水谷地，添平所屯区分布于溇水谷地，安福所屯区位于澧水谷地；大庸卫、大庸所位于澧水沿岸的大庸盆地中；镇溪所位于猛峒河畔吉首盆地中。思南府及所属印江县、务川县分别位于乌江及其支流印江、洪渡河沿岸。其他如长阳、建始、彭水、黔江、卢溪等县治所未有太大变化，以县治为中心的农耕区向周边地区可能有所扩大。农耕区扩展就意味着土家族传统农业区出现萎缩。

清代雍正年间改土归流后，土家族地区农耕生产进入广泛的垦殖阶段，溪河沿岸的河谷坪坝地带、山间盆地几乎均垦辟成农田。同时山地也得到大面积开垦，农耕区迅速由河谷地带和山间盆地向山地扩展。土家族传统农业经济模式只是在交通不便的偏远山区有所保留，广大土家族地区基本上都可纳入农耕经济区。沿河谷地带和山间盆地、坪地的农田相对成片分布，较之山地的块状耕地更为集中，河谷地带、山间盆地为农耕较为发达的区域。

其次，农业区分布总是与民族分布密切相关。历史时期外地移民分布集中或开发较早的地区是土家族地区主要的农耕区，土家族聚居区及后来形成的苗、土家族杂居区，则为土家族传统农业经济区。随着民族分布区的变化，农业区也发生着相应的变化。

宋代土家族地区各地都接纳了不少外来移民，其民族成分多为汉族。这些移民进山后，耕种砦堡"所余闲田"[1]。因此这些汉族移民所种田地就在砦堡屯田周围，形成民田和军屯田交错分布的格局。这些民田和军屯田共同构成砦堡屯田区。

明代在土家族地区实行卫所屯田。卫所官兵及其家属多为迁自内地的汉人[2]，卫所屯戍区内又有汉族民户，从而形成"军民错居"的局面。[3] 因此卫

---

[1] （元）脱脱等：《宋史》卷494《蛮夷传》，北京：中华书局，1985年，第14188页。
[2] 于玲：《古代鄂西土家族和汉族文化交流的特点》，《中南民族学院学报》（哲社版）1996年第6期，第65—69页。
[3] （清）顾炎武：《天下郡国利病书》卷72《湖广》，四部丛刊本。

所屯戍区，实际上也是当时土家族地区汉族分布相对集中的地区。军户和民户都以农耕为主，使民屯田地与军屯田地交错分布，相对成片的农耕区也随之形成。明代永乐年间在黔东北实行改土归流，改流后大量的蜀（今四川、重庆等地）、楚（即今湖北、湖南等地）汉人进入黔东北，在黔东北土家族地区逐渐形成汉人聚居区。在汉人聚居区内，农业经济以农耕为主。彭水、黔江、建始、巴东、归州、长阳、石门、慈利等地，州、县直接控制的汉人聚居区为农耕较为发达的区域。而在广大土司辖区内，土家族延续其传统的农业经济模式。

改流后大量流民进入土家族地区，流民中主要为汉族，也有部分侗族、苗族、白族。大量的汉族人口流入土家族地区，不仅改变了土家族地区各地的民族构成，而且对当地的民族分布格局也产生了很大的影响，逐渐形成今日土家族地区大分散小聚居的土家族分布格局。汉族逐渐成为土家族地区人数最多，分布最广的民族，土家族则成为这一地区仅次于汉族的民族。伴随着汉族逐渐成为土家族地区居民的主体，汉族将其农耕为主的农业经济模式移植到土家族地区，从而使土家族地区主要农业经济活动发生变化。农耕逐渐成为土家族地区汉族、土家族乃至苗、侗、白、蒙古、回族人最主要的农业生产方式，土家族传统的以渔猎和采集为主、农耕为辅的农业经济模式在此段时期发生变革。除边远山区仍有少量传统农业经济模式得以延续和保留外，差不多整个土家族地区都成为以农耕为主的农业经济区。

三、农业生产习俗

作为土家族聚居区，历史时期土家族传统的生产习俗在土家族地区农业生产中有所体现。这是土家族地区农业生产中特有的现象。

1. 薅草锣鼓

薅草锣鼓习俗的起源，与土家族地区的生态环境有密切联系。历史时期土家族地区山高林密，各种野生动物活动频繁，兽害时有发生。这对在深山野林中求生存的土家族人来说，不仅会影响到人身安全，也会影响到庄稼的收成。为避免兽害，土家族在进行农耕时，就打锣击鼓。丛林中的野兽受到惊吓，就不会对人及庄稼构成危害。打薅草锣鼓的时间，一般多在夏月芸苗之时，"数家人合趋一家，彼此轮转，以次而周。芸时往往数十为曹，中以二人击鼓鸣钲，迭相歌唱，其余芸者进退作息，皆视二人为节，闻歌欢跃而忘疲,其功较倍"①。芸草时击鼓鸣钲,歌唱相和。有节奏的锣鼓声和歌声,除能驱赶鸟兽,还可使芸者劳而忘疲,把农事生产和娱乐活动紧密地结合起来,起到鼓舞劳动热情的作用。久而久之,就形成了边敲锣打鼓边劳动的生产习俗。打薅草锣鼓多为数家联手进行,这样在土家族农耕生产中还形成互帮互助的传统,这种传统在地广人稀的土家族地区尤为重要。在生境艰难的景况下,土家族只有通过互帮互助才能更好地生存、生产和生活。

打薅草锣鼓的习俗,至今在土家族地区的局部地方还有所保留。在土地包产到户之前的人民公社时代,笔者家乡(湖北省巴东县)仍流行打薅草锣鼓,在田间地头跟随锣鼓师傅玩耍是笔者儿时记忆中最为快乐的事情之一。家乡的这种生产习俗现在已消失不见了。

2. 男女同耕

在中国传统农业社会里,有"男耕女织"性别上的分工,即男子主要从事农田耕作,妇女则主要从事纺织等家庭手工劳作。这种情况在历史时期土家族地区并不多见。

历史时期土家族地区棉、麻种植相对较少。这是因为土家地区为山区,且海拔较高,不适合棉、麻生长。因此土家族"妇女鲜纺绩"②。由于家庭手工纺织不普遍,所以土家族妇女"俱力农如男子"③。即便在棉、麻种植区,"农家妇女亲杵臼爨炊,业纺绩……或入山樵采","有并其夫业耕耘者,其勤劬为甚"④。除了繁重的家务劳动外,妇女也从事农耕生产。因此土家族地区是"水陆田地,男妇作苦与共"⑤。无论是山地种植,还是水田耕作,妇女都与男子一样从事农田耕作,这与中原地区不同。

土家族妇女之所以成为主要的劳力之一,除家庭手工纺织不普遍外,还与历史时期土家族地区土地瘠薄、地广人稀、缺乏必要的劳动力有关。为获得足够的生产、生活资料,妇女不得不参与田间劳作。此后男女同耕遂成为土家族地区的生产习俗之一。

3. 刀耕火种、火耕水耨的耕作方式

在农耕生产技术的选择上,历史时期土家族地区旱地多采用刀耕火种的方式,水田稻作采用火耕水耨的方式。这在土家族地区是由来已久的。

---

① 光绪《龙山县志》卷11《风俗》。
② 道光《鹤峰州志》卷6《风俗志》。
③ 道光《鹤峰州志》卷6《风俗志》。
④ 光绪《龙山县志》卷11《风俗》。
⑤ 民国《湖北通志》卷21《舆地志》。

早在唐代，土家族先民就已是畲田而耕。刘禹锡《畲田行》诗云"何处好畲田，团团缦山腹，下种暖灰中，乘阳坼芽蘖"①，描述就是当地土家族将树木杂草砍倒，放火焚烧，然后在草木灰烬中进行播种的情形。这里刘禹锡称之为"畲田"，其实就是通常所说的"刀耕火种"。宋代土家族仍然采取"刀耕火种"的方式耕山种地。② 土司时期土家族"处山箐者芟林火之，因布种"③。清代改流后，土家族"砍杂树举火燔之，……熄乃播种，其地收获恒倍"④。刀耕火种在历史时期一直是土家族地区居民从事山地耕作的主要耕作方式。这种耕作方式得以长期延续的自然原因是土家族地区历史时期森林灌丛密布，为焚山而耕创造了条件。而土家族地区地广人稀，农耕技术长期落后是刀耕火种耕作方式长期延续的社会经济方面的原因。聚居于土家族地区的苗族，其耕作方式也是"方春砍杂树燔之，名剁畲火，熄乃播种"⑤。

土家族、苗族的这种旱地耕作方式在改流后仍得以延续，农耕技术较高的汉族移民迁入后，部分接受了这种耕作方式。至今土家族地区旱地耕作中还有"烧火粪"的取肥方式。"烧火粪"是将砍好的柴草晒干，然后在捆好的柴草上覆以泥土，点燃柴草，柴草烧尽后，将草木灰和土撒入地中作肥料。这种"烧火粪"的方式应该是"刀耕火种"取肥方式的变种。

土家族地区稻田耕作中很早就采用火耕水耨的耕作方式⑥，《史记集解》引应劭云"烧草，下水种稻，草与稻并生，高七、八寸，因悉芟去，复下水灌之，草死，独稻长，所谓火耕水耨"⑦。其办法是先将稻田的草放火焚烧，然后灌水种稻，等稻长七八寸高时，将稻苗与草全部割断，然后向稻田中灌水，草泡死，而水稻得以继续生长。土家族地区这种火耕水耨的耕作方法直到改土归流之后仍相当流行，稻田耕作仍是"火耕水耨者多"⑧。这种传统的稻田耕作方式在土家族地区的部分区域甚至一直延续到新中国建国以后。

4. 休耕轮歇的耕作制度

刀耕火种以毁林垦荒为代价，是在破坏自然植被的基础上形成的一种耕作方式。当一块地经过刀耕火种地力耗尽后，为保证农作物的稳产高产，就

---

① 光绪《湖南通志》卷末3《杂志》。
② (宋)汪应辰：《文定集》卷4，文渊阁四库全书本。
③ 嘉靖《思南府志》卷1《地理志》。
④ 同治《永顺县志》卷6《风土志》。
⑤ 同治《永绥直隶厅志》卷1《地理门》。
⑥ (汉)班固撰，(唐)颜师古注：《汉书》卷28《地理志》，北京：中华书局，1962年，第1666页。
⑦ (南朝·宋)裴骃：《史记集解》卷30，文渊阁四库全书本。
⑧ 同治《永绥直隶厅志》卷1《地理门》。

必须放弃已垦耕地另辟新地。原已耕种过的田地在休耕后，若干年后又会长出灌丛或杂草，又可在这块土地上进行新一轮的垦种，这样在农耕生产中就形成休耕和复垦制度。休耕到复垦的时间间隔各地不同，有两三年，也有八九年，甚至十年不等。

休耕轮歇的耕作制度实际上是游耕农业特有的耕作制度，这种耕作制度在南方的少数民族地区较为普遍。土家族地区休耕复垦史料始见于宋代，苏轼诗载石门地区土家族"人随衣貌古，家以麦禾迁"①。这里重要的是"麦禾迁"三字，说的是种麦之地在变化，土家族的居住地也相应地发生着变化。这种家随耕地迁徙，反映的正是抛荒移地而耕的情形。土家族地区耕地休耕轮歇时间各地不尽相同。有的地方时间相对较长，俗称"十年一佃"，即耕地轮歇期为十年左右。其缘由在于"山田硗确"，土地瘠薄，"民先期斫木火之，名曰畲田，以种麦，麦登场，俟雨侯布茅又火之，乘土热下粟，既收，即委其地，比及八九年复一种，俗云十年一佃"②。有的休耕轮歇时间仅两三年，如容美土司境"地土瘠薄，三寸以下皆石，耕种只可三熟，则又废而别垦"③，休耕轮歇的周期为三年。有的休耕轮歇期为三四年，如土家族地区南部区域，"种三四年则弃其地而别垦"，"弃之数年，地力既复，则仍垦之"④，休耕轮歇时间为三四年不等。

历史时期土家族采用的抛荒和复垦制度，在一定程度上保证了耕地的肥力，对农作物的稳产高产有积极作用。同时，休耕对被开垦耕地的植被恢复颇为有利。土家族地区气候温暖湿润，有利于森林植被的恢复。耕地休耕的时间越长，次生植被恢复得就越好，这对于土家族地区农业生态的保护也有一定的积极作用。不过，从农耕经济的角度来看，休耕轮歇的耕作制度是与"刀耕火种"的粗放耕作方式相伴生的，也是刀耕火种这种落后耕作方式得以延续的一个因素。因此，这种耕作制度与刀耕火种的耕作方式一样，是造成土家族地区农业生产水平低下的原因之一。

5. 水旱田地不计顷亩

历史时期土家族地区除汉族聚居区外，土家族聚居区内土家族和南方很多少数民族一样，对耕地并无明确田亩数概念，计算田亩主要是以田地播种

---

① 嘉庆《石门县志》卷49《艺文志》。
② 弘治《夷陵州志》卷1《风俗》。
③ （清）顾彩：《容美纪游》，见：《小方壶斋舆地丛钞》第6轶，清光绪六年（1880）南清河王氏刊本。
④ 同治《永绥直隶厅志》卷1《地理门》。

的种子数为据。至清代同治年间，又有以田地收获的粮食数来计量耕地的做法，"水旱田业不分顷亩，从前以谷种计多寡，近则皆以田所岁入者数计之"，"俗沿已久，莫之能易"①。以收成计量田地的计算方法是"以七斗为一运，水旱田地不以种计，不以石计，但曰每田一运值钱若干"②。1运相当于7斗，运即计量田地的单位，也就是说收7斗粮食的田地为1运。在土地买卖中，也是以"运"为单位计价。另外，还有以"牛工"为单位计量田亩的，"地之数以牛工几张计，一牛之工终日谓之一张，无亩数可核"③。1牛工地就是1头牛1天所耕的地，牛工单位为张。这种计量田地的方法与中原地区以顷亩进行计算的方法有别。

这种田地不计顷亩的作法应该与土家族长期所实行的休耕轮歇的耕作制度有关。长期以来，土家族耕无定所，旋耕旋弃，土地很难进行精确的丈量，反倒是土家族地区种子数量和田地收成的数量便于计量。因此，种子数、田地收成数、牛工数就成了计量耕地数量的一个参照物。田地不计顷亩在一定程度上也说明了土家族农耕经济不发达的事实。

第五节 历史时期土家族地区农业发展的影响因素

历史时期影响土家族地区农业发展的因素很多。概括起来，主要有以下几个方面：

一、自然环境对农业发展的影响

土家族地区"九山半水分半田"，山地占绝大多数，平地极少。这种地形地貌条件决定了土家族地区农业以山地杂粮种植为主，水稻种植受到很大的限制。历史时期土家族及境内的其他兄弟民族的主要粮食作物粟、豆、麦类，以及改流后引种的包谷、番薯、洋芋等，均为适合山地种植的杂粮。这些杂粮为当地土家族及兄弟民族的主要食粮。水稻由于受土家族地区山地条件的限制，主要分布河谷坪坝及有水源的山间盆地，种植面积不广。历史时期土家族地区"地多山，宜种杂粮，土平水润处乃开田种稻"④，水稻的种植"较山地不能什一"⑤，山地的耕种远远多于稻田耕作。由于农业生产以山地旱作

---

① 同治《恩施县志》卷7《风俗志》。
② 同治《来凤县志》卷28《风俗志》。
③ 光绪《古丈坪厅志》卷11《物产》。
④ 同治《永顺县志》卷6《风土志》。
⑤ 同治《桑植县志》卷2《风土志》。

为主，稻作较少，这一情况导致当地土家人及兄弟民族形成特有的食粮结构："食稻者十之三，食杂粮者十之七"①。由于以山地旱作为主，刀耕火种也就成为土家族地区农耕生产中最主要和最有特色的耕作方法。

土家族地区的土壤类型以山地黄壤和黄棕壤为主，成土母质多为石灰岩。土壤多呈酸性，土层薄，农耕条件差，如长时间耕作，易于出现水土流失。沿河流两岸及坪坝、盆地土壤为河流泥沙冲积而成的泥沙土，土壤中有机质含量高，土层深厚，适于农作，但这类土壤在土家族地区分布较少。总的说来，土家族地区的土壤条件是田土瘠薄，膏腴地稀，不适合广泛的农耕生产。历史时期土家族农业经济以渔猎、采集为主，农耕为辅，与土家族地区"土地瘠薄"所导致的"稼穑艰难，最为下下"有很大关系。②在农业生产中，土家族逐渐认识到土壤的特性，农耕生产采用烧畲田的方法。冬日砍倒林木，纵火焚烧，以林木灰烬为肥料，种植杂粮，这就是刀耕火种。但这种烧地而耕的方法不能保证田地的长久肥力。地力耗尽后，农民转而在其他可垦之地用同样的方法进行生产，从而在生产中逐渐形成抛荒和复垦的耕作制度。历史时期土家族农耕生产虽未得到较大程度的发展，但人们的生活资料在传统农业生产方式下得到一定程度的保证，区域性的森林植被受到农耕的破坏小，农业生态环境长期处于良好状态。改土归流后，随着土家族地区人口剧增，为解决食粮问题，农耕的发展就变得极为迫切。但土家族地区"山石硗确，膏腴地稀"，土家族和入山流民不得不广为垦殖。不过由于受地力条件的限制，"农夫终岁勤力，仅给衣食"③，农耕的产量不高。山地"初垦时不粪自肥，阅年既久，浮土为雨潦洗尽，佳壤尚可粪种，瘠处终岁辛苦所获无几"④。本就瘠薄的山地经广泛的农耕后地表失去植被保护而出现水土流失，地力更为贫瘠。而"砂石之区，土薄水浅，数十年后，山水冲塌，半类石田"⑤，土层浅薄的地方因水土流失严重而出现石漠化现象，农耕生产的持续发展更是无从谈起。

历史时期土家族地区的动植物资源丰富，适合发展土家族传统农业。土家族地区溪河众多，鱼类资源丰富。土家族先民很早就依溪河而居，"持钓入

---

① 同治《恩施县志》卷7《风俗志》。
② （宋）度正：《性善堂稿》卷6，文渊阁四库全书本。
③ 同治《增修酉阳直隶州总志》卷19《物产志》。
④ 道光《鹤峰州志》卷6《风俗志》。
⑤ 同治《建始县志》卷4《食货志》。

河,则水族终致盈笥"①。捕鱼成为土家族重要的农事活动,直到清末渔业仍然是土家族农业生产的重要内容。历史时期土家族地区"高山深林,草树丛密"②,野生植物资源相当丰富。生活于此地的土家族靠山吃山,采集山中野生葛、蕨等当粮,以解决食粮不足问题,采集成为土家族人主要农事活动之一。清代改土归流后随着山林大量被毁,植物资源大量减少,采集生产无以为继,土家族才转而依靠农耕生产。历史时期土家族地区"山深林密,獐、麂、兔、鹿之类甚多",山林中丰富的禽兽资源为土家族狩猎提供了良好的条件,各地均有不少猎户。③他们"持枪入山,则兽物所在必获"④,狩猎为土家族最主要的农事活动之一。由于渔猎和采集能为土家族提供基本的生活资料,农耕生产就显得不那么重要。历史时期土家族地区丰富的动植物资源是形成土家族渔猎、采集为主,农耕为辅的农业生产习俗最为直接的原因。

土家族地区的山地气候对农业生产的发展也有一定影响。土家族地区地处山区,气候垂直差异显著,对农业的立体分布有很大影响。武陵山区地处亚热带季风气候区,河谷地带、低山地带气候温暖,宜于种植粮食作物,这些区域也是土家族地区农耕较为发达的地带;二高山地带气候较低山地带寒冷,适于种植经济作物,为经济作物种植的优势地带;高山地带气候寒冷,只利于种植高寒作物,适宜栽培经济林木,为经济林木优势带;高寒地带则只能种植药材,以林业、畜牧业为主。历史时期土家族地区长期处于"土旷人稀,荒山未辟,畅茂繁殖"的原始状态⑤,自然植被按上述地带性规律分布,而人为的立体农业经济带则是在土家族及入山流民经过长期开发后逐渐形成的。随着农业开发的逐步深入,农业经济带逐渐向高山地带及河源地带延伸,并逐渐形成今天土家族地区立体农业经济带的分布状况。气候垂直地带分异对农耕的影响也有较大差异,"高处播种在先,收成在后,低处播种在后",低山"地气较暖,故田地可种两季",高山地带"地气寒冷,止种一季";低山气候温暖的地带种植水稻、番薯、包谷,高山地带种植包谷,高荒

---

① 中共鹤峰县委统战部县史志编纂办公室中共五峰县委统战部县民族工作办公室编印:《容美土司史料汇编》,1984年,第491页。
② 《明太祖实录》卷195。
③ 同治《长乐县志》卷12《风俗志》。
④ 中共鹤峰县委统战部县史志编纂办公室中共五峰县委统战部县民族工作办公室编印:《容美土司史料汇编》,1984年,第491页。
⑤ 同治《施南府志》卷11《食货志》。

地"包谷亦不可种","故土人多种洋芋以为粮"①,"最高之山惟种药材"②,不同海拔高度上农作种植的时间(物候)、作物的类别各不相同。历史时期土家族地区山深林密,树木阴森,"四山岚雾冥蒙,非近午不开"③。自改流后,"垦殖日广","从前瘴雨蛮烟岚重雾袭之景象廓然改观"④,"天空野阔,转觉皓阳逼人,而入夏雨泽常少,每岁有旱"⑤。随着农耕生产的发展,地表的植被遭到破坏,区域性的小气候也随之发生变化,从而引发了频繁的气象灾害(见附表 3-1 中的气象灾害)。气候的变化对农业也会产生消极的影响。

历史时期土家族地区频繁发生的自然灾害对当地的农业生产的发展有较大的影响。历史时期影响土家族地区农业生产的自然灾害主要为水灾、旱灾、冰雹、冰雪、霜冻、风灾、兽害和虫害等。本人对明清时期土家族地区历史时期的农业自然灾害进行了初步统计,并制作成《历史时期土家族地区农业灾害年表》,附于本章之后。根据本人统计,历史时期土家族地区有确凿文献记载的农业自然灾害总计有 700 多次,其中以水旱灾害为最多,约有水灾 303 次,旱灾 251 次,冰雹 74 次,冰雪、霜冻灾害有 31 次,风灾有 25 次,兽害、虫灾有 49 次。每一次自然灾害发生,都或多或少会导致受灾地区农业歉收。而每一次农业歉收,都会使土家族地区人们的生境更加困苦。在衣食无着落的情况下,土家族人被迫向山林、河流直接索取生活资源。渔猎和采集在农业生产中就显得尤为重要,在农业生产中的地位也就尤为稳固。所以频繁的自然灾害也是土家族地区土家族传统农业模式长期延续一个原因,也是土家族地区农耕生产发展缓慢的重要原因之一。

二、移民屯垦对农业发展的影响

土家族地区在较长历史时期内处于荒山野岭未开发状态,即使到宋代仍是"居民鲜少"⑥。要发展地区经济,就需要大量劳动力。当地落后的经济状况难以形成人口快速自然增长,而外来移民却在一定程度上解决了这一问题。自宋代以后,大量的移民进入土家族地区,对土家族地区的经济发展起到了较大的推动作用。

---

① 同治《长乐县志》卷 1《分野志》。
② 同治《恩施县志》卷 7《风俗志》。
③ 同治《永顺府志》卷 10《风俗》。
④ 同治《永顺府志》卷 2《山水》。
⑤ 光绪《乾州厅志》卷 5《风俗志》。
⑥ (宋)度正:《性善堂稿》卷 6,文渊阁四库全书本。

宋代土家族首领占田多者须人耕垦，"富贵之家争地客，诱说客户或带领徒众举室般（搬）徙"①，或"诱胁汉户，不从者屠之，没入田产，往往投充客户"②，土家族首领通过软硬兼施，使许多汉人进入土家族地区为其耕种。此外，朝廷也招募汉人入土家族地区进行农耕，如景德二年（1005）夔州路转运使薛颜就曾"募民垦施、黔等州荒田"③。宋代在土家族地区设置砦堡，进行屯田。砦堡兵丁大多为当地居民，但也有一些外地移民。砦堡也曾"募民为弓弩手，给地以耕"④，这里的"民"应为汉族移民。所以，宋代土家族地区的外地移民大量增加。到北宋元丰年间，土家族地区部分区域（施州和黔州）的外地移民人口数甚至超过当地的土著居民。这些外地移民主要从事农耕生产，从而推动了土家族地区农耕的发展，如景德年间募民垦施、黔州田，岁获粟可达万担。在外地移民和当地砦堡兵丁共同开垦之后，土家族地区逐渐形成以砦堡为中心的屯田区。宋代土家族地区农耕区的形成，外来移民的屯垦是作了很大贡献的。

　　元明清土司时期，又有不少外地移民进入土家族地区。思南府在永乐年间改流后，"流民入境者络绎道途，已不下数万"，以致"客既胜而主人弱"⑤。黔江县在明代有不少汉人入境，其汉族大姓如陶、田、万等，大多是明代迁入的。⑥巴东县在嘉靖年间"民多流徙于此"，"民之徙者归耕者日众"⑦。明代在土家族地区设立卫所，利用卫所官兵实行屯田。卫所官员和兵丁大多为汉人，他们构成明代土家族地区又一农耕生产大军，在卫所驻戍区附近形成卫所屯田区。除卫所屯田外，又有民屯。民屯和军屯相错处，构成土家族地区的块状屯田区。在土司地区，尽管朝廷有"蛮不出境，汉不入峒"的关禁政策，但各土司为发展本地经济，不断从外地招纳流民。如明初施州卫"徙内地如施南、金峒等司"⑧，"五寨、竿子土官招集流民垦耕"⑨，流民对土司地区农业发展有一定的推动作用。但土司区毕竟受到"蛮不出境，汉不入峒"禁令的限制，人口流动有限。因此进入土司地区从事农耕的移民并

---

①　（清）徐松：《宋会要辑稿》第161册《食货》，北京：中华书局，1957年，第6363页。
②　（宋）李焘：《续资治通鉴长编》卷219，北京：中华书局，1995年，第5322页。
③　（宋）李焘：《续资治通鉴长编》卷61，北京：中华书局，1995年，第1368页。
④　（元）脱脱等：《宋史》卷494《蛮夷传》，北京：中华书局，1985年，第14195页。
⑤　嘉靖《思南府志》卷7《拾遗志》。
⑥　冉景福：《黔江民族源流浅述》，见《黔江文史资料》第8辑。
⑦　嘉靖《巴东县志》卷3《风俗》。
⑧　同治《宣恩县志》卷20《艺文志》。
⑨　（清）顾炎武：《天下郡国利病书》卷68《湖广》，四部丛刊本。

不多，土司区内仍然是以土家族为主的土著居民占绝大多数。他们延续着自己传统的农业生产方式，形成土家族传统农业区。

清代改土归流后，大量外地流民进入土家族地区，其中大部分流民主要从事农耕生产。改流后由于流民大量入山，土家族地区人口大增。以永顺府为例，雍正十二年（1734）共有人口 117 030 口，乾隆二十五年（1760）人口增至 385 165 口①，26 年间净增人口 268 135 口，平均每年约增长 10 313 人。如此高的人口增长率是人口自然增长所难以达到的，应该是大量流民入山的结果。大量流民入山为加快土家族地区农业发展提供了众多高素质的劳动力，同时众多的人口都得有粮可食，在人口的压力下，也要求优先发展直接提供粮食的农耕生产。在这种情况下，入山流民择业的首选为务农，从而推动了农耕的发展。实际情况也正是如此。石柱厅经流民耕垦，至道光年间已是"人稠土贵"②；施南府"附近川黔两楚民人，或贪其土旷粮轻，携资置产，或籍以开山力作，搭厂垦荒"③；宜昌府"常德、澧州及外府之人入山承垦者甚众，老林初开"④；永顺府也是"种植日广"⑤。流民耕垦直接推动了农耕的发展。随着农耕的发展，土家族地区农业结构也发生了相应的变化：农耕生产成为最重要的农业生产活动，狩猎和采集在农业生产中的地位下降，渔业生产成为农耕生产辅助性的生产活动。由此形成以农耕生产为主的农业经济结构，农耕的发展推动了农业结构的调整。

农耕生产固然可推动土家族地区农业经济的发展，但是土家族地区脆弱的生态环境并不适合过度的农业垦殖。随着农耕生产的发展，土家族地区的生态环境开始恶化。宋元时期土家族地区的农耕生产才刚刚开始，农业垦殖范围还很小，土家族地区生态环境良好。明代土家族地区移民垦殖和屯垦的范围更广，许多森林植被被破坏，但还未出现水土流失。到清代改土归流后，土家族地区农业垦殖全方位展开。过度毁林垦荒使本就瘠薄的土地失去植被保护，出现水土流失，部分地区还出现石漠化现象，动植物资源也急剧减少。地区小气候因缺少地表植被的调节，灾害频率越来越高。土家族地区生态环境的变化与流民入山垦殖也有很大的关系。

---

① 同治《永顺府志》卷 4《户口》。
② 道光《补辑石柱厅志》卷 10《艺文志》。
③ 《宫中档乾隆朝奏折》4，乾隆十七年十二月二日。
④ 同治《宜昌府志》卷 16《杂载》。
⑤ 同治《永顺府志》卷 11《檄示》。

三、施行的政策与政治举措对农业的影响

经济本身是一种人文地理想象，受自然条件的制约，也受人为因素的影响。政治政策和政治行为是影响经济发展的人为因素之一。土家族地区历来为土家族聚居地，历代王朝都视之为蛮地，在统治政策上与广大内地有所不同。统治王朝在土家族地区实行的部分政治政策对土家族地区的经济发展影响较大。

宋王朝为镇戍土家族地区，在土家族地区设置砦堡加强军事控制，招募当地土著居民为隘丁、土丁和义军，以实现以夷制夷的目的。为解决驻军军粮运输困难的问题，宋王朝规定镇戍兵丁需进行屯田。屯戍政策虽是出于军事政治目的，但客观上也促进了土家族地区农耕生产的发展。朝廷还鼓励民屯，规定辰、澧、峡等州屯民"水田亩赋粳米一斗，陆田豆、麦夏秋各五升，满二年无欠，给为永业"①，以给予田地的政策吸引汉族移民到土家族地区进行耕作。地方政府还出面招募汉人入境屯垦，如景德年间就曾募民开垦施州、黔州余田。对于进入土家族地区的佃户，朝廷以法律的形式明文规定："客户逃移入外界，委县司画时差人，计会所属州县追回，令著旧业，……行下夔、施、黔、忠、万、归、峡、澧等州详此"②，严禁入佃户外徙，从而保证了土家族地区有一定数量的具有较高农业生产技术和经验的劳动力。宋代朝廷对土家族地区农业经济的发展也采取了一些优惠政策，如减轻屯田客民的租赋，租赋为"常赋之半"③，一定程度上提高了屯田户的生产积极性。移民进入土家族地区后，曾出现移民侵占田土的情况。为免生事端，朝廷下令予以严禁，规定"边民冒法买夷人田，依法尽拘入官"④，客观上也保护了土家族的经济利益。

元代在土家族地区恢复隘丁弓弩手制度，在土家族地区派驻军队，实行屯田。这些措施使宋代发展起来的农耕得以保留且得到发展，并为明代卫所屯田创造了条件。

明代朝廷在土家族地区设立卫所等军事机构，派驻官兵戍守地方，推行卫所制度。为解决卫所官兵的军粮，仍沿用屯田之法，在卫所辖区内实行屯

---

① （元）脱脱等：《宋史》卷176《食货志》，北京：中华书局，1985年，第4271页。
② （清）徐松：《宋会要辑稿》卷161册《食货》，北京：中华书局，1957年，第6363页。
③ （清）徐松：《宋会要辑稿》第198册《蕃夷五》，北京：中华书局，1957年，第7805页。
④ （元）脱脱等：《宋史》卷191《兵志》，北京：中华书局，1985年，第4741页。

田，各卫军士"于诸洞分屯立栅，与蛮民杂耕"①。军屯之外还鼓励民屯，规定"凡屯种去处，合用犁、铧、耙齿等器，若有司拨给铁炭，铸运发用"，"凡屯田合用牛只，设或不敷，即移文索取"②，朝廷为屯田提供必要的支持。在军屯和民屯共同推动下，土家族地区屯田区内农耕生产得到很大发展，形成相对成块的农耕经济区。土司时期一些比较开明的土司也认识到农耕能提供稳定的生活资料来源，开始在辖区内推广农耕生产。如明代卯峒土司向那吾就认识到"治道，首重农桑。必土地辟，始有饱食之庆；树植广，乃无号寒之悲。盖农桑者，衣食所从出也"，"衣食之足，莫要于垦植之广也"，于是颁布告示："凡有业之家，务相其有水处，概行开垦成田；即属旱地，亦须遍行耕种……恐内有梗顽，敢于不遵示令，本司特设农官，以省勤惰，查其荒芜，俾财源开而衣食丰足……为此示，仰司内人民知悉，务宜凛遵无违。倘有游手好闲、不思竭力垦植以开财源者，不惟难免农官惩责，即本司亦决不宽宥"③，以行政命令强制发展农耕生产。又如容美土司"其田任自开垦，官给牛具，不收租税"④，实行鼓励农耕的政策。由于这些开明土司自觉地发展农耕经济，因此在卯峒、容美等部分土司辖区内出现了零星的农耕生产分布点。但在土司时期，大多数土司对农耕的发展并不热心。如思南土司"禁小民不得水田"，禁止民间从事水稻种植，这种情况直到永乐年间改流后才有所改变。⑤又如永顺土司"峰尖岭畔准其耕种，平原处荆棘漫塞，不许开垦"⑥，宜于开垦的平坦之地任其荒芜不准开垦，峰尖岭畔贫瘠之地才允许老百姓耕种，农耕生产之寥寥可想而知。在这种状况下，广大土家族民众主要的生活资料不得不依靠传统的渔猎和采集方式获得。因此从总体上来说，广大土司区经济形态仍然是土家族传统的农业经济占据主导，农耕的发展有限。朝廷与土司的农耕经济政策直接影响了区域性农业结构的构成，也直接影响到土司时期土家族地区农业经济区的地域分布。

土司时期朝廷对土家族地区只征收很轻的赋税，如施州卫地"不计田地多寡，每年统计止纳银七十三两六钱四分"，容美土司"原额秋粮九十六两"⑦，湘西三大土家族土司"每年秋粮银共二百八十两，永顺一百八十两，

---

① 《明太祖实录》卷172。
② （明）李东阳等：《大明会典》卷202，文渊阁四库全书本。
③ 张兴文、牟廉玖注释：《卯峒土司志校注》，北京：民族出版社，2001年，第31—32页。
④ （清）顾彩：《容美纪游》，《小方壶斋舆地丛钞》第6帙，清光绪六年（1880）南清河王氏刊本。
⑤ 嘉靖《思南府志》卷7《拾遗志》。
⑥ 同治《永顺府志》卷12《杂记》。
⑦ 同治《施南府志》卷12《食货志》。

保靖九十六两，桑植二十四两，皆由土司缴纳，虽有秋粮之名，实不从田亩征收"①，而同时期内地府县的赋税，远不止此数。按一般惯例，农业税收多从农耕生产所得中征收。朝廷对土司的轻赋政策缓解了农耕生产来自农业税的压力，使农耕的发展显得不那么急迫，农耕经济在土家族聚居区内发展缓慢也是情理之中的事情。而土家族长期的生产、生活习惯，决定了农耕在土家族的思想意识中不如汉人那样重要，因此农耕生产的发展也就不为大多数土家族人所重视。这也是土家族聚居区内土司时期农耕发展缓慢的重要原因。

土司时期朝廷在土家族地区实行"蛮人不许出境，汉人不许入峒"的民族隔离政策②，再加上土家族地区本就闭塞的交通条件，使土家族地区和周边地区的经济交流受到很大限制，土家族地区的农业发展被局限在有限的空间内，很难有大的发展。

改土归流后，土家族地区土司制度被废除，实行与广大汉族地区相同的行政管理制度。同时朝廷在土家族地区也实行了一系列发展地方农业经济的措施，使土家族地区的农耕经济得到全方位的发展。

1. 合理的土地分配政策

改土归流以后，清王朝将土司、土官土地收归朝廷所有，一部分分给土司下属作为赐田，一部分留作官田，大部分田地分给百姓耕种，使其"置产招佃，领种纳租"。而改流后的众多"无主荒土田，州县官给以印信执照，开垦耕地，永准为业"③，无主荒地只要得到官府的执照，开垦之后就为开垦者所有。原有土地及开垦成熟田地，只要将田地价值和数量在一年内呈报，官府发给执照，确定为有产之家，"准其永远为业"④。对穷困无力之家，官府借给农具、种子，限期开垦成田，开垦百亩以上者还有重赏，开垦之田亦为开垦者所有。这种新的土地分配政策，打破了土司时期土地土司所有制下土地制度对农耕发展有所禁锢的局面，为农耕生产的自由发展创造了条件。

2. 鼓励垦荒的政策

改流后清政府规定："各省凡有可垦之处，听民相度地宜，自垦自报，地方官不得勒索，胥吏不得阻挠"，"令各省地土其不可以种植五谷之处，则不妨种他物以取利；其可以种植五谷之处，则当视之如宝，勤加垦治"⑤。改流

---

① （清）张廷玉等：《皇朝文献通考》卷3，文渊阁四库全书本。
② 同治《长乐县志》卷3《山水志》。
③ 《清世宗实录》卷43。
④ 光绪《湖南通志》卷首《诏谕》。
⑤ 《清世宗实录》卷54。

之初，土家族地区颇多荒山旷土。政府为垦荒者提供农具、耕牛和种子，并对开田百亩以上者"重加奖赏"①，"土司之官山任民垦种，其鱼塘、茶园、竹林、树林、崖蜡等项任民采用，一无禁厉"②。针对本地劳动力严重不足的状况，朝廷为鼓励垦荒，实行募民垦殖的政策，从外地招募农民入山垦殖，并对他们实行一系列优惠政策，规定所垦田地"不论有主无主，概作官土赏栽"，并"发给印照，永远管业不改"③。鼓励垦荒政策的推行，不仅调动了土家族地区土著居民从事农耕的积极性，也吸引了许多外地流民入山垦殖。这使得原来相对分散的块状农耕区逐渐连接成片，使农耕生产的空间分布发生了变化，同时也使农耕生产飞速发展。在改土归流之后，农耕成为土家族地区最主要的农事活动，农业结构也由原来的渔猎采集为主转变为以农耕为主的结构模式。④

3. 地方官员重视田间管理

宋代田间耕作就受到地方官员的重视，设州、县开发区域由县令管理屯田。清代改土归流后，土家族地区地方官为田间耕作事，颁布一系列文告，要求百姓"石灰暖地，辟除洞水寒凉"，"勤拔草秽"，"收栏牲畜，毋许践踏田庄"，"开垦荒土，随地播种籽粮，旱田时锄藦"，"宜积粪和灰"，"塘上多栽桑麻，桐树棉花并植"。官府提供种子，对"农家正事"，"不时查勘，惰勤分别罚赏"⑤。在中国传统社会里，地方官的好恶对地方的发展有着方向标的作用。改流后土家族地区地方官重视对农耕生产的监督管理，显示了地方官员对农耕经济发展的重视。这对促进地方农耕经济的发展也有很大作用。

4. 减免赋税，实行轻徭薄赋政策

土司时期土家族地区的赋税由土司缴纳，而土司"征之私橐者不啻百倍，数十倍，而输之仓库者十不及一二，百不及二三"，各级官吏私征滥派，"指一派十，希图如己"。土司制度废除后，土司的苛派私征同时废除，实行与全国统一的"按田肥瘠，分别升科"的赋税制度，规定"土民秋粮，依照原额征派，永不加耗"⑥。轻徭薄赋政策的实施，使农民赋税负担减轻，农民的生

---

① 雍正《保靖县志》卷4。
② 乾隆《永顺县志》卷首。
③ 乾隆《鹤峰州志》卷首《文告》。
④ 朱圣钟：《历史时期土家族地区农业结构的演变》，《湖北民族学院学报》2004年第2期，第38—43页。
⑤ 乾隆《鹤峰州志》卷首《文告》。
⑥ 光绪《湖南通志》卷首《诏谕》。

产积极性得到大幅提升。

此外,清代在土家族地区南部的苗族聚居区内施行屯政,对苗区农耕生产的发展有不小的推动作用。在平定苗地后,清政府实施"赶苗拓业",以武力把苗族居民赶走,"清复一处,即筑屯一区,拨壮丁给军器屯守"①。湘西如此,黔东北也是如此,在苗区开辟了大量屯田。据伍新福统计,至嘉庆十年(1805),凤凰、乾州、永绥、古丈、保靖及麻阳、泸溪等七厅县均出民屯和苗屯田土共计 152 000 余亩②,苗区内的农耕也有了一定规模。农耕最终成为农业经济的主导生产部门,屯政的实施对苗区农耕的大发展产生了巨大影响。

宋元明清各代皇帝为满足其奢华生活所需,大兴土木,遂在各地搜集贵重木材。这些采办的木材称为皇木。土家族地区深林密菁,盛产楠木,历史时期也是皇木采办之区。宋元明清时期在土家族地区采办皇木,带动了土家族地区林业的发展。皇木采办一般都有专官负责,时常役使成百上千的伐木工人,从事皇木的踏勘、砍伐和运输,采办皇木规模一般都很大。许多商人跟随朝廷差官进入土家族山区,采伐合用木材运销外地营利,同时也开发山林中的药材、珍禽异兽,从而带动了土家族地区林业经济的发展。

四、农业生产技术的推广对农业发展的影响

在土家族农业经济的发展过程中,农业生产技术的推广和更新对土家族地区农业经济的发展产生了较大的促进作用,农业技术的推广主要有以下几个方面:

1. 造田技术的推广使用

历史时期土家族地区人为造田技术主要包括两个方面:

1)倒树造田

土家族地区历来山多田少,适于水稻种植的地方较少。在一些河谷和山间盆地等低洼,因流水不畅形成一些小的沼泽地带。土家族人很早就对这些水沼地带进行整治,砍伐山中的林木层叠堆积于淤泥中,上覆以泥土,开辟出成片的稻田。在利川盆地和来凤等地的稻田深层土壤中,不少地方都可见到古代倒树为田的痕迹。这些埋藏于稻田之下的木材,后世称之为阴沉木。这种造田法,或称之为"浮土造田法",据当地人讲多出现于元明清时期。

---

① (清)但湘良:《湖南苗防屯政考》卷3,清光绪九年(1883)蒲圻但氏湖北刻本。
② 伍新福:《试论清代屯政对湘西苗族社会发展的影响》,《民族研究》1983年第3期,第32—40页。

2）梯田

土家族地区山地多，盆地、坪坝地少。在长期的山地生产中，土家族逐渐学会运用梯田技术，变山为田。土家族地区的梯田可分为旱地和水田两种。开挖梯田的方法基本相同，"就山场斜势挖开一二丈三四丈，将挖出之土填补低处作畦，层垒而上，缘堘而上，望之若带，由下而上竟至数十层"①。岩多土少之地则"多砌石垒土以种粮食"②。而在有水源、地势稍缓之地，"随其高下曲折而垦之，围成稻田，远望若阶梯"③，遂而形成"梯田处处连云绿"的景象。④ 梯田技术不仅有利于利用有限的山地资源，还可减少山坡地的水土流失，保墒保肥，保证农作物稳产高产，一定程度上保证了梯田耕作区农业生态的良性发展。

2. 农具的使用和更新

在铁器未普遍推广以前的土家族地区，土家族所使用的农具主要是木、石工具，生产工具较为原始。这种农具的原始性与较长历史时期内农耕不占土家族农业经济主导地位、农耕经济发展缓慢的状况是一致的，类似的情形在四川凉山彝族地区也同样存在。⑤ 因此，农具的原始性与农耕经济不发达是相对应的。

尽管土家族地区较长时期内农耕生产以木石工具为主，但铁制农具使用的历史却很悠久，铁制农具从开始使用到成为主要农具经历了一个漫长的过程。早在战国时期，土家族地区就已开始使用铁农具。如古丈白鹤湾楚墓出土文物中，就有铁制斧、锄等生产工具⑥，显然这些铁制农具是南迁的楚人带来的，其使用者也主要为楚人。三国时有田氏寡母在今湖北省五峰县长乐坪壶瓶山炼铁，至今还留有数座炼炉残骸⑦，说明三国时代土家族地区有了铁矿开采和冶炼，当时土家族人中也应该有了铁农具的使用。宋代设县开发的土家族分布区铁器的使用增多，石门县东有铁冶山，以产铁而得名⑧；施

---

① （清）严如熤：《三省边防备览》卷8《食货》，清光绪刊本。
② 同治《长乐县志》卷1《分野志》。
③ 道光《补辑石柱厅志》卷6《风俗志》。
④ 民国《沿河县志》卷18《杂记》。
⑤ 朱圣钟：《历史时期凉山彝族地区经济开发与环境变迁》，重庆：重庆出版社，2007年，第172页。
⑥ 湖南省博物馆、湘西土家族苗族自治州文物工作队：《古丈白鹤湾楚墓》，《考古学报》1986年第3期，第339—357页。
⑦ 湖北省五峰土家族自治县地方志编委会：《五峰县志》，北京：中国城市出版社，1994年。
⑧ （宋）王象之：《舆地纪胜》卷70《荆湖北路·澧州》，台北：文海出版社，1971年，第430页。

州广积监能铸造铁钱，铁农具的冶铸也应不在话下；辰州又有铁炉砦，当是以铁矿冶炼而得名。① 甚至在土家族集中分布的来凤县境，也曾出土铁器残片，其时代可上推到宋代。② 文献记载和考古材料证明，宋代土家族地区铁制工具已获得较大推广。考虑到当时土家族地区各州均有一定数量的客户③，这些客户中有一部分即为外来移民，铁制农具的推广可能与宋代外来移民有关。这些汉族移民来自以铁器为主要生产工具的农耕区，他们进山，势必也把铁农具推广到土家族地区。到土司时期，土家族地区铁制农具的使用可能更为广泛。在改土归流后，流民入深山耕垦，"深山箐林中掘土数尺，每有残鼎铛与一切农具"④，这些鼎铛及农具为铁器。这些铁农具使用时代至迟应该是土司时期，或时间更为靠前。考古发现也证实铁制器具在土司时期已有较为广泛的使用。永顺土司在明嘉靖十五年（1531）曾自铸高1.5m，口径1m的大铁钟。能制造大铁鼎，小农具铸造自不在话下。当时土家族地区铁匠铺子能打制挖锄、薅锄、镰刀、斧头等铁制工具，就连狩猎用的箭镞也为铁制。⑤ 土司时期铁制农具在土家族地区得到广泛使用可能与农耕大发展及矿冶业的发展有一定关系。改土归流后清政府为大力发展土家族地区的农耕生产，在农具的使用方面也特别予以关注，积极推广铁制农具，使土家族地区"所使农具铁器亦同于内地各处"⑥。故有的学者认为铁制农具在土家族地区的普遍使用是在改土归流后⑦，此说还可继续深入讨论。铁制农具的使用与推广，提高了农业生产效率，有助于加快土家族地区的农业经济的发展。

3. 耕种技术、耕作方法及其改进

土家族地区传统耕作方法为"刀耕火种"、"火耕水耨"。历史时期土家族地区土旷人稀，荒山多，生活于此地的土著居民"耕种杂粮，于二三月间薙草伐木，纵火焚之，冒雨锄土撒种"⑧。砍伐田地内的草木焚烧后，以灰烬为肥料，山地耕作不另外施肥。这种粗放的刀耕火种对地力消耗极大，所以

---

① （元）脱脱等：《宋史》卷88《地理志》、卷89《地理志》，北京：中华书局，1985年，第2196、2227页。
② 邓辉：《土家族区域的考古文化》，北京：中央民族大学出版社，1999年，第302页。
③ 《元丰九域志》卷6《荆湖路》、卷8《夔州路》载峡州客户32 887户，澧州客户39 276户，辰州客户3244户，施州客户9781户，黔州客户2058户，忠州客户23 713户。
④ 道光《鹤峰州志》卷14《杂述志》。
⑤ 邓辉：《土家族区域的考古文化》，北京：中央民族大学出版社，1999年，第328、341、355页。
⑥ 光绪《古丈坪厅志》卷3《物产》。
⑦ 段超：《土家族文化史》，北京：民族出版社，2000年，第131页。
⑧ 同治《永顺府志》卷10《风俗》。

土家族采用抛荒的办法蓄养地力，经若干年待地力恢复后再行耕垦。改土归流以后，伴随着农耕的无限制扩展，大量荒山渐次开辟，抛荒和复垦制再难推行。土家族开始学习采用汉族的施肥技术，以增加土地肥力。改流后土家族地区"家家开一蓄粪之池"，"闲时则捡拾人、畜各粪及烂草火灰，堆积池中，至来岁春耕时，先挑撒积粪拌土中，然后下种"，"不出数年，土肥苗壮，收成倍昔"①，先挖池蓄粪，然后以粪下地种田。在化肥大规模用于农田耕作之前这种挖蓄粪池、捡拾人畜粪积肥的方式在土家族地区颇为普遍。改流后山地肥料除人、畜粪肥外，还以桐枯、茶枯、柴薪之灰充当肥料。② 稻田耕作中采用压青技术，"农人于冬月满田浸树叶，谓之压青，至春来叶烂□，可以代粪"③，这实际上是早期"水耨"耕作方法的遗留。压青之物除用树叶外，也用草类代替。耕作方式的改变和施肥技术的采用，不仅有助于提高土地的肥力，保证农作物的稳产高产，而且对土家族由游耕农业向定耕农业的转变也起到了一定的促进作用。

牛耕技术引入土家族地区的时间，邓辉认为是在宋神宗年间④。根据文献记载来看，当以至迟在宋真宗时期传入更为合乎史实，神宗年间牛耕只是得到官方的认可并得到推广。据《续资治通鉴长编》载宋真宗咸平六年（1003）夏，朝廷颁布诏令："禁蛮人市牛入溪峒"⑤。既有诏令严禁，必是此前有蛮人市牛入溪洞，则耕牛入土家族地区至迟在宋真宗咸平年间，也可能更早。宋神宗年间李周任施州通判之前，州境"不习服牛之利"，李周始"选谪戍知田者，市牛使耕"⑥，则牛耕技术传入施州在宋神宗年间。湘西一带宋神宗熙宁年间始"给牛货种使开垦"，牛耕技术逐渐在湘西地区推广。土司时期，部分土司境内有牛耕，如容美土司康熙末年"石田耕破凭牛力"⑦，使用耕牛进行耕种。卫所屯田区大力推广牛耕，耕牛不够则由政府出资给予耕牛。⑧ 改流后牛耕技术得到普遍采用，如古丈坪"高低田地皆用牛犁，间有

---

① 乾隆《鹤峰州志》卷1《风俗》。
② 光绪《古丈坪厅志》卷11《物产》。
③ 同治《来凤县志》卷28《风俗志》。
④ 邓辉：《宋代土家族地区农业经济发展初探》，《中南民族学院学报》（哲社版）1990年第2期，第56—60、132页。
⑤ （宋）李焘：《续资治通鉴长编》卷54《真宗》，北京：中华书局，1995年，第1187页。
⑥ （元）脱脱等：《宋史》卷344《李周传》，北京：中华书局，1985年，第10934页。
⑦ （清）顾彩：《容美纪游》，见：《小方壶斋舆地丛钞》第6轶，清光绪六年（1880）南清河王氏刊本。
⑧ 《明太祖实录》卷201。

绝壑危坳，牛犁所不至者，则以人力为之"，"民间恃牛力，故牛为民之生命"①；恩施县"高低田地皆用牛犁，间有绝壑危坳牛犁所不至者，则以人力为刀耕"②；铜仁府"服田力穑，无一不籍牛力"。由于耕牛在发展农业生产中如此重要，地方官府甚至发布《劝戒食牛杀牛文》文告③，对耕牛予以保护。牛耕技术在土家族地区的推广，有助于提高农耕生产的效率，促进了农耕生产的发展。

农业生产中注意采用先进的耕作方法，注意精耕细作，粮食生产中采用区田法。区田耕作的具体方法是"每田一亩，广一十五步，每步五尺，计七十五尺；每行占地一尺五寸，计分五十行；其长一十六步，每步五尺，计八十尺；每行占地一尺五寸，计分五十三行；长广相乘得二千六百五十区，空一行，种一行。隔一区，种一区。除隔空，可种六百六十二区。区深一尺，用熟粪二升，与区土相和，布种匀覆，以手按实，会土与种相着，苗出时，每一寸留一株，每行十株，每区十行，留百株。别制广一寸长柄小锄，锄多则糠薄，若锄之八遍，每谷一斗，得米八升。如雨泽时降，则可坐享其成，旱则浇灌，不过五六次，即可收成结实，时锄四旁土，深壅其根。其为区当于闲时，旋旋掘下，春种大麦、豌豆，夏种粟米、黑豆、高粱、穈、黍，秋种小麦，随天时早晚，地气寒暖物土之宜，节次为之，不必贪多。无论平地山冈，岁可常熟"，"常田每亩可收谷三四石，或六七石不等，区种则每亩可收谷二十余石或三十石，得法者每亩竟可收五六十石，以至百石之多，则有一亩所收，可加常田六倍或十数倍，且不用耕牛，不必栽秧，清明前后，将谷种拌合灰粪种区田内，计五十天即可成熟，如种豆种芋一般，如水耕，常困差异，惟锄禾负灌费工，田不加增，谷实倍蓰"④。区种法考虑到深耕、间作、施肥、防风、防旱等多种因素，大大提高了粮食产量。

4. 新农作物的引种与传播

从农作物种植的总体情况来看，改土归流之前，土家族地区主要的农作物有粟、水稻、燕麦、荞麦、豆、高粱等，尤以粟、麦类作物为主。在改土归流前后，玉米、番薯、洋芋等山地作物先后传入土家族地区，并逐渐取代粟、麦等成为土家族地区最主要的粮食作物。新农作物的传入和推广，不仅改变了土家族地区农作物的种植结构，提高了粮食产量，也在一定程度上推

---

① 光绪《古丈坪厅志》卷11《物产》。
② 同治《恩施县志》卷7《风俗志》。
③ 道光《铜仁府志》卷12《补遗》。
④ 同治《来凤县志》卷30《艺文志》。

动了农耕在土家族地区扩展的进程，加快了农业结构由狩猎采集为主向农耕为主的单一农业结构演变的步伐。

5. 注重农业生产经验的总结

在从事农业生产过程中，土家族地区各族居民注重总结农业生产经验，尤为重视对农时的把握，注意总结规律。如"社前下种种荞，谷雨下秧，以及植白露芽，八月蒜，九月麦"①，又如"采茶最佳者在社前，其次则雨前，计稍落则茶粗"②等。有了对农时的准确把握，就不会错过农事活动的最佳时节，也有利于农业生产的稳产、高产。

五、农田水利及其发展对农业发展的影响

宋及其以前土家族地区主要的农作物为粟、豆、麦等旱地作物，水稻种植较少，所以尽管溪河众多，广大土家族地区内"有水可田而不知灌"③，农田水利的发展极为有限。

元明清土司时期土家族地区农田水利的兴修增多，主要分布于设县开发的土家族地区沿边地带和卫所屯田区内。明代嘉靖年间思南府等地"相其地形，深浚沟渠，高架圩埂"④，"处平隰者，则架车引水，以艺粳秫"⑤。根据地形地貌和水文状况，或开挖沟渠，或以水车提水灌溉，从而为思南府稻作农业的发展创造了条件。长阳县山多平地少，两山相合之处易于积水，当地居民凿地为池以供灌溉，遂使"高山峻岭皆美田"。不过总体上，水利的兴修毕竟有限，"仰承雨露为生活者尚多"⑥，大多数地方还是没有摆脱靠天吃饭的局面。慈利、石门二县特别重视水利兴修。明穆宗隆庆年间慈利县有塘堰共25口，石门县有塘堰10口⑦，两地农田水利数量位居土家族地区的前列。卫所屯田区多以溪河为灌溉水源，如施州卫以铁沟水、朝贡水、九渡溪灌溉屯田⑧。而广大土司区内农耕以旱作为主，稻作少，故而"于稻田水利略焉不讲，殊不知蓄水之法"⑨。稻米则仰给邻境，如永顺司稻米仰给于永定、大

---

① 同治《保靖县志》卷2《舆地志》。
② 同治《来凤县志》卷30《艺文志》。
③ 雍正《保靖县志》卷首《序言》。
④ 《明天启实录》卷55。
⑤ 嘉靖《思南府志》卷3《地理志》。
⑥ 乾隆《长阳县志》卷2《地理志》。
⑦ 隆庆《岳州府志》卷12《水利考》。
⑧ （清）顾炎武：《天下郡国利病书》卷73《湖广》，四部丛刊本。
⑨ 乾隆《永顺府志》卷首。

庸等地。南部苗疆"土甚膏腴，溪洞之水足资灌溉"①，直接利用溪水灌溉农田，无需兴修大型的水利工程。

改流后外地移民和当地土家人"视山可垦处，伐木烧畲，种植杂粮"②，或"遇有溪泉之处，便开垦成田"③。伴随着农耕的快速发展，水利兴修就变得较为紧迫。各地对农田水利都予以高度重视，土家族地区也相应地开辟了不少堰塘、沟渠、水库等水利设施，"岩谷之间，随地生泉，筑坝挑渠，上承下接，亦可灌田数亩及数十亩不等"④。来凤县沙坨坪、桐梓园、牛车坪等处因常年缺水而荒芜，改土归流后"为渠三道，一引红岩溪水灌沙坨坪，一引龙洞桥水灌桐梓园，其西南则自伏虎洞导流，牛车坪得溉焉"⑤。慈利县至道光年间有塘堰223口。⑥长乐县在同治年间有河塘7处，堰塘28处。⑦黔江县于道光初年有塘172口，堤堰101道。⑧思南府因溪河灌溉，塘堰等水利工程见于记载有2处。⑨南部苗族聚居区凤凰厅在乾隆年间有塘9口。⑩总体来说，水利工程在土家族地区的分布大致与农耕生产发展状况相对应，农耕发达地区的农田水利工程数量较多，农耕不发达地区的农田水利工程数量较少。

除兴修水利外，改流后土家族及相邻兄弟民族还使用水车、筒车、冲筒、枧等灌溉工具灌溉农田。水车"形如车箱，长丈余或八九尺，高尺许……以短木片连贯其中，头横圆木，两端作车轮状，别置一架，人坐架上，以足转轮，取水甚速"。筒车"就溪河低洼处塞坝，以竹为广轮，准溪为度，钳空两重如车制外毂，匝置竹筒，两木夹持，侧没水中，水冲轮转，筒水倒流，周回不息，日计一车可灌田四十亩"⑪。冲筒"欲挹甲山之水以注乙山之田，水道窎远，自非一枧所能达到，法用大竹筒暗埋两山土中，由甲山灌入乙山，等量高低，无论十丈百丈，均可喷出"⑫。又有过江龙"在两山间横木为枧"，

---

① （清）顾炎武：《天下郡国利病书》卷77《湖广》，四部丛刊本。
② 同治《施南府志》卷11《食货志》。
③ （清）严如熤：《三省山内风土杂识》，丛书集成本。
④ 乾隆《鹤峰州志》卷首《文告》。
⑤ 同治《来凤县志》卷15《食货志》。
⑥ 同治《续修慈利县志》卷3《山川》。
⑦ 同治《长乐县志》卷5《营建志》。
⑧ 同治《增修酉阳直隶州总志》卷4《规建志》。
⑨ 《大清一统志》卷504《思南府》，文渊阁四库全书本。
⑩ 乾隆《湖南通志》卷21《堤堰》。
⑪ 同治《来凤县志》卷15《食货志》。
⑫ 民国《永顺县志》卷12《食货》。

"引此山之水，由上而下，以溉彼山之田"①。通过使用这些灌溉工具，溪河、塘堰、水库、沟渠水流得以顺利注入农田，从而保证田间耕作的正常进行。

水利工程的兴修和灌溉工具的使用，在促进山区稻作农业发展的同时，对提高山地农作物的抗旱能力也起到了一定的作用。一些水利工程的兴修，也为养鱼业的发展提供了条件，使土家族渔业生产由单纯的溪河捕鱼向塘堰、水库、沟渠、稻田养鱼与溪河捕鱼相结合的模式转变，一定程度上推动了土家族地区局部区域内渔业的发展。

六、民族习俗对农业经济发展的影响

土家族地区为土家族人长期生息繁衍之地。在长期民族的发展历程中，土家族传统的农业生产方式得到长期保留。土家族喜欢上山围猎，临溪捕鱼，所以渔猎在历史时期一直是土家族人最主要的农事活动之一。此外，土家族喜欢上山采集野生植物为食，所以采集在很长的历史时期里也一直是土家族最主要的农业生产活动之一。土家族农耕生产虽在汉族影响下发展较快，但本民族的传统生产习俗一直延续下来，打薅草锣鼓、男女作苦与共、刀耕火种与抛荒复垦、水旱田地不分顷亩、割青草垫栏积肥等在历史时期都很盛行，有的在现今土家族的生产生活习俗中还保留有一席之地。土家族民族传统对土家族地区经济的发展也有很大的影响。土家族传统农业生产方式的长期保留，在一定程度上限制了农耕经济在土家族地区的发展。这也是历史时期土家族地区农耕经济发展缓慢的一个重要的原因。

汉族农耕生产习俗对土家族地区农业生产的发展也有较大影响。汉族主要从事农耕生产，自宋代以后，大量汉族人口进入土家族地区。他们把以农为本的理念和农耕生产习俗带到了土家族地区，使原本"少农桑"土家族也逐渐"务本力穑"，农耕生产逐步演变为土家族主要的农业经济活动方式。汉族进入土家族地区以后，主要从事农业垦殖。哪儿有汉人聚居，哪儿就有较为发达的农耕生产。可以说，汉族带动了土家族地区农耕区和土家族传统农业经济区分布格局的形成与变化。汉族也为土家族地区带去了先进的耕作技术。造田技术、铁农具的推广、农垦制度革新、施肥技术、牛耕技术、新农作物品种、先进耕作方法的引进、水利兴修无不与汉族有紧密的联系，可以说汉族是推动土家地区农耕生产大发展的重要力量。

苗族对土家族地区农业生产的发展也产生了一定的影响。历史时期苗族

---

① 同治《永绥直隶厅志》卷1《地理门》。

就和土家族人比邻而居,苗族的农业生产习俗对土家族农业经济发展也有一定影响。湘黔边界地带的苗族本为外来民族,其先本为居住于黄河下游和长江下游地带的蚩尤部落,后为黄帝所败,迁徙至长江中游地区,后在西周为楚国所迫,西迁至五溪地区,此后苗族就在此生息繁衍①。由于其先本为农耕民族,所以在民族发展中,农业保留有不少农耕生产的内容。宋时南江锦州之地(相当于南部苗区)有"良田万顷"②,土司时期"渔猎腥膻、刀耕火种为食"③,清代改流后"乡居力穑者众,有业者服田畴"④,可见农耕一直是苗族主要的农业生产活动。苗族在进入土家族地区后,对土家族地区农耕生产的发展也有促进作用,但农耕习俗与土家族差别不大。因此,苗族对土家族农耕生产的影响远不及汉族。在长期的山地生活中,苗族也逐渐有了狩猎生产,荒歉之年赖采集度荒,山谷溪河中也多捕鱼者,还潴水为塘养鱼。⑤苗族在进入土家族地区后,甚至在一定程度上有利于土家族传统农业的保持。其他兄弟民族如侗、白等族,在土家族地区数量少,且分布零散,虽对局部区域内农业经济的发展有一定影响,但对整个土家族地区农业经济结构的变化,影响不如汉、苗等民族那么显著。

除以上几个方面的影响因素外,动乱对土家族地区农业生产的发展也有一定影响。历代王朝对土家族地区都实行羁縻统治政策,土家族首领各自为政,相互之间时常发生冲突,引发战乱,对经济造成严重破坏。如明初吴面儿之乱致使"诸土司地多荒废",正德年间两江口土舍彭惠与保靖土司"往复仇杀,数年不息,死者五百余人"⑥,战乱使得人口锐减,经济萧条。中原地区的战乱对土家族地区也产生过较大影响。如明末李自成、张献忠农民起义失败后,其余部转战于湘鄂渝交界地带,"往来滋漫10余年,田舍民庐荡然一尽"⑦。清初吴三桂叛乱也波及土家族地区,"地方经逆贼蹂躏之后,田土抛荒,人民绝迹"⑧。战乱使土家族地区经济满目疮痍。平定战乱后,朝廷召集流民复垦荒芜的田地,被战乱破坏的经济又有所恢复。由此可见,土家族首领的长期割据与动乱也是土家族地区农业经济发展缓慢的重要原因。

---

① 伍新福:《论苗族历史上的四次大迁徙》,《民族研究》1990年第6期,第103—110页。
② 民国《贵州通志》卷6《前事志》。
③ (明)王士性撰,吕景琳点校:《广志绎》卷4《江南诸省》,北京:中华书局,1981年,第95页。
④ 同治《永顺府志》卷12《杂记》。
⑤ 同治《永绥直隶厅志》卷1《地理门》。
⑥ (清)张廷玉等:《明史》卷310《湖广土司传》,北京:中华书局,1974年,第7986、7997页。
⑦ 同治《施南府志》卷28《艺文志》。
⑧ 民国《贵州通志》卷18《前事志》。

附表 3-1 历史时期土家族地区农业灾害年表

	灾害发生时间	受灾地区	灾情描述
西汉	高后二年夏	南郡	大水,水出流四千余家
	高后五年	南郡	大水,水出,流四千余家
	高后八年夏	南郡	水复出,流六千余家
	建始二年十一月	佷山县	大雪,深五尺
东汉	永元十四年	佷山县	霪雨,大伤农工
西晋	咸宁二年八月	佷山县	大水
	咸宁四年	佷山县	大水
	太康六年三月	武陵郡	旱,伤麦
	永嘉三年	佷山县	大旱
唐	景龙三年七月	澧州	水溢害稼
	开元七年	澧州	旱
	开元二十七年	澧州	旱
	建中元年	澧州	旱
	贞元七年	澧州	旱
	贞元二十一年	长阳县	旱
	元和元年	长阳县	大水
	元和三年	长阳县	旱
	元和中	黔中道	大水坏城郭
	宝历元年	澧州、石门	旱
	宝历元年	长阳县	旱
	大和五年五月	长阳县	大水
	光启三年二月	长阳县	饥,斗米三千,人相食
北宋	太平兴国七年五月	峡州	蝗
	端拱二年七月	施州	蝗虫害稼
	天禧元年二月	长阳县	蝗、蝻
	治平元年	施州	大水
	绍兴三十年八月	施州	大风雪
	绍兴三十一年	建始县	大水流民庐舍,死者甚众

续表

	灾害发生时间	受灾地区	灾情描述
南宋	绍兴二十八年八月	施州	大风雨
	绍兴三十一年	建始县	大水,漂民舍,死者甚众
	乾道二年	慈利县	大旱
	乾道九年春	慈利县	大旱
	乾道九年六月	慈利县	大水
	淳熙三年	施州	旱,大饥
	淳熙七年四—九月	慈利县	干旱不雨
	淳熙十五年五月	澧州	水
	开禧元年夏	澧州	旱
	庆元三年	夔州路15郡	旱
元	至元十五年	峡州	旱
	至元三十一年五月	峡州路	大水
	元贞二年六月	澧州、石门	蝗
	大德二年五月	澧州路	旱
	大德三年五月	澧州路	旱
	大德五年	峡州路	霖雨
	至大三年六月	峡州路	大雨,水溢,山崩,坏民居,死者万余人
	延祐元年闰三月	归州	旱,饥
	延祐元年	思州	旱,饥
	延祐元年	澧州	旱,饥
	至治三年十二月	归州	旱,饥
	泰定元年五月	思州	龙泉坪雨雹,伤麦
	天历二年四月	峡州	旱
	天历二年	澧州	旱,饥
	天历二年	思州	旱,饥
	至顺元年	峡州	旱,饥
	至顺二年五月	绍庆彭水县	水

续表

	灾害发生时间	受灾地区	灾情描述
明	洪武七年	慈利、石门	久雨，山水涨溢，漂没民舍，坏城垣
	洪武三十一年	泸溪县	大水，沿河民居漂没殆尽
	永乐十四年	泸溪县	大水，本邑官舍民居并文卷尽没
	宣德元年夏秋	长阳县	旱
	宣德三年五月	石门县	大雨，水溢山崩，舟行树梢，居室畜产漂没尽，民避高山，旬日始平
		慈利县	大水，麻寮所平地潴者为潭，漂民畜无数
	宣德五年夏秋	长阳县	旱，6至8月不雨
	宣德六年夏秋	长阳县	旱
	宣德七年	慈利县	旱
	宣德九年春夏	长阳县	久旱，陂塘干涸，农田禾稻皆焦枯，秋收无望
	宣德十年夏	慈利县	大旱，夏慈利大疫，相继死数百人
	宣德十一年夏秋	长阳县	旱
	正统八年	长阳县	大水
	天顺二年	慈利县	旱
	天顺三年五—六月	保靖司	不雨，禾稼枯槁
	天顺三年五—八月	泸溪县	大旱不雨，河涧断流，赤地千里，种植几绝
	天顺三年五—九月	慈利县	干旱不雨，民多饥死
	天顺七年	长阳县	大雨，民依山露宿
	成化三年	湖北各卫	旱
	成化四年	慈利县	大水，漂没民居无数
	成化五年	石门县	大旱、蝗，饥
	成化五年	卢溪县	大水，城市通舟，坏城郭，漂没官民庐舍
	成化十四年	长阳县	大水，人多淹死
	成化十九年	酉阳司	旱
	弘治元年	慈利县	大旱
	弘治元年	泸溪县	大旱
	弘治元年一—九月	慈利县	干旱不雨，人相食
	弘治五年	长阳县	大旱，饥
	弘治八年十二月	彭水县	大雷电雨雪，雹大木折

续表

	灾害发生时间	受灾地区	灾情描述
明	弘治九年	思南府	大水，民舍有漂没者
	弘治九年十二月	彭水县	雷电雹雪
	弘治十八年	施州卫	大水
	弘治十八年夏	铜仁府	大水入城，坏沿江田庐甚多
	正德元年	思南府	大水，民舍漂没
	正德四年	长阳县	峡江大水
	正德五年	泸溪县	大水，漂没官舍民居，人依山以栖
	正德五年夏	思南府	大水，视弘治年间盈五尺
	正德五年秋	铜仁府	大水
	正德五年十一月	彭水县、武隆县	水灾，免税粮
	正德七年	泸溪县	大水，街衢通舟
	正德十一年夏	施州卫	大水坏城，漂民居，马栏寺山崩
	嘉靖三年	慈利县	大旱
	嘉靖五年	石门县	熊入县治，秋大旱
	嘉靖五年	思南府	雨雹，民有中雹而毙者
	嘉靖十一年六月	泸溪县	大水
	嘉靖十一年	石门县	蝗入县境
	嘉靖十一年夏	铜仁府	大水
	嘉靖十二年六月	思南府	大水，视正德又盈五尺，城市行舟，旬余方退，民舍禾苗漂没殆尽，是岁荒，免民田租之半
	嘉靖十四年七月	思南府	雨雹
	嘉靖十四年夏	长阳县	雨经月，溪水四溢，坏田庐无算
	嘉靖十五年	石门县	大水漂流民居
	嘉靖十八年	泸溪县	大旱
	嘉靖十九年夏秋	铜仁府	旱，岁大饥
	嘉靖二十二年春	铜仁府	大雨连旬，城北路陷，深五尺，广丈余
	嘉靖二十三年九月	酉阳司	旱灾，免秋粮
	嘉靖二十三年	石门县	大旱，斗米千钱，民多饿殍，老羸卧道，饿死者不可胜计
	嘉靖二十四年——五月	泸溪县	久雨，大涝

续表

	灾害发生时间	受灾地区	灾情描述
明	嘉靖二十四年六月	泸溪县	六月至次年正月旱，不雨，民大饥
	嘉靖二十五年五月	长阳县	西北疾风起，雨雹大如鸡子
	嘉靖二十五年秋	铜仁府	大风雨雹，扬沙走石，野有毙兽
	嘉靖二十六年	泸溪县	大旱
	嘉靖二十八年四月	铜仁府	大风，北城兽物飞坠五里，飘如瓦鳞
	嘉靖二十九年十一月	黔江县	旱灾，免税粮
	嘉靖三十年春	铜仁府	大风拔木，合抱者皆偃
	嘉靖三十年	泸溪县	大旱
	嘉靖三十年	沿河	数月阴雨，五谷歉收，民多食蕨
	嘉靖三十九年五月	长阳县	雨雹伤禾，大水，江水溢，漂没民居伤稼，秋大饥
	嘉靖三十九年五月	松滋县	大蝗
	嘉靖三十九年五月	泸溪县	大水
	嘉靖三十九年冬	铜仁府	雪霰弥月，苗匿峒中多毙
	嘉靖四十年春	长阳县	雪深三尺
	嘉靖四十二年	宜都、长阳	大旱，民皆逃
	嘉靖四十二年	泸溪县	雷雨如注
	嘉靖四十五年	宜都、长阳	大旱
	嘉靖四十五年冬	长阳县	大雪逾年，春尽乃止
	隆庆元年五月	铜仁府	大水入城，数日方退
	隆庆元年七月	长阳县	虫贼食稼
	隆庆三年十二月	铜仁府	大雪雹，如鸡子大，损屋折树
	隆庆三年	石门、慈利	旱、蝗
	隆庆四年	石门县	旱，蝗
	隆庆五年五—六月	泸溪县	霖雨夹旬，沅、武水齐涨，官廨民居，六庙神祠尽没，县城淹没十之七八，两岸百姓移民山坡
	万历元年	长阳县	蝗
	万历七年四月	思南府务川县	大水
	万历九年六月	务川县	大雨雹，大如鹅卵
	万历十年	思南府	水
	万历十二年夏	长阳县	大旱
	万历十四年二月	长阳县	雨霾

续表

	灾害发生时间	受灾地区	灾情描述
明	万历十五年五月	长阳县	大风拔木飞瓦,冰雹如鹅子
	万历十五年六月	思南府	大水,入南门,漂民舍甚众
	万历十六年六月	思南府	大水,舟入市,漂没民舍
	万历十七年五月	长阳县	雨雹
	万历十七年	慈利县	大旱,饥
	万历十七年	石门县	大旱,饥
	万历十七年	泸溪县	旱
	万历十八年	泸溪县	大旱
	万历二十年三月	思南府	大风,雹如拳如梅,折文庙左梢
	万历二十六年	泸溪县	大雨十日不止,水高数十丈,舟行屋上,城垣、民房尽倒,浦市居民财物漂流几尽
	万历二十九年六月	务川县 思南府	大雨雹交作,城内水深数尺 大雨
	万历三十年四月	铜仁府	大水
	万历三十六年	泸溪县	大水,高数十丈,城垣民舍皆圮
	万历三十七年	泸溪县	大水
	万历三十八年四月	黔江县	大雷雨,蛟水涨,冲坏城岸,庐荡潴野无算,沦陷不知几百里
	万历三十九年	彭水县	大水,淹没城垣庐舍
	万历四十年	彭水县	大水淹没城垣庐舍,水至治事之堂
	万历四十年夏	巴东县	沥雨不止,江水泛涨,冲县庐舍数百家
	万历四十一年	泸溪县	大水入城,公私宇舍尽圮
	万历四十六年	泸溪县	大水,水从女墙入城,田宅皆毁
	万历四十七年夏	石门县	霪雨为灾
	天启元年九月	安福所	大雪,河水舟车不通,盐涌贵至每包价一两二钱
	天启元年九月	永顺司	大雪,河冰,舟不通,盐踊贵,至每包价一两二钱
	天启五年六月	石门县	旱
	天启七年	慈利县	大水,舟行城市,民多漂没,城北琵琶洲冲断
	天启七年	镇溪所	雨雹
	崇祯二年四月	永顺司	昼晦,雨雹大如掌,小如鸡卵,入地深尺余,坏苗,是年病疫

续表

	灾害发生时间	受灾地区	灾情描述
明	崇祯四年	石门县	飞蝗蔽天,食禾苗既尽,入庐舍食衣服,后北去
	崇祯七年	慈利县	大水,舟行城中,民多漂没
	崇祯十二年秋	安福所	蝗
	崇祯十三年夏	慈利县	大水,禾无收
		大庸所	大水,禾无收
	崇祯十三年	慈利县	积雪成冰,鸟兽冻死
	崇祯十四年秋	大庸所	积雪成冰,一月不解,鸟兽冻死
		长阳县	蝗飞蔽日,经旬不停,小蝗复起,食禾苗尽,民多饿死
	崇祯十四年	石门县	飞蝗蔽天,食禾苗既尽,入庐舍食衣服,已乃北去
	崇祯十五年夏	彭水县	大旱,八月乃雨
	崇祯十六年	慈利县	旱
	崇祯十六年	安福所	半年不雨
	崇祯十六年三—八月	泸溪县	不雨,民大饥,米腾贵,葛根采食殆尽,争掘土中白泥,名曰佛粉,食者多以哽塞病死
清	顺治元年	慈利县	大旱,时兵荒交困,饿死十分之三
	顺治元年	大庸所	旱,饥疫
	顺治二年	彭水县	大水
	顺治二年	慈利县	旱
	顺治三年	彭水县	夏旱,秋涝,禾生虫,民食蕨根,人相食
	顺治三年	泸溪县	大旱
	顺治四年	永定	大旱,至采野草度日,殍尸满路
	顺治四年	彭水县	旱,大饥,人相食,彭邑斗米八两,六畜无遗种,城野无居民
	顺治四年	泸溪县	大旱,斗米银五钱
	顺治五年	思南府	旱,大饥,食木叶草根尽,豆米三两
	顺治六年春	利川	旱,大饥,斗米银四两,有数日不举火者,全户自毙者,死者无算
	顺治六年秋	泸溪县	大旱,饥、疫大作,斗米价值一两,死者无算
	顺治六年秋	永定卫	大旱,牛疫绝种,田芜之七八,迟稻无收,至采野草度日,殍尸满路

续表

	灾害发生时间	受灾地区	灾情描述
清	顺治七年秋	大庸所	旱，牛疫绝种，田芜十之七八，迟禾无收
	顺治八年	慈利、石门	大旱，斗米千钱，饿死者十之三
	顺治八年	泸溪县	旱，大饥，斗米七钱
	顺治九年	慈利县	大旱，斗米千钱，民多饿死，逃湖滨
	顺治九年	石门县	大旱
	顺治九年	大庸所	大旱，斗米千钱
	顺治九年	彭水县	大旱
	顺治九年	永定	大旱，至采野草度日，殍尸满路
	顺治九年夏	沿河县	连续四月不雨
	顺治九年四—八月	泸溪县	不雨，大旱，斗米六钱，道殣相望
	顺治九年八、九月	沿河县	大雨，县民遭饥寒
	顺治十年	泸溪县	大旱
	顺治十年	彭水县	大水及县署檐
	顺治十二年八月	鹤峰州	霪雨不止，田中水深三四尺
	顺治十二年	澧州全境	旱，自上年十二月至本年七月不雨，禾俱枯死
	顺治十三年	永定	大旱，至采野草度日，殍尸满路
	顺治十五年三月	慈利县	大风掘屋，骤雨盈
	顺治十六年	铜仁府	大旱，斗米一金
	顺治十八年	永定	大旱，至采野草度日，殍尸满路
	顺治十八年	思南府	雨雹
	康熙元年夏	泸溪县	大水
	康熙六年	泸溪县	大旱
	康熙十年六—八月	泸溪县	不雨，虫食禾
	康熙十一年春夏	慈利县	无雨，水田悉种黍粟，亦无收
	康熙十一年春夏	石门	无雨，水田悉种黍粟，亦无收
	康熙十一年七月	巴东县	大水，漂没民居
	康熙十一年秋	长阳县	大水
	康熙十三年春夏秋	慈利、永定	旱，山村汲水亦竭，野殣相望
	康熙十七年春至秋	慈利县	旱，斗米四钱银，饥民流亡者众
	康熙十八年五—八月	长阳县	大旱，民大饥

续表

	灾害发生时间	受灾地区	灾情描述
清	康熙十八年夏秋	巴东县	旱
	康熙十八年五月	彭水县	大旱,告籴于长寿、涪州
	康熙十八年五—十月	泸溪县	大旱,饥甚
	康熙十八年六—十月	慈利、石门	无雨,溪涧均龟坼,斗米价值四钱,菱芡野菜觅采都尽,饿殍载路,流亡甚众
	康熙十八年夏	大庸所	大旱,溪涧龟坼
	康熙十九年正月	思南府	十六日昼晦,夜大雨
	康熙十九年春	巴东县	旱
	康熙十九年春夏	泸溪县	大饥,山鼠食禾
	康熙二十年四月	泸溪县	霪雨弥月,大水暴发,山崩沙拥,田土冲塌成溪,秋收时山鼠食禾
	康熙二十年五月	巴东县	麦方熟,阻于霖雨未获
	康熙二十年七月	巴东县	大水,漂没民居
	康熙二十一年夏秋	石门县	大水,高乡虫灾
	康熙二十一年秋	慈利县	大水,高乡虫灾;八月不雨,禾尽枯死
	康熙二十二年十二月	慈利、石门	至次年七月不雨,禾稿死
	康熙二十三年五月	泸溪县	水涨淹城,舟行入市,屋宇倾倒,男妇依山避之
	康熙二十三年五—八月	彭水县	旱,岁饥
	康熙二十四年夏	施州卫	雨雹
	康熙二十五年九月	泸溪县	风雷昼晦,冰雹大作
	康熙二十七年五月	泸溪县	大水,城内居民避水山后
	康熙二十八年夏	彭水县	大水
	康熙二十九年十一月	长阳县	大雪,树木冻折,飞鸟坠地死
	康熙二十九年十一—十二月	泸溪县	大雪,雪深三尺,寒甚
	康熙三十三年五—八月	彭水县	旱,不雨
	康熙三十五年	思南府	大水入南门,十字街舟行
	康熙三十六年六月	慈利县	大水
	康熙三十八年六月	彭水县	大水及治事厅之檐,民舍官衙皆漂没
	康熙四十一年	慈利县	大旱
	康熙四十一年	石门、大庸	大旱,永定(大庸)民采蕨葛度活
	康熙四十一年五—八月	彭水县	旱,是岁秋歉,彭民采蕨为食

续表

	灾害发生时间	受灾地区	灾情描述
清	康熙四十二年	思南府	大水
	康熙四十三年	泸溪县	旱
	康熙四十五年	彭水县	六月不雨，七月虫，八月潦，秋收歉甚，农家采蕨为食
	康熙四十五年	慈利县	大水
	康熙四十五年二月	泸溪县	大雪，山中竹木尽折，桃李华冻死
	康熙四十五年夏	泸溪县	大旱，米谷腾贵
	康熙四十五年夏	慈利、大庸	旱
	康熙四十八年四月	石门县	霪雨伤麦
	康熙五十一年	慈利县	旱
	康熙五十一年	石门县	旱
	康熙五十一年二月	泸溪县	雷电中雹雪齐下
	康熙五十二年正—五月	泸溪县	霪雨
	康熙五十三年	泸溪县	大雨，水入城
	康熙五十四年五月	慈利、石门	旱
	康熙五十四年六—七月	慈利、石门	霪雨流连，每日水涨一二尺，至七月不退，禾无收，蒙减赋
	康熙五十六年二月	泸溪县	猪屎洞、洞丫、桑头诸乡烈风雷雨，雪雹大如碗
	康熙六十年四月	泸溪县	迅雷暴风雨，屋瓦飘荡空中如燕雀，墙倾舟覆，风拔延禧观阶前古松
	雍正元年五月	凤凰厅	溪水暴涨成灾，大桥崩塌路坏
	雍正二年	大庸所	大旱
	雍正四年五月	保靖司	宣慰司署后半山上突涌大水，由街右冲入大街，有一泻千里之势，河街当冲者忽倾数丈，街民房屋损坏甚多
	雍正五年五月	思南府	大水，淹兵民房舍二百三十六户
	雍正六年	慈利县	旱
	雍正七年	泸溪县	旱
	雍正七年	慈利县	大旱，次年米犹贵
	雍正七年秋	石门县	大旱，减赋加账
	雍正八年春夏	泸溪县	寒，秧种三易
	雍正十三年五月	乾州厅	不雨，秋七月禾尽槁

续表

	灾害发生时间	受灾地区	灾情描述
清	乾隆元年春	石门县	霪雨损苗
	乾隆二年六月	桑植县	大水，冲去城外先农坛
	乾隆三年八月	石门县	赈本年水灾饥民
	乾隆三年十一月	石门县	赈义社等十二区旱灾贫民三月
	乾隆四年夏	石门县	蛟水冲田亩成溪潭
	乾隆四年秋	石门县	旱
	乾隆五年夏	沿河县	蝗虫灾重，秋粮歉收
	乾隆七年五月	乾州厅	大雨水，旋旱，不害稼
	乾隆八年五月	铜仁府	大水
	乾隆九年春	石门县	旱，至六月乃雨
	乾隆九年六月	彭水县	大水，溺死居民
	乾隆十一年四月	泸溪县	大雨，河水骤涨
		乾州厅	被水
	乾隆十一年十二月	秀山县	大雪，压坏官民庐舍数十所
	乾隆十三年春夏	石门、慈利	霪雨损麦，六月大水，石、慈田庐多漂没，鼠咸渡岸穴，野食田禾
	乾隆十三年夏	秀山县	大旱
	乾隆十三年五、六月	泸溪县	大水入城
	乾隆十三年六月	永顺府	大雨，水涨，沿河漫溢
	乾隆十三年六月	桑植县	大雨，水涨，东陈冈等处泥沙壅没水田280余顷
	乾隆十三年十月	乾州厅	月兔岩下雪，宽一二丈
	乾隆十三年	利川县	大旱，民多饿死
	乾隆十四年三月	石门县	大水
	乾隆十四年四月	秀山县	大风拔木
	乾隆十五年五月	长阳县	大雨雹
	乾隆十六年	秀山县	大雨水，坏田庐
	乾隆十六年夏	石门县	旱
	乾隆十八年夏秋	泸溪县	旱，民有食构叶佛粉者
	乾隆十九年八月	石门县	大雨，淹禾稼
	乾隆二十二年夏	石门县	旱
	乾隆二十四年五月	慈利县	大水

续表

	灾害发生时间	受灾地区	灾情描述
清	乾隆二十五年五月	务川县	大水，东城门右边城垣决，冲去民房数十间，死者甚众
	乾隆二十五年五、六月	凤凰厅	五月大雨，溪水骤入城，六月凤凰厅大水入城，城外民房低者被淹
	乾隆二十五年七月	彭水县	黔水泛涨入城内，淹没市肆，水及衙署之屋檐
	乾隆二十七年五月	乾州厅	溪水大涨，间坏民田
	乾隆二十八年七月	来凤县	大雨三昼夜，水淹至磨盘寨，来凤县署头门被淹
	乾隆三十三年夏秋	石门县	大旱
	乾隆三十四年已丑	保靖县	旱
	乾隆三十五年	秀山县	西乡大水坏田
	乾隆三十九年夏	秀山县	旱
	乾隆四十年秋	彭水县	大水，城内淹没市肆，水及县署屋檐
	乾隆四十年	石柱厅	山水骤发
	乾隆四十三年春	秀山县	雨雹
	乾隆四十三年夏	彭水县	大旱，道殣相望
	乾隆四十三年	来凤县	旱，饥
	乾隆四十三年	利川县	久旱不雨，大饥，城北红桂坡生土屑，民和饭食之，全活甚众
	乾隆四十三年	长阳县	大旱，民食树皮、草根、观音土，死亡相踵
	乾隆四十三年	保靖县	大旱，民食草木，鬻妻子，饿殍载道，大饥
	乾隆四十三年	永顺县	旱，饥
	乾隆四十三年夏	慈利县	大旱，饿殍载道，秋荞丰收，萝卜多熟，人赖以生
	乾隆四十三年夏	石门县	旱，河涸，饿殍载道，减赋
	乾隆四十三年	思南府	旱，万圣山麓龙洞水竭
	乾隆四十四年	施南府	清江水溢
	乾隆四十三年	巴东县	大水，舟入街心
	乾隆四十三年秋	乾州厅	大旱，斗米串钱，冬荞得收
	乾隆四十三年夏秋	凤凰厅	大旱，斗米八钱
	乾隆四十三年	永顺县	旱，饥

续表

	灾害发生时间	受灾地区	灾情描述
清	乾隆四十六年春	秀山县	水，雹
	乾隆四十六年春夏	慈利县	不雨，禾无收，谷价贵至每石二两银
	乾隆四十七年	铜仁府	旱
	乾隆四十九年	来凤县	旱，饥
	乾隆五十年春夏	慈利、石门	不雨，禾失收，谷价贵至二两一石
	乾隆五十年	石柱厅	水，厅署南利涉桥圮
	乾隆五十一年六月	思南府	大水至南门外蛮夷司署大门
	乾隆五十一年夏	秀山县	旱，饥
	乾隆五十二年夏	秀山县	久雨，饥
	乾隆五十三年五月	长阳县	清江大水，坏城郭，漂没沿江田庐无算
	乾隆五十三年	慈利县	大水
	乾隆五十三年	大庸	蛟水暴涨，田禾无损
	乾隆五十三年五月	鹤峰州	大水，郭外西街冲去民舍数十间，历来未有
	乾隆五十三年六月	长阳县	水，赈长阳水灾
	乾隆五十三年夏	石柱厅	暴雨，厅城棉花坝河堤溃塌
	乾隆五十四年	巴东县	大水入城，舟入街心
	乾隆五十七年五月	彭水县	大水
	乾隆六十年六月	石门县	霪雨
	嘉庆元年	恩施、来凤、咸丰、利川、建始、宣恩	被水，以嘉庆丙辰至戊午年蠲免三次。
	嘉庆元年	恩施、利川、建始	旱，乏食
	嘉庆二年	思南府	旱，大饥，斗米一两四钱
	嘉庆二年九月	恩施、利川、建始	旱，乏食
	嘉庆三年三月	彭水县	大水
	嘉庆三年夏	石柱厅	洪水淹厅城，居民荡然
	嘉庆四年	永顺府	大水，饥
	嘉庆五年	长乐百溢寨	夜雷雨大作，溪水暴涨，近红鱼溪边大石崩陷，遂成百丈深潭，堰水顿竭，先是白溢寨与红鱼溪人相呼应，至是乃相隔甚远
	嘉庆五年夏	秀山县	旱，饥
	嘉庆七年夏	石门县	旱，田禾失收

续表

	灾害发生时间	受灾地区	灾情描述
清	嘉庆七年	慈利县	旱，田禾失收
	嘉庆十年六月	慈利县	大水
	嘉庆十二年	慈利、石门	旱
	嘉庆十二年夏	秀山县	大雨水，漂没民居
	嘉庆十三年	印江县	水，闻于朝
	嘉庆十六年五—七月	慈利县	大旱，不雨
	嘉庆十六年	石门县	旱
	嘉庆十七年秋	保靖县	螟伤稼
	嘉庆十八年春	恩施县	清江水溢
	嘉庆十八年	慈利县	山地旱
	嘉庆十八年	保靖县	旱饥，秋螟
	嘉庆十九年	乾州厅	旱，饥
	嘉庆十九年	慈利县	旱
	嘉庆十九年夏	石门县	大旱，河尽涸
	嘉庆二十年夏	秀山县	大水，淹没民舍
	嘉庆二十二年	石门县	五雷山有二十里蛟水暴涨，崩山
	嘉庆二十三年春	秀山县	雨雹
	嘉庆二十三年	石门县	大水
	嘉庆二十四年五月	长阳县	大雷电，孔家河北山崩
	嘉庆二十四年五月	沿河县	大旱
	嘉庆二十四年六月	石门县	旱
	嘉庆二十四年七月	沿河县	大水
	嘉庆二十四年八—十一月	沿河县	淫雨
	嘉庆二十四年十二月	沿河县	大雪，农作物歉收，农民饥困
	嘉庆二十四年	乾州厅	旱
	嘉庆二十四年	凤凰厅	旱
	嘉庆二十五年	铜仁府	旱
	嘉庆二十五年	松桃厅	旱，岁荒
	嘉庆二十五年八月	凤凰厅	水入城
	嘉庆二十五年秋	凤凰厅	旱
	道光元年	铜仁府	旱，大饥，毙者枕籍于道

续表

	灾害发生时间	受灾地区	灾情描述
清	道光元年	恩施县	旱，大饥，民采蕨食
	道光元年	永绥厅	大雨雹
	道光元年春	松桃厅	旱，岁歉
	道光元年春	保靖县	雨雹
	道光元年春	石门县	不雨，至五月初三日始雨
	道光元年春至五月	乾州厅	旱，收成歉薄，次年米昂贵
	道光二年五月	凤凰厅	夜雷雨大作，小溪暴涨，庐舍漂流，居民间有淹毙
	道光二年夏	酉阳州	州北苍蒲溪等地大雨雹，小者如□如碗，大者如砖，有重逾9斤者，屋瓦当之皆碎，禾稼尽损，树木枝叶尽摧折，禽兽击毙无数，他处同时有雹，雹之大者如豆如指
	道光二年夏	彭水县、酉阳县	延江泛涨
	道光二年	恩施县	旱，饥
	道光五年春夏	古丈坪厅	雨水过多，溪流陡涨数丈，四月二十四日将三道河大桥打去，沿河水田冲刷大半，荞麦无收，米价每斗涨至一千四百文尚无买处，一切豆粉杂粮吃尽，猪羊牛马亦尽，饿者挖山中岩蒜白泥而食，死者不计其数
	道光五年夏	秀山县	旱，饥
	道光五年	乾州厅	大水
	道光六年六月	乾州厅	大雨如注，水陡涨，漂没民屋
	道光六年九月	松桃厅	水灾，给水灾口粮银款
	道光七年五月	恩施县	霪雨伤稼，麦未获生芽
	道光七年五月	保靖县	大水，溪水陡涨，冲毁沿溪居民房屋无算，后龙山水冲街道，大河水涨至十字街上
	道光八年四月	保靖县	雨雹
	道光八年五月	保靖县	大水，旋即大旱，井泽俱涸，至1829年四月后始大雨
	道光九年春	保靖县	民田因久旱多种荞麦杂粮，四月得雨栽插不遇三分之一，饥
	道光十年	恩施	霪雨伤稼
	道光十年	保靖县	旱，米贵
	道光十年夏	思南府	乌江水陡涨，大水至蛮夷司署大门

续表

	灾害发生时间	受灾地区	灾情描述
清	道光十年五月	西阳州	州西铜鼓潭河大水，沿河田亩被冲没，场上市肆坍塌甚多
		彭水县	黔郁二水泛涨，县署尽淹没，民畜庐舍多淹没
		黔江县	大水
	道光十年	秀山县	水灾
	道光十年六月	恩施县	霪雨，伤稼，饥
	道光十一年五月	施南府	豺食人
	道光十一年五月	思南府	大水，漂没城外民舍数百户
	道光十一年夏	保靖县	水，饥
	道光十一年	西阳州	旱，大饥，斗米钱二千余，贫民掘石粉为食，死者甚众
	道光十一年	来凤	旱，饥
	道光十二年八月	宜昌、长阳	蝗食禾稼殆尽
	道光十二年冬	恩施县	大雪，深三尺，积月不化
	道光十二年	来凤县	水，大饥
	道光十二年	长阳县	蝗
	道光十三年秋	恩施县	旱，饥，螟蝗害稼
	道光十五年夏	恩施、长阳、咸丰	大旱
	道光十五年三—八月	保靖、石门	干旱无雨，禾尽槁
	道光十五年八月	保靖、石门	雨不止，木棉叶尽淋死
	道光十五年十二月	松桃厅	水，蠲松桃厅被水额赋
	道光十六年四月	乾州厅	黑云风骤起，下冰雹
	道光十七年	沿河县	水，两岸涨至老街门
	道光十七年夏	秀山县	旱
	道光十八年七月	施南府	清江水溢
	道光十八年七月	慈利县	大水
	道光十九年三月	彭水县	彭邑与涪州、丰都接壤诸地冰雹大雨
	道光十九年六月	慈利县	大雨雹，三都一带尤甚
	道光十九年九月	彭水县	大雨雹
	道光十九年秋	恩施县	霜，岁大祲
	道光二十年六月	慈利县	大水

续表

灾害发生时间	受灾地区	灾情描述
道光二十一年春	慈利县	雨旬月不止,谷价腾贵,民多劫掠
道光二十一年二—四月	石门县	阴雨不止,岁饥,谷价腾贵
道光二十一年春夏	长阳	霪雨,伤禾稼,大饥
道光二十三年夏	彭水县	大旱
道光二十四年春	秀山县	久不雨至四月
道光二十四年三月	永绥厅	大风吹拆教军场演武厅,并坏民舍三百余家
道光二十六年五月	慈利县	大水
道光二十六年	永定县	雷震城南楼
道光二十七年	慈利县	除夕大雾
道光二十七年	乾州厅	山洪水冲沙压,苗民屯田荒废甚多
道光二十七年秋	乾州厅	虫、旱,收成歉薄
道光二十八年二月	慈利、石门	大雨连潦数月,百谷皆死
道光二十八年夏	酉阳州	旱,大饥,斗米价三千余
道光二十八年夏	秀山县	旱,饥
道光二十八年六月	慈利县	大水
道光二十八年夏秋	乾州厅	多霪雨,谷未获多芽,岁大歉
道光二十八年夏秋	保靖县	多雨,民苦涝歉收
道光二十八年夏秋	龙山县	雨量过多,淹没大批田土房屋牲畜,损坏庄稼无数,全县饥荒
道光二十八年	长乐县	阴雨连绵,大水,民饥
道光二十八年	永顺府	多雨,荒歉,斗米值钱三千余,民有食土与草而死者,有一黏团易一妇者,有以钱数百文易一女者
道光二十八年	永绥厅	霪雨害稼,岁大歉
道光二十九年	长乐县	阴雨连绵,大水,民饥
道光二十九年春	来凤县	旱,饥
道光二十九年三月	永绥厅	霪雨,河水猛涨,泛滥成灾,田园荒芜
道光二十九年三月	长阳等县	水,漂没人畜
道光二十九年三月	铜仁府	大风雨雹,大如卵,屋瓦皆穿,山木为拔
道光二十九年三—六月	永顺府	多雨,大水入城,城西石桥塌。荒歉,斗米值钱三千余,民多挖葛采橛以为食,有食土与草而死者,有一黏团易一妇者,有以钱数百文易一女者

(清)

续表

	灾害发生时间	受灾地区	灾情描述
清	道光二十九年三—六月	保靖县	苦雨，大水入城。二麦无收，大饥，五月饥荒，道馑相籍，民间多食椿叶及剪草充饥者，次年米贵
	道光二十九年三—六月	古丈坪厅	霪雨，大饥，斗米二千余文
	道光二十九年春夏	石门县	霪潦不开，大水，禾稼无收，谷价腾贵，缗钱三串，饥民塞途，饿殍载道，至1850年尚多饿死者
	道光二十九年春夏	永定县	雨潦，大饥，无所得食，斗米千钱，至以观音土充饥
	道光二十九年夏	乾州厅	久雨不稍住，民大饥，斗米二千余，饥民饿死
	道光二十九年夏	秀山县	旱，大饥，民多流离，多取石粉为食，死者道路相望
	道光二十九年夏	恩施县	霪雨弥月不止，奇饥，斗米千钱
	道光二十九年夏	来凤县	霪雨，邑大饥，流民入境，死者枕籍
	道光二十九年夏	长阳县	雨连旬，清江陡涨，浸倒城内居民房屋无算
	道光二十九年五月	慈利县	十七日大水，二十五日又大水，斗米千钱，饿殍载道，木实草根采掘殆尽
	道光二十九年五月	铜仁府	大水
	道光二十九年六月	铜仁府	旱，大饥，斗米四千文，饿死甚众
	道光三十年春	长乐县	阴雨连绵，大水
	道光三十年春夏	永顺府	旱，野饿殍
	道光三十年四月	务川县	大水，城中民房仅冲西街草铺北门，冲去二间
	道光三十年五月	永绥厅	大水
	道光三十年	永定县	大水
	咸丰二年三月	长阳县	天池口大风，瓦石掀飞，房屋倒折无算，山上行人，有吹坠岩下死者
	咸丰二年六月	黔江县	大风雷雨
	咸丰二年六月	长乐县	渔洋关雷霆风雹并作，保内麻溪古松杉百余株，皆大数十围，尽拔
	咸丰二年冬	长乐县	至三年春，天常阴晦，屡雨，晴日无多
	咸丰元年三月	铜仁府	冰雹大如雀卵，油菜麦子无收，石谷由四五百文增至二千文
	咸丰三年三月	长乐、长阳	长乐县麦庄堡至长阳天池口同时大风，瓦石飞空，林木房舍折损无算，人行山上有吹堕岩死者

第三章 历史时期土家族地区农业及其空间过程

续表

	灾害发生时间	受灾地区	灾情描述
清	咸丰三年三月	彭水县	雨雹
	咸丰三年六月	长乐县	大雨倾盆，昼夜不绝，楠木山崩压坏民居
	咸丰四年五月	彭水县	雷雹大雨
	咸丰四年秋	秀山县	水，冲毁民田
	咸丰五年	长阳县	大旱，蝗
	咸丰五年夏	黔江县	城西大木溪水为二道，后五年经流遂涸，民因淤垫，用堤截之，尽垦为田
	咸丰五年夏	黔江县	旱
	咸丰六年夏	黔江县	雨水，溪涨，土田庐舍尽被淹没
	咸丰六年	慈利县	蝗
	咸丰六年	归州、巴东、施南府	野彘害禾稼，皆害野彘，十余年未息
	咸丰七年正月	彭水县	大风坏奎阁
	咸丰七年五月	恩施县	清江水溢
	咸丰七年七月	黔江县	大风拔木
	咸丰七年八月	鹤峰州	蝗，秋获尽伤，所过之处，草木叶几尽
	咸丰七年秋	秀山县	东乡雨雹
	咸丰八年	长阳县	大旱，蝗害
	咸丰八年	慈利县	飞蝗蔽空，县令刘奉上宁扎有捕蝗事宜八条
	咸丰八年	石门县	飞蝗蔽空，害稼
	咸丰九年	保靖县	旱，饥，饥民咸资荞麦度活
	咸丰九年三月	黔江县	近午天忽阴，大风雷电雨雹，昏黑如夜
	咸丰九年四月	咸丰县	龙坪大水，漂没集场房舍
	咸丰九年九月	彭水县	大雨，百里发水，居民多罹水灾
	咸丰九年夏秋	长阳县	大旱
	咸丰十年正月	永定县	大庸雨雹，树木多折
	咸丰十年四月	永绥厅	大雨雹
	咸丰十年五月	长阳县	大雨如注，日夜不绝，清江水骤涨，坏城邑，平地水深六尺，沿江冲没田舍无算
	咸丰十年夏	酉阳州	州城大雨
		彭水县	久雨，雷劈川主庙
		秀山县	久雨，饥

续表

	灾害发生时间	受灾地区	灾情描述
清	咸丰十年冬	保靖县	大雪,凌,乡间树木压折者无算
	咸丰十年冬	黔江县	豺人城
	咸丰十年十月	石门县	雪摧林木
	咸丰十年十二月	慈利、石门	大雪,冻凌极坚,十余日,树木摧折过半,尽萎
	咸丰十年	巴东县	大水,较乾隆时更高六尺
	咸丰十一年十一月	来凤县	夜大雪,次日雷
	咸丰十一年十一月	黔江县	下旬夜雷电风雨
	咸丰十一年三月	永绥厅	豹人丰和屯堡伤人
	咸丰十一年四月	保靖县	雨雹
	咸丰十一年夏	永定县	旱,又复大雨
	咸丰十一年十二月	铜仁府	大冻,积水皆冰,春正未融尽
	咸丰十八年秋	保靖县	螟伤稼
	同治元年正月	恩施县	天雨黑水
	同治元年正月	黔江县	大寒,雪深二、三尺,积十余日乃霁
	同治元年春	保靖县	大凌,先年十二月二十八日大雪,大凌至本年正月初六,立春方晴,雪尚未融,树木多枯死,柑橘尤甚
	同治元年三月	彭水县	风雷雨雹交作,雨如注,鹿鸣乡雨雹,荞麦胡豆并尽,飞鸟尽
	同治元年三月	慈利县	天大雨雹,大如鸡卵,瓦屋底盘损
	同治元年三—四月	保靖县	大风拔木,树多拔根,茅屋多吹穿者,又大雨雹,荞麦损坏尤多
	同治元年四月	乾州厅	久雨经旬,积水有硫磺气
	同治元年四月	彭水县	大风拔木
	同治元年四月	永绥厅	大雨雹,烈风拔木
	同治元年五月	长阳县	雨雹,大者如砖、碗,县南盐市口以上坏田宅,大木为折
	同治元年五月	黔江县	大风拔木
	同治元年六月	慈利、石门	二十二日大雨昼夜,二十三日甚雨,娄、澧两江水暴涨数丈,地形稍低处尽为泽国,山石穴中水上涌,自九溪下漂没人民居庐牲畜器具无算
	同治元年八月	利川县	县西北八十里龙洞沟起蛟,山崩水涨,坏民田无算

续表

	灾害发生时间	受灾地区	灾情描述
清	同治二年五月	铜仁县	江口大水
	同治二年五月	彭水县	雨，水溢，岁歉
	同治二年夏	保靖县	旱，米贵，八月大疫
	同治二年	恩施县	旱，大饥
	同治二年十一月	酉阳州	雷电风雨
	同治三年六月	铜仁县	大小两江洪水数丈
	同治三年冬	铜仁府	大雪
	同治四年正月	长阳县	大雪寒甚，后复大燠，南乡大水
	同治四年春	保靖县	无雨，米贵
	同治四年春	秀山县	北乡雨雹
	同治四年十二月	长阳县	大雷电雪
	同治五年春	保靖县	雨少，多有不能移苗之处，田收皆歉
	同治五年春	石门县	旱，不能种苗，田收皆歉
	同治五年四月	保靖县	大水，各乡溪塘湖堰水陡涨数丈，河岸房屋多漂没者，四衙河尤甚
	同治五年四月	石门县	各乡溪、石当湖堰水陡涨数尺，巨浪掀翻人
	同治五年四月	黔江县	大雨雹，风雷交作，雹大如拳，洞口乡坏民舍数间，击毙二人，青冈、三屯毗连处亦如之，伤牲畜民舍田苗无算
	同治五年五月	彭水县	大雨
	同治五年六月	保靖县	大水，河岸房屋多漂没者，四衙河尤甚
	同治七年三月	慈利、石门	雨雹，大如茶杯，次如鸡卵，大风大雨，屋瓦尘掷，大木损，坏豆麦无算，五都、县城一带尤甚
	同治七年四月	慈利县	二十二都有雨雹，大如前，闰四月初二又雨雹，五都较甚
	同治七年四月	黔江县	大雨雹，风雷交作，雹大如拳，伤牲畜田苗树无算
	同治七年闰四月	保靖县	大风拔木损屋，米贵，升米百钱
	同治七年夏	秀山县	大水
	同治八年春	黔江县	上年十一月至三月不雨
	同治八年春夏	秀山县	旱，大饥
	同治八年七月	保靖县	大水，初一夜大雨如注，大水崩山，冲压田禾以及淹浸数日方退，东南乡被灾尤甚
	同治八年七月	铜仁县	大水，诸天阁佛像被水漂没，舟泊城内
	同治八年自十一月	黔江县	至来年三月始雨，时邑多火灾

续表

	灾害发生时间	受灾地区	灾情描述
清	同治八年	永绥厅	蝗食稼,禾半收
	同治九年四月	乾州厅	久雨,大饥,斗米千钱
	同治九年六月	彭水县	水涨入城,漂没民居无数
	同治九年	永顺县	霪雨,六月饥
	同治九年	保靖县	霪雨,六月米贵
	同治十年三月	黔江县	大淋雨,涝
	同治十二年六月	永顺县	水,自城西北泛溢,冲塌府城数十丈,城内外水及屋檐,衙署、仓廒、监狱、民房及附近各乡田亩,大部淹没,庐舍人畜漂没,溺死二十余人,灾民流离失所,守扯、扯窝、外颗砂、外塔卧等保田庐多坏
	同治十三年二月	永顺县	雨雹
	光绪二年夏	龙山县	久雨成灾
	光绪二年五月	黔江县	大雨水,西门外堤岸尽决,水溢城中街巷,后遂连年东徙,濒河民家数十皆为荡去
	光绪三年三月	黔江县	大雨
	光绪三年四—六月	龙山县	大旱
	光绪三年四—七月	石门、慈利	大旱,不雨
	光绪三年五月	黔江县	大雨,城内水深二三尺
	光绪三年六月	黔江县	旱
	光绪四年四月	黔江县	大水,城中水深二三尺
	光绪四年八月	龙山县	大水成灾
	光绪四年秋	秀山县	雨雹
	光绪四年十二月	黔江县	大雪寒冱
	光绪五年四月	黔江县	大雨雹
	光绪五年十月	秀山县	水,赈秀山水灾
	光绪六年六月	黔江县	大雨雹,雷电并至
	光绪六年八月	利川县	久雨,害禾稼
	光绪七年	古丈坪厅	大水,冲刷田地,本城小溪桥、西关桥、外功全保河蓬万人桥同时冲圮,有陵谷迁变失其旧形者,全境皆然
	光绪七年四月	黔江县	有虫五色,伤稼食荞麦殆尽 县南大风,雹如盆,压损民舍牲畜甚多
	光绪七年四月	安化县	旱,大饥
	光绪七年五月	安化县	霪雨

续表

	灾害发生时间	受灾地区	灾情描述
清	光绪七年六月	务川县	大旱四十余日无雨
	光绪七年六—七月	黔江县	夏旱，自六月末至七月仅四十日不雨，禾菽焦枯不成颗粒，民掘草根及树皮食之，谷价翔贵，饿死颇众，卖子女者相属
	光绪七年十一—十二月	黔江县	三月皆雪
	光绪八年	彭水县	大雨冰雹，河水陡涨，冲没田庐，淹毙人口
	光绪八年夏	黔江县	旱，饥，野多饿殍
	光绪八年五月	秀山县	大水，坏民田，漂没庐舍
	光绪八年六月	务川县	霪雨，是年旱，大饥
	光绪八年六月	永绥厅	大河飞蛾扑水，其多数万，九月瘟疫流行
	光绪八年六月	鹤峰州	旱，大荒，每升米值钱一百七八十文
	光绪八年十一月	铜仁府	两江大水入城
	光绪九年	龙山县	旱，大荒，饿殍载道
	光绪九年二—五月	秀山县	雨，大饥
	光绪九年五月	德江县	霪雨，是年大饥
	光绪九年六月	黔江县	大水，大风雷雨，水浸南门一二尺，冲坏堤垣无数
	光绪九年六月	务川县	大旱，四十余日无雨
	光绪九年六月	永顺县	大水，饥荒，流民甚众，道殣相望
	光绪九年秋	长阳县	水，赈长阳水灾
	光绪十年	彭水县	水，雹
	光绪十年	石门、慈利	大水，饥
	光绪十一年夏	秀山县	旱
	光绪十一年十二月	铜仁县	大雪，至次年正月二十四日，平地积雪数尺
	光绪十二年夏	秀山县	大水
	光绪十三年五月	黔江县	大水，城内水深数尺，坏民田舍无算，溺死城乡民数十人
	光绪十三年五月	务川县	大水，学宫及宫墙冲倒，后街与北街并东城外冲去民房数百间，淹毙人畜约数百，北门城垣与东门城垣皆冲决
	光绪十三年秋	秀山县	大水漂没石堤房舍
	光绪十四年秋	咸丰县	秋初霪雨三月不止，五谷霉烂至次年春夏之交，仍若水涝

续表

	灾害发生时间	受灾地区	灾情描述
清	光绪十四年秋	永绥厅	飞蛾浮水数万，八月瘟疫大行
	光绪十四年	石门县	大旱，禾尽槁
	光绪十五年	安化县	旱，大饥，饿殍载道
	光绪十五年四月	永绥厅	飞蛾浮水
	光绪十五年五月	咸丰县	乐乡里大水，淹没田庐甚多，西北江一带陡涨至十余丈高，十日始消，受害者约四五千户
	光绪十五年七月	永绥厅	雨三月，淹没民房禾稼，瘟疫死者数十人
	光绪十六年三月	黔江县	大雨雹
	光绪十六年春夏	黔江县	春淫雨，夏大水，三屯及五里乡漂没田庐无算，民饥，谷价腾贵，斗米干五六百文，杂粮亦仿之，民多食木皮、草根，流亡入贵州者甚多，邻境咸丰、利川尤甚，黎水、大木诸乡民往往掘地罗汉食之
	光绪十六年春夏	利川县	久雨，大饥，道殣相望，民多流亡卖子女者
	光绪十七年	古丈坪厅	旱，荒
	光绪十七年	永顺县	水，城西利济桥圮
	光绪十八年元旦	黔江县	大风，后复大雷雹雨
	光绪十八年夏	黔江县	旱，弥月不雨，人多得霍乱疾者
	光绪十八年七月	黔江县	朔大霖雨，农有秋
	光绪十八年冬	黔江县	大寒雪，鸟兽草木多冻死
	光绪十八年	古丈坪厅	旱，荒
	光绪十九年	古丈坪厅	旱，谷贵艰食
	光绪十九年四月	利川县	大雨雹，坏庐舍，害禾稼
	光绪十九年八月	黔江县	八面山多虎患，三屯县民毙乳虎二
	光绪二十年	慈利县	旱，饥
	光绪二十一年	彭水县	霪雨为灾
	光绪二十二年	古丈坪厅	大旱，虫荒
	光绪二十二年	咸丰县	乐乡里大水，害稼特甚，较光绪十五年水灾仅及其半
	光绪二十二年春	彭水县	旱，大饥，人民掘树皮草根为食，死者十有二三
	光绪二十三年	龙山县	旱灾，全县饥荒

续表

	灾害发生时间	受灾地区	灾情描述
清	光绪二十三年	古丈坪厅	大旱
	光绪二十三年三月	永顺县	雪盈尺，六月凶荒，民多菜色
	光绪二十三年四月	务川县	大水，淹毙人民，乡间田土，冲毁太甚
	光绪二十三年四月	古丈坪厅	猛雨下降，四山洪水泛滥，将校场并河边碾房屋宇，一概淘洗而去，水已涌进西门，沿河一带几成泽国
	光绪二十四年夏	石门、慈利	旱，饥，县乡村谷石价二千四百文，殍殣载道
	光绪二十四年夏	古丈坪厅	旱，饥
	光绪二十四年	泸溪县	旱，收成歉薄，次年青黄不接之际，穷苦农民或饥饿垂毙，或流亡外邑
	光绪二十五年	古丈坪厅	大水，冲刷田地，陵谷迁变失其旧形者，全境皆然
	光绪二十五年	永定县	旱，饥
	光绪二十五年	德江县	旱，大饥，饿殍载道
	光绪二十五年	安化县	城中雨，是年旱，大饥，饿殍载途
	光绪二十六年六月	务川县	大旱，月余无雨，收成大歉，饿毙者极多，人相食
	光绪二十六年六月	永绥厅	旱，沿边之田尽枯
	光绪二十六年夏	永顺县	大旱，饥民遍地，斗米千钱，葛根皆尽
	光绪二十六年	沿河县	旱
	光绪二十六年	酉阳州、彭水县	水，请抚恤灾民
	光绪二十七年三月	永绥厅	雪雹如卵，损物甚多，六月歉薄，斗米千钱
	光绪二十八年三月	永绥厅	雪雹如卵，坏物损石，大风拔树，八月瘟疫，死者三百余人，城乡数千人
	光绪二十九年八月	永绥厅	起地皮风
	光绪三十二年	古丈坪厅	桐树生虫受伤，外功全保独重，其虫食叶，叶尽而毙
	光绪三十二年四月	古丈坪厅	雪雹如卵，人畜遇之皆伤，民屋有坏者
	光绪三十三年秋	酉阳州	雨水过多，贼虫害稼，九月中旬大雨如注，山水暴发，续种谷粮均冲毁淹没
	光绪三十四年六月	石门、慈利	大水，田亩淹没，畜产漂没，石门县市河岸皆毁，赈灾
	光绪三十四年六月	永绥厅	大水，冲田，淹土几成泽国，民有流亡

续表

	灾害发生时间	受灾地区	灾情描述
清	宣统元年	彭水县	天雨兼旬，乌郁二水涨，沿岸田禾尽被冲没，民房漂毁尤多
	宣统元年五月	慈利、石门	大水
	宣统元年五月	永顺县	雨雹，大如棋子
	宣统元年五月	沿河县	大雨，乌江水猛涨
	宣统元年六月	永顺县	大水，城东南隅崩
	宣统元年夏	永顺县	旱，虫
	宣统二年夏	永顺县	旱，蝗生

资料来源：土家族地区明清各省、府、厅、州、县志，《中国农业自然灾害史料集》、《四川省近五百年旱涝史料》，《贵州省近五百年气候历史资料》，《湖北省近五百年气候历史资料》，《湖南省气候灾害史料》等

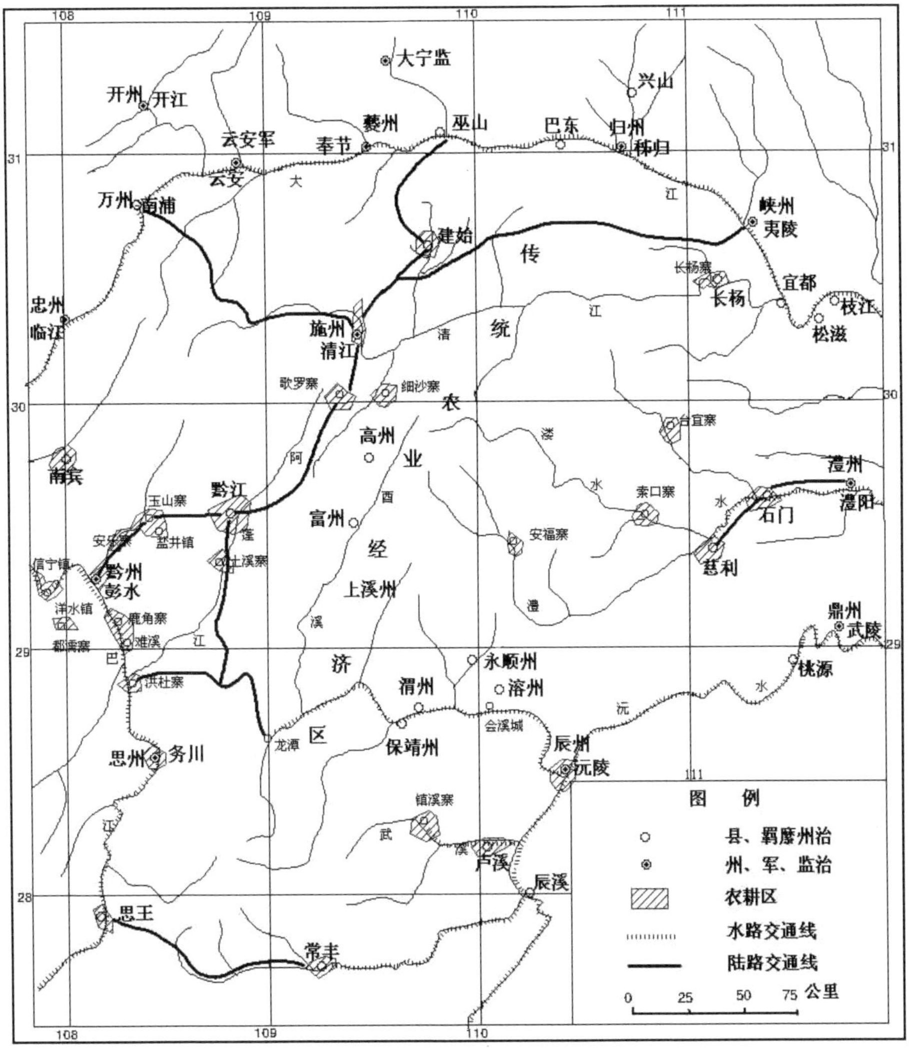

第三章 历史时期土家族地区农业及其空间过程

附图 3-1 宋代土家族地区主要农业区分布示意图

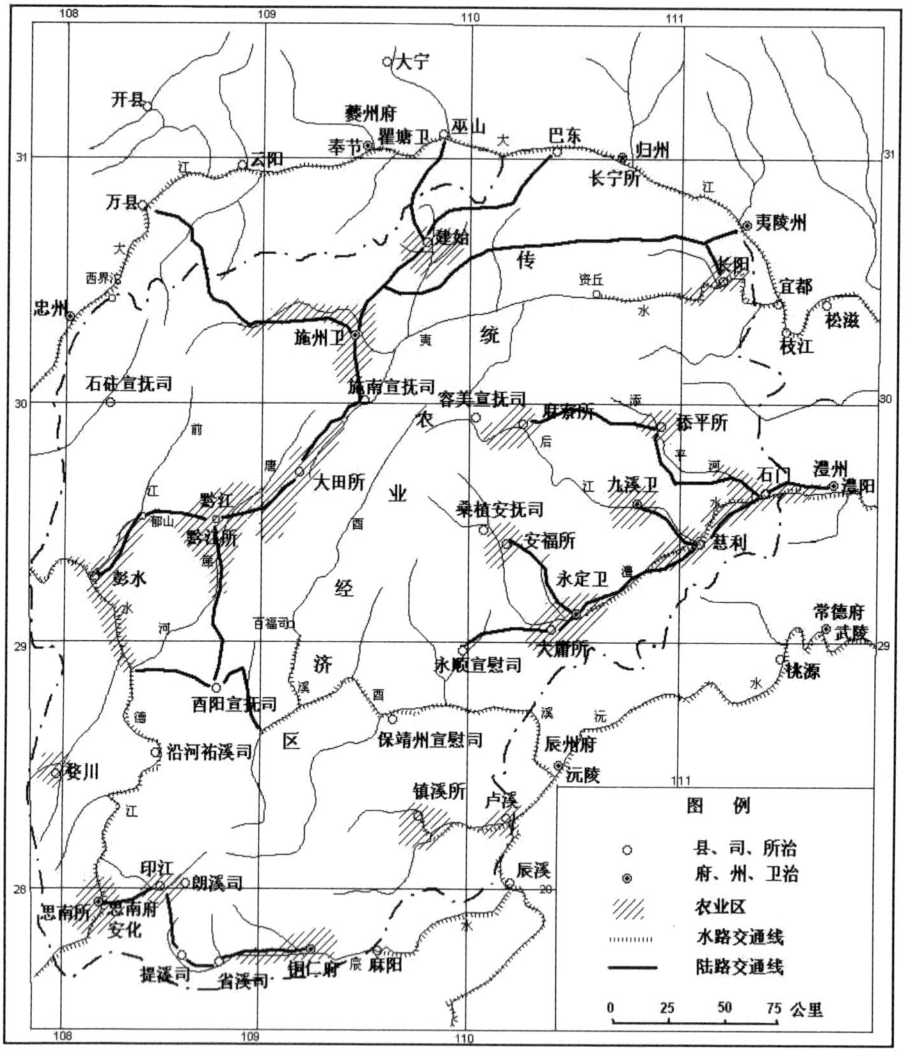

区域经济与空间过程：土家族地区历史经济地理规律探索

附图 3-2　明代土家族地区主要农业区分布示意图

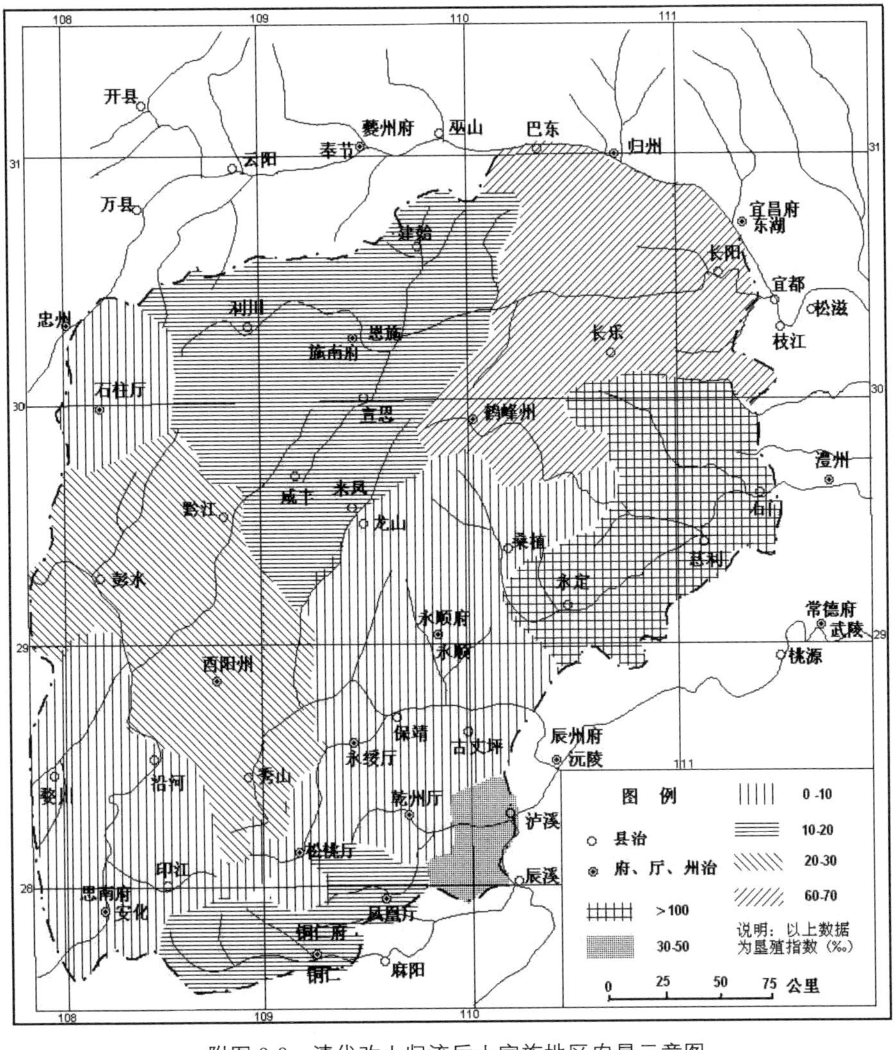

第三章 历史时期土家族地区农业及其空间过程

附图 3-3 清代改土归流后土家族地区农垦示意图

第四章　历史时期土家族地区手工业及其空间过程

历史时期土家族地区手工业的发展有其时空特点。由于有关历史时期土家族地区手工业的资料很少且分散，这给土家族地区历史时期手工业地理的研究造成了很大的困难。因此，已有的研究成果对土家族地区的手工业多是一笔带过，并无专文专著进行论述。本章试图依据有限的资料，对土家族地区历史时期的手工业地理做尝试性的研究。

第一节　历史时期土家族地区的手工业及其产地变迁

根据土家族历史发展的阶段，我们可将土家族地区手工业产地演变历史划分为五代以前、五代至两宋时期、土司时期和改土归流后四个阶段，下面分阶段对各时期手工业产地及各地手工业生产的情况进行探讨。

一、五代以前土家族地区的手工业及其产地

在五代以前，土家族地区手工业门类有纺织、采矿与矿冶、煮盐、制陶、制蜡等。

1. 纺织业

土家族地区纺织生产起源较早。战国时期土家族先民巴人就能织賨布，这种布据说是以麻织成的。[1] 此后土家族先民就以此向朝廷缴纳赋税。汉代巴郡南郡蛮输賨布（即为纳赋的賨布），武陵蛮输賨布[2]，说明汉代土家族地

---

[1]《黔江经济史略》，见：《黔江文史资料》第3辑。
[2]（南朝·宋）范晔撰，（唐）李贤等注：《后汉书》卷86《南蛮西南夷列传》，北京：中华书局，1965年，第2831、2841页。

区已有纺织生产。东汉末年冯鲲征五溪蛮,"收逋賨布卅万匹"①。卅万即 30万,30 万匹即使在中原地区也不是小数目,这说明在东汉末年时五溪之地賨布纺织生产从总量上来说已有一定规模。唐代黔州土贡有竹布、苎麻布,澧州有纹绫、苎练缚巾②,竹布以嫩慈竹取纤维织成,苎麻布、苎练缚巾以苎麻织成,纹绫则以蚕丝织成③,纺织生产在地域上有了一定的差异。相对而言,黔州产竹布、苎麻布较多,澧州产纹绫、苎练缚巾较多。

2. 矿冶业

矿冶业在土家族地区的起源也比较早。战国时巴地开采丹砂,巴寡妇清因开采丹砂致富而受到秦始皇的嘉奖。④ 晋常璩《华阳国志·巴志》载涪陵郡丹兴县(治今重庆市酉阳县)产丹砂,唐代溪州、黔州、思州、锦州等地贡品有丹砂、水银⑤,说明这些地方都有丹砂开采和冶炼。土家族地区铁矿开采冶炼也较早。桑植朱家台战国遗址发现有铁器作坊,同时发现铁器 20 余件,铁鼎一件⑥,表明战国时桑植一带有了铁器的锻打制作。三国时期,在今五峰县长乐坪壶瓶山有田姓寡妇筑炉炼铁,表明当时该地有了铁的开采和冶炼。唐代澧州石门县、归州、巴东县、忠州南宾县均有产铁的记载⑦,表明这些地方均有铁矿的开采冶炼。

土家族地区铜矿开采和冶铸的历史也较为悠久。鄂湘渝黔四省市交界地带的土家族地区,出土了大量战国至东汉时期的窖藏青铜器。⑧ 这些青铜器大多是当地铸造的,如虎钮錞于出土地点就集中在今土家族地区内。这说明从战国以至两汉时期,土家族地区铜矿开采冶炼也较为兴盛。此后土家族地区还出土有铜质器皿,说明铜器铸造在这一地区从未间断。

据郦道元《水经·澧水注》载澧水支流黄水"溪出雄黄,颇有神异,采常以冬月祭祀,凿石深数丈,方得佳黄",说明至迟到北魏时澧水支流的黄水

---

① (宋) 洪适:《隶释》卷 7《车骑将军冯鲲碑》,文渊阁四库全书本。
② (宋) 欧阳修、宋祁:《新唐书》卷 40《地理志》、卷 41《地理志》,北京:中华书局,1975 年,第 1029、1073 页。
③ 同治《增修酉阳直隶州总志》卷 19《物产志》。
④ (汉) 司马迁:《史记》卷 129《货殖列传》,北京:中华书局,1959 年,第 3260 页。
⑤ (宋) 欧阳修、宋祁:《新唐书》卷 41《地理志》,北京:中华书局,1975 年,第 1073、1075、1076 页。
⑥ 邓辉:《土家族区域的考古文化》,北京:中央民族大学出版社,1999 年,第 147 页。
⑦ (宋) 欧阳修、宋祁:《新唐书》卷 40《地理志》、卷 41《地理志》,北京:中华书局,1975 年,第 1028—1030、1073 页。
⑧ 邓辉:《土家族区域的考古文化》,北京:中央民族大学出版社,1999 年,第 180—191 页。

已有雄黄矿的开采利用。

《新唐书·地理志》记载施州贡麸金，表明唐代施州有了金矿的开采利用。

3. 煮盐业

土家族地区盐业生产兴起较早。在峡江地带，考古发掘出土了不少尖底杯、尖底罐。考古专家推测这些陶器是煮盐工具，则可知峡江地带在新石器时代就有盐业生产。夷水（今清江）流域在廪君时代有盐神部落，其所居之地"鱼盐所出"①。盐神部落可能是一个从事盐业生产的部落，后来并入廪君巴人之中。则清江流域很早就产盐，直到宋代夷水流域还设有盐井煮盐。乌江支流郁水产盐，汉时设有盐官管理盐务，此后该地盐业生产从未间断。唐代归州秭归县、巴东县、黔州彭水县均有产盐记载②，其中彭水县伏牛山一带煮盐业尤为兴盛，官府对彭水县伏牛山附近煮盐业生产予以征税。③

4. 陶器制作

陶器制作与使用在土家族地区历史悠久。早在大溪文化时期（距今约6300—5000年），今土家族地区的早期居民就能制造陶④，此后陶器制作在土家族地区一直未有间断。土家族地区的砖瓦烧制在战国时就已出现。湘西北桑植县朱家台战国遗址中，发现有保存较为完好的瓦窑，并有板瓦、筒瓦、瓦当等遗物，显示当时瓦的制作已有一定水平。汉代黔东北沿河县的洪渡镇陶器制作水平相对较高，此处曾发现五座汉代陶窑。出土文物显示其制陶技术、烧窑技术、使用燃料，以及制作出来的陶器成品都具有同时期川东文化相同的因素⑤，因此汉代洪杜一带陶器制作技术很可能是从今重庆一带传入的。

5. 制蜡

制蜡工艺在土家族地区也有悠久的历史。常璩《华阳国志·巴志》载涪陵郡产蜡，说明土家族地区至迟到晋代已能制蜡。唐代归州、峡州、施州、

---

① （北魏）郦道元著，王先谦校：《水经注》，成都：巴蜀书社，1985年，第568页。
② （宋）欧阳修、宋祁：《新唐书》卷40《地理志》、卷41《地理志》，北京：中华书局，1975年，第1028、1073页。
③ （唐）李吉甫撰，贺次君点校：《元和郡县图志》卷30《江南道》，北京：中华书局，1983年，第737页。
④ 邓辉：《土家族区域的考古文化》，北京：中央民族大学出版社，1999年，第56页。
⑤ 邓辉：《土家族区域的考古文化》，北京：中央民族大学出版社，1999年，第218—220页。

溪州、黔州、思州、费州都向朝廷贡蜡①，几乎整个土家族地区都能制蜡。蜡分黄蜡和白蜡两种，制作方法稍有不同。"黄蜡以取蜜不尽之滤滓，热水沥而夹之，滴于水中即成"。白蜡需先种蜡虫于冬青树、插蜡树、青冈树上，久而有白膜如凝脂遍布树上，刮取入热水，热而夹之，则蜡成。②制作工艺较为简单。

6. 榨油业

土家族地区的榨油业最早可追溯至唐代。唐李吉甫《元和郡县图志》载施州贡品中有清油③，说明至迟到唐代元和年间已兴起了榨油业。

上面我们对五代以前土家族地区各类手工业及其产地情况做了简单梳理，那么在土家族形成前夕，土家族地区手工业地域分布情况究竟如何呢？根据上文，这里试以唐代土家族各地手工业产品进行分析。唐代土家族地区各地手工产品分布情况见表4-1：

表4-1 唐代土家族地区各地手工业生产分布

州郡名	主要手工业品	州郡名	主要手工业品
归州巴东郡	蜡、盐、铁	峡州夷陵郡	蜡
施州清化郡	麸金、蜡、清油	澧州澧阳郡	纹绫、芒练缚巾、光粉、铁、磺
溪州灵溪郡	丹砂、黄蜡	辰州卢溪郡	光明丹砂、水银、药砂
锦州卢阳郡	光明丹砂、水银	思州宁夷郡	蜡、朱砂
黔州黔中郡	光明丹砂、蜡、竹布、苎麻布、盐		

从表4-1手工产品分布可以看出：

（1）从手工业种类来看，制蜡主要分布在归州、峡州、施州、溪州、黔州、思州等地，丹砂开采冶炼主要集中在溪州、锦州、黔州、思州、辰州等地，铁冶主要分布在归州、澧州，纺织业主要分布在澧州、黔州，盐业主要分布在归州、黔州，磺矿开采主要集中在澧州，金矿开采主要集中在施州，榨油主要在施州。各种手工业生产都有相对集中的分布地。

（2）从手工业门类来看，唐代手工业主要有制蜡、丹砂开采冶炼、铁冶、纺织、煮盐、磺矿、金矿开采和榨油等门类。其中矿冶所占比例较大，矿冶

---

① （宋）欧阳修、宋祁：《新唐书》卷40《地理志》、卷41《地理志》，北京：中华书局，1975年，第1028、1073、1075页。

② 同治《增修酉阳直隶州总志》卷19《物产志》。

③ （唐）李吉甫撰，贺次君点校：《元和郡县图志》卷30《江南道》，北京：中华书局，1983年，第753页。

以丹砂矿开采利用较为普遍。

（3）从手工业地域构成来看，归州有制蜡、煮盐、矿冶3个门类，峡州有制蜡1个门类，施州有矿冶、制蜡、榨油3个门类，澧州有纺织、矿冶2个门类，溪州有矿冶、制蜡2个门类，辰州有矿冶1个门类，锦州有矿冶1个门类，思州有制蜡、矿冶2个门类，黔州有矿冶、制蜡、纺织、煮盐等4个门类。相对而言，黔州手工业地域门类构成较为齐备，其次为归州、施州，其他区域手工业地域构成相对单一。

二、五代两宋时期土家族地区的手工业及其产地

五代至两宋时期，土家族地区主要的手工业门类有纺织业、矿冶业、制蜡业、煮盐业、制陶业、手工编织、制皮革等。

1. 纺织业

宋代土家族地区各地贡品中有不少纺织品。峡州、归州有㡉布，澧州有龟甲绫、五纹绫、苎练纱，黔州有土布，高州有土布、花幕，保靖、永顺、龙赐、南渭等州有溪布，锦州有布①，说明上述各地都有纺织生产，不过各地所出产的纺织品却不一样。㡉布、土布、溪布、布均可能为麻和葛织成。麻、葛这两种植物在唐代为土家族地区纳贡之物，宋代土家族更多的是利用它们来织布。为纺织贡布，各地纺织业可能有一定规模。当时土家族地区的居民还从中原地区学得了"点蜡幔"技术，从而使纺织业中织染技术得到提高。②绫、纱均为丝织品，说明当时土家族地区除织布外，丝织业在纺织生产中也有所发展。当时土家族地区丝织以澧州较为集中。

2. 矿冶业

宋代土家族地区铁矿开采冶炼也有所发展。朝廷在施州曾设广积监，专事铸造铁钱。③据《建炎以来朝野杂记》卷169载广积监"岁额万缗"，万缗就是万串，一串为钱1000文，万缗就是铁钱1000万文，钱币铸造量巨大。为满足铸钱的需要，就要大量的铁，也就必须大量开采和冶炼铁矿，因此估计在宋代施州一带铁矿开采冶炼应该有较大的规模。另外澧州石门县东有铁冶山，山因铁矿开采冶炼而得名；石门县西北黄石山出雄黄④，黄石山与郦

---

① 见表5-3"宋代土家族地区各地贡品"。
② 湘西土家族苗族自治州概况编写组：《湘西土家族苗族自治州概况》，长沙：湖南人民出版社，1985年，第30页。
③ （元）脱脱等：《宋史》卷89《地理志》，北京：中华书局，1985年，第2227页。
④ （宋）王象之：《舆地纪胜》卷70《荆湖北路·澧州》，台北：文海出版社，1971年，第430页。

道元所记载黄水在同一地域，则该地磺矿开采自北魏一直延续到了宋代。唐代土家族地区丹砂开采和水银冶炼几乎遍及土家族地区各州。宋代土家族地区各地仍有丹砂开采和冶炼，另外澧州和羁縻富州、高州也有了丹砂开采冶炼，丹砂开采和冶炼地域较唐代有所扩大。在丹砂开采中，宋代土家族还注意摸索寻矿规律，认识到"（丹）砂生溪州沙石之中，土石相杂"①。唐代土家族地区仅施州产麸金。宋代黔州、锦州也有麸金开采，辰、沅、靖等溪洞之地也产金，还吸引了不少商人前往淘采②，土家族地区金矿开采地较唐代也有所增多。宋代土家族地区铜矿开采冶炼于文献中鲜有记载，但据土家族地区考古发现，鄂西南建始县长梁乡发现铜厂坡遗址。当地传说宋代曾在此开采铜矿铸造钱币③，则宋代土家族地区还有铜矿开采和冶炼，可能当时铜矿开采冶炼以施州较集中。另外五代时期马楚政权曾与溪州土家族大姓彭氏订立盟约，并将盟约镌于铜柱之上，这就是后来传之于世的溪州铜柱。这个铜柱原高1丈2尺，铜柱中空，内实钜钱，上覆铜鼎，筑为八面，上镌铭文2000余字。④ 铜柱身厚约寸许，内部下层灌锡铸之，铜质精纯光润，虽经千余年，剥蚀磨损甚微，体现了当时湘西北土家族在铜器制造方面有着精湛的铸造水平。可见当时溪州也有铜矿开采冶炼。宋代羁縻南州曾向朝廷进献铜鼓⑤，说明南州为铸造铜鼓，也有铜矿的开采冶炼。

3. 制蜡业

唐代土家族地区各州均有制蜡生产，宋代依然如此。宋代归州、黔州、上溪州、高州和锦州制蜡较为兴盛，蜡是上述各州主要的贡品之一。制蜡方法史无记载，估计应该是沿用了当地传统的制法。制蜡之余，当时土家族用蜡制造蜡烛，用于照明，蜡烛甚至还成为羁縻高州的贡品之一。这说明当时土家族已从单纯地生产蜡这种初级产品，开始转向了蜡制品的制作。

4. 煮盐业

五代两宋时期土家族地区盐业产地不多，主要有黔州彭水县伏牛山盐泉、峡州长杨县汉流、飞鱼盐井，秭归县青林盐井以及巴东县永昌盐井⑥。其中

---

① 光绪《湖南通志》卷61《食货志》。
② （元）脱脱等：《宋史》卷185《食货志》，北京：中华书局，1985年，第4527页。
③ 邓辉：《土家族区域的考古文化》，北京：中央民族大学出版社，1999年，第313页。
④ 胡东升、王焕林编著：《溪州铜柱铭文》，海口：海南出版社，2011年，第1页。
⑤ （元）脱脱等：《宋史》卷493《蛮夷传》，北京：中华书局，1985年，第14173页。
⑥ （宋）王存撰，王文楚、魏嵩山点校：《元丰九域志》卷6《荆湖路》、卷8《夔州路》，北京：中华书局，1984年，第272、273、365页。

黔州彭水县伏牛山是当时土家族地区盐业生产最为集中的区域，"山左右有盐泉，州人现置灶煮，以充军用"①。当时该地生产的盐主要供给军需，也有部分用于民间食用。不过从宋代土家族地区大部分地区与汉族地区"以粟易盐"的史实来看②，土家族地区几处盐产地的盐产量还很有限。

5. 制陶业

五代两宋时期土家族地区仍制作陶器和烧制砖瓦。考古人员在黔江县濯水镇石鸡村碗渣子地发现宋代陶窑窑址，出土有罐、碗等遗物。因其数量很多，故将此地命名为"碗渣子地"。此外该县蒲花乡双河村还发现了宋代砖窑窑址③，说明宋代黔江县陶器制作和砖瓦烧制在当时较为兴盛。湖北省恩施市旗峰坝窑湾也发现唐宋时窑址一处，采集遗物主要有釉陶器罐、壶、碗、壶嘴、支垫等，釉陶纹饰有"米"、"潭"、"钱"字纹、"太阳"纹等。宋施州城（柳州城）外围也发现了窑址残迹，所出土支垫与旗峰坝相同。据长堰烧窑师傅介绍，长堰窑址是在六七百年前从旧州城迁过去的④，计算其时代，大致也在宋代。这说明宋代施州一带也是当时土家族地区陶器制作较为集中的区域。

6. 手工编织

唐代土家族地区见于记载的手工编织产品仅有澧州的竹簟⑤，即竹席。宋代土家族地区见于记载的手工编织产品仍以席为最多。与唐代相比，其产地有所增多，如忠州苏熏席、归州、澧州竹簟和高州花席。⑥ 其中忠州苏熏席"以苏熏为席，丝为经，其色深碧"⑦。苏熏为一种草名，苏熏席即用苏熏草为原料编织的草席。竹簟即用竹子编织的竹席，花席用何种材料编织无考。宋代手工编织的席的材料有所扩展，不仅用竹，还用特殊的草类。

7. 制皮革

土家族地区野生动物资源丰富，狩猎为土家族先民重要的农事活动。狩猎所得的兽类，肉用于食用，兽皮则被制成皮革。据《宋史》记载，乾德四

---

① （宋）乐史撰，王文楚等点校：《太平寰宇记》卷120《江南西道》，北京：中华书局，2007年，第2396页。
② （元）脱脱等：《宋史》卷493《蛮夷传》，北京：中华书局，1985年，第14175页。
③ 邓辉：《土家族区域的考古文化》，北京：中央民族大学出版社，1999年，第299页。
④ 邓辉：《土家族区域的考古文化》，北京：中央民族大学出版社，1999年，第289页。
⑤ （宋）欧阳修，宋祁撰：《新唐书》卷40《地理志》，北京：中华书局，1975年，第1029页。
⑥ 见表5-3"宋代土家族地区各地贡品"。
⑦ （宋）乐史：《宋本太平寰宇记》卷149《忠州》，北京：中华书局，1999年，第283页。

年（966）下溪州刺史田思迁朝贡之时，进献的土特产就有虎皮①，说明当时下溪州一带手工生产中就有了皮革制作。

以上仅就五代两宋时期土家族地区主要手工业的基本情况进行了梳理，那么五代两宋时期土家族地区手工生产的地域分布情况如何呢？这里我们对宋代土家族地区各地手工产品进行统计，手工产品分布情况大致可反映出宋代土家族地区手工业的地域分布情况见表4-2：

表4-2 宋代土家族地区各地手工业产品

州名	手工业品	州名	手工业品
归州	篁、黄蜡、马鞭、㠔布、盐	南州	铜鼓
峡州	㠔布、盐	下溪州	铜鼓、虎皮
施州	铁钱、铜、麸金、陶器	上溪州	水银、黄蜡
澧州	龟甲绫、五纹绫、紵练纱、竹篁、丹砂、铁、磺	高州	水银、蜡烛、土布、花幕、花席
辰州	朱砂、水银、金	保静州	溪布
黔州	朱砂、水银、蜡、麸金、土布、盐、陶器	永顺州	溪布
忠州	绵绸、苏熏席	龙赐州	溪布
南渭州	溪布	富州	丹砂、银装剑槊、兜鍪、彩牌
思州	水银	锦州	朱砂、水银、金、布、黄蜡

从表4-2我们可以看出：

（1）从各地手工产品种类数量来看，归州有5种，南州有1种，峡州有2种，下溪州有2种，施州4种，上溪州2种，澧州7种，高州5种，辰州3种，黔州7种，忠州2种，富州4种，保静州、永顺州、龙赐州、南渭州各1种。单从数量上看，以澧州、黔州手工产品种类最多，其次为归州、高州、施州和富州。

（2）从手工产品显示的手工业种类来看，宋代土家族地区主要有纺织、矿冶、制蜡、煮盐、制陶、手工编织、皮革制作等手工业门类。各地手工业门类构成不尽相同，归州有4类（手工编织、制蜡、纺织、煮盐），南州1类（矿冶），峡州有2类（纺织、煮盐），下溪州2类（矿冶、皮革制作），施州有2类（矿冶、制陶），下溪州2类（矿冶、制蜡），澧州有3类（纺织、手工编织、矿冶），高州有4类（矿冶、制蜡、纺织、手工编织），辰州有1类（矿冶），保静州、永顺州、龙赐州、南渭州各1类（纺织），黔州5类（矿冶、制蜡、纺织、制盐、制陶），忠州2类（手工编织、纺织），富州2类

---

① （元）脱脱等：《宋史》卷493《蛮夷传》，北京：中华书局，1985年，第14173页。

（矿冶、木器制作），手工业门类较多的为黔州、归州、高州、澧州，而其他各地手工业门类较少，而黔州、归州、澧州均为开发较早的区域，交通较为便利，显示手工业门类地域构成与开发时间早晚与地理位置有关。

（3）从各种手工业产品分布所体现的各手工业空间分布来看，纺织业主要分布在归州、峡州、澧州、高州、黔州、保靖州、永顺州、龙赐州、南渭州、忠州、锦州等地，其中归州、峡州、高州、黔州、保靖州、永顺州、龙赐州、南渭州、锦州以织布生产为主，而这些地方多为土家族分布集中的区域。而澧州、忠州则以丝织生产为主，这两个地方均位于土家族地区边缘地带，受汉族经济文化的影响较大，丝织业发展受到汉族影响较多。矿冶业主要分布在南州、施州、上溪州、下溪州、澧州、高州、辰州、黔州、富州、思州、锦州等地，其中珠砂开采和水银炼制主要集中在上溪州、澧州、高州、辰州、黔州、富州、思州、锦州，分布地域较广。铜矿开采和铜器冶铸主要集中在南州、下溪州、施州等地，铁矿开采和铁器冶铸主要集中在施州、黔州、澧州、锦州等地，磺矿开采主要在澧州。制蜡主要集中在归州、上溪州、高州、黔州、锦州等地。煮盐业主要集中在归州、峡州、黔州等地。制陶业主要集中在施州、黔州等地。手工编织主要集中在归州、澧州、高州、忠州等地。相比较而言，宋代土家族地区手工业生产中，纺织业、矿冶业、制蜡等在土家族地区分布较广。

三、土司时期土家族地区的手工业及其产地①

土司时期，土家族地区主要手工业有纺织、矿冶、榨油、煮盐、制蜡等门类，其中纺织和矿冶业发展尤为明显。

1. 纺织业

土司时期土家族地区手工织品较为有名的有土锦、土布、绢、绸等。土家族的织品精美，其土锦"成五色"，色彩鲜艳，大致织法"或经纬皆丝，或丝经棉纬，用一手织纬，一手挑花"而成。② 其峒被"龙凤金碧"，"贵者与缎同价"，"土丝所织"，"堪为被褥"。峒巾"轻纫如鲛绢"，"白麻为之"③。土锦、峒被、峒巾所用原料不尽相同，成品的质地均颇佳，显示出高超的纺

---

① 朱圣钟：《土司时期土家族地区主要手工业及其分布》，《湖北民族学院学报》（哲社版）2014年第2期，第9—13页。
② 光绪《湖南通志》卷40《地理志》。
③ （清）顾彩：《容美纪游》，见：《小方壶斋舆地丛钞》第6轶，清光绪六年（1880）南清河王氏刊本。

织技术。纺织品花色图案也很多,"峒锦、峒被、峒巾作鹤、凤、花、鸟之状"①,显示当时土家族的印染技术也颇为高超。由于土家族所织峒锦质地好,因此峒锦也就成为土司进献朝廷的主要贡品之一。

土家族织布原料取自棉或麻。产棉之地以棉为原料,"染各色棉纱为经纬,斑然可爱"②。棉花种植少的地方以"野麻织布"③。土家族多织花斑布,"以白纱为经,蓝纱为纬"④,用染成蓝、白二色棉线(或麻线)经纬交织而成。土司时期思南府、施州卫等地产棉较多,所以这两地所织布以棉布居多。其他地方虽有棉花的种植,但数量较少。因此大多地区还是以麻的种植为主,纺织品也以麻织品居多。除棉、麻织品外,土司时期土家族地区还有葛布,如当时的建始县就产葛布。⑤ 葛为多年生藤本植物,其纤维可用于织布。除棉、麻、葛外,土家族地区还有丝织品。丝织品为用蚕丝经过技术处理后织成的,"茧成取丝自织"⑥。当时土家族地区多绢、绸,这些都是丝织品。

土司时期土家族地区纺织业生产出现了专业化的趋势,城镇"街民家多以纺织为业"⑦。乡间"家织斑布,散卖诸落以为恒业"⑧。城镇中有了纺织生产的行业,广大的乡村间纺纱织布也成为较为普遍的现象,多少有了中原地区"男耕女织"的模样,城乡纺织业较从前更为兴盛。纺织业发达地区"雇募织绢、织布机匠,以一教十,以十教百,尽皆织纴之业"⑨,纺织业中有了专业人员。在纺织技术方面,有了纺织工具的革新。纺车由只纺一根纱的手摇纺车改进为同时能纺四根纱的脚踏纺车,功效提高数倍。

2. 矿冶业

土司时期土家族地的矿冶业也有较大的发展,丹砂、铁矿、铅矿、铜矿、金矿、银矿、硝矿、硫磺矿均得到开采利用。矿产的种类有所增加,矿产地也较以前有所增多。

丹砂的开采和冶炼方面,黔东北思南府、铜仁府较其他地区兴盛。永乐

---

① 光绪《湖南通志》卷40《地理志》。
② 同治《来凤县志》卷28《风俗志》。
③ (清)顾炎武:《天下郡国利病书》卷70,四部丛刊本。
④ 同治《增修酉阳直隶州总志》卷19《物产志》。
⑤ 正德《夔州府志》卷3《土产》。
⑥ 同治《增修酉阳直隶州总志》卷19《物产志》。
⑦ (清)顾彩:《容美纪游》,见:《小方壶斋舆地丛钞》第6帙,清光绪六年(1880)南清河王氏刊本。
⑧ 光绪《秀山县志》卷13《土官志》。
⑨ 嘉靖《思南府志》卷1《地理志》。

十二年（1414）在思南府属水德江板场、佑溪木悠、务川岩前、思邛江任办等朱砂矿区设置四个水银局，垄断朱砂、水银开采和冶炼，每年向朝廷贡纳一定数量的水银、朱砂。其中思南府年贡水银197斤8两，水德司4斤，蛮夷司3斤，务川县167斤8两，印江县23斤；铜仁府万山司年贡水银29斤8两，朱砂16斤8两，其中省溪司11斤，万山司5斤8两。① 朱砂的开采冶炼带动了黔东北地区经济的发展，思南府"务川有砂坑之利，商贾辐凑，人多殷富"②。思南府境内朱砂的产地主要集中于长铁山、岩前山、木悠峰、泥塘山等地。③ 铜仁府朱砂、水银的产地主要为大万山司北新坑山。④ 土司时期土家族地区的其他地方，如湘西的五寨司⑤、泸溪⑥、永顺司⑦，渝东南酉阳司、邑梅、平茶、石耶、地坝等司⑧也产水银、丹砂，但产量不如思南府。因此总体而言，土司时期黔东北的思南府是当时土家族地区丹砂、水银较为集中的产地。

土司时期土家族地区的铁矿产地较前增多。据文献记载，鄂西南容美司"奋山出铁"⑨，当时容美土司境内能打造铁制的鼎铛及农具⑩，表明容美土司境内铁器的冶铸也有一定的水平。土司时期归州⑪、巴东县⑫、建始县⑬均产铁，由于文献记载的简略，产地不详。长阳县今渔峡口土地岭等地在明末清初开办有炼铁厂⑭，铁矿的开采冶炼有一定的规模。湘西北石门县产铁⑮，但产地不详。慈利县铅厂溪的铁矿在明代时曾被开采利用。⑯ 永顺土司雷公嘴、

---

① 嘉靖《贵州通志》卷3《土贡》。
② 嘉靖《思南府志》卷1《地理志》。
③ 嘉靖《贵州通志》卷2《山川》。
④ 《大清一统志》卷507《铜仁府》，文渊阁四库全书本。
⑤ 《大清一统志》卷380《凤凰直隶厅》，文渊阁四库全书本。
⑥ （明）李贤等：《大明一统志》卷65《辰州府》，西安：三秦出版社，1990年，第1002页。
⑦ （明）李贤等：《大明一统志》卷66《永顺司》，西安：三秦出版社，1990年，第1031页。
⑧ 光绪《秀山县志》卷12《货殖志》。
⑨ （清）顾彩：《容美纪游》，见：《小方壶斋舆地丛钞》第6轶，清光绪六年（1880）南清河王氏刊本。
⑩ 道光《鹤峰州志》卷14《杂述志》载，改流后流民于"深山箐林挖数尺，每有残鼎铛与一切农器"，这些鼎铛和农具当为此前时期的居民遗留下来的，其冶筑的时期当在改流之前。
⑪ 嘉靖《归州志》卷2《田赋》。
⑫ 嘉靖《湖广图经志》卷6《荆州府》。
⑬ 正德《夔州府志》卷3《土产》。
⑭ 湖北省长阳土家族自治县志地方志编纂委员会：《长阳县志》，北京：中国城市出版社，1992年，第208页。
⑮ 光绪《湖南通志》卷58《食货志》。
⑯ 同治《续修慈利县志》卷3《山川》。

铁厂等地康熙年间有铁矿开采冶炼。① 泸溪县浦市近郊的五斤坡、灰洞坳产铁矿。明末清初浦市坑的冶铁产业，获利数十万银的有几十家。② 《印江自治县志》（送审稿）载黔东北的印江县沙子坳在万历年间曾开矿冶炼毛铁。铁矿的产地主要还是集中在湘西北和鄂西南一带。

　　土司时期不仅铁矿产地增多，铁器的利用也较为广泛，因此铁器的冶铸技艺也有所提高。不少农村和城镇有专门打铁器的工匠，冶铸的铁器的种类也有所增多。生产工具主要有铁铧、锄、耙、镰刀、斧等。军事器械方面，匠人能打造质量较好的铁刀、坚固的甲、胄、标牌、编架弩等。这些军事器械在土家族人为朝廷的征战中也曾立下大功，如土家族的钩镰枪弩之技就曾在明代的抗倭战争中屡建奇功。

　　土司时期土家族地区所产铅矿分白铅和黑铅两种。渝东南石柱司花椒园产黑铅③，明成化年间石柱司每年铅课5130斤④，这必然促使铅的开采冶炼形成一定的规模。酉阳土司境内的亚坚等地在明初永乐年间曾向官府输纳黑铅⑤，另外黑铅溪也曾有人开采铅矿。⑥ 桑植县历山的铅矿在土司时也曾予以开采。⑦ 万历元年（1573）慈利县乡民曾在岩泊渡狮子岩开采铅矿。⑧ 万历十年（1582）泸溪县曾有100多人在长冲山开矿，还因争矿引起械斗⑨，在当地造成不小的影响。土司时期朝廷在渝东南征收铅课，说明当时该地区铅矿的开采较为兴盛。而其他地区只是民间零星开采，无法与渝东南规模性开采相比。

　　土司时期土家族地区铜矿也得到开采利用。据文献记载，永顺司的鱼涎口、石米溪、雷公嘴、茶庙二溪⑩，桑植司的黄砀峪产铜⑪，古丈坪的高峰、庙溪元明时出产铜矿⑫，也当有铜矿的开采。总体而言，土司时期土家族地

---

① 民国《永顺县志》卷15《职官》。
② 湖南省泸溪县志编纂委员会：《泸溪县志》，北京：社会科学文献出版社，1993年，第297、302页。
③ 道光《补辑石柱厅志》卷2《田赋志》。
④ 嘉庆《四川通志》卷94《武备志》。
⑤ （清）毛奇龄：《蛮司合志》卷3《贵州》，上海：上海古籍出版社，1995年。
⑥ 光绪《秀山县志》卷2《地志》。
⑦ 同治《桑植县志》卷2《风土志》。
⑧ 湖南省慈利县志编纂委员会：《慈利县志》，北京：农业出版社，1990年，第10页。
⑨ 湖南省泸溪县志编纂委员会：《泸溪县志》，北京：社会科学文献出版社，1993年，第8页。
⑩ （清）佚名纂修：《永顺宣慰司志》卷2，清抄本。
⑪ 同治《永顺府志》卷10《物产》。
⑫ 古丈县志编纂委员会：《古丈县志》，成都：巴蜀书社，1989年，第190、187页。

区铜矿产地以湘西相对较为集中，但数量少，产量也不高。

土司时期土家族地区的金矿开采利用较前增多。元至元二十年（1283），朝廷以蒙古人孛罗主持湖北辰沅等州淘金事宜，调拨常德、澧、辰、沅、靖等民万户付金场转运司淘金①，其规模在土家族地区而言谓是空前的。明成化年间开辟湖广金场，在武陵十二县开21个矿场，一年征调民工55万人。②矿场工人数量多，采矿规模较大，采金活动也波及土家族地区。土司时期思南府朗溪司有昔窠、木桶等金场开采金矿。③永乐十三年（1415）朝廷在提溪司设太平溪金场开采金矿，产地主要集中于梵净山西南麓的金盏坪、大河堰一带。④铜仁府省溪司也产金矿。⑤夔州府建始县石乳山产麸金。⑥泸溪县金矿以浦市冲积平原为最多，浦市以西2公里的老婆冲较为集中，元代时这里淘金活动已很繁盛。⑦总体而言，土司时期土家族地区金矿产地多集中于黔东北、湘西泸溪县一带。

土司时期土家族地区有银矿的开采，但产地不多。据文献记载，明成化年间石柱司曾与丰都县为争银场相互仇杀⑧，这说明石柱土司与丰都县临界之地产银矿。另慈利县铅厂溪在明代也出产银矿。⑨

土司时期土家族地区硝土的开挖与炼制主要集中于湘鄂西一带，尤以湘西北为多。鄂西南的大田所明代"有硝场，产硝"⑩。湘西北永顺司里耶等地"素产焰硝，土人以煎熬为业，外省小贩多以布盐杂物零星换易，运至梅树地方分发"⑪。改流前永顺的麻阳坪、木榔溪、陈柴峒、大明溪、川峒、滴水峒、小白峒、龙峒，保靖的山羊峒、手扒峒，龙山的汝池洞、黄连洞、新峒、老虎峒、大扎峒、五眼峒、干溪峒、里耶洞峒、自生桥，桑植的泉峪峒、泽岩峒、者果峒、保宝峒、前窟峒、袁家寨、岩窟口、喇叭峒等地均产硝。⑫

土司时期土家族地区的磺矿产地有所增多。土司时期的磺矿分雄黄和硫

---

① （明）宋濂：《元史》卷94《食货志》，北京：中华书局，1976年，第2379页。
② （清）张廷玉等：《明史》卷81《食货志》，北京：中华书局，1974年，第1971页。
③ 嘉靖《思南府志》卷1《地理志》。
④ 江口县志编纂委员会：《江口县志》，贵阳：贵州人民出版社，1994年，第380页。
⑤ （清）张廷玉等撰：《明史》卷46《地理志》，北京：中华书局，1974年，第1212页。
⑥ （清）顾炎武：《天下郡国利病书》卷69《四川》，四部丛刊本。
⑦ 罗同祥：《泸溪淘金拾零》，见：《湘西文史资料》第3辑。
⑧ 嘉庆《四川通志》卷94《武备志》。
⑨ 同治《续修慈利县志》卷3《山川》。
⑩ （清）张廷玉等撰：《明史》卷44《地理志》，北京：中华书局，1974年，第1096页。
⑪ 嘉庆《四川通志》卷2《雍正七年上谕》。
⑫ 同治《永顺府志》卷10《物产》。

磺两种。据文献记载，雄黄主要产于思南府大和坝雄黄沟①、石门县西北黄石山等地。② 硫磺矿主要产于容美土司水砂坪③、泸溪县山阳④等地。

与以前相比，土司时期土家族地区矿产开采和冶炼有所发展，矿物的种类增多，产矿地增多。在朝廷的扶植下，部分矿产的开采和冶炼形成一定的规模，并由此带动了地方经济的发展。虽然矿冶业得到了一定程度的发展，但从总体而言，土司时期土家族地区的矿冶生产的规模普遍偏小。

3. 榨油业

土司时期土家族地区见于文献记载的油类产品有桐油、香油。桐油为桐实碾榨而得。历史时期土家族地区多油桐树，人们取桐树果实榨油。桐油为工业原料，可用来做油漆。香油则为芝麻碾榨而成，土家族的农作物中有芝麻，因此所榨之油又称之为麻油，又称香油，主要用于日常食用。土司时期土家族地区的桐油产地主要有思南府、酉阳司、邑梅司、石耶司、平茶司、地坝司、建始县、巴东县、归州等地，香油产地则有思南府、铜仁府⑤等地。

4. 煮盐业

土司时期土家族地区的煮盐业也有所发展，盐业产地有所增多。明代酉阳司所属郁山一带凿有四口盐井煮盐，所产盐"止供思南、务川、黔江、及酉阳各土司贩户零星易卖，商引未行"⑥，所产之盐主要供给今渝东南和黔东北的部分地区，供盐区的范围有限；经营郁山盐的多为小商贩，没有财力雄厚的大商人参与，可见当时郁山盐的生产规模并不大。土司时期黔东北的沿河县咸井在明代也曾煮水制盐⑦，但为时短暂，规模也不大。湘西北的永顺司颗砂曾有人凿盐井煮盐，运营时间不长就被土司封禁。⑧ 鄂西南峡江地区归州东南35里清宁井有盐泉，明代时"蜀人煮盐于此，巨舟连蜀，居人辐凑，后以所得不能偿其所费止"⑨，清宁井盐业生产曾一度兴盛，后因产盐不多而废止。总体而言，土司时期土家族地区的盐产地，较前代确有所增多，但盐业生产的规模相对偏小，盐产地存在的时间多不长久。土司时期土家族

---

① 思南县志编纂委员会：《思南县志》，贵阳：贵州人民出版社，1992年，第487、488页。
② 嘉庆《石门县志》卷6《山川志》。
③ （清）顾彩：《容美纪游》，《小方壶斋舆地丛钞》第6帙，清光绪六年（1880）南清河王氏刊本。
④ 湖南省泸溪县志编纂委员会：《泸溪县志》，北京：社会科学文献出版社，1993年，第297页。
⑤ 见表5-5"明代土家族地区各地区商品情况"。
⑥ 同治《增修酉阳直隶州总志》卷6《食货志》。
⑦ 民国《沿河县志》卷2《舆地志》。
⑧ 同治《永顺府志》卷10《物产》。
⑨ 嘉靖《归州志》卷1《古迹》。

地区的盐业生产仍不能满足土家族地区居民的食盐需求。

5. 制蜡业

制蜡作为土家族地区土家族传统的手工生产，到土司时期仍得以延续和发展。土司时期土家族地区各地均有蜡制品，成品蜡分黄蜡和白蜡两种，制作方法与前代相似。土司时期土家族地区的思南府、铜仁府、平茶司、保靖司、施州卫、建始县、巴东县、归州、石门、慈利等地产蜡较多，其中思南府、铜仁府还定期向朝廷贡蜡①。相对而言，当时黔东北地区是土家族地区制蜡较为兴盛的地区。

6. 制漆业

土司时期土家族地区土产中有漆。土家族地区的经济林木中有漆树，土家族地区的居民割漆树汁液制作成品漆，用于制作竹木器具的涂料。当时土家族地区漆的产地主要集中于建始县、归州、巴东县、石门县、慈利县等湘鄂西设州县开发较早的土家族地区边缘地带②。

7. 制皮革

到土司时期，土家族地区的野生动物资源仍然相当丰富。在当地土家族人的经济生活中，狩猎还是一项重要的农事活动。对于猎取的野生动物，肉用于食用，兽皮经过技术处理后制成皮革。经过硝制的皮革在土司时期是部分土家族地区的重要的外销商品。据统计，土司时期土家族地区的石柱司、建始、石门、慈利等地硝制鹿皮、麂皮较为有名③，因此这些地方也是当时土家族地区皮革制作相对较为集中的地区。

8. 手工编织

手工编织是历史时期土家族地区土家族人最为常见的一种手工劳动，虽然没有专门的手工编织作坊进行规模性生产，但却是普通家庭的主要成员必备的一项生产技能。日常生活所需的筐、箩、筛、篮、背篓、斗笠、竹筛、簸箕、席等大多是土家族人自行编织的。手工编织的原料多为竹、木、山藤等，其制作工艺精美。手工编织的竹席、苏熏席曾作为贡品进献给朝廷，土司时期，土家族土司给朝廷的贡品中也有一些手工编织产品。这在一定程度上说明手工编织已从实用的初级阶段向着实用兼艺术欣赏的阶段转变，编织技艺也相应地得到提高。

---

① 嘉靖《贵州通志》卷3《土贡》。
② 见表5-5"明代土家族地区各地区商品情况"。
③ 见表5-5"明代土家族地区各地区商品情况"。

第四章 历史时期土家族地区手工业及其空间过程

根据上文的论述,再结合相关的文献记载,我们可对土司时期土家族地区各地手工业产品进行初步的统计。各地手工业产品大致情况见表 4-3:

表 4-3 土司时期土家族地区各地手工业产品

地区名	手工业品种类	地区名	手工业品种类
思南府	棉布、铁、丹砂、水银、金、磺、黄蜡、香油、桐油	铜仁府	丹砂、水银、银、铁、金、香油
西阳司	花斑布、丹砂、水银、铅、蜡、桐油	平茶司	花斑布、丹砂、水银、黄蜡、桐油
邑梅司	丹砂、水银、桐油	石柱司	黑铅、银、麂皮
地坝司	丹砂、水银	彭水县	盐
长阳县	蜡、铁	归州	纻麻、白布、葛布、丝、绢、铜、铅、蜡、桐油、清油、漆
巴东县	土布、丝、土绢、铁、白蜡、黄蜡、桐油、油漆	建始县	葛布、丝绸、麸金、铁、黄蜡、白蜡、漆、鹿皮、麂皮、木桐油
施州卫	土锦、斑丝、棉布、白蜡	大田所	硝
容美司	峒锦、峒被、峒巾、铁、磺	保靖司	丹砂、水银、硝、黄蜡
永顺司	峒巾、峒锦、斑绸、斑裙、土绸、黄丝帕、棉布、纻布、红铜、水银、丹砂、铁、硝、黄蜡、盐	桑植司	铅、铜、硝
五寨司	丹砂、水银	石门县	缎、织锦、素锦、胖袄裤、棉布、纻布、铜器、铁、磺、蜡、漆、白硝鹿皮、麂革、盐
慈利县	缎、织锦、素锦、棉布、土绸、胖袄裤、蜡、漆、漆器、白硝鹿皮、盐、铁、铅	卢溪县	木皮布、铁、铅、金、磺

从上表可以看出:

(1) 从各地手工业门类的构成和分布情况来看,思南府有纺织、矿冶业、制蜡和榨油 4 类,铜仁府有矿冶业、榨油 2 类,西阳司、平茶司有纺织、矿冶业、制蜡和榨油 4 类,邑梅司有矿冶业和榨油 2 类,石柱司有矿冶业和皮革制作 2 类,地坝司有矿冶业 1 类,彭水县有煮盐业 1 类,长阳县有矿冶业和制蜡 2 类,归州、巴东县各有纺织业、矿冶业、制蜡、榨油、制漆 5 类,建始县有纺织业、矿冶业、制蜡、制漆、皮革制作、榨油 6 类,施州卫有纺织业、制蜡 2 类,大田所有制硝 1 类,容美司有纺织业、矿冶业 2 类,保靖司有矿冶业、制蜡 2 类,永顺司有纺织业、矿冶业、制蜡、煮盐 4 类,桑植司、五寨司各有矿冶业 1 类,石门县、慈利县各有纺织业、矿冶业、制蜡、制漆、皮革制作、煮盐 6 类,卢溪县有纺织业和矿冶业 2 类。从各地手工业的门类构成来看,建始县、石门县、慈利县、归州、巴东县等地手工业门类相对较多（5—6类），而酉阳司、平茶司、永顺司等地次之（4类），其他的区域则相对较少。手工业门类相对较多的建始、石门、慈利、归州、巴东等地为设州县管理的区域，分布于土家族地区的边缘地带，手工业的发展受到汉族的影响较大，因而手工业门类较其他的土家族地区为多。而酉阳司、平茶司、永顺司等地及其他的土家族地区手工业生产门类相对较少。这种情况与土家族经济以农业为主的经济结构模式有很大的关系。

（2）从各类手工业的地域分布来看，纺织业生产主要集中在思南府、酉阳司、平茶司、归州、巴东、建始、施州卫、容美司、永顺司、石门县、慈利县、卢溪县等地，其中尤以布的纺织分布最广。丝织业主要分布于归州、巴东县、建始县、施州卫、石门县、慈利县等地，土司地区则主要集中在容美司和永顺司境内；矿冶业在土家族地区各地差不多均有分布，铁矿开采冶炼主要集中在思南府、铜仁府、巴东县、建始县、长阳县、石门县、慈利县、卢溪县、容美司、永顺司，铜矿开采冶炼主要集中在归州、桑植司、石门县等地，丹砂和水银开采冶炼主要集中在思南府、铜仁府、酉阳司、平茶司、邑梅司、地坝司、永顺司、保靖司、五寨司等地，金矿开采冶炼主要产于思南府、铜仁府、建始县、卢溪县等地，银矿开采冶炼主要集中于铜仁府、石柱司等地，磺矿的开采主要集中在思南府、容美司、石门县、卢溪县，铅矿开采冶炼主要集中在酉阳司、桑植司、归州、慈利县、卢溪县等地，硝土的开采冶炼主要集中在大田所、永顺司、保靖司、桑植司等地；制蜡业主要集中在思南府、酉阳司、平茶司、永顺司、保靖司、施州卫、建始县、巴东县、归州、长阳县、石门县、慈利县，各地产蜡不一样，或为白蜡，或为黄蜡；制漆主要集中在建始县、巴东县、归州、石门县、慈利县等开发较早的区域；皮革制造主要集中在石柱司、建始县、石门县、慈利县等地；榨油业主要集中在思南府、铜仁府、酉阳司、平茶司、邑梅司、建始县、巴东县、归州等地；煮盐业主要集中于彭水县、石门县、慈利县、永顺司等地。各类手工业生产在各地的分布各不相同。由于土司时期土家族地区手工业生产多为原始的原料加工制造，因此手工业的分布受到原料产地的影响较大。同时各地开发早晚不一，民族构成有别，一定程度上对手工业的地域分布产生了一定影响。

四、改土归流后土家族地区的手工业及其产地

改流前土家族地区的手工业虽有发展，但从总体而言，绝大多数土家族民众并不善匠作，也没有专门的手工工匠。手工业生产长期停留于家庭手工生产阶段，手工生产整体水平不高。

改流后大量汉族流民进入土家族地区，一定程度上推动了土家族地区手工业的发展。永顺地方"在土司时自安朴陋，因鲜外人踪迹，自改流后，百务咸兴，于是攻石之工、砖植之工、设色之工皆自远来矣"①。他们"技艺较土人为稍巧"②。随着时间推移，土家族也"渐次有效之者"③。伴随着土家族从业人员的增多，手工业内部分工越来越细，"土、木、竹、石、裁缝、机匠之属各有专司"④。手工生产规模也较前扩大，一项工程在进行中"工匠日以千计"⑤。改流后土家族地区手工业的发展还表现在手工业种类大幅度增多。当时手工业号称"百工"，其中主要的手工业门类有纺织业、矿冶业、制蜡业、煮盐业、榨油业、陶瓷制作、酿酒、制靛、制碱、烧炭、造纸等。

1. 纺织业

作为家庭手工生产之一，改流前土家族地区各地都有纺织生产，多为家庭手工纺织。改流后引进了先进的纺织机器，仿用脚车代替了简陋的矮机⑥，大大提高了生产效率，纺织品质量也有所改善。改流后土家族地区手工织品主要有布和丝织品两大类。

布按原料不同可分为麻布、棉布、竹布、葛布等。麻布顾名思义，乃是用麻为原料纺织的布。在改流前，土家族地区已经有了麻布纺织。改流后麻布纺织有所发展，"五月麻熟，群沤而绩之成布"，"群沤而绩"，说明从事麻布纺织人员较多，已不是改流前小规模的家庭手工纺织了。这一时期麻布的纺织技术也有很大提高，土家族织麻布技术"与汉人等"⑦，麻布纺织技术与中原地区相差无几。土家族地区所织麻布质地"坚好耐久，然不能如荣昌等处之洁白"⑧。麻布经久耐用，但色泽较外地为差，在美观方面与汉族地区还有一定差距。土家族地区居民用麻布"或织手巾花被，细者绣子挑花，或挑小儿手袄衣裤"⑨，麻布为当地主要的布料。麻布不仅能满足本地用布需求，还作为地方特产之一远销外地。

---

① 民国《永顺县志》卷12《食货》。
② 民国《永顺县志》卷6《风俗》。
③ 嘉庆《龙山县志》卷7《风俗》。
④ 同治《保靖县志》卷1《天章志》。
⑤ 乾隆《永顺县志》卷首。
⑥ 李幹、周祉征、李倩：《土家族经济史》，西安：陕西人民教育出版社，1996年，第75—76页。
⑦ 同治《永顺府志》卷10《物产》。
⑧ 同治《增修酉阳直隶州总志》卷19《物产志》。
⑨ 同治《保靖县志》卷2《舆地志》。

麻布之外还织棉布。由于土家族地区棉产地不多，棉花多运自外地，所以各地棉纺织业发展有一定差异。黔东北秀山县纺织所用棉花运自贵州、通州，"官庄、牙阻妇女最工织布，而贩集平塊，遂专大名，岁亦四五千金"①。平塊布虽以平塊为名，其产地则在官庄和牙阻两地。这种布为秀山县重要的外销商品。酉阳州所织棉布质地"欠精细，而服之耐久，亦较胜外来者"②。黔江县"女红多购木棉纺绩，弄机之声恒终宵不辍"③，但本地棉纺远不能满足当地所需，每年还需从外地购入长头布数百匹，洋纱布数百匹，大布万余匹。④彭水县"茅田、细沙等乡纺棉织布机声相闻，妇女皆有恒业"⑤，县境其他地方则绩麻织布。鄂西南施南府属六县"城乡皆善纺绩"，"惟不善织"，"村市皆有机房，布皆机工为之"⑥，形成民间纺绩。机房织布存在分工协作，棉纺中有了专门的织布机构和织布人员，生产规模较家庭手工生产扩大了不少。来凤县"城乡四时纺声不绝，村市皆有机房"⑦，棉纺生产遍及城乡。利川县南坪十一保产棉，稍有棉纺。其他地方织布所用棉花则由外地运进，棉纺的发展颇为艰难。建始县棉纺多为家庭手工业。光绪二十八年（1902）县民王绪舜将蚕丝、棉纱轻纺加工染色，制成绣花丝线和有色棉线出售。光绪三十年（1904）刘凤阶从汉口购得48台纺织机，办起纺织厂和染布坊各1个。⑧先进纺织机的引进标志着土家族地区棉纺织业又向前迈进了一步。宜昌府属鹤峰州、长乐县等地棉花多运自外地，"乡城四时纺声不绝"；长阳县产棉花，山民"以本地机布为常服"；归州、巴东等地虽产棉布，但布质粗恶，仅供本地之用⑨。湘西北石门县产棉花，妇女"多买木棉弹纺成布，比户机声轧轧"⑩，家家户户纺棉织布，所产棉布大量外销。永定县土司时期就产棉花，改流后向外地输出棉花，所织棉布也是当地的重要商品。永顺府所产棉花仅供本境纺织之需，农家妇女"治木棉勤纺织"⑪，所织布匹色彩斑斓，纺织工艺较为精细。南部苗族聚居区内苗族、土家族也纺棉织布，有棉

---

① 光绪《秀山县志》卷12《货殖志》。
② 同治《增修酉阳直隶州总志》卷19《物产志》。
③ 光绪《黔江县志》卷5《风俗志》。
④ 龙正明、谢世龙：《黔江县的土布业》，见：《黔江文史资料》第3辑。
⑤ 光绪《彭水县志》卷3《风俗志》。
⑥ 同治《施南府志》卷10《典礼志》。
⑦ 同治《来凤县志》卷28《风俗志》。
⑧ 建始县地方志编纂委员会：《建始县志》，武汉：湖北辞书出版社，1994年，第364页。
⑨ 同治《宜昌府志》卷11《风土志》。
⑩ 嘉庆《石门县志》卷18《风俗志》。
⑪ 同治《永顺府志》卷10《物产》。

布、斑布等种类。斑布以黄土染纱机织而成，状如兰绸。[①] 黔东北思南府产棉花，"妇女向织土布"。道光二十年（1840）当地设纺织局，专门管理府境纺织业[②]，对推动思南府纺织业发展有不小的促进作用。松桃厅境不产棉花，纺织所需棉花多从湖南购进。

改流后土家族地区布织品还有葛布、竹布和木皮布。葛布为葛树皮经纺绩织成[③]，铜仁府、乾州厅、永绥厅、凤凰厅、古丈坪厅都有葛布的纺织。永顺府桑植县[④]、施南府来凤县[⑤]也有葛布的纺织，规模比上述地区要小。土家族地区还有竹布，主要产地为酉阳州。另有木皮布，主要产于泸溪县，当地"土人以丫桑皮为之"[⑥]，是绩桑树皮而织成的布。这些布都是根据布的原料而命名的。

改流后土家族地区纺织业除布的纺织外，丝织业也得到一定的发展。改流后丝织品的种类主要有锦、绢、绸、丝等，所用原料均为蚕丝。土家族所织土锦被称为西兰卡普，所用原料或丝，或丝、棉混织。其纺织方法"或经纬皆丝，或丝经棉纬，用一手织纬，一手挑花，遂成五色，其挑花用细牛角"[⑦]。土锦织工精细，色彩鲜艳，为土家特产，尤以永顺府、松桃厅较多。苗区内有苗锦，其织法与土家族织法相同，所用原料均为蚕丝。花纹远看华丽，而近观略粗糙，较西兰卡普略逊一筹。[⑧]

土家族地区土绢质地薄而坚韧，乃是本地蚕丝经机器纺织而成，绢质多为黄色，白绢不多。[⑨] 在土绢产地中，来凤县四季沟绢产量占到全县一半[⑩]，利川县光绪年间县城北吴、彭二姓织绢精良。[⑪] 归州颇负盛名的为童庄绢，绢质坚厚洁白[⑫]，为地方名优产品。

改流后土家族地区丝织品还有土绸，以蚕丝为经棉纱为纬织成，质地坚

---

① 光绪《乾州厅志》卷13《物产志》。
② 道光《思南府续志》卷2《地理门》。
③ 光绪《古丈坪厅志》卷11《物产》。
④ 同治《桑植县志》卷2《风土志》。
⑤ 同治《来凤县志》卷29《物产志》。
⑥ 乾隆《湖南通志》卷50《物产》。
⑦ 同治《永顺府志》卷10《物产》。
⑧ 光绪《乾州厅志》卷13《物产志》。
⑨ 光绪《乾州厅志》卷13《物产志》。
⑩ 同治《来凤县志》卷29《物产志》。
⑪ 光绪《利川县志》卷7《户役志》。
⑫ 光绪《归州志》卷1《土产》。

韧。土绸不亚于川绸，只是染色方面要比川绸稍差。① 改流后土家族地区各地均能织土绸。鸦片战争以后，大批洋纱、洋布涌入土家族地区，使传统手工纺织品市场大大缩小，本地纺织生产有所萎缩。

2. 矿冶业

改流后土家族地区的矿冶业得到了很大发展：矿产地比以前任何时期都多，矿产种类增多，从事矿产开采和冶炼人数增多，采矿、冶矿规模更大。改流后开发利用的矿产主要有汞矿、铁矿、铜矿、金矿、银矿、铅矿、锑矿、硝矿、磺矿、煤矿等。

汞矿，又称朱砂、丹砂。改流后土家族地区汞矿继续得到开采利用。黔东北思南府务川县木悠、板场、岩脚峰等处产水银，汞矿开采200多年，获利不下数百万。乾隆年间准许民间开采，矿场雇佣矿工达300多人。当地居民也以开矿为生，朱砂、水银成为务川县外运的重要商品。另外朋岩、大重溪、檐前沟、官坝、打蕨沟等地也产朱砂、水银，但矿场时开时闭②，所产朱砂、水银相对有限。铜仁府仅原大万山司产朱砂、水银。③ 渝东南酉阳州龙潭光绪年间产丹砂。④ 秀山县溪口山方圆40里内很早就产丹砂。改流后"采取者相望，椎凿之声，四时不绝"，先在龙门建厂，光绪年间矿厂移于新添坪。好丹砂"厂户贩运出境，岁利凡万金"，肤末弃块则烧炼水银，"利亦二三千金"⑤。县境邑梅水支流蛮水附近高洞早年也产丹砂。⑥ 湘西北保靖县产朱砂⑦，但不详处所。泸溪县在光绪年间每年向官府缴纳朱砂1斤⑧，朱砂产量甚少。鄂西南施南府宣恩县大山坪产朱砂，但产量不多。⑨ 总体来说，改流后土家族地区的汞矿开采和冶炼，以黔东北务川县、渝东南秀山县及与之相邻的酉阳州龙潭一带较为集中，其他地方只有小规模的零星开采。

改流后土家族地区铁矿开采和冶炼几乎遍及整个土家族地区。黔东北思南府安化县道光年间在溪底合口林设厂炼铁，道光十四年（1834）今团结村用土法炼铁，年产值铜钱50—60万文。光绪十年（1884）大溪沟、小岔沟炼

---

① 同治《增修酉阳直隶州总志》卷19《物产志》。
② 民国《务川县备志》卷10《经业》。
③ 道光《铜仁府志》卷4《食货》。
④ 光绪《黔江县志》卷1《地舆志》。
⑤ 光绪《秀山县志》卷12《货殖志》。
⑥ 光绪《秀山县志》卷2《地志》。
⑦ 同治《保靖县志》卷3《食货志》。
⑧ 光绪《湖南通志》卷61《食货志》。
⑨ 同治《施南府志》卷2《地舆志》。

铁，大溪沟日产铁达 1200 斤，六年后又在王六沟用土炉炼铁。① 务川县自清康熙年间至民国初年，二坡、大路坳、猫门、李家坝、铁厂沟、太平场等地产铁。② 沿河县铁盖、铁矿山、曾家坳、彭家坳出铁矿。③ 铜仁府铜仁司、省溪司在乾隆、嘉庆年间产铁④，光绪十八年（1892）矿商杨杰顺等合资在苗茂沟（今铁厂乡境）采炼铁矿。⑤ 渝东南酉阳州清明坝"有市集，有矿丁，有锅厂"。由于铁矿开采，清明坝逐渐形成集市。⑥ 黔江县金山盖"其山多铁矿"⑦，在正谊、白土有铁厂四座，所炼之铁矿出自黔江县境内。另在中塘、后坝、洞口还有铁厂三座，铁矿石来自湖北省咸丰县境。⑧ 秀山县光绪年间东乡铁厂坳产铁。⑨ 石柱厅大山坪原建有铁厂数十座，乾隆三十九年（1774）因近厂木材伐尽，炼铁缺乏足够的燃料而关闭。⑩ 鄂西南施南府恩施县南银矿山在乾隆、嘉庆年间产铁。⑪ 建始县长梁铁矿在清末得到开采，高坪、东庄坪、马虎山、高店子等地也有铁的冶铸。⑫ 利川县新湾改流后有人挖矿炼铁。⑬ 咸丰县自改流以后，所开采铁矿"多制成钢铁，除本县自用外，输出邻县亦复不少"⑭，所出产的铁不仅能满足县内的用铁需求，还有成品铁运销县境以外。宣恩县境铁厂坡、铁厂沟、铁厂坪、铁厂垭、铁厂坳等处建有铁厂，从事铁矿开采和冶炼。宣恩与咸丰交界的人头山常年有 200 多人挖矿炼铁，晓关草坝、李家河上洞坪、卧犀坪黑槽、沙道沟沙坪等地建有小型土法炼铁厂⑮，说明改流后宣恩县也是铁矿开采和冶炼较多的区域。鹤峰州道光年间产铁⑯，但产地不详。长乐县于乾隆五十三年（1788）曾筑铁钟 1 口，

---

① 思南县志编纂委员会：《思南县志》，贵阳：贵州人民出版社，1992 年，第 45 页。
② 民国《务川县备志》卷 10《经业》。
③ 民国《沿河县志》卷 2《舆地志》。
④ 《大清一统志》卷 507《铜仁府》，文渊阁四库全书本。
⑤ 江口县志编纂委员会：《江口县志》，贵阳：贵州人民出版社，1994 年，第 381 页。
⑥ 同治《增修酉阳直隶州总志》卷 19《物产志》。
⑦ 同治《增修酉阳直隶州总志》卷 2《地舆志》。
⑧ 冉景福：《黔江民族经济史略》，见：《黔江文史资料》第 5 辑，中国人民政治协商会议黔江土家族苗族自治县委员会文史资料委员会编印，1990 年，第 83—116 页。
⑨ 光绪《秀山县志》卷 12《货殖志》。
⑩ 道光《补辑石柱厅志》卷 2《田赋志》。
⑪ 《大清一统志》卷 351《施南府》，文渊阁四库全书本。
⑫ 建始县地方志编纂委员会：《建始县志》，武汉：湖北辞书出版社，1994 年，第 364 页。
⑬ 湖北省利川市地方志编纂委员会：《利川市志》，武汉：湖北科学技术出版社，1993 年。
⑭ 同治《咸丰县志·食货志》。
⑮ 李幹、周祉征、李倩：《土家族经济史》，西安：陕西人民教育出版社，1996 年，第 119 页。
⑯ 道光《鹤峰州志》卷 7《物产志》。

嘉庆二年（1797）于麦庄（今谢家坪）铸铜合金火炮 2 尊、铁质火炮 1 尊①，说明当时长乐县铁器冶铸技术已有一定水平。至嘉庆六年（1801）"邑内有商采办铁矿"②，商人督办铁矿生产，能给铁矿开采冶炼提供资金，对推动铁矿开采冶炼至为重要。长阳县云台荒、火烧冲原有铁厂，乾隆五十五年（1790）封闭。③ 其产地主要集中于晓峰垭、土木垱、关口垭、横茅湖、雪山河等地。这些地方均建有高炉，就地以土法采矿冶炼。④ 湘西北石门、慈利、永定等县从雍正十三年（1735）允许民间自行开采铁矿，使上述地方铁矿开采冶炼得到较大发展。永定县铁矿主要集中在西北部山地，铁厂多位于茅冈司界内，至民国时期大小铁厂发展至 48 个。⑤ 慈利县茅花界、铅厂溪在明代曾开挖铁矿，至道光年间再次开采，后因产铁不多停止采挖。⑥ 永顺县贺虎溪、亚自溪、扯溪、用加等地同治年间产铁。⑦ 桑植县历山、凉峰界、酸子界、卧云界、上峒、下峒、腰溪峒、红砂溪、黄连溪、大泉溪、宝溪、黄砂塔、冈居峪、牛落、岩破石、铁厂垭等处同治年间产铁。⑧ 保靖县沙塘、腊洞光绪年间产铁。⑨ 龙山县改流后产铁之地有茨岩塘、普口车、细沙坪等。古丈坪厅光绪年间铁产地有丫角山、清油孔、龙家寨、桐油坡等。⑩ 永绥厅雅桥、排吾、大铁厂一带产铁，清末民间自发开采。咸丰、同治年间下寨河苗民改进炼铁技术，用水力鼓风机代替手拉风箱炼铁，猫儿洞里寨吴姓富户开办的铁厂具有一定规模。⑪ 泸溪县原产铁，但因道光、咸丰年间欧洲洋铁的涌入，铁冶业渐趋衰败。⑫ 总体上来说，改流后土家族地区各府、厅、州、县基本上均有铁矿开采冶炼。但由于铁矿开采冶炼受到矿源、冶矿燃料（主要是林木资源）多寡、民族分布、政治政策等诸多因素影响，具体到各地铁矿产地，

---

① 湖北省五峰土家族自治县地方志编委会：《五峰县志》，北京：中国城市出版社，1994 年。
② 同治《长乐县志》卷 12《杂记志》。
③ 同治《宜昌府志》卷 11《风土志》。
④ 湖北省长阳土家族自治县志地方志编纂委员会：《长阳县志》，北京：中国城市出版社，1992 年，第 208 页。
⑤ 民国《永定县乡土志》卷 4。
⑥ 同治《续修慈利县志》卷 3《山川》。
⑦ 同治《永顺县志》卷 6《风土志》。
⑧ 同治《桑植志》卷 2《风土志》。
⑨ 光绪《湖南通志》卷 61《食货志》。
⑩ 光绪《古丈坪厅志》卷 3《物产》、卷 11《物产》。
⑪ 湖南省花垣县志编纂委员会：《花垣县志》，北京：生活读书新知三联书店，1993 年，第 205—206 页。
⑫ 湖南省泸溪县志编纂委员会：《泸溪县志》，北京：社会科学文献出版社，1993 年，第 302 页。

情况又各有不同。与以前的小规模矿场开采冶炼不同，改流后许多地方建厂炼铁，佣工数百人，规模较以前为大。尽管改流后矿产地大幅度增加，采矿和冶铁规模有所扩大，但矿冶技术仍很落后。开矿多赖人力，冶矿多用土法炼制，因此铁产量不高，所产铁质地也较差。所以在铁矿生产中，铁矿石输出远较铁成品输出多。由于诸多因素的限制，改流后土家族地区尽管涌现许多铁矿厂，但存在时间较长的并不多。很多铁矿厂旋开旋闭。

土家族地区的铜矿在改流之前就已经得到开发利用，改流后铜矿得以继续开采。改流后，黔东北思南府沿河县铜盖出产铜矿①，务川县门股丫也产铜②。渝东南黔江县同治年间正阳、五里乡等地产铜③。石柱厅乾隆三十三年（1768）尖山（今都会乡地）一带产铜数千斤④。鄂西南建始县长梁清代产铜，主要是用土法冶炼⑤。鹤峰州在 1840 年后，曾在九台山招商开采铜铅。长乐县嘉庆二年（1797），麦庄（今谢家坪）曾筑铜合金火炮二尊，与乾隆五十三年（1788）所筑铁钟合称三将军⑥。湘西北永定县与桑植县交界的大米界铜矿，曾被开采，但矿脉有限⑦。永顺府永顺县鱼涎口、石米溪同治年间产铜⑧。桑植县水獭铺、彭家山产铜，雍正八年（1730）曾尝试着开采，乾隆四年（1739）再次进行开采，费银 1000 多两，但得铜才 1500 多斤⑨，耗费多而收获却极为有限。总体来说，改流后土家族地区铜矿产地比铁矿要少得多，冶炼技术较落后，主要是土法炼制。因此产铜量低，所获不偿所费，各地铜矿开采和冶炼也是时断时续。

金矿在改流后继续得到开采利用。据《印江大事记》载黔东北思南府梵净山天庆寺、护国寺等地在乾隆年间开采金矿，共开矿洞 20 余个，雇佣矿工 340 人。仅印江县从乾隆十年（1745）至五十年（1785），通过外商与当地土著联合开采，共获纯金 3600 余两。其他地方也获得数量不等的纯金。沿河县

---

① 民国《沿河县志》卷 2《舆地志》。
② 民国《务川县备志》卷 10《经业》。
③ 《黔江土家族苗族自治县简况》，《黔江土家族苗族自治县简况》编写组 1984 年编印，第 51 页。
④ 道光《补辑石柱厅志》卷 1《地理志》。
⑤ 建始县地方志编纂委员会：《建始县志》，武汉：湖北辞书出版社，1994 年，第 364 页。
⑥ 湖北省五峰土家族自治县地方志编委会：《五峰县志》卷 7《工业》，北京：中国城市出版社，1994 年。
⑦ 民国《永定县乡土志》卷 4《耆旧》。
⑧ 同治《永顺县志》卷 6《风土志》。
⑨ 同治《桑植县志》卷 2《风土志》、卷 8。

金峰山产金矿①,金峰山因此得名。铜仁府省溪、提溪二司道光年间产金②,金盏坪金矿开采后遗留下来的老坑洞至今还残存四五处。③ 渝东南酉阳州东蒲海坝等地同治年间产金。④ 秀山县南乡金砂洞光绪年间产金。⑤ 鄂西南施南府建始县所产金矿以石乳山较为集中。⑥ 湘西永绥厅同治年间产麸金⑦,但产地不详。古丈坪厅三道河、洞坪、潭坪、陶金溪光绪年间产金。⑧ 总体而言,土家族地区金矿产地不如铁矿那样多,在土家族地区分布较为稀散。改流后金矿开采冶炼规模较大的为思南府,其他地方则为小规模的零星开采利用。

银矿在改流前有少量开采,改流后土家族地区局部区域内有银矿开采冶炼。沿河县银峰山早年曾出产银矿⑨,当地居民曾进行开采。恩施县银矿山在嘉庆年间以前曾产银。⑩ 慈利县历山产银矿,至同治年间矿洞坍塌,银矿开采遂停止。古丈坪厅洞坪光绪年间产银矿。⑪ 由于土家族地区银矿资源相对较少,因此改流后银矿产地也较少。

铅矿在改流前有零星开采,改流后土家族地区铅矿得到大量开采。渝东南酉阳州产铅,乾隆三十五年(1770)建有炼炉10座。后因炼铅的煤缺乏,乾隆五十二年(1787)铅矿矿场封禁。⑫ 当时铸炉炼铅的资本主要由官府提供,一旦官府停止资金供应,铅矿开采也就随之停止。秀山县黑铅溪光绪年间产黑铅。⑬ 石柱厅白沙岭产白铅,乾隆三十三年(1768)向官府缴纳税铅30余万斤。后因山水冲塌矿洞,铅厂遂向擂鼓台、冷水溪、黑田池、深溪沟、大富坪、鹿子洞、大火田等处迁移,道光年间铅厂移至中溪沟,"厂之迁徙两因水患,余皆移炉就煤"。乾隆四十八年(1783)官府得铅95 600斤,道光十八年(1838)官府得铅127 500斤,十九年(1839)得铅60 000斤。

---

① 民国《沿河县志》卷2《舆地志》。
② 道光《铜仁府志》卷4《食货》。
③ 江口县志编纂委员会:《江口县志》,贵阳:贵州人民出版社,1994年,第380页。
④ 同治《增修酉阳直隶州总志》卷19《物产志》。
⑤ 光绪《秀山县志》卷12《货殖志》。
⑥ 《大清一统志》卷351《施南府》,文渊阁四库全书本。
⑦ 同治《永绥直隶厅志》卷2《食货门》。
⑧ 光绪《古丈坪厅志》卷3《物产》、卷8《建置》。
⑨ 民国《沿河县志》卷2《舆地志》。
⑩ 《大清一统志》卷351《施南府》,文渊阁四库全书本。
⑪ 光绪《古丈坪厅志》卷11《物产》。
⑫ 同治《增修酉阳直隶州总志》卷6《食货志》。
⑬ 光绪《秀山县志》卷12《货殖志》。

另外厅属花椒园一带出产黑铅[1],该处铅矿也有一定数量的开采。鄂西南鹤峰州道光年间产铅[2],但具体产地不详。长乐县同治年间也产铅[3],具体产地不详。湘西北慈利县铅厂溪产铅,原来每年向官府纳铅4800斤。嘉庆年间裁减官铅数额,至同治年间缴纳官铅额下降为4365斤9两。[4] 永顺县改流后外塔卧铅厂坪产铅。桑植县历山[5]、兴贤里[6]同治年间均设有铅厂从事铅矿开采冶炼。乾州厅光绪年间产铅[7],但产地不详。永绥厅汛渔塘、排吾、大铁厂、杉木冲等地产铅,同治年间隆团、角弄、李梅等地居民曾开采铅锌矿贩卖给商人。[8] 古丈坪厅彭岩山光绪年间产铅。[9] 改流后土家族地区铅矿的开采冶炼,从铅矿产地数量来看,较铜矿、金矿、银矿为多,较铁矿为少;从矿产地分布来看,铅矿产地主要集中在渝东南和湘西北;从铅产量来看,缴纳官铅达数十万斤,而实际冶炼的铅数量远比官铅数量多;从产铅数量来看,比铁冶产量高很多。

锑矿为改流后土家族地区新增矿产种类,改流后部分区域的锑矿得到开发利用。黔东北铜仁县在光绪年间曾有大利公司、华丰公司、立兴公司、礼和洋行、协成公司、黔兴公司、福源公司、中兴公司等企业专门从事锑矿开采、冶炼和运销。清政府还在铜仁设铜松思石矿务总局,负责管理当地矿务。当时锑矿矿区主要集中于青龙洞、滴水岩、黑湾等10处,成品囤积快场,然后挑运至怒溪上船,水运至铜仁、常德、汉口等地。截至宣统二年(1910),累计获锑矿矿砂500吨。[10] 湘西北桑植县白沙乜车溪洞山有锑矿,但矿脉不旺,采获不多。下榔保锑矿较多,当地土著居民曾合资予以开采。[11] 古丈坪厅青云山锑矿在光绪年间曾被开采。[12] 总体来说,改流后土家族地区锑矿开采主要集中在黔东北铜仁府一带,其次则为湘西北。锑矿开采规模和锑矿产量,尤以黔东北铜仁府为最,不过土家族地区锑矿一般是在清末才开始规模

---

[1] 道光《补辑石柱厅志》卷2《田赋志》。
[2] 道光《鹤峰州志》卷7《物产志》。
[3] 同治《宜昌府志》卷11《风土志》。
[4] 同治《续修慈利县志》卷6《武备》。
[5] 同治《桑治县志》卷1《疆域志》。
[6] 同治《桑植县志》卷2《风土志》。
[7] 光绪《乾州厅志》卷13《物产志》。
[8] 同治《永绥直隶厅志》卷1《地理门》。
[9] 光绪《古丈坪厅志》卷11《物产》。
[10] 江口县志编纂委员会:《江口县志》,贵阳:贵州人民出版社,1994年,大事记。
[11] 李幹、周祉征、李倩:《土家族经济史》,西安:陕西人民出版社,1996年,第80页。
[12] 光绪《古丈坪厅志》卷11《物产》。

性的开采。

硝矿，又称硝土，在改流前是土家族地区重要的非金属矿产资源。改流后硝矿资源仍得到开采利用。土家族地区各地多有硝土资源，因此改流后各地都有硝土采挖和硝的熬制。渝东南酉阳州南 70 里山羊岩洞中产硝①，同治年间曾有人采挖熬硝。黔江县百丈崖、柜子崖等地也产硝。② 石柱厅原须向官府缴纳成品硝 1000 斤，乾隆三十七年（1772）增至 3600 斤。厅境之川洞子、滥泥岩、风琵琶等洞，厅东南、西南与利川、彭水交界地带产硝。经过长期采挖，至道光间硝土采挖殆尽。③ 鄂西南恩施县东 120 里呐喊洞同治年间产硝。④ 建始县蜜蜂等洞同治年间年获净硝 300 余斤。⑤ 利川县乾洞产硝，仅此地就有"硝窑数千"⑥。县东南偏坎硝土经多年采挖，至光绪年间硝土采挖一空。⑦ 咸丰县黑洞、山羊洞等地同治年间产硝⑧，县北硝场光绪年间产硝。⑨ 宣恩县每年向官府缴纳成品硝 2148 斤⑩，具体产地不详。来凤县白岩洞同治年间产硝。⑪ 宜昌府鹤峰州、长阳县等地产硝，长乐县尤溪保百丈坡至同治年间产硝。⑫ 归州仙女洞等地年产成品硝 1 万多斤。⑬ 湘西北永顺县改流后每年须向官府缴纳成品硝 3000 余斤，后因苗疆多事而封禁，至嘉庆二十年（1815）各硝洞硝土采挖殆尽。龙山县每年产成品硝 2000 斤，桑植县产成品硝 2000 斤，保靖县每年产成品硝 1000 斤，石门县每年产成品硝 3000 斤，慈利县每年产成品硝 3000 斤。⑭ 永顺县硝产地集中于麻阳坪、木榔溪、陈紫洞、穿洞、龙洞等地⑮，保靖县集中于山羊、手扒各洞⑯，桑植县集中于保宝洞、袁家寨、岩窝口、喇叭洞、者果寨、前窟洞、峰崖洞、泽岩洞、泉峪洞

---

① 同治《增修酉阳直隶州总志》卷 1《地舆志》。
② 同治《增修酉阳直隶州总志》卷 2《地舆志》。
③ 道光《补辑石柱厅志》卷 2《田赋志》。
④ 同治《恩施县志》卷 6《食货志》。
⑤ 同治《施南府志》卷 11《食货志》。
⑥ 光绪《利川县志》卷 12《山水志》。
⑦ 光绪《利川县志》卷 7《户役志》。
⑧ 同治《咸丰县志》卷 8《食货志》。
⑨ 民国《湖北通志》卷 9《舆地志》。
⑩ 同治《宣恩县志》卷 11《食货志》。
⑪ 同治《来凤县志》卷 5《地舆志》。
⑫ 同治《长乐县志》卷 12《杂记志》。
⑬ 光绪《归州志》卷 1《土产》。
⑭ 光绪《湖南通志》卷 58《食货志》。
⑮ 同治《永顺县志》卷 6《风土志》。
⑯ 乾隆《湖南通志》卷 50《物产》。

等9处。① 改流后永定县产硝②，但具体产地不详。改流后土家族地区熬硝的方法简单，"取洞中（硝）土以水沥之，熬而成硝"③。总体来说，改流后土家族地区各地差不多都有硝土的采挖与熬制，这与地方官府向地方征收成品硝有较大关系。由于硝土资源的分布各地有差异，因而硝的产地也存在一定的差异，大致是渝东南、鄂西南、湘西北等地硝产地较为集中，黔东北及湘西苗区内硝产地较少。

磺矿（硫磺矿和雄黄矿）在改流前已获开发利用，改流后继续得到开采。黔东北思南府大和坝雄黄沟一带产雄黄，改流后所产雄黄远销日本、香港。硫磺矿的冶炼主要集中在凉水井、枫香园、环岩、上坝田、碗水等地。④ 沿河县磺矿山出磺矿⑤，改流后也有开采。鄂西南恩施县在乾隆年间曾招商开采硫磺矿，每年向官府纳磺4000斤；建始县产磺矿，每年向官府纳磺2000斤⑥，可见上述两地磺矿开采有一定规模。鹤峰州也产磺，但产地不详。湘西北永定县西乡产雄黄⑦，改流后也曾予以开采。慈利县与石门县交界的界牌峪产雄黄，吴姓土司"世有其利，相沿开采"，至嘉庆年间矿场封禁，后有覃姓土著私采雄黄3000余石运至津市出售。⑧ 石门县黄石溪产雄黄，有新旧雄黄矿洞5处。下矿洞采矿时，"层梯螺旋而下，旁架巨竹，车水仿佛盐井之法"，"以此资生者每常数百人"；在经营管理上，"黄客出资，山主领采"，"其工匠夫役人等仍由主客共同选用，归坐厂人调度"⑨。黄石溪磺矿开采集中，有系统的开采方法，完善的管理体制，其规模化生产是其他地方所不能相比的。永顺县猛洞河⑩，古丈坪厅树牺科也产磺矿⑪，改流后也进行了开采。总的来看，改流后土家族地区许多地方产磺矿，但开采相对集中、生产较有规模的则为思南府一带、恩施、建始以及石门县黄石溪一带。

煤矿为改流后土家族地区新开发利用的一种非金属矿产资源。改流后，土家族地区各地煤矿采挖较普遍。黔东北思南府许家坝梨树沟煤矿在乾隆年

---

① 同治《桑植县志》卷2《风土志》。
② 民国《永定县乡土志》卷4《耆旧》。
③ 同治《桑植县志》卷8《杂识》。
④ 思南县志编纂委员会：《思南县志》，贵阳：贵州人民出版社，1992年，第487、488页。
⑤ 民国《沿河县志》卷2《舆地志》。
⑥ 同治《施南府志》卷11《食货志》。
⑦ 民国《永定县乡土志》卷4《耆旧》。
⑧ 同治《续修慈利县志》卷12《艺文》。
⑨ 同治《石门县志》卷13《艺文志》。
⑩ 同治《永顺县志》卷6《风土志》。
⑪ 光绪《古丈坪厅志》卷11《物产》。

间曾予以开采，山王洞煤矿在道光十八年（1838）曾予以开采，清末凉风垭、椅子山、青山蓬等地煤矿也相继被采挖。① 安化县枫香溪、杉原客店产煤②，改流后也被开采。渝东南酉阳州的燃料原本主要依赖柴薪，后因林木开辟殆尽，人们不得已采挖煤作燃料。此后木桶盖、巴罗、大白岩等地以挖煤为业的人日渐增多。③ 秀山县穿河盖、平阳盖产煤较多，至光绪年间"开凿几空，倾塌时间，然所产未衰，担负者皆附山穷氓，千百成行"④。五马山煤崖也产煤。⑤ 黔江县中塘、后坝、洞口、五里、正谊、白土等乡产煤⑥，改流后也进行了开采。鄂西南利川县七岳山改流后产煤。建始县长梁石板山煤矿在清乾隆年间已开挖出售。道光年间当地人集资开采狮子岩煤矿，但开采规模不大。⑦ 宜昌府鹤峰州"煤山所在多有，穷民多以挖煤资生"⑧，以沙坪煤矿开采较为有名。长阳县椰坪云台荒清代初年有人在此挖煤。道光十三年（1834）马鞍山正式开办协力碉厂（即煤厂）。同治六年（1867）清水溪又有森记碉厂。光绪八年（1882）巴山又建和建碉厂。资丘田家河、鸭子口齐头山、火烧坪岩拉子、渔峡口王家坪等地则有民间开挖的小煤窑。⑨ 湘西北慈利县广垭山、茅花界产煤⑩，至同治年间仍有开采。永定县天泉山、仙街坊河等地改流后也产煤。⑪ 永顺府保靖县产煤，宣统三年（1911）在小牙口建矿采煤，人均每天可采煤一二百斤。⑫ 桑植县沽化里毛岩⑬、古丈坪厅三道河、丫角山、黑潭坪、冷水溪、茅坪后山产煤⑭，至同治、光绪年间仍有开采。乾州厅也产煤，改流后土人以之代薪。⑮ 改流后煤的采挖与土家族地区森林植被的萎缩，林木资源的渐趋匮乏有关。当地居民为了满足燃料需求，不得不

---

① 思南县志编纂委员会：《思南县志》，贵阳：贵州人民出版社，1992年，第483—485页。
② 民国《德江县志》卷1《地理志》。
③ 同治《增修酉阳直隶州总志》卷19《物产志》。
④ 光绪《秀山县志》卷12《货殖志》。
⑤ 光绪《秀山县志》卷2《地志》。
⑥ 《黔江土家族苗族自治县简况》，《黔江土家族苗族自治县简况》编写组编印，1984年，第51页。
⑦ 建始县地方志编纂委员会：《建始县志》，武汉：湖北辞书出版社，1994年，第364页。
⑧ 道光《鹤峰州志》卷6《风俗志》。
⑨ 湖北省长阳土家族自治县志地方志编纂委员会：《长阳县志》，北京：中国城市出版社，1992年，第207页。
⑩ 同治《续修慈利县志》卷3《山川》。
⑪ 民国《永定县乡土志》卷4《物产》。
⑫ 同治《保靖县志》卷3《食货志》。
⑬ 同治《桑植县志》卷2《风土志》。
⑭ 光绪《古丈坪厅志》卷3、卷11。
⑮ 光绪《乾州厅志》卷13《物产志》。

采挖煤来补充甚至取代柴薪。在局部区域，煤甚至成为地方的一种外销商品。不过总体而言，改流后土家族地区煤的采挖仍然以满足当地的燃料需求为主。

通过对清代改流后各种矿产及其产地情况的梳理我们可以看出，改流后土家族地区各地矿产资源陆续得到开发利用，种类多，分布地域广泛，其中部分矿类生产还形成了一定产量和规模。这些变化对土家族地区矿冶业的发展有一定推动作用。不过在矿冶生产中，无论是采矿，还是冶炼矿石，主要还是靠手工生产，机器生产极少。这就必然影响到矿冶生产的效率和产品的质量。土家族地区各种矿产品位相对较低，加上生产技术低下，导致矿产资源浪费严重，矿产品的输出以矿料输出居多，矿冶成品大多仅限于本地区消费。在矿冶生产中，各种矿产均存在耗资大而收效甚微的情况，这在一定程度上也限制了改流后土家族地区矿冶业的发展。土家族地区高山河谷相间，交通不便，矿产品运销困难也在一定程度上阻碍了矿冶业的发展。另外大多数矿产开采还受到政府的严格控制。政府课税由最初一九抽课，逐渐演变到二八抽课、三七抽课、四六抽课。① 课税剥削的增加使冶矿炼户无法进行生产，以致破产逃亡。多种因素的制约使改流后土家族地区采矿和矿冶的发展举步维艰。

3. 制蜡业

制蜡为土家族地区传统的手工业之一，改流后这种传统的手工生产在土家族地区仍得以延续和发展。改流后土家族地区所产蜡仍为黄蜡和白蜡两种。黔东北思南府及所属各县改流后均产蜡。当时思南府辖区内从地方征收的赋税中黄蜡共计88斤14两，安化县黄蜡76斤13两，印江县黄蜡35斤14两②。铜仁府铜仁县缴纳的赋税有黄蜡21斤3两，提溪司税黄蜡31斤13两③。以黄蜡作为赋税的征收对象，这一政策对思南府、铜仁府制蜡业的发展会产生一定促进作用。渝东南酉阳州及所属彭水县、黔江县，鄂西南施南府、鹤峰州、长乐县、长阳县、归州、巴东县，湘西北石门县、慈利县地方特产中有黄蜡、白蜡，说明这些地方也都有制蜡业发展。湘西北永顺府境内以永顺县所产蜡最多，而保靖县、龙山县、桑植县产蜡较少。④ 凤凰厅至道

---

① 《清代档钞》乾隆十三年五月四日。
② 道光《思南府续志》卷3《营建门》。
③ 道光《铜仁府志》卷4《食货》。
④ 同治《永顺府志》卷10《物产》。

光年间产蜡①，古丈坪厅高望界一带民间种蜡树放蜡虫②，高望界一带制蜡业有一定发展。泸溪县上劳山蜡洞乾隆年间产蜡③，至光绪年间每年还课白蜡300斤④，制蜡业得到持续发展。

4. 煮盐业

改流前土家族地区尽管有盐业生产，但产地零散，改流后这种状况并没有太大变化。改流后土家族地区的食盐主要来四川和淮南，俗称川盐、淮盐。根据食用盐产地不同，土家族地区被划分为川盐区和淮盐区。不过改流后土家族地区也有小规模的盐业生产，只是在当时土家族地区食盐的份额中比例较小。改流后土家族地区盐产地集中于渝东南彭水县。彭水县咸山峡和郁山镇等地产盐。明代郁山一带有盐井4口，至清康熙二十七年（1688）郁山盐井增加到14口，后盐井略有废弃，至光绪年间仍保留有盐井10口⑤，盐业生产一直没有中断。鄂西南利川县大千洞有盐井旧址⑥，说明此地也曾有盐业生产。湘西北慈利县盐市有盐井煮盐，至同治年间盐井废弃。附近盐包山也产盐，人们用山上的草编盐包装运盐斤⑦，此山遂有盐包山之名。总体上来说，改流后土家族地区盐业生产主要集中在彭水县一带，其他地方多为短期零星生产。土家族地区食盐主要还是运自外地的川盐和淮盐，本地盐业生产发展极其有限。

5. 陶瓷制作

陶瓷器制作是土家族地区的传统手工业。改流前土家族地区陶瓷器制作主要以陶器为主，改流后随着外地移民涌入，瓷器制作逐渐增多。改流后渝东南酉阳州能制作粗瓷器，"出于酉者色黄白，出彭水者色暗白"，"不如景德窑器之工致"⑧。这里"酉"指酉阳州，"彭水"指彭水县。两地虽都出产瓷器，但酉阳州多黄白瓷，彭水多暗白瓷，瓷器工艺水平总体上要比景德镇瓷器差很多。秀山县陶沟水在光绪年间仍有专门从事陶器制作的人员⑨，所制陶器主要供当地居民日用。黔江县犁湾早贵塘（今大坪村）在清代初年有湖

---

① 道光《凤凰厅志》卷18《物产志》。
② 光绪《古丈坪厅志》卷11《物产》。
③ 乾隆《湖南通志》卷12《山川》。
④ 光绪《湖南通志》卷61《食货志》。
⑤ 光绪《彭水县志》卷2《食货志》。
⑥ 光绪《利川县志》卷12《山水志》。
⑦ 同治《续修慈利县志》卷3《山川》。
⑧ 同治《增修酉阳直隶州总志》卷19《物产志》。
⑨ 光绪《秀山县志》卷2《地志》。

南宝庆人在此开办陶厂，此后石鸡沱曾家湾一带也有江西人从事陶、瓷器生产。① 外地人进入渝东南从事陶瓷器制作，对于提高当地陶瓷器制作水平应该说有一定促进作用。鄂西南施南府城东风水坝河一带"多窑场，土质细腻，陶器较他处牢固"。风水坝主要生产陶器，而椅子山"土瓷器皿多出其地"②，为瓷器集中产地。利川县南70里丰乐场"场近有瓷窑，制瓷颇工"，而纳水溪一带"多水碓，置轮急湍中，水激轮转，碓自舂，一轮可转五六碓，舂碎石极细，浸池中澄为油，陶户以油涂器，烧之如古瓷"③。瓷器制作以水为动力，节省了人力，也提高了生产效率，另外县北瓷洞沟有碗厂，主要制造瓷碗。④ 建始县茅田脉转土窑、花坪刀背垭、官庄、猫坪风吹垭等地有窑罐厂⑤，生产的陶器不仅供应县内，还远销县外。雍正十三年（1735）湖南桃源县的制陶工匠来长乐县清水湾创办"天坑舷窑场"，主要生产陶器。该窑场后来改名"许家窑场"⑥。长阳县改流后在招徕河（今渔峡口镇西）、石臼山（今贺家坪季家河村）、分水岭（今高家堰木桥溪村）等处建有陶窑制造陶器，产品除供本地使用外，还远销巴东、鹤峰、长乐、归州等地。⑦

陶瓷制作之外又有砖瓦烧制，改流后土家族地区不少地方开办有砖瓦窑。相对陶瓷器的制作而言，砖瓦烧制从业人数较少。⑧ 由于砖瓦所取用材料与陶瓷器的原料一样均为泥土，也需要经过高温烧制，因此这里将砖瓦与陶瓷制作一并论述。

6. 榨油业

榨油业也是土家族地区的传统手工业。改流后土家族地区所碾榨油的种类较从前有所增多，主要有桐油、香油、菜油、木油、茶油、棉油等。土家族地区很早就产桐油，改流后以秀油和金丝桐油最负盛名。秀油产于秀山，制作秀油时"研膏桐实为粉，入锅炒煎，沸膏四溢，则团以稻秸铁箍束之，积二三十团，上下夹横木而加椎焉"。这种榨油法至建国以后仍在一些榨油房

---

① 谢仕龙、杨跃：《黔江陶瓷业史话》，见：《黔江文史资料》第6辑。
② 同治《恩施县志》卷1《地理志》。
③ 光绪《利川县志》卷12《山水志》。
④ 光绪《利川县志》卷7《户役志》。
⑤ 建始县地方志编纂委员会：《建始县志》，武汉：湖北辞书出版社，1994年，第365页。
⑥ 湖北省五峰土家族自治县地方志编委会：《五峰县志》，北京：中国城市出版社，1994年，第175页。
⑦ 湖北省长阳土家族自治县志地方志编纂委员会：《长阳县志》，北京：中国城市出版社，1992年，第206页。
⑧ 光绪《古丈坪厅志》卷11《物产》。

中采用。好的秀油如漆，销路颇广，"岁货二十余万金"[1]。金丝桐油主要产于湘鄂西一带。香油因以芝麻制成又称麻油，制作方法是"取油多用磨，如磨豆腐，贮盆盎中，以葫芦盛热水于中，柄塞其穷，而扰于浆中，则油浮其面，用勺通取之，油尽，所剩渣滓名芝麻酱，酉属多用雕榨，亦曰小榨，所得之油较磨取者尤芬芳"[2]，则改流后香油的制法有滤油法和榨油法两种。改流后土家族地区还盛产菜油、木油、茶油。菜油为榨油菜子而成，木油为榨乌桕子（梓实）而成，茶油为榨油茶子而成，榨取之法大致与榨桐油之法相同。土家族地区产棉花，棉花子含油。部分地方榨棉子为油，是为棉油。改流后棉油主要产于长阳县境内。榨油所得除了油外，还有副产品油枯，也就是榨油后的油渣，一般成圆饼状，大小各地不一。一般产油的地方也都有油枯，油枯据材质的不同而被用作饲料或肥料。

7. 造纸业

土家族地区植物资源丰富，为造纸提供了丰富的原料。改流前土家族地区的慈利、石门等地就已有了造纸业[3]，当时生产的历纸为地方特产之一。改流后土家族地区的产纸地迅速增多，几乎各地都有造纸业。黔东北铜仁县太平河两岸与岑忙坡一带、镇江、云舍、梭家寨、太平、快场、怒溪、骆象、勒劳一带改流后都产纸。[4] 思南府产楮纸，楮纸是以楮树皮纤维为原料制作的纸，称楮纸或楮皮纸，楮树又称构树。渝东南酉阳州产竹麻纸和皮纸[5]，竹麻纸为竹麻经过处理后，以其纤维而制成的纸，皮纸由构树皮为原料制成的，与思南府的楮纸为同一纸质。秀山县产竹纸，也是沤竹为纸，纸质较为粗涩。黔江县中塘乡一带有以稻草制成的草纸，同时还有以构皮制成的构皮纸。中塘乡马崖产煤，为造纸提供了充足的燃料，故而中塘乡造纸业在清咸丰年间十分兴盛，并由此带动肖家河沟、张家湾等地造纸业的发展。这些地方所产纸以火纸、皮纸较多。[6] 鄂西南来凤县改流后出产有黑皮纸、草纸、连四纸，黑皮纸以构树皮制成，草纸以竹麻为原料制成，纸质理均较为粗劣。[7] 利川县毛坝产纸，有土纸、皮纸、油纸等。[8] 建始县至清末以竹木为原

---

[1] 光绪《秀山县志》卷12《货殖志》。
[2] 同治《增修酉阳直隶州总志》卷19《物产志》。
[3] 万历《慈利县志》卷7《物产》。
[4] 江口县志编纂委员会：《江口县志》，贵阳：贵州人民出版社，1994年，第395页。
[5] 同治《增修酉阳直隶州总志》卷19《物产志》。
[6] 《黔江造纸业概述》，见：《黔江文史资料》第3辑。
[7] 同治《来凤县志》卷29《物产志》。
[8] 光绪《利川县志》卷7《户役志》。

料土法造纸，县城、纸厂河、码纸峡、纸洪溪、纸棚坡和、趴溪河、米水河、纸阳头、纸厂村等地均产草纸。① 鹤峰州产竹麻纸②，但产地不详。长乐县造纸业始于清代中期，主要以竹子、稻草为原料，借溪水为动力，用土法制火纸、草纸。同治年间渔洋关桥河、两河口、黄龙洞、横溪河、杨家河、松树坪、汉洋河、唐家河、响水洞、象鼻嘴、阮家河、湾潭九鼻孔等地造纸业相对集中。③ 长阳县改流后纸厂多分布于白氏溪、丹水、沿头溪、平洛溪、晓溪、东流溪、马连溪、重溪及淋湘溪等地④，也是以溪水为动力，主要制造火纸、皮纸。湘西北石门县、永定县生产火纸、烧纸。永顺县白羊沟、游欢沟、老阳沟等以竹、麻为原料制造火纸，主要销往保靖县。另外奇都湖、草溪等地产草纸，塔卧七里坪产皮纸，龙家寨产壳纸。⑤ 古丈坪厅李家寨、排打年、猫子坪等地光绪年间产纸。⑥ 泸溪县改流后有20余家40人从事造纸业，浦市西郊有十几家草纸作坊，县城有两家草纸作坊。洗溪穆家棚、李家棚等地主要生产皮纸。⑦ 总体而言，改流后土家族地区各地都有造纸生产。造纸的原料主要为草、麻、竹、树皮等。纸厂多借河水为动力，因此纸厂多分布于溪河岸边。纸的生产多以作坊为单位，所生产的纸质地大多较粗劣，造纸技术还较落后。

8. 蓝靛制作

蓝靛为土家族纺织行业所需的重要染料，其制作以蓝为原料。蓝为蓼科一年生草本植物，叶形似蓼而味不辛，干后变暗蓝色，可加工成靛青作染料。改流后蓝作为土家族地区重要的经济作物而在部分地区得到种植，因此这些区域内有蓝靛制作。改流后渝东南酉阳州⑧、黔江县⑨、秀山县⑩、彭水县⑪，

---

① 建始县地方志编纂委员会：《建始县志》，武汉：湖北辞书出版社，1994年，第364页。
② 同治《宜昌府志》卷11《风土志》。
③ 同治《长乐县志》卷5《水利志》。
④ 湖北省长阳土家族自治县志地方志编纂委员会：《长阳县志》，北京：中国城市出版社，1992年，第208页。
⑤ 李幹、周祉征、李倩：《土家族经济史》，西安：陕西人民教育出版社，1996年，第80—81页。
⑥ 古丈县志编纂委员会：《古丈县志》，成都：巴蜀书社，1989年，第193页。
⑦ 湖南省泸溪县志编纂委员会：《泸溪县志》，北京：社会科学文献出版社，1993年，第294页。
⑧ 同治《增修酉阳直隶州总志》卷19《物产志》。
⑨ 光绪《黔江县志》卷3《食货志》。
⑩ 光绪《秀山县志》卷12《货殖志》。
⑪ 光绪《彭水县志》卷3《物产志》。

湘西北凤凰厅①、永定县②，鄂西南施南府属6县③、长阳县④等地为蓝靛制作较多的区域。改流后制作蓝靛的方法大体相似，"为圆池二，名曰靛湖，皆筑以黄土，度以石垩，刈蓝叶投湖中，浸以水，七八日以竹杷搅之，未烂者沥起另浸，其已烂之蓝，约蓝多少，徐下石灰，视色变蓝乃止，澄定后泻去清水，则靛成"⑤，制作方法相对简单。

9.制碱

改流前土家族地区未见有制碱的记载，故这种手工生产当是由改流后进入土家族地区的流民传入的。改流后土家族地区碱产地主要集中在黔江县⑥、彭水县⑦、松桃厅⑧、永定县⑨、施南府属六县⑩等地。制碱多采用土法，"以膏桐子壳烧灰熬水而成，色黄黑或黄白，似沙糖，亦有纯白色者……凡稻藁、荞秸、麦蒿之汁皆可滴碱，而以桐碱为正"⑪。基本制作方法为烧桐子壳、稻藁、荞秸、麦蒿等物成灰，以灰熬水得碱。

10.酿酒

土家族地区山寒水冷，土家人需饮酒御寒，因此酿酒在土家族中历史悠久，最早甚至可追溯到土家族的先民巴人时代。此后酿酒一直是土家族先民重要的手工生产。不过土家族所酿制的多为咂酒，"于腊月取稻谷、包谷并各种谷配合均匀，照寻常酿酒法酿之，酿成，掺烧酒数升，置大瓮内封紧，来年暑月开瓮取糟置壶中，冲以白沸汤，用细杆吸之"⑫。改流后土家族地区民间酿酒则多为蒸馏酒，也就是我们通常所说的烧酒，"所在为恒业，岁利可数千斤"⑬。包谷在土家族地区广泛种植后，酿制烧酒所用原料多用包谷。

---

① 道光《凤凰厅志》卷18《物产》。
② 民国《永定县乡土志》卷12《物产》。
③ 同治《施南府志》卷11《食货志》。
④ 同治《宜昌府志》卷11《风土志》。
⑤ 同治《增修酉阳直隶州总志》卷19《物产志》。
⑥ 光绪《黔江县志》卷3《食货志》。
⑦ 光绪《彭水县志》卷3《物产志》。
⑧ 道光《松桃厅志》卷12《土产》。
⑨ 民国《永定县乡土志》卷12《物产》。
⑩ 同治《施南府志》卷11《食货志》。
⑪ 同治《增修酉阳直隶州总志》卷19《物产志》。
⑫ 同治《永顺府志》卷10《物产》。
⑬ 光绪《秀山县志》卷12《货殖志》。

11. 烧炭

烧炭在改流后的土家族地区大致分两种：一种是满足矿冶生产需要而开办的炭窑，这种炭窑多分布于矿区周围，主要是砍伐矿区附近的林木烧制成炭，为冶矿提供燃料；一种是为满足土家族地区居民日常生活所需而烧制木炭，这种炭窑多位于村落或城镇附近。烧制木炭的时间一般在冬春季节，当"草木黄落，乃伐薪为炭"。改流后土家族地区很多地方都有烧制木炭的活动，这也使得土家族地区"炭厂所在皆有"[1]。在烧制木炭的生产活动中，炭厂逐渐取代了单个炭窑生产，生产规模逐渐扩大。改流后土家族地区木炭产地主要集中在酉阳州[2]、黔江县[3]、松桃厅[4]、乾州厅[5]、永顺府属各县[6]、慈利县[7]、石门县[8]、永定县[9]、施南府属各县[10]、鹤峰州[11]、长乐县[12]、长阳县[13]、巴东县[14]等地。而永顺府境内还形成了相对固定的木炭生产地。比如永顺县坝溪、桂竹园、桐土园、贺虎溪、黑彭、青峪，保靖县誓溪河、他锑、梅胡，龙山县大井，桑植县畲刀沟、高埠、唐家湾、四方山、牛咸泥、鸦果山、熊家坪、钟家滩等处，"土民或客民设厂筑窑烧贩他境"[15]。所烧制的木炭不仅供给本地，还贩运至外地售卖，木炭烧制已开始了商业化运作。

12. 烧制石灰

土家族地区石灰岩广布，为烧制石灰提供了丰富的资源。在改流前，土家族地区绝大部分为土司区，而土司区即土家族聚居区。由于土家族住房多为木质吊脚楼，对木材需求多而对石灰的需求极少，因此改流前土司区内很

---

[1] 同治《来凤县志》卷29《物产志》。
[2] 同治《增修酉阳直隶州总志》卷19《物产志》。
[3] 光绪《黔江县志》卷3《食货志》。
[4] 道光《松桃厅志》卷12《土产》。
[5] 光绪《乾州厅志》卷13《物产志》。
[6] 同治《永顺府志》卷10《物产》。
[7] 同治《慈利县志》卷9《物产》。
[8] 同治《石门县志》卷4《食货志》。
[9] 民国《永定县乡土志》卷12《物产》。
[10] 同治《施南府志》卷11《食货志》。
[11] 道光《鹤峰州志》卷7《物产志》。
[12] 同治《长乐县志》卷12《风俗志》。
[13] 同治《宜昌府志》卷11《风土志》。
[14] 光绪《巴东县志》卷10《风土志》。
[15] 同治《永顺府志》卷10《物产》。

少有石灰烧制。只是设府、州、县管理的土家族地区边缘地带，汉族建筑物多为土、石墙房屋，石灰为必需的建筑装饰材料，因而有石灰烧制。改流后随着汉族流民的大量涌入，汉族居住方式、生产生活方式逐渐传入土家族聚居区。无论是作为建筑材料需求，还是其他手工生产所需，石灰已是必不可少的了。在这种情况下，土家族地区各地石灰烧制逐渐增多。改流后酉阳州①、秀山县②、黔江县③、彭水县④、思南府⑤、松桃厅⑥、永顺府属各地⑦、凤凰厅⑧、慈利县⑨、石门县⑩、施南府属各地⑪石灰烧制相对较多。在上述地区，烧制石灰"利亦数千金"⑫，因此石灰烧制业已成为一种手工业门类。

13. 制漆

改流前土家族地区各地大多产漆，改流后土家族地区对漆的开发力度加大。土家族地区各地土产均有漆，说明各地都能手工作漆。其中以施南府的毛坝漆最为有名，畅销国内外。

除以上所提到的各类手工业外，土家族地区制糖、作粉、手工编织改流后也都有一定程度的发展，这里不再一一赘述。

为了更直观地展示改流后土家族地区各地手工业生产的基本状况，在对各类手工业生产阐述的基础上，结合地方志记载，我们对改流后土家族地区各地所出较为有名的手工业产品进行了统计。其具体情况详见表4-4：

表4-4 改流后土家族地区主要手工产品

地区名	手工业品种类
酉阳州	竹布、花斑布、蚕丝、桐油、茶油、菜油、香油、木油、油枯、碱、盐、漆、靛、饴糖、蔗糖、朱砂、水银、沙金、铅、铁、铁锅、硝、煤、炭、石灰、纸、黄蜡、白蜡、瓷
秀山县	布、丹砂、水银、煤、石灰、蓝靛、酒、秀油、桐油、木油、菜油、茶油

---

① 同治《增修酉阳直隶州总志》卷19《物产志》。
② 光绪《秀山县志》卷12《货殖志》。
③ 光绪《黔江县志》卷3《食货志》。
④ 光绪《彭水县志》卷3《物产志》。
⑤ 道光《思南府续志》卷3《食货门》。
⑥ 道光《松桃厅志》卷12《土产》。
⑦ 同治《永顺府志》卷10《物产》。
⑧ 道光《凤凰厅志》卷18《物产》。
⑨ 同治《慈利县志》卷9《物产》。
⑩ 同治《石门县志》卷4《食货志》。
⑪ 同治《施南府志》卷11《食货志》。
⑫ 光绪《秀山县志》卷12《货殖志》。

续表

地区名	手工业品种类
黔江县	家机布、靛、碱、纸、饴糖、笠、漆蜡、黄蜡、白蜡、油、油枯、漆、硝、煤、铁、石灰、炭
彭水县	铜器、铁器、石灰、煤炭、木器、竹器、瓦器、粗瓷器、漆、桐油、茶油、菜油、麻油、卷油、碱、靛、粗纸、饴糖、黄蜡、漆蜡
石柱厅	铜、铁、白铅、黑铅、煤
思南府	桐油、柏油、漆、楮纸、蜡、朱砂、水银、煤、石灰
铜仁府	葛布、朱砂、水银、赤金、铅、黄蜡
松桃厅	棉布、麻布、黄丝、土锦、桐油、桐枯、茶油、茶枯、麻油、菜油、菜枯、木油、煤炭、白炭、黑炭、麸炭、石灰、白蜡、石碱
乾州厅	棉布、火麻布、斑布、葛布、夏布、土绢、土绸、苗锦、苗巾、白蜡、黄蜡、桐油、麻油、菜油、漆、白炭、黑炭、桴炭、煤、铅
永绥厅	土绸、土布、麻布、斑布、土绢、苗锦、葛布、夏布、苗带、麸金、白铅
凤凰厅	棉布、斑布、夏布、火麻布、葛布、土绸、土绢、白蜡、黄蜡、桐油、茶油、黑炭、蓝、石灰
古丈坪厅	土布、绸、丝、煤、锑、磺、白铅、金、铁、石灰、茶油、桐油、漆、糖、酒、粉、砖瓦、蜡、草鞋
永顺府	土锦、斑布、土绸、土绢、土布、苗布、苗被、炭、土纸、草纸、桐油、菜油、木油、黑油、峒酒、铜矿、铁矿、铅矿、硝、煤、黄蜡、石灰
泸溪县	火布、土布、铁、丹砂、水银、白蜡
慈利县	土绫、土绸、纶绸、麻布、丝、黄蜡、白蜡、茶油、菜油、麻油、桐油、漆、葛粉、蕨粉、炭、石灰、铁、雄黄
石门县	棉布、土绸、葛粉、蕨粉、南粉、黄蜡、白蜡、桐油、木油、菜油、茶油、麻油、枯饼、白炭、煤炭、雄黄、铁、生铁、石灰、烧纸、草纸
永定县	机布、棉布、绸缎、棉纱、丝、生铁、硝、煤炭、桐油、茶油、木油、漆、碱、火纸、卫酒、葛粉、红白糖、甘蔗糖、冰糖、砖瓦、瓷器、木炭、蓝靛、牛皮、竹器
施南府	麻布、家机布、土绢、桐油、茶油、菜油、木油、麻油、磺、硝、煤炭、蓝靛、碱、漆、黄蜡、白蜡、漆蜡、石灰、牛毛毡、炭、纸
鹤峰州	铜矿、铅矿、铁矿、硝、磺、煤、茶油、桐油、炭、蓝、葛粉、竹麻纸、漆、黄蜡
长乐县	铜矿、铁矿、铅矿、煤、硝、桐油、木油、菜油、麻油、黄蜡、炭、漆、豹皮、狐皮、獭皮、葛粉、蕨粉、洋芋粉、包谷酒、粗纸、火纸
长阳县	丝、绸、棉布、铁、煤、硝、炭、黄蜡、火纸、皮纸、靛、漆、菜油、麻油、棉油、木油、桐油
归州	丝、绢、硝、煤、漆、油、蜡
巴东县	大布、丝、土绢、煤、黄蜡、漆、桐油、麻油、菜油、蕨粉、炭

从表4-4可以看出：

（1）从各地手工产品反映的手工业门类来看，酉阳州有纺织业、榨油、制碱、煮盐业、制漆、制靛、制糖、矿业、烧炭、烧制石灰、造纸、制蜡、制陶瓷等13类，秀山县有纺织、矿业、制蓝、酿酒、榨油等5类，黔江县有纺织、制靛、制碱、造纸、制糖、手工编织、制蜡、榨油、制漆、烧制木炭、矿业等11类，彭水县有矿业、手工编织、制陶瓷、制漆、榨油、制碱、制蓝、造纸、制糖、制蜡等10类，石柱厅有矿业1类，思南府有榨油、造纸、制漆、制蜡、矿业等5类，铜仁府有纺织、矿业、制蜡3类，松桃厅有纺织、榨油、矿业、烧炭、烧石灰、制蜡、制碱等7类，乾州厅有纺织、制蜡、榨油、制漆、烧炭、矿业等6类，永绥厅有纺织、矿业2类，凤凰厅有纺织、制蜡、榨油、烧炭、烧石灰、制蓝等6类，古丈坪厅有纺织、矿业、榨油、制糖、制漆、酿酒、制蜡、作粉、手工编织等9类，永顺府属4县（永顺、保靖、龙山、桑植）有纺织、烧炭、造纸、榨油、酿酒、矿业、制蜡、烧制石灰等8类，卢溪县有纺织、矿业、制蜡3类，慈利县有纺织、制蜡、榨油、制漆、作粉、烧炭、烧石灰、矿业等8类，石门县有纺织、作粉、制蜡、榨油、烧炭、矿业、烧制石灰、造纸等8类，永定县有纺织、矿业、榨油、制漆、制碱、造纸、酿酒、作粉、制糖、制陶瓷、烧炭、制蓝（靛）、制皮革、手工编织等14类，施南府属6县（恩施、利川、宣恩、咸丰、建始、来凤）有纺织、榨油、矿业、制蓝（靛）、制碱、制漆、制蜡、烧制石灰、烧炭、造纸等10类，鹤峰州有矿业、榨油、烧炭、制蓝（靛）、作粉、造纸、制漆、制蜡等8类，长乐县有矿业、榨油、制蜡、烧炭、制漆、制皮革、作粉、酿酒、造纸等9类，长阳县有纺织、矿业、制蜡、造纸、制靛、制漆、榨油等7类，归州有纺织、矿业、制蜡、榨油、制蜡等5类，巴东有纺织、矿业、制蜡、制漆、榨油、作粉、烧炭等7类。各地主要手工业门类组合不尽相同。永定县、酉阳州、黔江县、施南府属六县、彭水县等地手工生产门类相对较多（10类以上），秀山县、归州、卢溪县、铜仁府、永绥厅、石柱厅相对较少（5类以下）。各类手工门类的地域组合不尽相同。

（2）从各类手工业的地域分布来看，改流后纺织、矿业、榨油、制蜡、制漆、烧炭的分布较为广泛，差不多土家族地区各地都有分布；制碱主要在酉阳州、黔江县、彭水县、松桃厅、永定县、施南府属6县等地；煮盐业主要在酉阳州；制靛主要在酉阳州、秀山县、长阳县等地；制糖主要在酉阳州、黔江县、彭水县、古丈坪厅、永定县等地；烧制石灰主要在酉阳州、松桃厅、凤凰厅、永顺府属4县、慈利县、石门县、施南府属6县等地；造纸主要在酉阳州、黔江县、彭水县、思南府、永顺府属4县、石门县、永定县、施南府属6县、鹤峰州、长乐县、长阳县等地；制陶瓷主要在酉阳州、彭水县、永定县等地；制皮革主要在永定县、长乐县等地；酿酒主要在秀山县、古丈坪厅、永顺府属4县、永定县、长乐县等地；作粉主要在古丈坪厅、慈利县、石门县、永定县、鹤峰州、长乐县、巴东县等地；手工编织主要在黔江县、彭水县、古丈坪厅、永定县等地。改流后各类手工生产在土家族地区的分布并不均衡。

第二节　历史时期土家族地区手工业发展的特点

历史时期土家族地区手工业发展的时空过程中，呈现出一些区域性的特点，概括起来主要有以下几个方面：

一、手工业发展存在地区差异

历史时期土家族地区手工业生产存在较大的地区差异，同一种手工生产在某一时期的地域分布不同，不同历史时期的空间分布也不相同，但总的发展趋势是随着时间的推移，手工业生产的分布范围逐渐扩大。由于同一时期各地手工生产的地域构成各有差别，不同历史时期手工生产门类的地域构成也不相同，因此历史时期土家族地区手工业生产的地域分异性表现得较为明显。以汞矿开采冶炼为例，唐代丹砂、水银产地有思州、黔州、溪州、锦州，到宋代澧州、富州也有了汞矿的开采和冶炼。土司时期思南府、铜仁府、渝东南各土司、湘西北各土司均产水银。清代水银产地虽增加不多，但开始形成相对集中的产区。采矿和矿冶基本上都存在这种情况。

各地在不同历史时期手工生产的门类构成也存在较大差异。有的区域手工业生产门类达10多种，手工业门类结构相对完善，而在局部区域内手工业门类仅有1—2种，手工业生产门类结构相对单一。历史时期土家族地区手工业生产的地域分布上，开发较早的土家族地区边缘地带手工业门类结构相对齐全，手工生产相对较为发达。手工业这种地域分布特征与这些区域内有较多汉族人口分布也有一定关系。

二、外来移民是手工业发展的主要推动力

历史时期土家族地区手工业发展主要依靠外来移民推动。土家族习俗"少习百工之业"①，因此在清雍正年间改流以前，土家族地区"百工技艺土人甚少，制器作室所属流寓"。土家族从事手工业生产的人很少，手工业生产者多为"流寓"，即外来移民。土家族手工制作的产品主要为日常所需的铜、

---

①　道光《鹤峰州志》卷7《物产志》。

锡、磁、陶、竹、木器具，"民间绝无金银宝玩，亦少古董铺陈，乡村百姓家惟有铜锡磁陶竹木之器而已"①，"所作室庐器皿多朴素，能经久，不尚奇淫技巧"。制作出来的手工产品虽耐用但笨重，不精致。

改土归流后，随着外地工匠大量进入土家族地区，土家族工匠"艺亦渐精"②，生产技艺有了一定提高。土家族地区苗族"不屑为工匠"③，从事手工生产的人很少。少数从事手工生产的苗族也是"不能作奇技以悦人"④，手工生产技术粗糙，直到后来向外来移民学得手艺，方才"技亦渐精"⑤。在外来移民的推动下，土家族地区手工业生产"日新月异"⑥，得到了长足的发展，手工业生产门类迅速增加，以致改流后土家族地区手工业生产有"百工"之名⑦。"百工"虽嫌夸大，但手工生产的种类有大幅度的增加却是事实。

三、手工业生产种类逐渐增多

历史时期土家族地区手工业生产种类总的发展趋势是逐渐增多。唐代土家族地区主要的手工业种类有纺织业、矿冶业、制陶、制蜡、煮盐业、榨油等。五代两宋时期主要的手工业种类有纺织业、矿冶业、制蜡、制陶、煮盐业、手工编织、制皮革等，较唐代多了一种。土司时期主要的手工业种类有纺织、矿冶业、制蜡、榨油、煮盐、制皮革、制漆、手工编织等，种类与宋代大致相同。清代改土归流以后主要的手工业种类有纺织、矿业、制蜡、制漆、制皮革、榨油、煮盐、制陶瓷、酿酒、制靛、制碱、烧炭、造纸、制糖、作粉、手工编织、烧石灰等，数量较土司时期增加了一倍。从手工业生产种类在历史时期的变化来看，从唐经宋至元明清土司时期，土家族地区手工业生产的种类为7—8种，但在改流之后增加到17种。这说明从唐代至清雍正年间改流时，土家族地区手工业生产种类变化不大，手工业生产发生较大变化是在改土归流之后。手工业种类在历史时期数量上的这种变化，也反映了土家族地区手工业发展中的阶段性特点，即自唐以至清雍正年间，土家族地区手工业的发展相对缓慢，改流之后土家族地区手工业得到了较大的发展。从改流前与改流后手工业生产种类的变化来看，手工业生产的种类是逐渐增

---

① 同治《长乐县志》卷12《风俗志》。
② 同治《永顺府志》卷10《风俗》。
③ 光绪《乾州厅志》卷5《风俗志》。
④ 道光《凤凰厅志》卷7《风俗志》。
⑤ 同治《永绥直隶厅志》卷1《地理门》。
⑥ 乾隆《永顺县志》卷6《风土》。
⑦ 同治《增修酉阳直隶州总志》卷19《物产志》。

多的,反映出手工业生产总的趋势是持续发展的。

四、手工业生产工艺简单技术含量不高

历史时期土家族地区手工生产工艺简单,技术含量不高。土家族人"所作室庐器皿多朴素,能经久,不尚奇淫技巧"①。产品不求美观,但求实用,故土家族手工业生产整体水平不高。土家族"无良工","有大兴作,百工皆觅之远方"②,较大规模的手工生产不得不求助外地工匠。在土家族手工生产中,生产方法沿袭传统者多。这主要是因为土家族在长期发展中,形成了自己的一些生产方法,而这些方法在很长时期内被保存下来而形成传统,这种传统又在生产中体现为对生产的规范和指导。以土家族西兰卡普纺织为例,其织法"或经纬皆丝,或丝经棉纬,用一手织纬,一手挑花,遂成五色,其挑花用细牛角"。历史时期如此,即使到如今,民间土家族艺人纺织西兰卡普仍沿用此法。历史时期土家族不娴匠作,没有专门工匠,手工生产多在农闲时为之。改流后在外来移民影响下,土家族地区手工业生产者逐渐增多。他们"有精于艺者,或居肆制物以货,或代人造作,课其成以给费"③,一些手工生产者还在城镇建立手工作坊,专门的手工业者、手工作坊开始出现。到清末部分地区还兴办了一些工厂,手工生产开始为机器生产所代替。但机器生产处于起步阶段,规模很小。

第三节　历史时期手工业发展的影响因素

历史时期土家族地区手工业发展的时空特性也是由多种因素所决定的,概括起来主要有以下几个方面:

一、自然环境条件对手工业发展的影响

土家族地区的自然条件对手工业的发展有消极和积极两方面的影响。

土家族地区地处武陵山区,境内高山与深谷相间,使得土家族地区与外地交通困难,形成了土家族地区相对闭塞的山地环境。由于与外地的交流较少,土家族地区的手工业长期在相对封闭的环境内发展,发展速度相对缓慢,手工业生产种类在较长时期内没有太大变化。不同地域手工业部门结构也存

---

① 光绪《龙山县志》卷11《风俗》。
② 同治《来凤县志》卷28《风俗志》。
③ 同治《施南府志》卷10《典礼志》。

在一定差异。这种手工业生产的地区差异与闭塞的山地环境和交通条件一定程度上阻碍了手工业生产的地区交流有关。

但另一方面,土家族地区丰富的自然资源,又为手工业发展创造了有利条件。丰富的矿产资源是历史时期矿冶业得以发展的前提,有矿产资源才会有采矿业,进而产生矿冶业,以及各种金属器皿的匠作行业。因此矿产资源的分布影响着采矿、矿冶业的空间分布。历史时期土家族地区有矿产资源的地方不一定有矿冶业,但有采矿的地方一定是矿产资源分布区。历史时期土家族地区汞矿(丹砂)、铜矿、铁矿、金矿、银矿、铅矿、锑矿、铝矿、陶瓷土、磺矿、硝土、煤、山石、石灰岩矿产资源的开发利用,都有赖于土家族地区丰富的矿产资源。土家族地区丰富的动物资源为手工生产中的皮革制造业提供了生产原料,为其发展创造了条件。土家族地区丰富植物资源为当地竹、木器制作、手工编织、烧炭、制漆、制糖、制靛、造纸等手工生产行业提供了充足的原料。

二、政策与政治举措对手工业发展的影响

土家族地区的地理环境相对闭塞,使土家族地区对外交通和对外经济交流受到很大限制。自五代始,土家族首领与马楚政权订立"不许管界团保、军人、百姓,乱入诸州四界"的盟约。① 土司时期存在"蛮人不许出境,汉人不许入峒"的关禁政策②,朝廷在土家族地区和汉区交界地带设立关隘,派兵驻守盘查,限制土家族地区和汉族地区间的区际人口流动。这种关禁政策虽有利于维护边境的安宁,减少土家族和邻界汉族间的民族矛盾,却人为地破坏了社会经济发展中的区际交流法则。土家族地区虽有丰富的资源,却苦于得不到外界的技术支持,从而造成地区性的手工业发展长期停滞不前。

尽管闭塞的地理环境和关禁政策的限制导致土家族地区的手工业发展缓慢,但不等于说历史时期土家族地区的手工业就没有发展。历史时期朝廷在土家族地区实行的一些政策一定程度上推动了土家族地区手工业的发展。纺织业为土家族传统的手工业,土家族先民很早就能纺织賨布。汉晋时期土家族地区赋税征收不征钱而征賨布(嵝布),这对推动土家族地区纺织业发展有一定积极作用。土家族特有的纺织品西兰卡普,追溯其渊源,与早期賨布也有一定渊源关系。唐代在土家族地区实行贡赋制度,丹砂、水银、蜡、布、纹绫、苎练缚巾、清油等手工生产的土特产成为进献朝廷的贡品,从而推动

---

① 胡东升、王焕林:《溪州铜柱铭文》,海口:海南出版社,2011年,第51页。
② 同治《长乐县志》卷3《山水志》。

了土家族地区丹砂开采和冶炼、制蜡、纺织和榨油业的发展。两宋及土司时期朝廷在土家族地区实行朝贡和回赐制度,土家族首领向朝廷输纳贡品,朝廷则根据贡品多少给予相应的回赐。宋代土家族地区贡品中多布、朱砂、水银、蜡,此外还有竹簟、绫、绵绸、金、铜鼓、彩牌、兜鍪、银装剑槊等手工制品。这些贡品推动了当时土家族地区纺织、丹砂、金矿开采和冶炼、制蜡、手工编织、兵器制作等手工生产。土司时期土家族首领贡献的土特产主要为金银器皿、蜡及其他方物,从而推动了土家族地区金、银矿的开采和冶铸、制蜡等手工业的发展。此外,宋代在施州设立广积监铸造铁钱,有利于推动土家族地区铁矿的开采和冶铸。土司时期在土家族地区设立的金场转运司及金场对开发土家族地区的金矿有很大的推动作用,在思南府设立的水银局对当地水银开采和冶炼功不可没。改流后朝廷更是对矿产开采和冶炼进行严格管理,矿冶业的发展随着政府时而开矿时而封闭一波三折。

三、移民对手工业发展的影响

土家族地区土家族和苗族等兄弟民族中很少有人专门从事手工生产,故有"少习百工之业"之说。改流以前土家族地区专门的手工业生产者多为外来移民。

土家族地区自宋代陆续有汉族移民进入,黔州、施州、澧州各有不少汉族移民。这些移民大部分从事农耕生产,另有一部分从事手工业生产,从而推动了这些地区各类手工业生产的发展。土司时期黔东北思南府率先改流,此后大量楚、蜀及其他地方的汉族移民入境。移民中部分汉人从事手工业生产,故至嘉靖年间思南府境"工匠技艺之徒,……处处有之"①,各类手工业生产者在思南府境内都有分布。从业人员的增加促进了当地手工业生产的发展,从业人员广泛分布于思南府境内是该地手工业发展的表现之一。明代慈利县和石门县境设有九溪卫,卫属兵丁有一部分为汉人。他们从事农耕生产之余,也进行手工业生产,从而推动了石门、慈利手工业生产的发展,使这些地区手工业门类不断增加,成为当时土家族地区手工业种类最多的区域。明代巴东县、建始县等地有长江之利,部分流民徙居于此,手工业得到一定发展。土司时期峡江地带手工业种类增多,与流民入境也有一定关系。

改流后土家族地区手工业更是有赖于外来移民的推动才得到迅速发展。改流后土家族地区手工业号称百工,而"百工皆自外来"②,手工业从业人员

---

① 嘉靖《思南府志》卷7《拾遗志》。
② 同治《来凤县志》卷28《风俗志》。

基本上都是外来移民。在外来移民影响下，原本不娴匠作的土家族也开始从事专门性手工业生产。手工业生产摆脱农业的附属地位成为相对独立的生产门类，各行业渐次出现专门的工匠，如"土、木、竹、石、裁缝机匠之属，各有专司"①，各行业手工业者分工也越来越明确。在完成大型工程项目的过程中，"工匠日以千计，夫役以数千计"②，不同手工业匠人分工协作，手工生产专业性可见一斑。在外地工匠带动下，土家族和苗族手工业"艺亦渐精"，手工生产技能得到较大提高。不过从"百工皆自外来"情况看，当地土著居民中从事手工业生产的并不多，手工业从业人员以外地匠人居多。可见改流后土家族地区手工业的发展仍然是在外来移民的推动下得以发展的。

四、民族因素对手工业发展的影响

历史时期土家族地区少数民族的主体为土家族，其次为苗族等兄弟民族。后来随着汉族移民大量进入土家地区，当地逐渐形成以汉族为主体居民，土家族大分散小聚居，苗族、白族、侗族、瑶族等插花状分布的民族分布格局。在土家族地区手工业发展过程中，土家族、苗族等少数民族与汉族手工业发展的差异性，对区域性手工业的发展也产生着不同的影响。

土家族有本民族的手工生产，但只是在农闲时为之，并未有专门的匠作人员。因此大多数土家族人"不娴匠作"③，"制器惟求适用，不尚奇巧"④，土家族手工产品质朴实用但不够精巧，手工生产技术水平不高。"工匠不能具备"，手工生产种类有限，因此即便是较为普通的"缝纫、铜、铁、锡、银等匠，胥致自他郡"⑤。土家族手工业生产水平总体低下造成土家族聚居区内手工业从业人员少、手工业种类少、土家族聚居区手工业生产不发达的局面。

苗族"不屑为工匠"⑥，从事手工业生产的人很少。苗族能自制农具、织具、食具、服具、器用、器械、乐具等，但"日用常具多不足"⑦，手工生产不能满足日常所需。"不能作奇技以悦人"⑧，手工生产技艺也不高。苗族手工业生产水平甚至比土家族人还低，如传统纺织生产中，苗族土布"文不甚

---

① 同治《保靖县志》卷2《舆地志》。
② 乾隆《永顺县志》卷首《李瑾序》。
③ 同治《桑植县志》卷2《风土志》。
④ 光绪《黔江县志》卷5《风俗志》。
⑤ 道光《思南府续志》卷2《地理门》。
⑥ 光绪《乾州厅志》卷5《风俗志》。
⑦ 同治《永绥直隶厅志》卷1《地理门》。
⑧ 道光《凤凰厅志》卷7《风俗志》。

工致，不能如永顺、保靖土人为峒锦、峒被、峒巾，能作鹤凤花鸟之形"[①]。传统手工业如此，其他手工业生产水平也和土家族一样低下。这也是土家族地区苗族手工业生产水平较汉族聚居区低下的重要原因。

汉族较土家族、苗族等少数民族而言，不仅手工生产分工细，而且所生产的产品也较为精巧。改流后大量汉族工匠进入土家族地区，使土家族地区手工业种类增多，手工生产号称"百工"。汉人较为精巧的手工生产技术也在土家族地区得到传播，部分土家族、苗族少数民族逐渐学会汉人的生产技艺，从而提高了各民族手工生产水平。移居土家族地区的汉族工匠也学得土家族纺织西兰卡普、苗族制作银首饰等手工生产的技艺，提升了汉族工匠手工生产的整体水平。在土家族地区手工业发展过程中，汉族工匠也起到很大的推动作用。

除以上谈到的几个方面的影响因素外，农业生产的发展对手工业发展也有一定影响。纺织需用麻、棉花、蚕丝，榨油需用油桐子、油茶子、油菜子、芝麻、乌桕子，制漆需割漆的漆树，制靛需要有蓝叶，造纸需稻草、麦秸等物，酿酒需粮食。以上各种手工生产都有赖于农业生产提供原料。制皮革所需兽皮，主要由狩猎、畜牧提供。作粉的原料一部分来自粮食，一部分来自采集所得的葛、蕨。农业生产为手工业生产提供相应的生产资料。

---

① 光绪《乾州厅志》卷7《苗防志》。

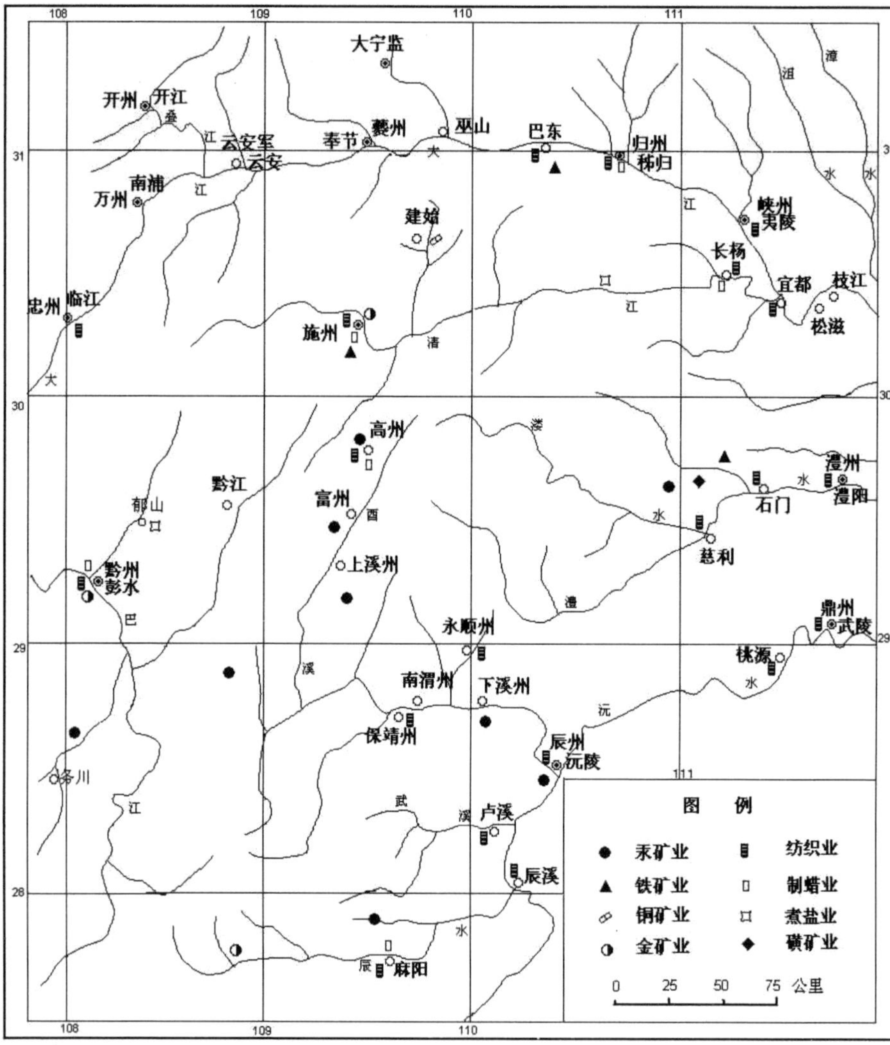

区域经济与空间过程：土家族地区历史经济地理规律探索

附图 4-1　宋代土家族地区主要手工业分布示意图

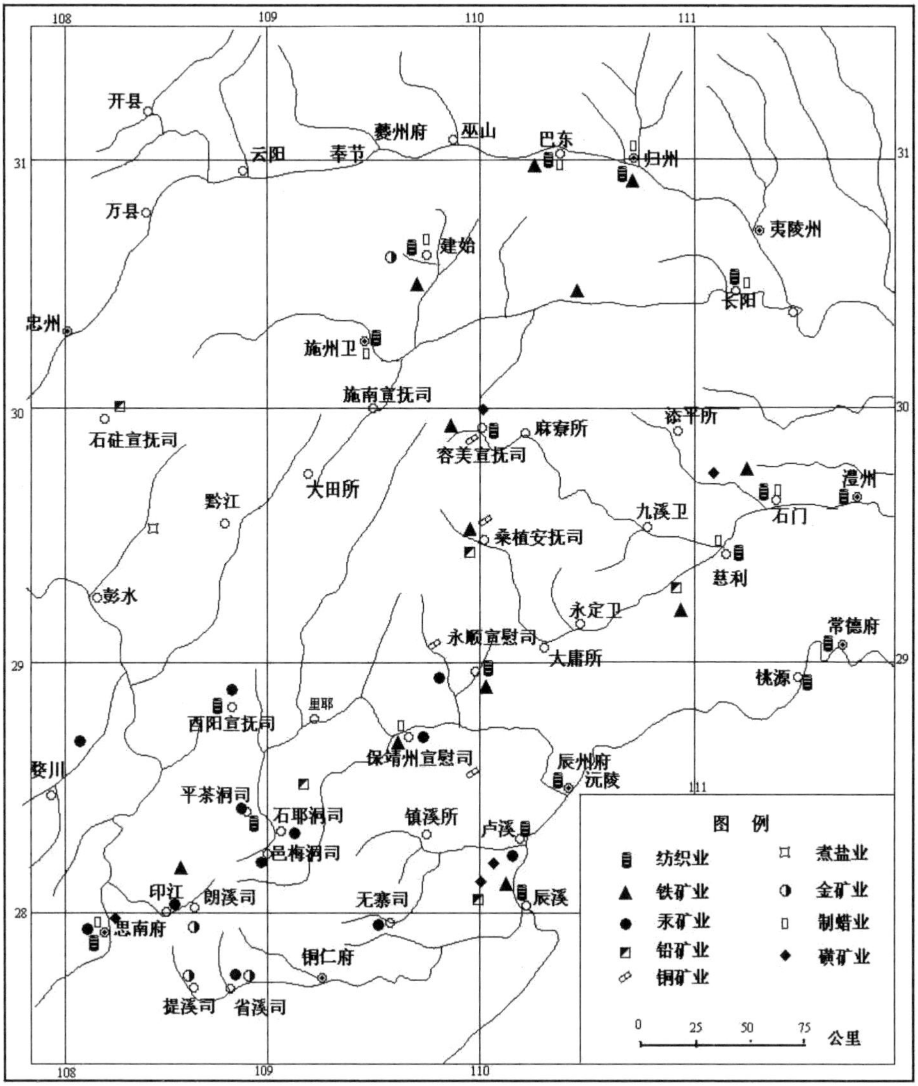

附图 4-2 明代土家族地区主要手工业分布示意图

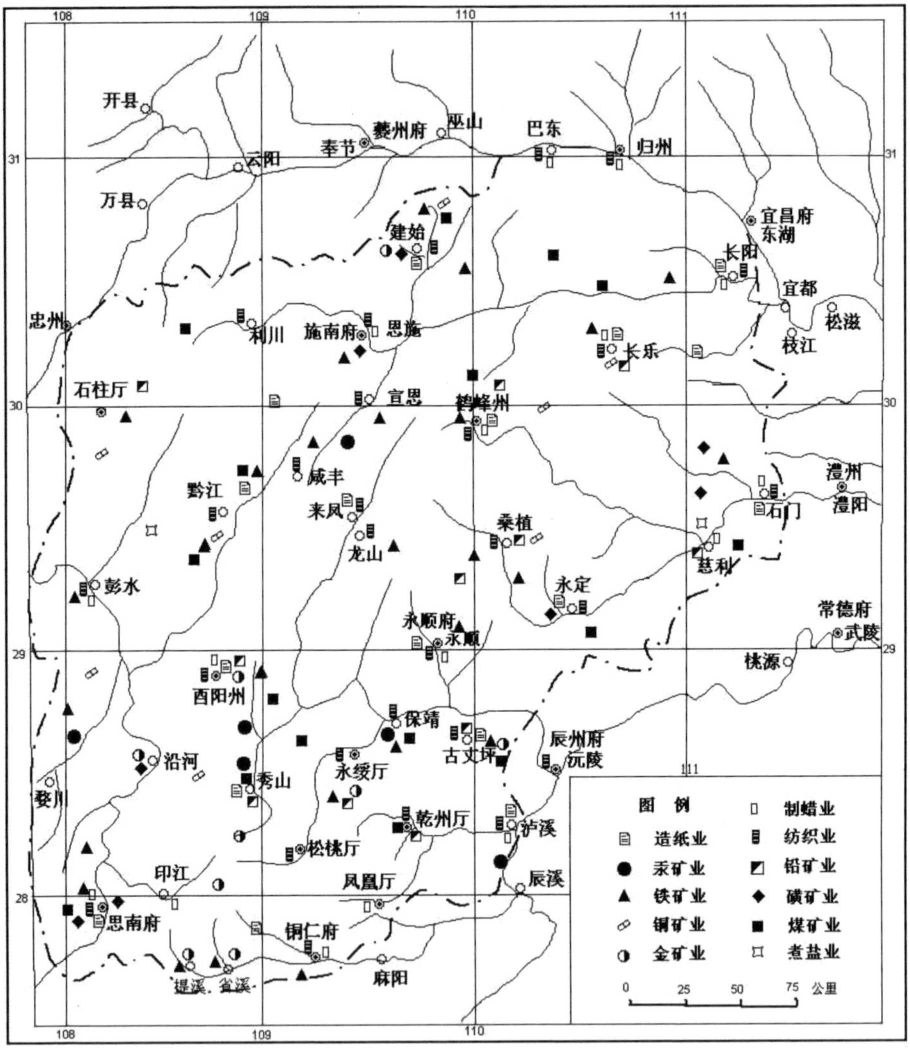

附图4-3 清代改土归流后土家族地区主要手工业分布示意图

第五章　历史时期土家族地区商业及其空间过程

商业是经济结构的重要内容，商业地理为经济地理研究的重要组成部分。探讨历史时期土家族地区历史经济地理，也少不了历史商业地理的研究。就目前的研究现状来看，土家族地区历史商业地理的研究尚处于起步阶段，历史时期土家族地区商业发展的空间过程更是少有人予以关注，历史时期土家族地区商业及其空间过程的研究还是一个崭新的研究领域。

第一节　历史时期土家族地区商业发展的空间过程

早在五代以前，土家族地区已有了商业贸易活动。南北朝时，沈攸之在五溪地区"禁断鱼盐，群蛮怨怒，酉溪蛮王田头拟杀攸之使"[①]。所谓禁断鱼盐，就是禁止汉人与五溪地区的土家族等少数民族进行食盐贸易，包括土家族先民在内的五溪蛮为获得食盐而起兵反叛。这个事件说明南北朝时期土家族地区与汉族地区已有了食盐贸易。

唐代随着长江航运的发展，峡江地带商业逐渐得到发展。唐代峡江地带居住有来自外地的客商。他们"家于巫峡，每岁贾于荆、益、瞿塘之墟"[②]，利用三峡水道从事商业贸易。在他们的带动下，部分本地居民也出现了"富豪有钱驾大舸，贫穷取给行艓子"的情况[③]，无论贫富人家都从事商业运输。

除峡江地带外，唐代土家族地区各州向朝廷贡献土特产，朝廷则对纳贡各州回赐一些中原地区的物产。纳贡与回赐制度的推行，加强了土家族地区

[①] （唐）李延寿：《南史》卷42《齐高帝诸子传》，北京：中华书局，1975年，第1060页。
[②] （宋）李昉等：《太平广记》卷312《神》，北京：中华书局，1961年，第2469页。
[③] （清）仇兆鳌：《杜诗详注》卷15《最能行》，文渊阁四库全书本。

与中原地区的经济联系。另根据考古发现，今鄂西南[①]、湘西北[②]、黔东北都曾出土过唐代货币。这说明除了官方贡赋与回赐贸易外，民间也有了以货币为媒介的商品贸易。不过总体上来说，土家族地区出土的唐代钱币数量并不多。这说明土家族地区与中原地区之间以货币为媒介的民间商贸活动并不占据主导地位，土家族地区与中原地区贸易还是以官方的贡赋与回赐为主要形式。

至于唐代土家族地区与中原地区进行商贸往来的商品有哪些，史籍中并无专门记载，不过我们可从相关文献窥见一斑。目前朝廷回赐给土家族各州的物品已无据可查，但是根据《新唐书》和《元和郡县图志》中贡品的记载，我们可对唐代土家族地区各地主要的外销商品形成粗略的认识。唐代土家族地区各地贡献朝廷的贡品详细情况见表5-1：

表5-1　唐代土家族地区各地贡品表

州郡名	贡品	州郡名	贡品
归州巴东郡	纻葛、茶、蜜、蜡	峡州夷陵郡	纻葛、箭竹、柑、茶、蜡、芒硝
施州清化郡	麸金、犀角、黄连、蜡、药实、清油、蜜	澧州澧阳郡	纹绫、纻练缚巾、犀角、竹簟、光粉、柑、橘、恒山、蜀漆
溪州灵溪郡	丹砂、黄连、蜡、犀角、茶牙	辰州卢溪郡	光明丹砂、药砂、水银、犀角、黄连、黄牙
锦州卢阳郡	光明丹砂、犀角	黔州黔中郡	光明丹砂、蜡、纻、布、竹布、纻麻布
思州宁夷郡	蜡、葛、朱砂		

资料来源：《新唐书·地理志》，《元和郡县图志》

从表5-1可以看出：

（1）从贡品类别来看，主要是各地土特产品。其中手工产品有蜡、麸金、清油、丹（朱）砂、药砂、水银、纻葛、芒硝、纹绫、纻练缚巾、竹簟、光粉、蜀漆、纻、布、竹布、纻麻布等；农林产品有茶、茶牙、黄连、药实、恒山、黄牙、箭竹、柑、橘、葛等，农副产品有蜜，狩猎产品有犀角。从贡品种类来看，以当地手工产品最多，其次为农林产品，再次为农副产品和狩猎产品。这些贡品大多为当地原材料粗加工产品，这种状况的出现，与当时土家族地区相对落后的经济发展水平是相对应的。

（2）从各地贡品的统计数据来看，归州有贡品4种，峡州有6种，施州有7种，澧州有9种，溪州有5种，辰州有6种，锦州有2种，黔州有6种，

[①] 邓辉：《土家族区域的考古文化》，北京：中央民族大学出版社，1999年，第292页。
[②] 林时九：《湘西吉首发现窖藏铜钱》，《考古》1986年第1期，第91页。

思州有3种。从贡品数量统计来看,澧州、施州、峡州、辰州、黔州数量较多(6—9种),溪州、归州次之(4—5种),锦州、思州的贡品种类相对较少(2—3种)。贡品数量的这种地域分布大致与各地同周边汉区远近及开发早晚有一定关系。如种类较多的澧州、峡州、辰州处于土家族地区边缘地带,与汉区较为接近,而黔州、施州则属于在土家族地区开发相对较早的区域。思州、锦州距离汉区较远,其贡品种类相对较少。

(3) 从各类贡品在各地的分布情况来看,纺织品及其原料主要集中在归州、峡州、澧州、黔州和思州,茶主要集中在归州、峡州、溪州,蜜主要集中在归州和施州,蜡主要集中在归州、峡州、施州、溪州、黔州、思州,竹制品及其材料主要集中在峡州、澧州、黔州,柑、橘主要集中在峡州、澧州,黄金主要集中在施州,犀角主要集中在施州、澧州、溪州、辰州、锦州,药材主要集中在施州、峡州、澧州、溪州、辰州,清油主要集中在施州,光粉、蜀漆主要集中在澧州,丹砂、水银主要集中在溪州、辰州、锦州、黔州、思州。各类贡品在各地的分布情况不尽相同。贡品分布实际上由各类物品的地理分布决定,而这些物品用现在的话来说就相当于该地的名优产品,一般土特产是很难进入贡品行列的。

五代两宋时期,土家族地区商业继续得到发展。五代时,湘西北溪州土家族首领彭氏与马楚政权之间订立盟约,划定疆界。盟约中规定汉人可到溪州土家族地区"收买溪货","采伐土产"[①]。此后进入土家族地区进行商业活动的汉人逐渐增多。

到了宋代,以纳贡与回赐为具体表现形式的带官方色彩的物品交换活动为土家族地区与汉族地区间规模较大的商贸活动。根据文献记载,宋代土家族地区各地与朝廷之间的贡赐物品交换极为频繁。宋代土家族地区各州与宋王朝之间的纳贡与回赐情况详见表5-2:

表5-2 宋代土家族地区各地纳贡与回赐情况简表

时间	土家族地区各部	贡品	朝廷回赐物品
乾德四年	南州	铜鼓	
乾德四年	下溪州刺史田思迁	铜鼓、虎皮、麝脐	
开宝九年	奖州刺史田处达	丹砂、石英	
太平兴国二年	懿州刺史五溪都团练使田汉琼以其子、弟、女夫、大将、五溪统军都指挥使田汉度而下十二人	方物	

---

① 彭武文:《溪州铜柱及其铭文考辨》,长沙:岳麓书社,1994年,第36页。

续表

时间	土家族地区各部	贡品	朝廷回赐物品
太平兴国三年	夷州蛮任朗政等	方物	
淳化三年	锦州刺史田保全遣使	方物	
淳化五年	奖、晃、叙、懿、元、锦、费、福等州	方物	
至道元年	高州、溪州	方物	
咸平元年	古州刺史向通展	芙蓉朱砂二器、马十匹、水银千两	
咸平三年	高州刺史田彦伊遣子	方物、兵器	
咸平四年	向君猛遣其侄文勇	方物	
咸平四年	上溪州刺史彭文庆	水银、黄蜡	
咸平五年七月	高州刺史田彦伊子承宝等一百二十二人	方物	巾服、器币
咸平六年七月	南高州义军指挥使田彦强、防虞指挥使田承海	方物	
景德元年	高州五姓义军指挥使田文都	方物	
景德三年	高州新附蛮酋八十九人	方物	
景德三年	溪州刺史彭文庆率溪峒群蛮	方物	
景德三年	高州诸名豪百余人	方物	
大中祥符元年八月	溪洞诸蛮	方物	
大中祥符四年	安、远、顺、南、永宁、浊水州蛮酋田承晓等三百七十三人	方物	
大中祥符五年闰十月	五溪蛮向贵升及磨嵯、洛浦蛮	方物	
大中祥符六年	夔州蛮彭延遑、龚才晃等	方物	
天禧二年	富州刺史向通汉率所部	名马、丹砂、银装剑槊、兜鍪、彩牌	袭衣、金带、鞍勒马、器币
乾兴初	顺州蛮田忠显与其党百九人	方物	
天圣四年	归顺等州田思钦等	方物	
天圣五年	下溪州彭仕端	名马	袍带
天圣七年	下溪州彭仕义	方物	
天圣七年	黔州蛮、舒延蛮、绣州蛮向光绪	方物	
元祐四年	保靖州彭儒武、永顺州彭儒同、谓州彭思聪、龙赐州彭允宗、蓝州彭士明、吉州彭儒崇等各同其州押案副使	溪布	
绍兴四年	保静、南渭、永顺三州彭儒武	方物	

资料来源：《宋史·蛮夷传》、《宋会要辑稿》

通过表 5-2 的统计来看：

（1）这种见于记载的官方物资交换贸易时段性较为明显。土家族各地与朝廷的纳贡与回赐活动主要集中在北宋时期，共计 29 次，而南宋仅有 1 次。而在北宋时期，又以前期居多。在 960 年至 1029 年的 69 年里，纳贡与回赐活动共进行了 28 次，而从 1030 年至 1127 年的 97 年中，贡赐活动仅进行了 1 次。这种贡赐活动的时段性分布，与朝廷在土家族地区的政治统治和军事控制力度密切相关。当朝廷在土家族地区能实施有效统治与控制时，土家族各部与朝廷联系紧密，朝贡频繁，相应的朝廷回赐也多；一旦朝廷在土家族地区统治和控制力度减弱，或是朝廷政策举措失宜，土家族各部与朝廷关系趋于紧张，朝贡活动相对较少，朝廷回赐也相应减少。

（2）从在朝贡与回赐活动中用于交换的物品来看，与唐代一样，宋代土家族地区各部朝贡物品仍然是地方土特产，即表中提到的"方物"。不过《宋史·蛮夷传》对朝贡物品记载多很简略，很多只是简单地记载为"方物"。究竟是何种方物，文献不载。而朝廷回赐物品，文献记载也颇为简略，除上表所提到的巾服、器币、袭衣、金带、鞍勒马、袍带外，还包括盐、彩、冠带、缯帛、锦袍、银带、钱、绢、布、绵等物。在这种官方物品交换中，朝廷回赐远比土家族各部的朝贡丰厚。这与朝廷对包括土家族各部在内的少数民族统治策略有关。宋王朝对土家族各部"竭金帛、缯絮以啖其欲，捐高爵、厚奉以侈其心"①，从而达到控制土家族各部的目的，而土家族各部也是"利于回赐，颇觉驯服"②。通过这种不对等的物品交换，土家族各部得到远比朝贡物品更多的回赐，而朝廷则得到土家族各部的归顺。

上文提到宋代土家族地区向朝廷进献贡品，那么土家族地区各地究竟有哪些贡品呢？对此问题，笔者查阅了文献，对土家族地区各地贡品进行了粗略统计详见表 5-3：

表 5-3　宋代土家族地区各地贡品

州名	贡品	州名	贡品
归州	纻、簟、黄蜡、白茶、椒、马鞭、亭栗子、嫁布	峡州	五加皮、芒硝、杜若、嫁布
施州	黄连、木药子、马、皮	澧州	龟甲绫、五纹绫、竹簟、纻、牛膝、纻练纱、光明砂
辰州	朱砂、水银	黔州	朱砂、蜡、麸金、水银、土布

---

① （元）脱脱等：《宋史》卷 493《蛮夷传》，北京：中华书局，1985 年，第 14182 页。
② （元）脱脱等：《宋史》卷 494《蛮夷传》，北京：中华书局，1985 年，第 14192 页。

续表

州名	贡品	州名	贡品
忠州	绵绸	思州	水银
锦州	朱砂、水银、金、布、黄蜡	上溪州	水银、黄蜡
下溪州	铜鼓、虎皮、麝脐、名马	永顺州	溪布
保静州	溪布	南渭州	溪布
高州	水银、蜡烛、麝香、黄连、土布、花席、花幕、兵器	富州	名马、丹砂、银装剑槊、兜鍪、彩牌
龙赐州	溪布	南州	铜鼓

资料来源：《宋史·蛮夷传》、《宋史·地理志》、《元丰九域志》、《太平寰宇记》、《宋会辑稿》、《舆地纪胜》

从表5-3可以看出：

（1）从贡品类别来看，手工业产品有纻、嶂布、龟甲绫、五纹绫、纻练纱、土布、花幕、溪布、绵绸、簟、竹簟、花席、马鞭、黄蜡、蜡烛、铜鼓、光明砂、兵器、麸金、水银、朱砂、丹砂、银装剑槊、兜鍪、彩牌、金等，林特产品中药材有五加皮、芒硝、杜若、黄连、木药子、牛膝、亭栗子、椒、白茶等，畜牧、狩猎产品有名马、马、皮、虎皮、麝脐等。贡品类别主要还是以手工产品为主，其次为林特产品，再次为畜牧狩猎产品。

（2）从各类贡品的地域分布来看，纺织产品主要分布在归州、峡州、澧州、高州、黔州、忠州、永顺州、保靖州、南渭州、龙赐州、锦州等地，与唐代相比，贡纳纺织品的地区有所增多；手工编织产品主要分布在归州、澧州、高州等地；林特产品主要分布在归州、施州、峡州、澧州、高州等地；矿冶产品主要分布在南州、下溪州、上溪州、澧州、高州、辰州、黔州、富州、思州、锦州等地，其中尤以丹砂及水银分布地域最广；畜牧狩猎产品主要分布在下溪州、施州、高州、富州等地。各类贡品的分布与其产地密切相关。

（3）从各地贡品统计数据来看，归州有贡品8种，峡州4种，施州4种，澧州7种，辰州2种，黔州5种，忠州1种，思州1种，锦州5种，上溪州2种，下溪州4种，永顺州、保靖州、南渭州各1种，高州8种，富州5种，龙赐州1种，南州1种。从统计数据来看，归州、高州、富州、澧州、黔州、锦州等地的贡品种类相对较多，其次为峡州、施州、下溪州，其余各州的贡品种类则很少。贡品种类多少既与各地经济发展总体水平相对应，同时也与土家族地区各部族与朝廷的政治联系紧密程度有很大关系。例如，高州贡品虽然有8种，但这并不代表其经济发展水平比其他地方高，很大程度上与高州多次向朝廷纳贡有关系。根据前文对宋代土家族地区纳贡与回赐情况的统计，北宋时期高州向朝廷纳贡达7次之多。因此，利用各地贡品种类来分析各地商品交换情况时，应区别进行。

宋代土家族地区与汉族地区间除了纳贡与回赐的官方贸易外，民间商品贸易也有一定程度发展。苏轼《送乔施州》诗中有"鸡号黑暗通蛮货"之语①，"蛮"即当地土家族，"蛮货"即土家族用于交易的土特产品。通过民间的商品贸易，汉族地区部分手工业品运销到土家族地区。考古工作者曾在恩施土家族苗族自治州建始县苗坪马栏溪发现一湖州镜。这种镜子原产于南宋湖州（今浙江吴兴县），当时远销广东、四川、内蒙等地②。铜镜在建始出土，表明这种铜镜也运销到建始一带。

当然在宋代，土家族地区与外地商品贸易中最为重要的为盐粟贸易。宋代对盐的生产和销售进行管制，"官自卖盐，禁绝私商"③，土家族地区也不例外。后来为解决土家族地区驻军的军粮和保证土家族地区安定，朝廷下令允许土家族以粟易盐，"诏平溪峒互市盐米价，听民便，毋相抑配"④。官府对盐米价格只是进行宏观调控，不对盐粟贸易做过多干预。盐粟贸易使土家族有了所需食盐，驻军有了充足军粮，边境一度获得安宁。

伴随官方和民间商业的发展，宋代土家族地区货物流通中，较普遍地出现了以货币为媒介的商贸活动。在黔东、渝东、鄂西南⑤、湘西⑥出土的数量众多的宋代钱币，就是最好的证据。出土钱币的数量远远多于唐代，说明宋代土家族地区商业较唐代有一定发展。宋代土家族地区的钱币主要有两个来源，一是朝廷的回赐，一是土家族地区的铸造。朝廷的回赐主要是针对土家族各部族首领，因此从朝廷获得钱币赏赐的主要为土家族上层人士。而土家族地区民众所用钱币，应该是来自地方铸造的钱币。宋王朝在土家族地区设

---

① 张兴文、牟廉玖注释：《历代诗人咏施州》，北京：民族出版社，2001年，第34页。
② 邹待清：《建始县首次发现湖州镜》，《江汉考古》1983年第4期，第84页。
③ 光绪《湖南通志》卷56《食货志》。
④ （元）脱脱等：《宋史》卷494《蛮夷传》，北京：中华书局，1985年，第14191页。
⑤ 余博洲：《鄂西川东地区岩穴墓分析》，《四川文物》1993年第2期，第10—15页；邓辉：《两宋时期鄂西南土家族地区的经济与货币》《湖北民族学院学报》（社科版）1996年第4期，第31—34、91页。
⑥ 林时九：《湘西吉首发现窖藏铜钱》，《考古》1986年第1期，第91页。

置铸钱机构，在施州就设有广积监，负责钱币铸造和管理①，"岁额万缗"②。如前所述，万缗就是钱 1000 万文。一年固定铸造钱币 1000 万文。钱币的铸造量大反映钱币使用量较大。不过在宋代的土家族地区，钱币的流通可能较多地局限于进入土家族地区的移民，而大多数土家族民众，日常的物品交换则采取物物交换。钱币在土家族民众中的使用有限。

宋代土家族地区边缘地带场市贸易获得初步发展。宋代朝廷鼓励汉民与少数民族进行商业贸易。《宋史·食货志》载"楚、蜀、南粤之地，与蛮獠溪峒相接者"，"皆听与民通市"，土家族地区也在"楚、蜀、南粤之地"的范围之内。熙宁六年（1073），"湖北路及沅、锦、黔江口，蜀之黎、雅州皆置博易场"，淳熙二年（1175），"溪峒缘边州县皆置博易场，官主之"，在土家族地区边缘地带设立博易市，派官员进行管理，使土家族地区出现"草市人朝醉，畲田夜火明"的景象。③ 自此以后，土家族地区集市贸易得到迅速发展，并逐渐成为民间最主要的商品贸易形式。

宋代土家族地区的城镇贸易也得到初步发展。宋王朝为避免土家族首领入京朝贡引起麻烦，规定土家族首领"以贡物留施州，所赐就给之"④。施州成为土家族地区贡品和回赐物资集散重镇，施州经济由此得到较大发展。施州知州谢昌元在营建施州城时，不需朝廷拨款，"自备缗钱百万，米麦千石，筑郡城"⑤，施州经济发达可见一斑。其他政治中心的商业也得到了发展，如黔州黔江县"市蜂蜡以千计算"⑥，表明黔江县城为当时黔州蜂蜡的重要输出地。一些交通枢纽、重要口岸和江河岸边，形成了一些商业较为繁盛的集镇。如今石柱县长江岸边的西界沱是川盐销楚盐道起点，在北宋真宗年间（998—1022）成为施州等地以粟易盐物资集散地。⑦ 乌江岸边龚滩，西水岸边里耶、王村由于有便利的水道交通，商业也有一定的发展。

土司时期土家族地区的商业继续发展。土家族首领朝贡和朝廷回赐仍是土家族地区和中原地区进行物资贸易的重要形式。土司时期土家族土司的朝贡与回赐情况可以明代为例来进行分析。笔者根据《明实录》、《明史》等文献，对明代土家族土司朝贡与回赐活动情况进行了统计详见表 5-4：

---

① （元）脱脱等：《宋史》卷 18《哲宗本纪》，北京：中华书局，1985 年，第 345 页。
② （宋）李心传：《建炎以来系年要录》卷 169，北京：中华书局，1956 年，第 2763 页。
③ （宋）王象之：《舆地纪胜》卷 75《荆湖北路·辰州》，台北：文海出版社，1971 年，第 454 页。
④ （元）脱脱等：《宋史》卷 493《蛮夷传》，北京：中华书局，1985 年，第 14183 页。
⑤ （元）脱脱等：《宋史》卷 44《理宗本纪》，北京：中华书局，1985 年，第 865 页。
⑥ （清）顾炎武：《天下郡国利病书》卷 66《四川》，四部丛刊本。
⑦ 石柱县志编纂委员会：《石柱县志》，成都：四川辞书出版社，1994 年，第 8 页。

表 5-4 明代土家族地区土司朝贡与回赐情况统计

时间	土司名称	贡品	回赐物品
朱元璋吴王元年二月	慈利军民宣抚使覃垕、夏克武遣其子覃仁、夏荣祖及其属	马，方物	织金、绮帛
朱元璋吴王元年五月	慈利军民宣抚使覃垕遣其子覃仁、夏克武遣其子夏德胜及其属	马二十匹，方物	绮帛
朱元璋吴王元年六月	思南道宣慰使司都元帅田仁智遣五寨副长官戴允中	马，方物	
洪武元年九月	保靖安抚司安抚彭万里遣子德胜	马，方物	
洪武二年正月	思南道宣慰使田仁智遣使	方物	织金、罗绮、锦帛、纱帽、鞍辔
洪武二年十二月	永顺宣抚司彭添保遣从兄敬保	马，方物	
洪武三年二月	思南宣慰使田仁智遣都事李懋	马	
洪武四年十二月	施南道宣慰使覃大胜弟大旺、副宣慰覃大兴	方物	衣服
洪武四年十二月	金峒安抚副使达谷什用	方物	衣服
洪武五年二月	容美洞宣抚使田光宝遣子答谷什用	方物	光宝文绮二匹，袭衣
洪武五年四月	酉阳军民宣慰司冉如彪遣弟如喜	方物	文绮，袭衣
洪武七年五月	散毛宣慰使司都元帅覃野旺	方物	文绮，袭衣
洪武七年五月	永顺宣慰使顺德汪备唐厓、安抚使月直什用	方物	文绮，袭衣
洪武七年五月	唐崖安抚使月直什用	方物	文绮，袭衣
洪武七年九月	思南宣慰使田仁智	马	
洪武七年	石砫安抚使马可用遣子付德与同知陈世显	方物	
洪武八年十二月	镇南大奴等峒宣抚司宣抚吕洞什用	方物	绮帛
洪武九年八月	思南宣慰使田仁智	马，方物	织金、文绮、帛各三十疋
洪武九年闰九月	永顺宣慰使彭添保遣弟义保等	马，方物	绮帛，衣服，币
洪武十年六月	思南宣慰司遣使	马	
洪武十一年十一月	思南宣慰使田大雅	方物，马	文绮，钞
洪武十三年二月	保靖宣慰使彭万里遣其弟万通	马	

续表

时间	土司名称	贡品	回赐物品
洪武十四年四月	思南宣慰使田大雅率其属	马，方物	衣帽，鞋袜，文绮，钞锭
洪武十五年六月	湖广管寇洞忠建宣抚司田思进子忠敬	方物	文绮，钞锭
洪武十五年六月	沿边宣抚田阿巨孙仲名阿八	方物	文绮，钞锭
洪武十五年六月	出洞宣抚阿巨什用弟墨出什用	方物	文绮，钞锭
洪武十五年六月	五峰石宝长官张仲山弟	方物	文绮，钞锭
洪武十五年六月	容美洞椒山玛瑙长官刘文秀	方物	文绮，钞锭
洪武十五年六月	故镇南宣抚墨达子散毛施	方物	文绮，钞锭
洪武十五年六月	散毛宣抚覃野旺子散毛五孙南木叟	方物	钞锭
洪武十五年冬十月	镇南宣抚散毛施	方物	钞
洪武十五年十月	施南宣慰使司前宣慰覃古诸	马、方物	
洪武十五年十一月	石柱宣抚司土官冉良彬	方物	文绮，钞锭
洪武十五年十二月	思南宣慰使田大雅	方物	绮帛，钞锭
洪武十六年四月	石柱宣抚冉应仁	马，方物	文绮，钞锭
洪武十六年四月	思南宣慰使田大雅	马，方物	绮帛，钞锭
洪武十七年五月	散毛、沿边安抚司安抚覃野旺之子起刺什用	方物	冠带，钞锭
洪武十七年五月	思南宣慰使田大雅	马，方物	文绮，钞锭
洪武十八年四月	荆州府巴东县管勾峒蛮酉黑迟什用遣其子	方物	
洪武十八年十二月	石柱宣抚司同知陈世显遣子兴潮等	方物	
洪武十九年五月	思南宣慰使田大雅	马二十匹	
洪武十九年十二月	保靖宣慰司等		
洪武十九年十二月	忠建宣抚司土官田思进孙田凤保	马、方物	
洪武二十年正月	保靖宣慰使彭万里遣其侄应祖等	方物	
洪武二十年八月	思南宣慰司土官同知杨禧	马	
洪武二十年十二月	施南宣慰使覃大胜遣从兄墨答什用	方物	绮帛，钞锭
洪武二十年十二月	永顺宣慰彭添保等	马，方物	
洪武二十年十二月	思南宣慰使田大雅	马，水银	钞二百锭

续表

时间	土司名称	贡品	回赐物品
洪武二十一年十二月	忠建宣抚田思进遣子田忠孝	方物	
洪武二十二年五月	思南宣慰使田大雅等	马	钞
洪武二十三年	平茶长官司杨祇纲遣子再胜	方物	
洪武二十三年九月	思南宣慰使田大雅遣使	方物	
洪武二十四年正月	永顺宣慰使司彭添保遣子木答踵	方物	文绮,钞
洪武二十四年正月	保靖宣慰使彭万里	方物	文绮,钞
洪武二十六年正月	平茶洞长官杨再胜	马,方物	文绮,钞
洪武二十六年十二月	石柱宣抚使马良等	马,方物	
洪武二十七年正月	永顺宣慰使司宣慰彭添保	方物	
洪武二十七年三月	平茶长官司	方物	
洪武二十七年四月	酉阳宣抚冉兴邦	方物	
洪武二十七年四月	永顺宣慰司	方物	
洪武二十七年四月	保靖宣慰司	方物	
洪武二十七年四月	忠建安抚司	方物	
洪武二十七年四月	思南宣慰司	方物	
洪武二十九年十月	思南宣慰使田大雅	马,方物	
洪武二十九年十二月	保靖宣慰司等	方物	
洪武三十年四月	思南宣慰使司田大雅母杨氏	马,方物	白金,文绮,钞锭
洪武三十一年五月	平茶洞长官司土官杨欣	方物	
洪武三十五年十一月	石柱宣抚马良	马,方物	钞,币
永乐元年正月	酉阳宣抚冉兴邦等388人	马,方物	钞,币
永乐三年四月	施南长官司土官之子覃添富	马、方物	
永乐三年	竿子坪长官司等	方物	
永乐三年	酉阳宣慰司所属亚坚等十一寨	方物	
永乐四年十二月	盘顺宣抚司	马、方物	钞,币
永乐四年	散毛长官司土官覃友谅	方物	
永乐四年	龙潭安抚司田应虎	方物	
永乐五年	镇南长官司长官覃兴等	方物	
永乐五年	东乡五路安抚司安抚覃忠等	方物	
永乐五年	酉阳宣慰司宣慰使冉兴邦遣部长龚俊等	方物	

续表

时间	土司名称	贡品	回赐物品
永乐六年三月	施州盘顺宣抚司土官子向墨杓耸	马	钞，币
永乐六年七月	散毛宣抚司土官同知谭本良遣侄光海	方物	钞，币
永乐七年六月	酉阳宣抚司宣抚冉兴帮遣头目龚俊等	方物	钞，币
永乐七年六月	石柱宣抚司市备诸洞土官之子谭玉等	马	钞，币
永乐八年六月	容美宣抚田胜贵遣把事杜贵达	方物	钞，币
永乐九年五月	施南宣抚司忠洞安抚司	马	钞，币
永乐九年五月	酉阳宣抚司宣抚冉兴帮	马	钞，币
永乐九年	保靖宣慰使彭勇烈遣人	方物	
永乐十年三月	石柱宣抚司水平洞五路故土官男明虎	马	钞，币
永乐十年九月	高罗安抚司木册长官司	方物	钞，币
永乐十三年八月	盘顺安抚司故安抚野旺子谷赇什用	马	
永乐十六年	永顺宣慰彭源子仲率土官部长667人	马	
永乐二十一年十二月	石柱宣抚司宣抚马应仁	方物	
永乐二十一年	保靖宣慰使彭药哈俾	马	
永乐二十二年十二月	思南府沿河祐溪长官司	马	钞，币表里，袭衣
洪熙元年二月	施南宣抚司等处土官覃良等	马、方物	钞，币
洪熙元年四月	石柱宣抚司土官马应仁等	马	钞，文绮
洪熙元年七月	金峒安抚司把事冉中	象、马、方物	钞，纻丝，罗，彩，绢
洪熙元年闰七月	平茶洞长官司长官杨通衡遣头目易立忠	马	钞，币
洪熙元年十一月	龙潭安抚司故土官副使冉景铭子胜魁	马	钞，彩币
洪熙元年十二月	桑植安抚司安抚向思富	马，方物	钞，币，袭衣，靴，袜
宣德元年正月	高罗安抚司田大名遣舍人谭海	马、方物	钞，彩币
宣德元年正月	永顺宣慰使彭仲遣子英	马，方物	钞，币表里
宣德元年正月	金峒安抚司土官安抚覃添贵遣子忠	马	钞，彩币，罗，绢，袭衣，靴，袜

续表

时间	土司名称	贡品	回赐物品
宣德元年二月	施南宣抚司同知谭敬遣舍人秦□应潮等	马	
宣德元年四月	容美宣抚司故土官向友亮子贤	方物	钞、彩币
宣德元年四月	前盘顺安抚司土官安抚剌惹子向钟谨	马	
宣德元年五月	麻寮守御千户所故土官百户子刘宽	马	钞币
宣德元年七月	西阳宣抚司土官佥事遣通事何友才	马	
宣德元年十二月	散毛宣抚司佥事于斌遣舍人于旺	驼、马、羊	
宣德元年十二月	忠峒等安抚司安抚田大智遣舍人田正	马, 方物	钞, 彩币表里
宣德元年十二月	永顺宣慰使彭仲遣子俊	马	钞, 彩币表里
宣德元年十二月	保靖宣慰使彭大虫可宜遣子顺	马	钞, 彩币表里
宣德二年正月	木册长官司舍人谭豪及头目等181人	马, 方物	钞, 彩币表里, 毡帽
宣德二年正月	石柱宣抚司土官佥事冉茂兰子	马	
宣德二年二月	石柱宣抚司土官舍人冉才雄等100人	方物	钞, 彩币表里
宣德二年六月	金峒安抚司故土官万户覃黑送子万勇等	马, 方物	钞, 彩绢, 布
宣德二年七月	麻寮守御千户所土官百户向拳甫等	方物	
宣德二年八月	西阳宣抚司土官佥事冉应良遣头目何政	马, 方物	
宣德三年四月	施州卫忠孝安抚司土官安抚田大兴	方物	钞, 纻丝, 袭衣, 棉布
宣德三年闰四月	施州卫前怀德居民宣慰司故土官孙向墨古送	马	钞
宣德三年闰四月	前镇边忠义安抚司故土官子惹添旺	马	钞
宣德三年五月	前西坪军民府等衙门故土官支付秦□方子万山	马, 方物	钞
宣德三年五月	前隆奉安抚司故土官同知向得显子均昇	马	钞
宣德三年五月	前东流安抚司故土官安抚田可住子铭	马, 方物	钞

续表

时间	土司名称	贡品	回赐物品
宣德三年五月	散毛宣抚司前剌别长官司故土官田大旺子兴	马	钞
宣德三年六月	施南宣抚司等衙门故土官副使谭攀安子铭	马	钞,彩币表里
宣德三年七月	前忠信军民府故土官知府覃吕啼孙隆	马,方物	钞,彩币表里,纻丝,袭衣
宣德三年七月	前镇南大奴峒宣抚司故土官宣抚田黑用子斌	马,方物	钞,彩币表里,纻丝,袭衣
宣德三年七月	前镇远安抚司故土官安抚子向世雄	马,方物	钞,彩币表里,纻丝,袭衣
宣德三年七月	前顺化安抚司故土官安抚旺踵子墨言送	马,方物	钞,彩币表里,纻丝,袭衣
宣德三年七月	前九溪军民宣慰司故土官宣慰使墨迪送子古珠	马,方物	钞,彩币表里,纻丝,袭衣
宣德三年七月	忠路安抚司把事牟铭	马,方物	钞,彩币表里,纻丝,袭衣
宣德三年七月	前归德宣抚司等衙门故土官宣抚彭驴送子万隆	茶,马	钞,彩币表里,绢
宣德三年八月	唐崖长官司故土官长官黄晟子敏	方物	钞,彩币表里,绢
宣德三年八月	容美宣抚司通事向谨	方物	钞,彩币表里,绢
宣德三年八月	忠信宣抚司等衙门故土官同知黄阿什用子圮先	马,方物	钞,彩币表里
宣德三年八月	容美宣抚司峒长向大虫	马,方物	钞,彩币表里
宣德三年十月	前盘顺宣抚司故土官舍人向大旺	方物	钞,彩币表里,纻丝,袭衣,靴,袜
宣德三年十一月	镇南长官司副长官司谭汝铭遣把事驴蜡	马	钞
宣德三年十二月	散毛等宣抚司故土官黄楚子敬瑄	马,方物	
宣德三年十二月	施南宣抚司土官同知覃敬遣把事黄圮	马	钞
宣德三年十二月	容美宣抚司故土官黄万通子隆杰	马,银器,方物	钞,彩币表里,金织,文绮,袭衣
宣德四年二月	金峒安抚司前富南道居民宣慰司故土官宣慰使马散毛子显铭等	马,方物	钞,彩币表里,纻丝

续表

时间	土司名称	贡品	回赐物品
宣德四年二月	前盘顺安抚司故土官安抚剌尔送子向钟谨	马,方物	钞,彩币表里,纻丝
宣德四年二月	忠峒安抚司故土官安抚杨文显子子隆	马,方物	钞,彩币表里,纻丝
宣德四年二月	石梁下峒长官司故土官长官唐潮文子永恭	驼,马,方物	钞,彩币表里,纻丝
宣德四年二月	五峰石宝长官司故长官张再武弟再贵	马,方物	钞,币
宣德四年十二月	永顺军民宣慰使彭忠	马	钞,彩币表里,绢
宣德五年二月	散毛宣抚司土官于斌	方物	钞,彩币表里,绢,胖袄
宣德五年二月	石柱宣抚司同知陈玘遣舍人陈伯舟	方物	钞,彩币表里,绢
宣德五年二月	石柱宣抚司土官宣抚马应仁子镇	马,方物	钞,彩币表里,绢
宣德五年五月	石柱宣抚司遣把事刘显昌	马	钞,彩币表里
宣德五年七月	忠路安抚司把事驴呼可宜备送	马,方物	钞,彩币表里
宣德五年七月	前大王狮壁洞忠义军民宣慰司舍人牟鉴	马,方物	钞,彩币表里
宣德五年八月	施南宣抚司土官宣抚覃逊遣舍人黄昌	马,方物	钞,彩币表里,金织,纻丝,袭衣
宣德五年八月	施南宣抚司前顺化等安抚司故土官安抚旺踵子墨言送	马	
宣德五年十月	石柱宣抚司把事向添林等	马,方物	钞
宣德五年十二月	散毛宣抚司遣把事黄能	方物	钞
宣德五年十二月	施南宣抚司遣把事谭试强	方物	钞
宣德七年二月	散毛宣抚司副使黄敬瑄遣把事覃忠	马	钞,币
宣德七年八月	高罗安抚司木册长官司护印舍人田贤遣舍人谭潮美	马,方物	钞,币表里
宣德七年八月	东乡五路安抚司摇把洞长官司长官向墨古送遣把事黑牛送	马,方物	钞,币表里
宣德七年九月	镇南长官司副长官董全遣头目阿留备	马	钞,彩币表里
宣德七年九月	容美宣抚司遣通事黄家得	马,方物	钞,彩币表里
宣德七年十二月	施南宣抚司舍人覃海	马	钞,彩币表里

续表

时间	土司名称	贡品	回赐物品
宣德七年十二月	石梁下峒长官司把事唐思林	马，方物	钞，彩币表里
宣德七年十二月	散毛宣抚司舍人覃圮	马，方物	钞，币
宣德七年十二月	唐崖长官司长官黄敏	马	钞，币
宣德七年十二月	桑植安抚司安抚向思富遣副使廖子强	马	钞，币
宣德八年正月	镇南长官司舍人董景晟	方物	钞，彩币表里
宣德八年正月	永顺宣慰使彭仲遣舍人彭敬	马	钞，彩币表里
宣德八年六月	酉阳宣抚司土官金事冉应良遣头目冉福宗等	马	钞，彩币表里，丝，袭衣
宣德八年十月	石柱宣抚司舍人冉才英等	马	钞，彩币表里
宣德八年十一月	麻寮千户所故土官舍人向宣来	马	
宣德八年十一月	保靖军民宣慰司土官舍人彭南木处	马	钞，彩币表里
宣德九年二月	散毛宣抚司金事于斌遣把事秦阿送	马	钞，币
宣德九年四月	高罗安抚司舍人田贵等	马	钞，币
宣德九年六月	施南宣抚司故土官左副使向万侄兴发遣头目向荣	马，方物	钞，币
宣德十年正月	石柱宣抚司土官遣把事向添林	马，方物	彩币
宣德十年二月	石柱宣抚司土舍人冉才雄等	马	彩币
宣德十年十二月	石柱宣抚司土官冉允琛遣人	马，方物	彩币
宣德十年十二月	保靖州宣慰使司土官舍人彭兴贵	马，方物	彩币
宣德十年十二月	桑植安抚司土官黄潮端	马	彩币
宣德十年十二月	平茶洞长官司土官杨通衡	马	彩币
正统元年正月	永顺军民宣慰使司宣慰使彭仲等	马	彩币
正统元年正月	沿河祐溪长官司张光张旺等遣人	马	彩币
正统元年二月	乌罗府朗溪蛮夷司土官田任泰遣人	马	彩币
正统元年六月	永顺宣慰使司土官舍人	马	彩币
正统元年八月	桑植安抚司故土官安抚子向晟、土官同知覃得和等	驼，马	彩币
正统二年二月	容美宣抚司遣人	马	钞

续表

时间	土司名称	贡品	回赐物品
正统二年八月	酉阳宣抚司、石柱宣抚司土官马真等	马,方物	彩币
正统二年八月	腊惹洞长官司土官	马,方物	彩币
正统二年八月	驴迟洞长官司土官	马,方物	彩币
正统二年九月	施南宣抚司遣人	象,马,金银器物	绢,布,彩缎,衣,钞
正统二年十月	施南宣抚司土官同知覃敬遣把事向礼	马,方物	彩币
正统二年十二月	石关峒长官司副长官谭仲贵	马,驼,方物	彩币
正统二年十二月	容美宣抚司舍人黄隆杰等	马,驼,方物	彩币
正统二年十二月	施南宣抚司土官同知覃敬遣舍人向兴	马,方物	彩币
正统三年四月	散毛宣抚司土官男于端	马	彩币
正统三年九月	唐崖长官司把事王政	马,方物	彩币
正统三年十二月	酉阳宣抚司佥事冉应良遣舍人冉兴明	马,金银器皿	
正统三年十二月	保靖军民宣慰司故宣慰使子麦直踵等	马,方物	彩币
正统四年正月	施南宣抚司东乡五路、忠孝、大旺、金峒四安抚司遣舍人把事向兴隆	马,方物	彩币
正统四年正月	龙潭安抚司遣舍人	马,方物	彩币
正统四年正月	忠路安抚司遣舍人	马,方物	彩币
正统四年正月	永顺宣慰使司土官宣慰彭世雄	马,方物	彩币,钞,绢
正统四年五月	酉阳宣抚司遣把事刘显	马,方物	彩币,钞锭
正统四年十月	忠峒安抚司土官舍人田敬	马,方物	彩币
正统四年十一月	永顺军民宣慰使司舍人田麦著踵	马	彩币
正统四年十二月	散毛宣抚司遣舍人黄缙	马	织,金,袭衣,彩币
正统五年五月	施南宣抚司宣抚覃彦升遣把事向怀	马,方物	彩币,钞,绢
正统五年八月	桑植安抚司土官舍人田亮	马	彩币
正统五年十月	龙潭安抚司舍人黄敬荣	马,貂鼠皮	彩币,钞,绢
正统五年十月	保靖州军民宣慰使思土官舍人彭麦谷踵	马,貂鼠皮	彩币,钞,绢
正统六年二月	容美宣抚司土官舍人黄瑛	方物	钞,绢

续表

时间	土司名称	贡品	回赐物品
正统六年五月	唐崖长官司遣舍人黄通	马	彩币
正统六年闰十一月	散毛宣抚司	马	彩币
正统六年闰十一月	大旺、金峒、忠孝三安抚司	马	彩币
正统六年十二月	施南宣抚司遣舍人向子昇	马	
正统六年十二月	高罗安抚司遣舍人谭永能等	马	
正统六年十二月	龙潭安抚司遣舍人黄敬亮	马,银器,方物	彩币
正统七年正月	永顺宣慰司土官彭才	方物	彩币,钞,绢
正统七年三月	石柱宣抚司舍人马茶	马,方物	彩绢,钞
正统七年十二月	散毛宣抚司遣通事	马,方物	彩币
正统八年五月	容美宣抚司土官舍人向福铭	马,驼	钞,彩币表里
正统八年十二月	容美宣抚司五峰石宝长官司遣把事田永贤	马	币,钞锭
正统九年三月	散毛宣抚司舍人谭光宅	马	彩缎表里
正统九年七月	木册长官司遣舍人谭朝美	马	钞,彩缎
正统九年十二月	散毛宣抚司宣抚覃瑄遣人	马	彩币
正统九年十二月	施南等三宣抚司宣抚覃彦升	金银器皿,方物	
正统九年十二月	忠峒等六安抚司安抚同知秦忠等	马,方物	
正统九年十二月	木册等三长官司副长官谭温等	马,方物	
正统九年十二月	永顺宣慰司宣慰使彭世雄	金银器皿,方物	
正统九年十二月	保靖州宣慰司宣慰使彭舍怕	马,方物	
正统十年三月	桑植安抚司土官佥事谭潮等	马	钞,彩币表里
正统十年五月	石柱宣抚司土官舍人马南	马	彩币
正统十年七月	木册长官司副长官谭源等	马,方物	彩币表里
正统十年十二月	桑植安抚司舍人廖三	马	彩币表里
正统十一年三月	施南宣抚司遣把事张万清	马,方物	钞,彩币表里
正统十一年六月	石柱宣抚司土官舍人马应文	方物	彩币
正统十一年七月	石柱宣抚司土官舍人马应文	马,方物	钞,彩币
正统十二年闰四月	木册长官司副长官谭温遣舍人文俊	马,方物	钞,彩币
正统十二年六月	忠建宣抚司土官副使谭遑	马,方物	钞,彩币
正统十二年七月	桑植安抚司把事谭彪	马	钞,彩币表里

续表

时间	土司名称	贡品	回赐物品
正统十二年十月	石柱宣抚司土官舍人刘子忠	马	钞，彩币表里
正统十三年八月	石柱宣抚司舍人马麟	马氆氇	彩币
正统十三年十一月	忠路安抚司安抚覃亮遣把事谭仕材	马	钞，币
正统十四年二月	水德江长官司长官张源遣子张福等	马，方物	钞，彩币
正统十四年三月	散毛宣抚司覃瑄遣舍人于纪	马，方物	彩缎，绢，纱
正统十四年三月	石柱宣抚司土官舍人陈宽	马，方物	彩缎，绢，纱
正统十四年四月	散毛宣抚司土官舍人谭光爵	马，方物	钞，币
景泰二年正月	忠建宣抚司土官舍人谭文忠	马	钞，彩币表里
景泰三年四月	散毛等宣抚司宣抚覃瑄	马，黄蜡	钞
景泰三年四月	蛮夷长官司土官安逸	马，黄蜡	钞
景泰三年九月	忠路安抚司摇把等峒舍人向摇把等	马	钞锭
景泰三年九月	高罗安抚司舍人把事谭文俊	马	钞锭
景泰三年十月	施南宣抚司土官舍人覃得胜	马	彩币
景泰四年三月	容美宣抚司遣舍人田社保	马，方物	彩币表里，绢，布
景泰四年五月	木册长官司土官舍人田思敬	马	钞
景泰四年五月	邑梅洞长官司土官舍人遣头目伍永宗	马	钞
景泰四年八月	忠建宣抚司遣舍人谭文亮	马，方物	钞，彩币表里
景泰四年十一月	石柱宣抚司遣舍人冉翔	马	钞，彩币表里，绢
景泰四年十二月	永顺等三宣慰司	马，方物	钞，彩币
景泰四年十二月	施南等三宣抚司	马，方物	钞，彩币
景泰四年十二月	高罗等七安抚司	马，方物	钞，彩币
景泰四年十二月	唐崖等五长官司	马，方物	钞，彩币
景泰六年闰六月	散毛宣抚司遣把事王彪	马	
景泰六年八月	施南宣抚司遣把事般古送	马	彩币
景泰六年十二月	施南宣抚司遣把事黑甲	马	彩币
景泰七年三月	容美宣慰司土官舍人唐容	马	钞，币
景泰七年四月	施南宣抚司	马	钞
景泰七年六月	容美宣抚司水尽源通塔坪长官司	方物	钞，绢，衣服

续表

时间	土司名称	贡品	回赐物品
景泰十五年	两江口长官彭胜祖	方物	
天顺元年四月	忠路安抚司舍人覃斌等	马	彩币，钞锭
天顺元年八月	忠峒等安抚司遣舍人杨三等	马，方物	钞，彩币表里
天顺元年九月	保靖州军民宣慰使司遣舍人麦失	马，方物	彩缎，绢，钞
天顺元年十月	桑植安抚司遣舍人黄仲拳	马，方物	彩缎表里
天顺二年闰二月	施南宣抚司遣峒长张亚送等	马，方物	彩币表里
天顺二年四月	施南宣抚司峒长向万忠等	马	钞
天顺二年五月	石柱宣抚司等	马	钞，彩币，绢
天顺二年七月	酉阳宣抚司宣抚冉庭甫、金事冉庭章	方物	钞，彩币，绢
天顺二年九月	忠建宣抚司遣把事	马	彩币，钞
天顺二年十月	唐崖长官司土官舍人谭彦实	马	彩缎表里，钞
天顺二年十二月	桑植安抚司	马	彩币，钞
天顺三年正月	桑植安抚司遣把事向源海等	马	彩币表里，袭衣
天顺三年四月	容美宣抚司各遣人	马，金银器皿	钞，币
天顺三年四月	思南府刀水巡检司土官巡检陆矶	马	钞，币
天顺三年五月	唐崖长官司等衙门遣把事黄思铭等	马，方物	彩缎
天顺三年七月	容美宣抚司宣抚田保富遣舍人黄星等	马，方物	钞，彩币表里
天顺三年十月	忠峒等安抚司遣把事田思富等	马	钞，币
天顺三年十一月	镇南长官司	马	彩币
天顺三年十二月	酉阳宣抚司	马，方物	彩币表里
天顺三年十二月	永顺宣慰司宣慰使彭世雄	马，方物	彩币表里
天顺三年十二月	保靖州宣慰司宣慰使彭显宗	马，方物	彩币表里
天顺三年十二月	容美宣抚司	马，方物	彩币表里
天顺三年十二月	忠孝安抚司	马，方物	彩币表里
天顺三年十二月	散毛宣抚司	马，方物	彩币表里
天顺三年十二月	龙潭安抚司	马，方物	彩币表里
天顺三年十二月	酉阳宣抚司	马，方物	彩币表里
天顺四年正月	永顺居民宣慰使司宣慰使彭世雄遣其弟彭世礼等	马，方物	彩币表里

续表

时间	土司名称	贡品	回赐物品
天顺四年正月	石柱宣抚司舍人马顼等	马，方物	彩币表里
天顺四年五月	高罗安抚司等衙门遣把事谭阿旧等	马，方物	彩币
天顺四年七月	容美宣抚司遣头目	马	彩币，钞，绢
天顺四年十月	忠峒安抚司等衙门舍人峒长田墨得送	马	钞，币
天顺五年五月	施南宣抚司东乡五路安抚司舍人峒长王相等	马	钞，彩币表里
天顺六年八月	永顺军民宣慰使司宣慰使彭显遣舍人答知送等	马，方物	彩币
天顺六年十月	忠路等安抚司把事仰启踵	马，方物	彩缎表里，钞
天顺七年五月	忠孝安抚司峒长田忠	马	钞，彩币表里
天顺七年六月	思南府蛮夷长官司土官安洛等	方物	彩币表里
天顺七年八月	忠峒等安抚司峒长田文贵	马	彩缎，钞锭
成化元年二月	高罗安抚司差把事	方物	衣服，彩缎
成化元年八月	永顺军民宣慰司宣慰使彭显英	马，方物	衣服，彩缎
成化二年正月	高罗安抚司	马，金银器皿，香蜡	彩缎表里
成化二年正月	容美宣抚司护印舍人田富等	马，金银器皿，香蜡	彩缎表里
成化二年正月	石柱宣抚司	马，金银器，香蜡	彩缎表里
成化二年三月	酉阳宣抚司土官舍人冉云遣头目冯通文等	马，银器	彩缎
成化三年二月	施南宣抚司遣头目刘度等	马	彩缎，宝钞
成化三年三月	唐崖长官司副长官黄敏等遣头目舍人	马	彩缎，宝钞
成化三年五月	思南府蛮夷长官司长官安洛	马	彩缎，钞锭
成化三年七月	麻寮千户所土官舍人向世英等	马	彩缎，钞锭
成化三年十月	施南宣抚司遣头目向福旭	马	彩缎，钞锭
成化四年六月	施南宣抚司峒长覃懋、舍人覃彦章	马	彩缎，钞锭
成化四年六月	保靖州军民宣慰使司长官彭胜祖舍人彭魁等	马	彩缎，钞锭
成化五年正月	容美宣抚司	方物	
成化五年正月	五峰石宝长官司土官田保富	方物	
成化五年九月	石柱宣抚司宣抚马黼	马	彩缎，钞锭
成化六年正月	容美宣抚司土官宣抚田保富遣舍人刘拳	方物	彩缎，钞锭

续表

时间	土司名称	贡品	回赐物品
成化八年	容美宣抚司	马，香	
成化十年二月	石柱宣抚司土官金事冉翱遣舍人马仲清等	方物	彩缎，绢，钞
成化十年十二月	容美宣抚司土官向镇遣舍人	马	
成化十二年七月	石柱宣抚司马澄遣舍人、把事	马	彩缎，钞锭
成化十四年正月	酉阳宣抚司	马	彩缎
成化十五年六月	东乡五路安抚司安抚覃能	马	彩缎，绢，钞
成化十五年六月	桑植安抚司安抚向世英遣人	马	彩缎，绢，钞
成化十五年九月	金峒安抚司遣人	马，金银器，西洋布	衣物，彩缎
成化十五年十一月	高罗安抚司遣把事舍人	马	彩缎，钞
成化十六年正月	容美宣抚司遣舍人	方物	彩缎，钞，绢
成化十六年正月	石梁下峒长官司长官宣抚田保富	方物	彩缎，钞，绢
成化十六年四月	忠峒安抚司土官同知秦志虎遣舍人	马	彩缎，钞，绢
成化十六年四月	忠建宣抚司长官谭显遣舍人	马	彩缎，钞，绢
成化十六年十一月	保靖军民宣慰使司遣头目	马，方物	彩缎
成化十七年六月	石柱宣抚司土官马澄、酉阳宣抚司土官冉云等遣头目	马，银器	彩缎，钞，绢
成化十八年十一月	忠孝、大旺、高罗三安抚司	马，方物	彩缎，钞，绢
成化十九年四月	忠峒安抚司遣头目、把事	马	彩缎，钞，绢
成化二十年二月	容美宣抚司遣人	马，方物	彩缎，钞，绢
成化二十一年七月	高罗、东乡五路二安抚司遣冠带峒长，把事田洪等	方物	彩缎，钞，绢
成化二十二年六月	容美宣抚司并高罗安抚司遣峒长田墨踵	马	彩缎，钞锭
成化二十三年七月	忠峒安抚司	马	彩缎，宝锭
成化二十三年七月	盘顺安抚司	马	彩缎，宝锭
弘治元年二月	施南宣抚司宣抚覃泰遣把事田克志	马	彩缎，钞锭
弘治元年二月	保靖宣慰使司宣慰使彭仕珑遣土官舍人彭清等	马	彩缎，钞锭
弘治元年二月	永顺宣慰使司彭世麟遣舍人彭程等		彩缎，钞锭
弘治元年六月	散毛宣抚司遣使	马	彩缎，钞锭

续表

时间	土司名称	贡品	回赐物品
弘治元年十一月	容美宣抚司、龙潭安抚司、木册长官司、水尽源通塔平长官司各遣峒长把事舍人田端	香	彩缎，钞锭
弘治二年四月	容美宣抚司遣把事	方物	彩缎，钞锭
弘治二年四月	散毛宣抚司遣把事	方物	彩缎，钞锭
弘治二年四月	大旺安抚司遣把事	方物	彩缎，钞锭
弘治二年四月	唐崖长官司遣把事	方物	彩缎，钞锭
弘治二年七月	容美宣抚司遣通事	马	彩缎，钞锭
弘治二年七月	忠峒、高罗二安抚司遣通事	马	彩缎，钞锭
弘治二年七月	镇南、石梁下峒二长官司各遣峒长	马	彩缎，钞锭
弘治二年九月	酉阳宣抚司遣把事	马	彩缎，钞锭
弘治二年九月	忠建宣抚司遣把事	马	彩缎，钞锭
弘治二年九月	金峒安抚司遣把事	马	彩缎，钞锭
弘治二年九月	木册长官司遣把事	马	彩缎，钞锭
弘治三年正月	容美、施南二宣抚司	方物	彩缎，钞锭
弘治三年正月	忠孝、大旺、金峒、龙潭、剑南、高罗、忠峒、东乡五路八安抚司	方物	彩缎，钞锭
弘治三年正月	镇南、椒山玛瑙、上下爱茶峒、木册、石梁下峒、水尽源通塔平、施溶溪八长官司	方物	彩缎，钞锭
弘治三年正月	酉阳宣抚司遣头目	马	彩缎，钞锭
弘治三年正月	施溶溪长官司	方物	彩缎，钞锭
弘治三年四月	木册长官司遣头目	马	彩缎，钞锭
弘治三年四月	石柱宣抚司等	马	彩缎，钞锭
弘治三年八月	容美、忠峒二安抚司各遣头目把事	马	彩缎，钞锭
弘治三年八月	水尽源通塔平、椒山玛瑙蛮夷等长官司各遣头目把事	马	彩缎，钞锭
弘治三年九月	容美、散毛二宣抚司	方物	彩缎，钞锭
弘治三年九月	高罗、龙潭、忠孝、忠峒、大旺五安抚司并木册长官司各遣通事	方物	彩缎，钞锭

续表

时间	土司名称	贡品	回赐物品
弘治五年五月	石柱宣抚司土官宣抚马徽	马	彩缎，钞锭
弘治五年十月	永顺宣慰司土官宣慰使彭世麒	马	彩缎，钞锭
弘治六年正月	酉阳宣抚司	马	彩缎，钞锭
弘治六年正月	保靖军民宣慰使司遣把事	马	彩缎，钞锭
弘治八年正月	桑植安抚司遣人	方物	彩缎，钞锭
弘治八年五月	酉阳宣抚司土官宣抚马徽	马	彩缎
弘治八年五月	永顺宣慰使司土官宣慰使彭世麒	马	彩缎
弘治八年十二月	容美宣抚司遣头目	马，香	
弘治十年九月	石柱宣抚司遣把事	方物	彩缎，钞锭
弘治十三年八月	永顺宣慰司腊惹、田家等洞长官司遣使	马	彩缎，钞锭
弘治十五年五月	容美宣抚司遣人	方物	绢，钞
弘治十五年五月	石梁下峒长官司遣人	方物	绢，钞
弘治十六年七月	永顺宣慰使司南渭等州土知州彭定等	方物	彩缎，钞锭
弘治十六年十二月	木册长官司遣人	方物	彩缎，钞锭
弘治十六年十二月	永顺宣慰使司遣人	方物	彩缎，钞锭
弘治十八年四月	水尽源通塔平等长官司遣人	方物	绢，钞
正德元年二月	酉阳宣抚司宣抚冉舜臣	马	彩缎，宝钞
正德元年二月	永顺宣慰司宣慰使彭世麒遣把事	马	彩缎，宝钞
正德元年四月	石柱宣抚司宣抚马徽遣把事陈济	马	彩缎，钞锭
正德元年九月	永顺宣慰使彭世麒等遣冠带通把事向文等	马	彩币，钞锭
正德二年元月	龙潭安抚司护印致仕安抚田正、差把事崔林	马	
正德二年五月	永顺宣慰使司土官知州张宗保等遣舍人	马	
正德二年七月	散毛宣抚司宣抚覃显宗等遣把事黄子虎	马，方物	彩缎，钞锭
正德三年三月	容美宣抚司并石梁下峒等长官司遣通事、把事张世宗	降香，方物	绢，钞锭
正德三年十月	酉阳宣抚司护印舍人冉廷玺遣人	马	彩缎，钞锭

续表

时间	土司名称	贡品	回赐物品
正德四年十一月	散毛宣抚司并五峰石宝、水尽源通塔平等长官司土官	方物	
正德四年	容美宣抚司并椒山玛瑙长官司所遣通事刘思朝等	方物	
正德五年四月	忠建宣抚司遣把事马主等	马	彩缎,钞锭
正德八年十月	容美宣抚司护印土官宣抚田世爵遣通事田广	马	
正德八年十月	酉阳宣抚司后溪洞夷民冉文质等	马	彩缎
正德八年	酉阳宣抚司宣抚冉元	大木二十	
正德九年十二月	酉阳宣抚司土官石镇等遣通事石崇	马	
正德十年十二月	永顺宣慰使彭世麒	大木三十,次木二百	钞千贯
正德十二年	酉阳宣抚冉元	大木二十	
正德十三年三月	永顺宣慰使彭世麒遣土官把事向晟等	大楠木四百七十余根	彩币,蟒衣3袭,鱼服3袭
正德十三年十月	永顺宣慰使司前宣慰使致仕彭世麒等差通舍把事向晟等	马	彩缎
正德十五年三月	忠孝安抚司遣通事、把事田清送	马	彩币,钞锭
正德十五年五月	盘顺安抚司遣人	方物	彩缎表里,钞锭
正德十五年六月	容美等宣抚司遣通、把事覃万本等	马,方物	彩缎,钞锭
正德十五年八月	忠峒安抚司等遣通、把事	马	彩缎,钞锭
正德十五年九月	大旺等安抚司差通、把事谭彦等	方物	彩缎
正德十六年十月	酉阳宣抚司土官宣抚冉仪等遣舍人冉鹏等	马	彩缎,钞锭
正德十六年十月	保靖宣慰使彭九霄	马	彩缎,钞锭
正德十六年十月	桑植安抚司土官安抚向绶	马	彩缎,钞锭
正德十六年十一月	散毛宣抚司宣抚覃斌遣把事惹木	方物	
嘉靖元年正月	容美宣抚司宣抚使田世爵遣使	香	钞,绢
嘉靖元年四月	金峒安抚司护印峒长覃彦刚差把事陶万贵	马	
嘉靖元年四月	龙潭安抚司安抚田永富	香	钞,绢
嘉靖元年七月	东乡五路安抚覃龄、容美宣抚田世爵各遣把事	香	钞,绢

续表

时间	土司名称	贡品	回赐物品
嘉靖元年九月	酉阳宣抚司冉仪遣人	马	彩币，钞锭
嘉靖元年十二月	酉阳宣抚司土官宣抚冉仪等遣使	马	彩缎
嘉靖二年五月	容美宣抚司土官田世爵等遣使	方物	
嘉靖四年八月	大旺安抚司护印冠带安抚田大胜遣人	方物	
嘉靖四年八月	木册长官司护印舍人田保遣人	方物	
嘉靖五年正月	忠建安抚司遣人	方物	
嘉靖五年正月	保靖宣慰司遣使	方物	
嘉靖五年八月	容美宣抚司土官田世爵	方物	
嘉靖七年二月	忠峒安抚司遣土官同知田自勇	马	
嘉靖七年八月	容美宣抚司、龙潭安抚司率千人	方物	
嘉靖七年十二月	忠孝安抚司遣把事田春等数十人	方物	
嘉靖十一年四月	容美宣抚司遣通把事	方物	
嘉靖十四年四月	忠路安抚司差通把事	方物	
嘉靖十四年七月	桑植安抚司通把向连等	马	
嘉靖二十三年三月	大旺安抚司等	马	
嘉靖二十三年六月	容美宣抚司椒山玛瑙长官司等遣人	方物	
嘉靖二十六年正月	蜡壁长官司、盘顺安抚司差把事	方物	
嘉靖四十一年八月	容美宣抚司土官遣人	马，方物	
嘉靖四十二年十二月	永顺宣慰司土官宣慰使彭明辅	大木	袭衣
嘉靖四十四年	永顺宣抚司	大木	袭衣
隆庆元年十月	保靖宣慰司土官彭养正	马	钞，币
隆庆元年十二月	酉阳宣抚司等	马	
隆庆二年二月	永顺宣慰司土官黄廷正等	马	
隆庆二年二月	保靖司通把田仕等	马	
隆庆二年七月	石柱安抚司	马	
隆庆五年二月	保靖宣慰司遣人	马	
隆庆五年二月	桑植安抚司遣人	马	
万历元年十二月	酉阳宣抚司遣通事头目	马	

续表

时间	土司名称	贡品	回赐物品
万历四年十二月	酉阳、石柱二宣抚司	马	彩缎，钞锭
万历十七年	酉阳宣抚使冉维屏	大木二十	
万历三十七年	永顺宣慰司	马	
万历四十七年四月	永顺宣慰司	马	

资料来源：《明实录》，《明史》

通过表 5-4 的统计来看：

（1）这种官方的物资贸易形式从发生时段上来说，主要集中在明代中前期，即从朱元璋吴王元年（1367）至神宗万历四十七年（1619）。万历四十七年以后，纳贡与回赐活动基本停止。即便在明代中前期，这种官方物资贸易活动时段分布也不均衡。在太祖朱元璋执政时期（吴王－洪武年间）32 年中这种物资交换活动共有 68 次，成祖永乐年间 22 年中有 25 次，仁宗洪熙元年有 6 次，宣宗宣德年间 10 年中有 84 次，英宗正统年间 14 年中有 67 次，代宗景泰年间 7 年中有 22 次，英宗天顺年间 8 年中有 37 次，宪宗成化年间 23 年中有 39 次，孝宗弘治年间 18 年中 43 次，武宗正德年间 16 年中有 29 次，世宗嘉靖年间 45 年中有 24 次，穆宗隆庆年间 6 年中有 7 次，神宗万历年间 47 年中有 5 次。从这种物资交换频率来看，吴王－洪武时期约为 2.13 次/年，永乐年间约为 1.37 次/年，洪熙年间为 6 次/年，宣德年间为 8.4 次/年，正统年间约为 4.79 次/年，景泰年间约为 3.14 次/年，天顺年间约为 4.63 次/年，成化年间约为 1.70 次/年，弘治年间约为 2.39 次/年，正德年间约为 1.81 次/年，嘉靖年间约为 0.53 次/年，隆庆年间约为 1.17 次/年，万历年间约为 0.11 次/年。若按年号频率降序排序的话，依次为宣德、洪熙、正统、天顺、景泰、弘治、吴王－洪武、正德、成化、永乐、隆庆、嘉靖、万历。从这个排序可知，明代土家族土司同朝廷间纳贡与回赐的官方贸易主要还是集中在明中期以前。这种时段分布上的不均衡性主要是因为明代中前期国势强盛，朝廷对土家族地区的控制较强，土家族土司与朝廷间政治、经济联系密切，纳贡与回赐活动频繁；明代中期后期明王朝日益衰落，朝廷对土家族地区的控制减弱，土家族土司与朝廷的政治、经济联系减弱，纳贡与回赐也就相应减少甚至停止。

（2）从土家族各土司参与纳贡与回赐活动的次数来看，慈利军民宣抚使 2 次，思南宣慰司 19 次，沿河祐溪司 2 次，朗溪司 1 次，水德江司 1 次，蛮夷司 3 次，保靖司 26 次，永顺司 40 次，施溶溪司 2 次，田家洞司 1 次，竿子坪司1次,桑植司16次,两江口司1次,麻寮土千户2次,施南司34次,剑南司1次,金峒司11次,盘顺司9次,蜡壁司1次,龙潭司12次,东乡五路司8次,高罗司17次,木册司15次,容美司43次,散毛司29次,唐崖司10次,镇南司11次,忠峒司17次,忠建司12次,腊惹司2次,驴迟洞司1次,石关峒司1次,忠孝司10次,西坪司1次,隆奉司1次,东流司1次,镇远司1次,忠路司8次,狮壁峒司1次,摇把洞司1次,大旺司9次,五峰石宝司5次,椒山玛瑙司5次,石梁下峒司7次,水尽源通塔坪司6次,上下爱茶洞司1次,石柱(砫)司42次,酉阳司36次,平茶司6次,邑梅司1次。朝贡次数在40次以上的有永顺司、容美司、石柱司,30—40次的有施南司、酉阳司,20—30次的有保靖司、散毛司,10—20次的有思南宣慰司、桑植司、金峒司、龙潭司、高罗司、木册司、唐崖司、镇南司、忠峒司、忠建司、忠孝司等。其余土司参与朝贡次数都少于10次。从这些土司朝贡的次数来看,势力较大的土家族土司朝贡次数相对较多,一些小土司朝贡次数偏少。这种状况与各土司在土家族地区的政治、经济实力也是相对应的。

(3) 从用于官方物资交换的物品来看,土司贡品以马居多,其次为"方物",即土特产品。《明实录》及《明史》中仅提到金银器皿、驼、羊、黄蜡、香、貂鼠匹、马氆氇、大木等种类。朝廷给予的回赐品,以丝、棉织品和钞锭、钱币为主。这种官方物品交换种类相对单一。其原因在于物品交换的双方均为统治阶层,其使用者为土司、官绅和皇室,因而交换物品种类虽少,却多为稀罕珍贵之物,与民间用于交换的物品种类不可同日而语。

(4) 从物品交换规模来看,历次朝贡与回赐大多未明确记载物品的数量,不过我们可从土司朝贡人员的多寡约略推知。因为朝贡人数多寡决定着进献朝廷的贡品数量多寡,也影响着朝廷回赐品的多少。从上表的统计来看,土司朝贡队伍少则数十人,多者上千人。进贡人数越多,朝廷给予的回赐就越多,因此土司乐于增加进贡人数,但这给朝廷增加很大的经济压力。为此朝廷不得不严令限制土司朝贡人员的数量,规定"进贡不过百人,赴京不过二十人"[①]。尽管有此规定,土司朝贡人数往往多于规定之数,因而官方的这种朝贡与回赐规模一般比官方的规定要大。

明代土家族地区除了官方纳贡与回赐的官方物资贸易外,民间商品贸易活动也较为频繁。民间商品贸易主要是利用土特产进行交易,各地土产也就

---

① (清)张廷玉等:《明史》卷310《湖广土司传》,北京:中华书局,1974年,第7989页。

是当地的商品。土司时期土家族地区各地土产不尽相同,当地各族居民以有易无,促进了商品贸易的发展。

明代土家族地区各地商品情况详见表5-5:

表5-5 明代土家族地区各地区商品情况

地区名	商品种类	资料来源
思南府	黄蜡、蜂蜜、香油、桐油、丹砂、水银、铁、金、苎麻、葛麻、葛、棉花、蓝、菖蒲、五倍子、椒、茶、竹鸡、白鹇、茱萸、蔓菁、文石、竹	嘉靖《思南府志》、《大明一统志》、康熙《贵州通志》
铜仁府	葛布、棉花、香油、丹砂、水银、银、金、铁、蜡、楠木、杉木、箭竹	嘉靖《贵州通志》、《大明一统志》
西阳司	花斑布、土降香、蜡、野猪	嘉靖《四川总志》
邑梅司	白鹇、画眉、五味子、厚朴	同上
平茶司	黄蜡、花斑布、土降香、斑竹、楠木、樟木	同上
石柱司	黑铅、麂皮	同上
黔江县	土降香、茶	万历《四川总志》
彭水县	丹砂、盐、土降香、茶	同上
施州卫	土锦、班丝、白蜡、羚羊、花獐、马鹿、红鹿、白鹇、金线鸡、茶、椒、降香、白药、崖椒、赤药、马节脚、石合草、野猪尾、独用藤、金棱藤、鸡瓮藤、小儿花、紫背金盘、都管草、龙牙草、半天、紫苏、红茂草、金星草、瓜藤、崖棕、露筋草、野兰草、小儿群、大木皮	万历《湖广总志》、《大明一统志》
建始县	麸金、铁、丝绸、葛布、黄蜡、白蜡、漆、桐油、木药子、茶、椒、黄连、棕毛、花椒、鹿皮、麂皮	嘉靖《四川总志》、正德《夔州府志》
巴东县	铁、大沱石、绿砚石、丝、土绢、土布、白蜡、黄蜡、蜂蜜、桐油、芋、麻、柿、柑、橙、橘、枝子、贝母、覆盆、石龙芮、茶、椒、薏苡仁、葛粉、蕨粉、油漆	《湖广图经志》、嘉靖《巴东县志》
长阳县	铁、芒硝、蜡、杜若、枝子、贝母、覆盆、石龙芮、箭竹、鬼臼、茶、柑、橙、橘	《湖广图经志》、《大明一统志》
永顺司	峒巾、峒锦、斑绸、斑裙、土绸、黄丝帕、绵布、苎布、金石、红铜、墨石、石英、水银、丹砂、黄蜡、降香、麝香、阑马、野牛、猿、锦鸡、白鹇	《永顺宣慰司志》、万历《湖广总志》
保靖司	丹砂、水银、黄蜡、降香、豹、熊、猿、猴、豺、獭、竹鸡、白鹇	万历《湖广总志》、《大明一统志》
石门县	药材、椒、漆、缎、织锦、素锦、胖袄裤、棉布、苎布、弓、矢、弦、历纸、铜器、盐、蜡、烟面、蜜、白硝鹿皮、翎毛、鹿革、活野鸡、石鲫、重唇、双鳞	隆庆《岳州府志》、弘治《岳州府志》

续表

地区名	商品种类	资料来源
慈利县	缎、织锦、素锦、胖袄裤、棉布、土绸、弓、矢、弦、历纸、盐、烟面、蜜、蜡、漆器、药材、漆、油松、香楠、石耳、兰、白硝鹿皮、翎毛、活鹿、活野鸡、活斑鸠、竹鸡、玉面狸、熊、猴、山羊、猿、麂、白鹇、锦鸡、石鲫、重唇、双鳞	隆庆《岳州府志》、弘治《岳州府志》
卢溪县	铁、水银、石绿、木皮布、五倍子、三癀茅	万历《湖广总志》、《大明一统志》

从表5-5的统计可以看出：

（1）商品种类繁多。商品中有农产品有苎麻、葛（麻）、棉花、蓝、芝麻、玉米、芋等7种。畜牧狩猎产品有熊、豹、豺、玉面狸、野猪、野牛、阑马、山羊、羚羊、猿、猴、獭、（红）鹿、马鹿、活鹿、花獐、锦鸡、活野鸡、竹鸡、金线鸡、活斑鸠、白鹇、画眉、翎毛、鹿革、白硝鹿皮、麝香等27种；渔业产品有石鲫、重唇、双鳞3种。林特产品有油松（木）、香楠（木）、樟木、杉木、棕（毛）、柑、橙、橘、柿、箭竹、斑竹、花椒、茶、五倍子、三癀茅、胡皮、枝子、贝母、覆盆、石龙芮、薏苡仁、黄连、木药子、白药、崖椒、赤药、马节脚、石合草、野猪尾、独用藤、金棱藤、鸡瓮藤、小儿花、紫背金盘、都管草、龙牙草、半天、紫苏、红茂草、金星草、瓜藤、崖棕、露筋草、野兰草、小儿群、大木皮、厚朴、五味子、杜若、朴硝、沙参、巴天戟、鬼臼、降香、茱萸、菖蒲、蔓菁、木耳、蕨（粉）、葛（粉）等60种。手工产品种类较多，其中纺织产品有木皮布、棉布、绵布、苎布、葛布、白布、花斑布、斑绸、丝绸、织锦、素锦、峒锦、缎、峒巾、胖袄裤、斑裙、黄丝帕、（土）绢、丝、班丝等20种；矿冶产品有金、银、铜、铁、（黑）铅、麸金、铜器、红铜、丹砂、水银、石绿、金石、墨石、石英、大沱石、绿砚石、文石、盐等18种；纸产品有纸、历纸2种；油类产品有桐油、清油、香油3种；其他手工产品还有蜡、漆器、油漆、漆、弓、矢、弦、烟面、降香、蜂蜜、炭等11种。总计清代土家族地区商品种类约有151种，区域性商品种类还是比较丰富的。

（2）各地商品品种数量各异，商品类别各地也存在差异。据上表统计，思南府有商品23种，分属农产品、林特产品、狩猎产品、手工业品（矿冶、纺织、油类）4类。铜仁府有商品12种，分属农产品、林特产品、手工业品（矿冶、纺织、油类）3类。酉阳司有4种，分属林特产品、狩猎产品、手工产品（纺织）3类。邑梅司4种，分属狩猎产品、林特产品2类。平茶司6种，分属林特产品、手工产品（纺织）等2类。石柱司2种，分属手工产品

（矿冶）、狩猎产品2类。黔江县2种，分属林特产品1类。彭水县4种，分属手工产品（矿冶）和林特产品2类。施州卫35种，分属手工产品（纺织、制蜡）、畜牧狩猎产品、林特产品等3类。建始县16种，分属手工产品（矿冶、纺织、制蜡）、林特产品、狩猎产品3类。巴东县26种，分属手工产品（矿冶、纺织、制蜡）、农产品、林特产品3类。长阳县14种，分属手工产品（矿冶）、林特产品2类。永顺司22种，分属手工产品（矿冶、纺织、制蜡）、林特产品、狩猎产品3类。保靖司12种，分属手工产品（矿冶、制蜡）、林特产品、狩猎产品3类。石门县25种，分属林特产品、手工产品（纺织、矿冶、造纸、制盐、食品加工）、狩猎产品、渔业产品4类。慈利县有38种，属手工产品（纺织、造纸、制盐、矿冶）、林特产品、狩猎产品、渔业产品4类。泸溪县6种，属手工产品（矿冶、纺织）、林特产品2类。从各地商品的品种数量来看，商品品种超过30种的有施州卫、慈利县2处，20—30种的则有巴东县、永顺司、石门县等3处。以上6处大致为明代土家族地区商品数量较多的区域，一定程度上也说明这些地区商品经济较其他地区发达。这些地区除永顺司处于土司地区外，其他5处基本上都位于土家族地区的边缘地带。这在一定程度上也说明土司时期土家族地区商业发展存在地域差异，即边缘地区要比广大土司地区商品经济发达。从商品的类别来看，明代土家族地区的商品中，手工产品（纺织、矿冶）、林特产品、狩猎产品相对较多，而农产品、渔业产品相对较少。林特产品与狩猎产品相对较多而农产品、渔业产品较少的状况，与当时土家族地区以狩猎采集为主，农耕为辅的农业经济结构有关[①]。手工产品中纺织产品较多与土家族传统的家庭手工纺织较为普遍有关。矿冶产品较多则与众多的外来移民在土家族地区进行的矿产资源开发密切相关。

（3）各地商品以本地土特产品为主。据表5-5统计，明代土家族地区商品约有151种之多，外来商品仅有盐、棉布等数种，其他商品几乎全部为土家族地区本地所产之农业、手工业产品，可见土司时期土家族地区商品主要还是本地的土特产品。这也在一定程度上说明土司时期土家族地区与外地的民间商业贸易和往来还是很有限的。这一方面与当时土家族地区经济不发达、本地所产仅能维持自给的经济现状有关，同时也与土家族地区不发达的交通状况有一定的关系。闭塞的交通状况限制了土家族地区与外地的经济联系和交流。

由于土家族地区"崎岖万状，商贾不通"[②]，加上当时朝廷实行"土人不

[①] 朱圣钟：《历史时期土家族地区农业结构的演变》，《湖北民族学院学报》2004年第2期，第38—43页。

[②] 万历《黔记》卷13《止榷志》。

许出境,汉人不许入峒"的关禁政策①,一定程度上限制着外地客商进入土家族地区。尽管如此,还是有一部分汉族商人克服种种困难进入土家族地区。卫所区域汉人较为集中,这些区域也是外地客商聚集之地,如施州卫"流寓行商,而江西、黄州、武昌、四川、贵州为多"。外地客商云集于卫、所地区从事商贸活动,使卫所区军民对境外商品兴趣大增,"衣裳之资亦市之外地"②。改流较早的思南府"舟楫往来,商贾鳞集"③,铜仁府"商贾互集"④。外地客商借助乌江、沅江—锦江便利的水道交通,进入土家族地区从事商业活动。土司地区向来都禁止汉人越界入境,但是部分比较开明的土司实行"招徕商贾"的政策,以致"客司中者,江浙秦鲁人俱有"⑤。不过关禁政策的推行和闭塞的交通仍然是汉族商人进入土家族山区的最大障碍。进入土家族地区的外地商品中,以盐最为重要。土家族与外地商人"交易惟求一撮盐"⑥,土家族地区食盐稀缺一如从前。

土司时期土家族地区也有部分商品远销外地,其中以茶、药材和木材居多。《明史》载"湖南产茶,其直贱,商人率越境私贩"⑦。湖南的地域范围,同书之《湖广土司传》载"湖南,古巫郡、黔中地也",其地域也包括"施州卫与永、保诸土司境"⑧。因此运销藏区的"湖茶",其中一部分应该是来自土家族地区。关于这一点,也可从表5-5中多列有"茶"得到验证。如容美土司境内"诸山产茶……统名峒茶,上品者每斤钱一贯",并有来自外地的专门从事茶叶经销的"茶客"。他们在土司境内采购茶叶,然后运销外地。⑨ 土司时期药材也是重要外销商品。同治《恩施县志》载施州卫"药贩居然列市廛"⑩,商人于卫城设点经销药材。土司时期土家族地区深林密箐,盛产优良木材,以楠木为最,松、柏、杉木为次。一些商人借采办皇木之机,砍伐和经销木材。

---

① 同治《长乐县志》卷3《山水志》。
② 同治《利川县志》卷4《食货志》。
③ 嘉靖《思南府志》卷1《地理志》。
④ 嘉靖《贵州通志》卷3《风俗》。
⑤ (清)顾彩:《容美纪游》,见:《小方壶斋舆地丛钞》第6轶,清光绪六年(1880)南清河王氏刊本。
⑥ (清)顾彩:《容美纪游》,见:《小方壶斋舆地丛钞》第6轶,清光绪六年(1880)南清河王氏刊本。
⑦ (清)张廷玉等:《明史》卷80《食货志》,北京:中华书局,1974年,第1953页。
⑧ (清)张廷玉等:《明史》卷310《湖广土司传》,北京:中华书局,1974年,第7982页。
⑨ (清)顾彩:《容美纪游》,见:《小方壶斋舆地丛钞》第6轶,清光绪六年(1880)南清河王氏刊本。
⑩ 同治《恩施县志》卷10《艺文志》。

楠木"大者既备官家之采，其小者土商用以开板造船，载负至吴中则拆船板，吴中拆取以为他物料"①，土家族地区的木材甚至远销到江浙一带。土司时期土家族地区运销境外商品还有朱砂、水银、蜡、硝、桐油、漆等。

随着商业贸易的发展，土家族地区集市贸易也有所发展，在卫所屯堡、驿站、城镇附近和交通要道上逐渐兴起一些集场。朝廷对包括土家族地区在内的少数民族地区集市贸易也给予了一定的重视，"责令熟聚处如保甲然，而辟地与之市，凡三日一市"②。而在土家族地区，集市"贸易以十二支所肖该市名，如子日曰鼠场，丑日则曰牛场之类。及明，各负货聚场贸易，仍立场以禁争夺。其负郭者，旧有卯、申二场。弘治巳未，今巡镇大臣以军民生理疏阔，增子、寅、午、戌四场，并前为六场，人甚便之"③。集场有专人管理，开市都有一定的日期。按时到场坝贸易称为赶场。有的集场随着贸易的发展，由一般场集发展成为重点集场，如思邛江长官司的浸村场（嘉靖年间改为网砣，道光年间改为缠溪）原为一般集场，永乐十年（1412）发展成重点场，成为连接朗溪、提溪、杨溪等土司的贸易中心。除官置集场外，土家族地区还兴起一些自发性集市。如思南府正德六年（1511），任仙峰一带土家人自发形成集市，每集数千人。④ 土司时期土家族地区民间场市贸易基本上是以物易物，极少用银，"官厅用银，杂使绵紬、食盐之属，民间殆物之互市"⑤。也有少数区域以某种物品作为一般等价物进行交易。如思南府盛产朱砂、水银，朱砂、水银曾作为等价物在市场上流通。

土司时期随着商业的发展，部分城镇逐渐成为地方的商业活动中心。元至元十一年（1254）在朝廷在施州（今湖北恩施市）设置互市点⑥，使施州成为鄂西南土家族地区商业贸易的中心。元至元三十一年（1294）"于会溪设立宣抚司，禁约省民、洞蛮止于会溪交易，仍于沿边隘寨设立巡检司"⑦，会溪交易场成为当时湘西北土家族地区的商业贸易中心。此外，土司时期土家族地区较大的城市基本上都是地方的商业中心，如思南府、铜仁府均为"舟楫往来，商贾鳞集"之地。土司衙署所在地为土司境内的商业中心，容美土

---

① （明）王士性撰，吕景琳点校：《广志绎》卷4《江南诸省》，北京：中华书局，1981年，第96页。
② 《明天启实录》卷9。
③ 弘治《贵州图经新志》卷1《贵州宣慰司》。
④ 嘉靖《思南府志》卷7《拾遗志》。
⑤ 乾隆《贵州通志》卷13《食货志》。
⑥ 李幹、周祉征、李倩：《土家族经济史》，西安：陕西人民教育出版社，1996年，第49页。
⑦ 康熙《辰州府志》卷7。

司府中"百货俱集,绸肆典铺,无不有之"①,其他土司治所也有相似的情况。在卫所治地,施州卫城有药贩列市廛的记载,施州卫治也是商贾云集的地方。其他卫所治地也当有相似的情况。

土司时期土家族地区开始出现专营性商号,不过仅限于开发较早的黔东北地区。万历年间(1573—1620)思南府沿河祐溪司土民肖景仲在司治乌江东西岸开办大晟商号及大晟元、大晟亨两个分号,经营粮食、油脂、陶瓷器、土特产。②而同时期的其他土家族地区则还少有商号出现。

通过上面的分析可知,土司时期土家族地区的商业确实得到了发展,但是其商业发展的区域差异也是较为明显的。总体上而言,土司地区商业发展水平相对较低,而开发较早的区域及设卫、所、州、县的区域商业发展水平相对较高。这些区域几乎集中了土家族地区绝大多数的商业集场、商业中心,同时也是商品数量最多的区域。但就整个土家族地区而言,其商业较周边的汉区仍显落后。原因一是土家族人重农轻商习俗使然,"民鲜逐末,除力田垦山外,别无奇赢可挟"③;二是大部分地区交通不便,"深山乏舟楫之利";三是土家族地区总体经济发展水平低下,"四境皆枯槁之余",缺乏发展所需资金,形成"无重价以招商"的局面。④

改流后土家族地区与汉族地区的政治经济联系增多,关禁政策彻底废除。随着铺递驿路的渐次开辟,闭塞的交通状况有所改善,许多外地客商随着流民潮进入土家族地区,很大程度上带动了土家族地区商业的发展。改流后土家族地区商品种类增多,与外地的商品交流增多,集场贸易迅速发展,商业组织大量出现。

改流前土家族地区有外地商人但不多。改流后,随着关禁政策被废除和交通发展,许多外地商人进入土家族地区从事商业活动,土家族地区各府州县都有外地商人的足迹。他们和当地土家族、苗族等一起推动了商业的发展。黔东北思南府"商贾鳞集"⑤。铜仁府城"舟楫西来,溯沅水,历麻阳,经郡治以达于江口,商旅辐辏"⑥,入境客商有四川、湖南、湖北、两广、江西、

---

① (清)顾彩:《容美纪游》,见:《小方壶斋舆地丛钞》第6帙,清光绪六年(1880)南清河王氏刊本。
② 沿河土家族自治县志编纂委员会:《沿河土家族自治县志》,贵阳:贵州人民出版社,1993年,第251页。
③ 同治《桑植县志》卷2《风土志》。
④ 同治《施南府志》卷29《艺文志》。
⑤ 道光《思南府续志》卷2《地理门》。
⑥ 道光《铜仁府志》卷2《地理》。

安徽、陕西、宁夏、江苏、浙江等地人,但主要为邻境的湖南和四川人。渝东南石柱厅"流寓亦日集"[①],酉阳州外地客商"多江右楚南之人"[②]。鄂西南施南府"多江西、湖南之人"[③],另外也有四川、贵州、江浙、福建及本省武昌、黄州等地的商人。宜昌府属鹤峰州"多属广东、江西及汉阳外来之人"[④],长乐县"商贾多属广东、江西及汉阳外来之人"[⑤],长阳县"工商多自外来,行货下及沙市,上讫宜昌而止"[⑥]。湘西北石门县"城市肆店贸易多江右人"[⑦]。永顺府"客多辰、沅民,江右、闽广人亦贸易于此"[⑧],此外还有本省常德、长沙、宝庆等地商人。古丈坪厅"客民多江西之商贩"[⑨]。永绥厅"汉民自内地徙入"[⑩],客商以江西人为多。凤凰厅自乾隆以后,境内多有湖北、四川、福建及湖南宝庆等地商人。这些外地客商"相次招类偕来,始而贸迁,继而置产"[⑪]。先入境的客商招引更多的人进入土家族地区,如此循环往复,使土家族地区外地客商迅速增多,土家族地区商界遂逐渐为外地客商所把持。这些客商大多为汉人。

  土家族习俗重农轻商,这也是土家族地区长期以来商业发展缓慢的一个原因。改流后,大量外地商人涌入。在他们的带动下,"土著(主要是土家人)亦能贸易"[⑫]。土家族参与到商业活动中来,甚至出现"商贾皆土著"的情形。[⑬] 土家族商人逐渐以群体的形式出现,这是土家族地区商业发展过程中不同以往的变化。不过在整个商人群体中,外地客商仍占绝大多数。土家族地区的集场设置有场头、客总,藉以管理集市贸易。而这些场头、客总中"土著只有十之二三,余俱外省人"[⑭]。场头、客总十之七八为外地客商担当,在一定程度上说明外地客商实力比土家族商人大,数量上也比本地土家族人

---

① 道光《补辑石柱厅志》卷2《田赋志》。
② 同治《增修酉阳直隶州总志》卷19《风俗志》。
③ 同治《施南府志》卷10《典礼志》。
④ 道光《鹤峰州志》卷6《风俗志》。
⑤ 同治《长乐县志》卷12《风俗志》。
⑥ 民国《湖北通志》卷20《舆地志》。
⑦ 嘉庆《石门县志》卷18《风俗志》。
⑧ 同治《永顺府志》卷10《风俗》。
⑨ 光绪《古丈坪厅志》卷9《民族》。
⑩ 同治《永绥直隶厅志》卷1《地理门》。
⑪ 嘉庆《恩施县志》卷4《风俗》。
⑫ 同治《施南府志》卷10《典礼志》。
⑬ 同治《宜昌府志》卷11《风土志》。
⑭ 同治《恩施县志》卷7《风俗志》。

多。土家族地区的食盐由本地商人承办。这些土著商人（大多为土家族）主要从事盐的运销和地方土特产的收购与贩卖，活动范围一般不超出土家族地区，与境外大规模商业贸易则多由来自外地的客商完成。当然少量财大势雄的土家族商人活动地域较大，如清同治年间"上至川陕滇黔，下至鄂湘闽广，咸有永（永顺府）商足迹"①，足迹达8个省区。但这种情况在改流后的土家族地区还不常见。

在进行商业贸易过程中外地客商和土家族商人因从事不同种类的商品买卖而形成不同的商人群体，不同的商人群体代表着不同种类的商业门类。据文献记载，清代改流后土家族地区的商人主要有盐商、油商、谷米商、药材商、绸缎商、杂货商、木商、蜡商、麻商、丝商、布商、茶商、牛商、猪商等。在众多的商人中，油商是土家族地区经济实力最为雄厚的商人，其他商业活动均依托油的经销而发展。"商业皆油业所兼"②，这是土家族地区商业的一大特色。

改流后随着商业的发展，土家族地区各地商品种类较前代有所增多。根据改流后土家族地区各地方志的记载，现将各地流通的商品统计见表5-6：

表5-6　清代土家族地区主要商品简表

地区名	商品种类	资料来源
酉阳州	朱砂、水银、铅、铁、铁锅、硝、煤、石灰、沙金、碱、盐、蚕丝、木棉、麻、竹布、花斑布、桐油、茶油、菜油、香油、木油、油枯、纸、黄蜡、白蜡、瓷、漆、靛、草烟、饴糖、蔗糖、蜂蜜、鸦片烟、茶、降香、厚朴、椿子、药材、楠木、樟木	同治《增修酉阳直隶州总志》、嘉庆《四川通志》
秀山县	丹砂、水银、煤、石灰、盐、布、酒、秀油、桐油、木油、菜油、茶油、棉花、烟草、蓝靛、鸦片、木材、药材、水果、蚕桑	光绪《秀山县志》
黔江县	铁、煤、盐、石灰、靛、碱、纸、硝、炭、家机布、蜂蜜、饴糖、酒、粉、肉、蛋、皮、鱼、笠、漆蜡、黄蜡、白蜡、漆、鸦片烟、油、桐油、椿油、茶油、枯、鸦片烟油、麻、茶、椿、药材	光绪《黔江县志》
彭水县	铜器、铁器、煤炭、盐、石灰、木器、竹器、瓦器、粗瓷器、漆、粗纸、碱、靛、桐油、茶油、菜油、麻油、烟油、卷油、苎麻、蜂蜜、饴糖、黄蜡、漆蜡、药材、五倍子	光绪《彭水县志》
石柱厅	铜、铁、白铅、黑铅、寒水石、煤、盐、药材	道光《补辑石柱厅志》
思南府	朱砂、水银、文石、煤、盐、花纱、布匹、布匹、绸缎、鄂布、洋纱、黄丝、楮纸、石灰、桐油、柏油、木油、卷油、洋油、黄蜡、白蜡、漆、糖、广食、猪毛、兽皮、米、麦、豆菽、棉花、麻、药材、五倍子、木材	道光《思南府续志》

---

①　同治《永顺府志》卷6《铺递》。
②　光绪《古丈坪厅志》卷11《物产》。

续表

地区名	商品种类	资料来源
铜仁府	朱砂、水银、赤金、铁、盐、葛布、黄蜡、柴炭、土绶鸟、金钱龟、鸡、鸭、面、豆、棉、黑芝麻、药材、降真香、杉木、黄杨木、楠木、桐树、茶树、漆树、构树、箭竹	道光《铜仁府志》
松桃厅	煤炭、盐、石灰、棉布、麻布、黄丝、土锦、桐油、茶油、麻油、菜油、木油、茶枯、桐枯、菜枯、白蜡、石碱、麻鹿、黑炭、白炭、麸炭、药材、茶叶、蓝	道光《松桃厅志》
乾州厅	麻铅、紫石、蓝石、鹅卵石、石乳、砚石、煤、盐、棉布、火麻布、斑布、葛布、夏布、土绢、土绸、苗锦、苗巾、白蜡、黄蜡、桐油、麻油、菜油、漆、蜂蜜、包谷、黄豆、五倍子、杨倍、药材、乾笋、木耳、黑炭、桴炭、白炭	光绪《乾州厅志》
永绥厅	麸金、白铅、水晶石、化石、玉搬指、盐、土绸、土布、麻布、斑布、土绢、苗锦、葛布、夏布、苗带、药材、万寿菊、灰杉	同治《永绥直隶厅志》
凤凰厅	石乳、石灰、盐、棉布、斑布、夏布、火麻布、布、葛布、土绸、土绢、白蜡、黄蜡、桐油、茶油、蜂蜜、漆、麻、包谷、蓝、绿、药材、木耳、黄杨木、楠木、五棓子、杨棓、干笋、黑炭	道光《凤凰厅志》
永顺府	铜矿、铁矿、铅矿、硝、石灰、煤、石膏、盐、土锦、斑布、土绸、土绢、土布、苗布、苗被、土纸、桐油、蜂蜜、峒酒、黄蜡、菜油、木油、黑油、草纸、冻绿皮、酸水、葛仙米、烟、药材、五棓子、峒茶、炭	同治《永顺府志》
泸溪县	铁、丹砂、水银、白蜡、石青、石绿、洞硝、硫磺、朱砂、盐、火布、土布、水獭、鸭蛋、牲猪、棕扇、鞭炮、茶油、桐油、甘蔗、药材、烟草	乾隆《湖南通志》、《泸溪县志》
慈利县	铁、石青、雄黄、石灰、盐、土绫、土绸、纶绸、麻布、丝、石耳、葛粉、蕨粉、蜜、黄蜡、白蜡、茶油、菜枯、麻枯、桐枯、漆、棉花、菜子、药材、炭、香菌、木耳	同治《续修慈利县志》
石门县	铁、生铁、朱砂、雄黄、煤炭、盐、石灰、棉布、土绸、葛布、蕨粉、南粉、蜂蜜、黄蜡、白蜡、桐油、木油、菜油、茶油、麻油、枯饼、香饼、烧纸、草纸、峡烟、棉花、药材、白炭	嘉庆《石门县志》、同治《石门县志》
永定县	生铁、淮盐、煤、川盐、绸缎、洋纱、棉纱、洋布、洋绸绫、杂货、棉花、棉布、丝、机布、冻绿、叶烟、桐油、茶油、木油、洋油、碱水、火纸、纸张、葛粉、甘蔗糖、红白糖、冰糖、卫酒、竹器、樟脑、砖瓦、瓷器、水鱼、鱼秧、牛皮、猪毛、甜蔗、葛仙米、木棉花、落花生、红薯、蓝靛、苎麻、阿片烟、胡椒、海菜、药材、五倍子、七倍子、木瓜、化香、刺皮、通草片、黄杨木、青心木、楠木、梓木、柴炭、木炭、茶、棕、柑、橘、橙、柚、漆	民国《永定县乡土志》
施南府	石膏、磺、硝、石灰、煤炭、盐、土绢、家机布、麻布、布、桐油、茶油、菜油、木油、麻油、碱、漆、蜜、白碱、黄蜡、白蜡、漆蜡、纸、草纸、皮纸、南货（湖南）、广货、牛、皮毛、牛毛毯、椒、粟、吴芋、蓝靛、草烟、麻、棉花、茶叶、药材、棓子、炭、冻绿皮	同治《增修施南府志》

续表

地区名	商品种类	资料来源
鹤峰州	铜矿、铅矿、铁矿、硝、磺、煤、盐、布、茶油、桐油、葛粉、竹麻纸、蜜、黄蜡、猪、烟草、蓝、苎麻、棉、山藕、羊芋、药材、茶、冻绿皮、竹笋、金针、菌、木耳、紫草、蕨、石耳、漆	道光《鹤峰州志》、同治《宜昌府志》
长乐县	铜矿、铁矿、铅矿、煤、硝、盐、香、粗纸、桐油、木油、菜油、麻油、黄蜡、葛粉、蕨粉、羊芋粉、包谷酒、火纸、蜜、豹皮、狐皮、獭皮、烟叶、线麻、桐麻、大麻、芋、药材、椰皮、柏皮、冻绿皮、炭、茶、漆	同治《长乐县志》、同治《宜昌府志》
长阳县	铁、煤、硝、盐、丝、绸、棉布、木棉、黄蜡、火纸、皮纸、漆、香、菜油、麻油、棉油、木油、桐油、麝、线麻、靛、烟叶、药材、柏皮、茶、炭、桂花香、冻绿皮	同治《宜昌府志》
巴东县	煤、盐、大布、丝、土绢、黄蜡、蜜、桐油、麻油、菜油、蕨粉、羊肚、烟叶、洋芋、蓖麻、木棉、苎、药材、茶、葛、菌、竹笋、木耳、石耳、炭、漆	同治《巴东县志》

从表5-6的统计可以看出：

（1）从商品品种数量上来看，改流后商品品种数量较土司时期有所增加，但各地仍存在一定差异。如思南府土司时期有商品23种，至道光年间增加到34种；铜仁府土司时期有商品12种，至道光年间增加到26种；泸溪县土司时期有商品6种，至乾隆年间增加至22种；长阳县土司时期有商品14种，至同治年间增加至28种；黔江县土司时期有商品3种，至光绪年间增加至34种；彭水县土司时期有商品4种，至光绪年间增加至26种；巴东县土司时期有商品27种，至同治年间为26种。考虑到其中的"药材"为商品的"类称"，故药材的种类应该不少。因此，同治年间巴东县实际的商品数量不止26种之数。以上各地均为土司时期已经设府、县经略的地区，其商品数量都有增加。原土司辖区的商品数量也有大幅度增加。如石柱司嘉靖年间有商品2种，至道光年间增加到8种；酉阳司明嘉靖年间有商品4种，到清同治年间增加至40种；邑梅司、平茶司等地明嘉靖年间有商品10种，清代改流后其地置为秀山县，至光绪年间有商品20种；明施州卫所属各土司地区虽有商品35种，但白药等23种均为药材。若按照清代鄂西南地方志的记载，这23种商品可统称为一种商品"药材"。如此，明万历年间施州卫所辖土司地区仅有商品13种。而到清同治年间，以施州卫土司地区为主要辖区的施南府的商品数量增加到42种。容美司无明代商品种类的统计，但到清雍正年间改流后，其地置为鹤峰州、长乐县。至同治年间，鹤峰州商品数量为31种，长乐县则为34种。永顺司、保靖司、桑植司在明万历年间有商品28种。清雍正年间改流后，以上述三司地置为永顺府。永顺府至同治年间商品数量增加至32种。而南部苗区各地在土司时期也无商品种类的记载，但在改流设厅后，各地商品种类也都有数十种之多。单从商品品种数量的统计来看，改流后各地的商品种类都有所增加，说明各地商品经济都有所发展。只不过各地商品经济的发展并不平衡，因而改流后各地商品的种类在数量上存在一定的差异。

（2）从商品的类别来看，改流后土家族地区各地商品类别也存在一些变化。改流后土家族地区主要商品类别依然为农产品、林特产品、狩猎产品、渔业产品、手工产品几个大的门类，但各类商品的构成则存在一些变化。如酉阳州商品类别有手工产品（矿冶、纺织、榨油、造纸、制蜡、制瓷、制糖）、农产品、林特产品等类。与土司时期相比，林特产品、手工产品仍有发展，而狩猎产品则不见于当地商品。林特产品较土司时期增加了茶、厚朴、梧子、药材、楠木、樟木等品种。手工产品原仅有纺织产品一类，改流后则增加了矿冶、榨油、造纸、制蜡、制瓷、制糖等种类。其他各府、厅、州、县商品类别的变化大致相同。

（3）从流通于土家族地区的商品产地来看，土家族地区的土特产仍占多数，但外来商品有所增多。改流后土家族地区流通的商品，绝大多数为本地所产，藉以满足土家族地区内的物品需求。同时由于改流后土家族地区外地客商的增多，以及土家族地区商业的发展，部分土家族地区的特产得以远销外地。如思南府所产桐油、棉花、白蜡、黄丝、五倍子、猪毛、兽皮、水银、朱砂、桊油、蜡、漆桐①，松桃厅的桐油、蓝靛②，酉阳州的桐油、蓝靛③，彭水县的盐、茶、苎麻④，秀山县的秀油、布、丹砂⑤，石柱厅的药材，施南府的苎麻、药材⑥，鹤峰州的棉、布、猪⑦，永顺府的桐油、茶油、五棓、药材⑧，永绥厅的花油、粮食⑨，凤凰厅的桐油、包谷、麻、蜡、蓝、绿、蜂

---

① 民国《思南县志稿》卷3《食货志》；民国《务川县志备》卷10《经业》。
② 道光《松桃厅志》卷6《风俗》。
③ 同治《增修酉阳直隶州总志》卷19《风俗志》。
④ 同治《增修酉阳直隶州总志》卷19《风俗志》。
⑤ 冉景福：《黔江民族经济史略》，见：中国人民政治协商会议黔江土家族苗族自治县委员会文史资料委员会编印：《黔江文史资料》第5辑，1990年，第83—116页。
⑥ 同治《施南府志》卷10《典礼志》。
⑦ 道光《鹤峰州志》卷6《风俗志》。
⑧ 同治《永顺府志》卷10《风俗》。
⑨ 同治《永绥直隶厅志》卷1《地理门》。

蜜①，乾州厅的桐油、包谷、黄豆、麻等②，古丈坪厅的桐油、茶油、碱③，泸溪县的桐油等。④ 这些商品既为各地特产，同时也是各地重要的外销商品。在改流后的土家族地区，由于土司时期的关禁政策被废除，外地客商可自由进出。这也便利了外地商品进入土家族地区。如思南府属安化县外地商品以鄂布、洋纱、洋油为多⑤，务川县外地商品多布匹、绸缎、盐、糖、杂货等⑥，松桃厅多蜀盐、楚布⑦，黔江县多外地盐、布⑧，施南府属恩施县多外地花布、绸缎、盐⑨，来凤县外地商品多食盐、棉花、南货（湖南）、广货⑩，宣恩县外地商品多食盐、棉花、广货⑪，咸丰县外地商品主要有盐、布⑫，永顺府属保靖县外地商品以棉花、布匹、盐为主。⑬ 从外地商品的品种来看，主要为盐、布，其次为棉花、绸缎、洋纱、洋油、糖、杂货等物。外地商品主要来自邻近的蜀、湘、鄂和较远的两广地区。

通过对改流后土家族地区各地商品的统计分析，我们对清代改土归流后土家族地区各地商品品种数量、商品品种类别、商品产地有了总体上的认识。但各地主要商品的实际分布情况却无法从表格中进行分析，因此还有必要对改流后土家族地区各地主要商品的分布情况作详细梳理。

改流后土家族地区各地主要商品存在差异。黔东北思南府"土产寥寥，惟桐油、柏油、山漆及务川之朱砂、水银可以行远"，"下此则药材矣"⑭，则思南府主要商品有桐油、柏油、漆、朱砂、水银、药材等。府属安化县外销商品以棉花、白蜡居多，入境商品则以鄂布、洋纱、洋油为多⑮，则安化县境主要商品为棉花、白蜡、鄂布、洋纱、洋油。务川县输入商品多布匹、绸

---

① 道光《凤凰厅志》卷 18《物产志》。
② 光绪《乾州厅志》卷 13《物产志》。
③ 光绪《古丈坪厅志》卷 11《物产》。
④ 湖南省泸溪县志编纂委员会：《泸溪县志》，北京：社会科学文献出版社，1993 年，第 369 页。
⑤ 民国《思南县志稿》卷 3《食货志》。
⑥ 民国《务川县志备》卷 10《经业》。
⑦ 道光《松桃厅志》卷 6《风俗》。
⑧ 冉景福：《黔江民族经济史略》，见：中国人民政治协商会议黔江土家族苗族自治县委员会文史资料委员会编印：《黔江文史资料》第 5 辑，1990 年，第 83—116 页。
⑨ 同治《施南府志》卷 10《典礼志》。
⑩ 《来凤金丝桐油》，见：《鄂西文史资料》第 1 辑。
⑪ 宣恩县志编纂委员会：《宣恩县志·商业》，武汉：武汉工业大学出版社，1993 年。
⑫ 民国《咸丰县志》卷 5《风俗》。
⑬ 同治《保靖县志》卷 2《舆地志》。
⑭ 道光《思南府续志》卷 2《地理门》。
⑮ 民国《思南县志稿》卷 3《食货志》。

缎、盐、糖、杂货、药材，输出者多黄丝、五倍子、猪毛、兽皮、水银、朱砂、桊油、蜡、花漆等。①沿河县商品多油、盐、木、漆、粮食等。②松桃厅商品"蜀之盐，楚之布，其大较也，地产桐茶二树，除给用外，以其余运出辰常，而桐油为甚"，"又种蓝可以供染，亦通商"③，则厅境商品主要为蜀盐、楚布、桐油、茶油和蓝。渝东南酉阳州"以桐油、蓝靛为居积者十居八九"，商品以桐油、蓝靛为多。彭水县"郁厂盐运赴楚之咸丰、来凤二县，江口茶运赴定远、巴县、蓬溪、遂宁等处，苎麻贩至闽粤发卖"④，县境商品以盐、茶、苎麻为主。黔江县本地商品主要有桐油、油烟、土产药材等，其中桐油为最大宗商品，年销售量达百余万斤，入境商品主要有盐、布等。⑤秀山县商品以秀油、布、丹砂居多。⑥石柱厅以药材为最大宗商品。鄂西南施南府"苎麻、药材以及诸山货，概负闽粤各路，市花布、绸缎"⑦，其中药材和麻"岁可货金约十余万，官仅籍此征粮"⑧，府属之地商品多药材、苎麻、花布、绸缎。府属恩施县广植苎麻，"远商每岁购载出山，而以棉花各相贩易"⑨，该县商品以苎麻、棉花居多。来凤县本地商品以桐油、漆、茶、牛等为多，其金丝桐油年销量达万担以上，外地商品主要为食盐、棉花、南货（湖南）、广货。⑩宣恩县外地商品以食盐、棉花、厂货为主，本地则以桐、茶、漆、棓、药材、皮毛为主。⑪咸丰县本地商品以桐、茶、漆、棓、蓝靛为主，外地商品主要有盐、布等。⑫宜昌府属鹤峰州主要商品为棉、布、猪等。⑬湘西北永顺府商品以桐油、茶油、五棓、酸水、药材为最多。⑭府属保靖县土产商品以桐油、五倍（棓）、碱水、药材为多，外地商品以棉花、布

---

① 民国《务川县志备》卷10《经业》。
② 民国《沿河县志》卷13《风土志》。
③ 道光《松桃厅志》卷6《风俗》。
④ 同治《增修酉阳直隶州总志》卷19《风俗志》。
⑤ 冉景福：《黔江民族经济史略》，见：中国人民政治协商会议黔江土家族苗族自治县委员会文史资料委员会编印：《黔江文史资料》第5辑，1990年，第83—116页。
⑥ 光绪《秀山县志》卷12《货殖志》。
⑦ 同治《施南府志》卷10《典礼志》。
⑧ （清）博沙拙老：《闲处光阴》卷下。
⑨ 同治《恩施县志》卷7《风俗志》。
⑩ 《来凤金丝桐油》，见：《鄂西文史资料》第1辑。
⑪ 宣恩县志编纂委员会：《宣恩县志·商业》，武汉：武汉工业大学出版社，1993年。
⑫ 民国《咸丰县志》卷5《风俗》。
⑬ 道光《鹤峰州志》卷6《风俗志》。
⑭ 同治《永顺府志》卷10《风俗》。

匹、盐为主。① 永绥厅以花油、粮食为最多。② 凤凰厅商品以桐油、包谷、麻、蜡、蓝、绿、蜂蜜为主。③ 乾州厅商品主要有桐油、包谷、黄豆、麻等。④ 古丈坪主要商品为桐油、茶油、碱，"岁出入数万斤，占古丈坪商业之十八"⑤。泸溪县主要商品为桐油。⑥ 从土家族地区各地的主要商品来看，土家族土产商品以桐油、药材、麻为多，外来商品则以盐、布为多。土产商品和外来商品一起丰富了土家族地区的商品种类，促进了土家族地区商业的发展。

改流后土家族地区商业发展表现之二为钱币的使用较前代增多。改流前，土家族地区虽有钱币的使用，但钱币流通仅限于汉人聚居区，广大土家族地区仍是采用以物易物的传统交易方式。改流后，随着商业的发展，土家族地区在商品交易中普遍使用钱币，"市间通用钱交易"⑦。但在交通不发达的边远地区，钱币流通仍相当有限，如长乐县到同治年间仍是"银钱无多，来路兵饷外，银无从觅，钱则无论多寡，皆以纸条书，凭票发钱若干"⑧。银钱匮乏如此，商业的不发达也就可想而知了。

改流后土家族地区商业发展表现之三为商业活动和商业行为日趋规范。土家族地区各县都设有典史一官，典史的职责之一就是管理工商业。改流后为了对集场进行管理，在集场"设客总场头以专责成"⑨，集场由客总场头直接管理。在苗族聚居区附近的集场，允许苗人进入集场与土家人、汉人进行贸易，但对苗人防备甚严，规定"各卡门务须查明，不准苗民混带枪械进内，民人及男丁等与苗人买卖皆须照价持平"⑩。不准苗人私带武器入境，土家族、汉族与苗族交易时务须买卖公平。"每逢墟日，责成苗弁并保甲入场稽查，遇有民苗交涉混争，立时弹压解散"，"又设有场首经纪，皆由公众议举者，逢墟之日，梭巡场面，无时或离，一场或一二人，或四五人不等，售货则三分取用，以为场首经纪之费，其价值之高下，经纪为之详定以免参差，

---

① 同治《保靖县志》卷2《舆地志》。
② 同治《永绥直隶厅志》卷1《地理门》。
③ 道光《凤凰厅志》卷18《物产志》。
④ 光绪《乾州厅志》卷13《物产志》。
⑤ 光绪《古丈坪厅志》卷11《物产》。
⑥ 湖南省泸溪县志编纂委员会：《泸溪县志》，北京：社会科学文献出版社，1993年，第369页。
⑦ 光绪《古丈坪厅志》卷11《物产》。
⑧ 同治《长乐县志》卷12《风俗志》。
⑨ 道光《鹤峰州志》卷4《营建志》。
⑩ 光绪《古丈坪厅志》卷5《建置》。

凡场中贸易多由经纪之手"①。官府派兵维护集场的治安，场首经纪负责平准物价，并以促成商业贸易的正常进行。在水道交通线上，官府设立收税机构，对来往商船征收商税。龚滩为乌江上的重要码头，早在明代酉阳土司就对过往船只征税，到清代仍设卡收税。咸丰末年于秀山县"石堤置厘金局，以秀油、棉花为大宗，榷厘至万金"②，商税成为土家族地区官府财富的重要来源。除官府对商业活动进行规范、管理外，土家族地区商人为杜绝商业活动中的欺诈行为，依托商行制定了行规章程。据来凤县百福司镇的"卯洞油行章程碑"载"从来牙行之设，原以上裕国课，下便商民。启日中之市，定贸易之规，是以汉镇等处大小埠头，皆依牙行为依旧。因地制宜，原以有益商贾，而便民也。切卯洞地虽偏僻，三省连接，水陆总埠，土产桐油，肩挑背负，远近咸集。尤恐乡遇有油上街出卖，防有枯脚、水渣等弊，为害客商，有亏成本。所以凭行经理稽查，清除弊端。定以桐油每篓七十五斤收领，用钱廿四，不敢有二"。用行规约束商业活动中的违规行为，有利于商业活动的规范和管理，有利于土家族地区商业经济的健康发展。对商业活动的规范管理说明人们对商业活动已非常重视，也间接说明了改流后土家族地区已告别不耻商贾的时代。

改流后土家族地区商业发展表现之四为土家族地区商业组织的兴起。改土归流后，土家族地区各城镇均有外地客商建立的商号和商庄。以思南府为例，先后有湖南、湖北、广东、广西、安徽、陕西、宁夏、江苏、浙江、山西、四川等省商民在思南府城内设庄号，建会馆，经营思南盛产的桐油、木油、生漆、黄蜡、白蜡、五倍子、花纱、布匹等货品。江西商民还在府属鹦鹉溪、张家寨、许家坝、塘头、板桥、大坝场、文家店等地建万寿宫，进行土特产的收购。嘉庆、道光年间陕西商民先后在塘头开设永顺源、正顺源、源恒顺、王安利、吴恒顺、聚茂源、会万利、张顺朝、郑源源、郑玉川等10家商号，时人称塘头为小南京。③ 土家族地区其他城镇也均有商庄和商号。土家族地区商庄和商号的经营规模不小，如古丈坪厅城的裕生商号，通过酉水运销常德、津市、汉口一带的桐油、土特产品，常获利白银百余万两。④商庄商业活动的地域广，获利丰厚。除商庄、商号外，不同地区、不同行业的商人还组成帮会，在商业活动中相互帮助。以建始县为例，清末全县商户

---

① 光绪《古丈坪厅志》卷7《建置》。
② 光绪《秀山县志》卷12《货殖志》。
③ 思南县志编纂委员会：《思南县志》，贵阳：贵州人民出版社，1992年，第599页。
④ 古丈县志编纂委员会：《古丈县志》，成都：巴蜀书社，1989年，第207页。

350余家，按籍贯可分为本地帮、外籍帮，后者又分为浙江帮、江西帮、汉阳帮等，按经营类别分有匹头帮、杂货帮、山货帮、粮行帮、医药帮、屠宰帮、盐帮、丝烟帮、客栈饮食帮、硝磺帮等①。土家族地区各地商帮的情况大致与建始县相似。从商帮会馆的大小可推测当时土家族地区商帮的规模。龙山县的商业帮会建立的商业会馆称万寿宫，该县农车区马蹄寨的万寿宫可容纳数千人，说明帮会的人数有数千人之多，由此可见土家族地区商帮的规模之大。

改流后土家族地区商业发展表现之五为集场贸易的发展，各地集场数量迅速增加，但集市在各地的分布情况存在很大差异。鄂西南宣恩县在土司时期已有集市，清乾隆至嘉庆年间集场达14个，道光至咸丰年间又增加9个，集场总数增加到23个②。渝东南石柱厅道光年间已有场镇25个，宣统时有34个场镇③。黔东北沿河县明代有集场7个，清代除淘汰原有3个集场外，新增集场13个，使集场总数增加到17个④。湘西北龙山县改流前有集市16个，到光绪初年集市数量增加到21个⑤。在南部苗区，永绥厅乾隆十三年（1748）在吉多坪设集贸墟场后，集市贸易逐渐发展，至清代末年全县集贸墟场增加到11个⑥。由此可见，集场、集市数量的增加在改流后的土家族地区是普遍现象。集市数量普遍增加既是商业发展的必然结果，又是商业发展的表现。

上文对土家族地区集场在改流后的发展情况进行了梳理，那么改流后土家族地区集市、集场在地域上的分布情况又如何呢？笔者根据清末土家族地区各府、厅、州、县志的记载，对土家族地区各地集场、集市数量进行了统计（见本章附表5-1），其分布情况见表5-7：

表5-7 土家族地区清代末年集市分布概况表

地区名	地域面积（平方公里）	集市数（个）	集市密度（个/平方公里）	地区名	地域面积（平方公里）	集市数（个）	集市密度（个/平方公里）
石柱厅	3012.51	25	120.50	酉阳州	5173.20	71	72.86
彭水县	3903	51	60.65	黔江县	2402	17	141.29

---

① 建始县地方志编纂委员会：《建始县志》，武汉：湖北辞书出版社，1994年，第465页。
② 宣恩县志编纂委员会：《宣恩县志·商业》，武汉：武汉工业大学出版社，1993年。
③ 石柱县志编纂委员会：《石柱县志》，成都：四川辞书出版社，1994年，第297页。
④ 沿河土家族自治县志编纂委员会：《沿河土家族自治县志》，贵阳：贵州人民出版社，1993年，第306页。
⑤ 龙山县志办公室编印：《龙山县志》，1985年，第318页。
⑥ 湖南省花垣县志编纂委员会：《花垣县志》，北京：生活·读书·新知三联书店，1993年，第119页。

续表

地区名	地域面积（平方公里）	集市数（个）	集市密度（个/平方公里）	地区名	地域面积（平方公里）	集市数（个）	集市密度（个/平方公里）
秀山县	2450.25	29	84.49	恩施县	3967	55	72.13
建始县	2659	31	85.77	利川县	4607	51	90.33
咸丰县	2550	28	91.07	宣恩县	2740	22	124.55
来凤县	1339	17	78.76	鹤峰州	2886.35	10	288.64
长乐县	2072	22	94.18	长阳县	3424	37	92.54
石门县	3973	29	137	慈利县	3572.6	39	91.61
永定县	2343.973	48	48.83	桑植县	3476.23	7	496.60
永顺县	3811	25	152.44	龙山县	3131.43	31	101.01
保靖县	1760.65	18	97.81	古丈坪	1279.45	9	142.16
乾州厅	1058.5	8	132.31	凤凰厅	1758.5	14	125.61
泸溪县	1565.5	7	223.64	沿河县	2476	18	137.56
印江县	1969	46	42.80	松桃厅	2866	11	260.55

从表5-7中各地集市的分布来看：

（1）从土家族地区各地来看，渝东南一带以彭水县、酉阳州较为密集，黔江县、石柱厅较为稀疏。鄂西南一带以恩施和来凤较为密集，鹤峰州、宣恩县较为稀疏。湘西北一带以永定县最为密集，桑植县较为稀疏。黔东北则以印江县最为密集，以松桃厅较为稀疏。

（2）从整个土家族地区来看，鄂西南、渝东南的集市分布相对密集，湘西北、黔东北则相对稀疏。而苗族聚居较多的乾州厅、古丈厅、凤凰厅、松桃厅、泸溪县集市分布普遍稀疏。

（3）集市分布情况基本上也可说明土家族地区各地商业发展情况，因为改流后集市贸易是土家族地区商业活动中最为普遍的贸易形式。所以改流后土家族地区集市分布密集的地区也就是商业较为兴盛的地区，集市分布稀疏地区则是商业活动相对稀少的地区。

改流后土家族地区的集市贸易得到一定程度的发展。不过从总体上来说，土家族地区集市贸易的规模并不大，这可从集市规模的大小看出端倪。当时土家族地区的集市"大亦不能百户，小惟茅店十余而已"①，集市规模不大，说明集场、集市所能承载的商品贸易的规模和数量相对有限。不过，集场、

---

① 道光《印江县志》卷1《地理志》。

集市作为土家族地区民间商业贸易的重要平台，对土家族地区商品贸易的发展无疑有很大的促进作用。

改流后土家族地区商业发展表现之六是土家族地区各府、厅、州、县治所逐渐成为地区性商业中心。改流后各府、厅、州、县治所商贾云集，店铺林立。黔东北思南府城有湖南、湖北、广东、广西、安徽、陕西、宁夏、江苏、浙江、山西、四川等省商民在城内设庄号，建会馆，专营商业。① 府属务川县到清末约有商号10余家②，沿河县至清末仍有祥发永号、天字号、恒丰源号、州号、永昌恒号等外地客商建立的商号从事当地的商业贸易③，其他各府州厅县治也都有类似的情况。各府、厅、州、县辖区内设有不少市集，每到场期，商贾将囤积的外地商品运至市集销售，同时购得所需土特商品转运出境。平时商人则居于城市中，形成以府、厅、州、县为中心，以各集场为辐射点，以交通道路为纽带的商业经营销售网络。而各府、厅、州、县城居于这个商业网络的中心地位。

改流后土家族地区商业虽得到了发展，但商业的发展仍是有限的。改流后土家族地区集市虽多，但规模都不大。土家族地区"城乡之无恒产"，所以从事乡间集市贸易者皆为小本经营。④ 由于交通不便，许多地方"客贩不至"⑤，外地客商活动范围仅限于主要交通道路沿线。广大乡村则少有客商足迹，与外地的商业贸易仍很有限。在商品贸易的方式上，许多地方仍采用传统的以物易物，"钱实未经流通，粟米以布盐通易"⑥，作为一般交换等价物的银钱流通有限。商品种类虽多，但由于交通不便，"贸易惟土产器物，间有京、广过客贩售杂货，然不时至"⑦。土家族地区虽有外地商品的销售，但流通数量毕竟有限。此外，土家族地区商贾的财力也很有限，从商人员虽不少，但"大商富贾不百之一"⑧。财力有限势必限制商业经营的规模，小商小贩对地区性商业发展的带动作用毕竟比富商巨贾要小得多。苗族聚居区商业发展水平较土家族聚居区更低，商人"入市经营不过挟微资以贩卖，未能如他邑

---

① 思南县志编纂委员会：《思南县志》，贵阳：贵州人民出版社，1992年，第599页。
② 民国《务川县志备》卷10《经业》。
③ 沿河土家族自治县志编纂委员会：《沿河土家族自治县志》，贵阳：贵州人民出版社，1993年，第251页。
④ 民国《沿河县志》卷13《风土志》。
⑤ 同治《增修酉阳直隶州总志》卷20《艺文志》。
⑥ 同治《增修酉阳直隶州总志》卷19《风俗志》。
⑦ 光绪《黔江县志》卷5《风俗志》。
⑧ 光绪《秀山县志》卷7《礼志》。

客商最善居奇"①。

第二节 历史时期土家族地区商业地理的特点

历史时期土家族地区商业及其空间过程呈现出一些特点，主要表现在以下几个方面：

一、商业发展存在地区差异

峡江地带由于有便利的水上交通，商业在唐代得到优先发展。宋代峡江地带"农不如工，工不如商"②，商业已在峡江地带居民经济生活中占据了主导地位。宋代施州（今恩施）有道路通向巴东、峡州、黔州、忠州和夔州，交通便利。当时施州为土家族地区贡品和回赐物品的交换地，又是土家族地区钱币铸造中心，商业较为发达。施州建始县自三国时就设县，宋代又从外地招募大量客民入境，其经济发展水平比周围地区要高。县境有铜厂坡，为开矿铸造钱币的地方。既有钱币铸造，又有悠久的开发历史，当地商业的发展应较周边地区高。黔州（今彭水）处于乌江水道上，上通思州，下通涪州，东北有施黔大道可通施州，境内又有郁山盐井。所产之盐运往境外，以盐的煎煮和运销为主的商业得到较大发展。唐宋时期对该地盐业征收商税，以盐为主的商业仍有发展。相对周边未经开发的土家族地区，黔州商业较为发达。黔州属县黔江，为黔州蜂蜡集散地，商业也有一定程度的发展。澧州石门、慈利，峡州长杨（阳），处于土家族地区边缘地带，设县开发较早。宋代募民入境，商业有一定程度发展，其水平较邻近的土家族地区为高。其他土家族地区商业发展水平相对较为落后。

元明清三代在土家族地区实行土司制度，由土家族首领管辖土家族。在土家族地区边缘地带则设县，由朝廷直接管理。由于开发较早，加以临近汉族地区，与汉族经济交流较多，故当地经济发展受汉人影响较大，经济发展水平较临近汉族地区低，而较土司地区则偏高。元代在土家族地区边缘地带设有长阳县、巴东县、施州、建始县、南宾县、绍庆路、彭水县、黔江县、石门县、慈利州、卢溪县等。元代在施州设立互市点，使施州商业中心地位得以保持。同时元王朝又在会溪设立互市点，使会溪成为土家族地区又一个商贸中心。明代在土家族地区边缘地区改施州为施州卫、慈利州改为慈利县，

---

① 光绪《乾州厅志》卷5《风俗志》。
② （宋）王象之：《舆地纪胜》卷74《荆湖北路·归州》，台北：文海出版社，1971年，第446页。

撤销绍庆路、南宾县建制，除此之外，其他各县均得以保留。同时在黔东北增设思南府、务川县、印江县，在土家族聚居区内设立卫所，计有施州卫、大田所、九溪卫、添平所、麻寮所、安福所、永定卫、大庸所、镇溪所、黔江所、平茶所等。在府、县治地及卫所屯戍区聚居有不少汉族商人。这些汉族商人推动了卫所屯戍区内商业的发展，府、县治地和卫所治地为当时土家族地区商业发达地区。如建始县、巴东县、长阳县等地处峡江地带，有便利的水道交通，当地居民"颇事商贾"①。石门县、慈利县处澧水沿岸，有便利的水道交通。明代在境内开设铺递，陆路交通得到很大改善，为商业发展创造了条件。当地山民"摘茶采蜜割漆挦椒以图贸易"②，生产中商业色彩浓厚。境内土家人原本"不事商贾"，随着商业发展，也"常以山货杉板滑石之属窃与省民交易盐米"③，商业活动已较为普遍。石门县形成骆家市（上八都）、徐家市（下八都）、后溇市（十三都）等3个较大的集市。④ 黔江县以县治为起点有多条商道通往外地：向北通往万县商道两条，去常德商道一条，经由彭水郁山至涪州盐道一条。商道的开通，说明黔江商业较为繁盛。除县城外，县境内的米市坝、柴市坝、猪市坝、濯河坝、冯家坝（河口场）也形成农贸市场。⑤ 彭水县有乌江水道穿越县境，又有兴盛的郁山盐业。郁山盐由多条盐道运销境外，彭水县商业方兴未艾。思南府、铜仁府境永乐年间改流后增修驿道和铺递，形成以驿道为主干线，以各县、司治为中心交通网络，各县、司治成为商贾聚集之地。思南府"商贾鳞集"，府属草栈坝、煎茶、潮砥、角口场、泉口场、打鼓、永兴等地也有商贾聚集。⑥ 务川县"人咸集居贸易"，所以"商贾辐凑"⑦。印江县吒网溪（浸树村）、朗溪、合水场、七里坝、洋溪场、杨柳场、平洞口等地也有商贾聚集。沿河司治已有专事商业的商号出现。铜仁府也是"商贾互集"。

在广大的土家族土司辖区内，永顺司商业较为发达。永顺司治所当时有街道8条，至今仍有街道遗迹。据说当时司治店铺林立，商业较为兴盛。永顺司境内还兴起了不少集市，计有民安、里耶、石碑洞、官渡口、官厅村、

---

① 嘉靖《归州志》卷1《风俗》。
② 万历《慈利县志》卷6《风俗》。
③ 万历《慈利县志》卷17《土夷》。
④ 弘治《岳州府志》卷9《石门县》。
⑤ 冉景瑞：《黔江民族经济史略》，见：中国人民政治协商会议黔江土家族苗族自治县委员会文史资料委员会编印：《黔江文史资料》第5辑，1990年，第83—116页。
⑥ 德江县志编纂委员会：《德江县志》，贵阳：贵州人民出版社，1994年，第856—859页。
⑦ 嘉靖《贵州通志》卷3《风俗》。

桂塘坝、隆头、那寨等①，王村"外省小贩多以布盐杂物零星换易，运至梅树地方分发，而私贩者即于此处催船装载，分往各地发卖"②，商业较为繁盛。容美土司治所商贾聚集，店铺布列，百货俱有，商业较为兴盛。土司区内一些交通便利地方还有一些小规模的集场，见于记载的有：黔东北水德司境内有大堡（今德江县城）场③，沿河司有观音寺、沿河、宋家场、天乐井场、庙垭寺、大席场、唐垭寺等④，石柱司有西界沱、黄水坝、临溪场、悦来场、马武场、桥头坝、沙子关、双流坝、人和场、高顶场、石甫场、江家场、王化场、龙潭子场、望天场、庙坝场、仓坪场等⑤，酉阳司龚滩码头，"往过花盐船只，抽取税银，每年获利数万"⑥，施南土司有老寨（今高罗挨山）、东乡、干坝、施南（今珠山镇）、兴隆街（今板栗园下洞坪）、司城（今板栗园司城村）、老场（今麻阳寨老场上）、老司街（今沙道沟）、晓关等集市⑦，沙溪司有大沙溪场、小沙溪场，忠路土司有小河场等。⑧ 这些集场对推动土司地区商业发展有一定促进作用，也是当时土司地区商业相对较为发达的地区。

以上所谈到的都是土司时期土家族地区商业相对较为发达的区域。不过相对于广大的土家族地区而言，这些商业发达地区在土家族地区只是呈点状分布，而绝大多数土家族分布区的商业并不发达。作为区域性主体居民的土家族人历来"耻商贾"⑨，所以"民鲜逐末，除力田垦山外，别无奇赢可挟，故耕作勤而盖藏亦寡"⑩。由于土家族人以商为耻，不事商贾，因此也就限制了土家族地区商业的发展。因此上述地区以外的土家族地区商业发展水平相对落后。

清代改流后，土家族地区商业普遍得到了发展，但商业发展仍存在地域差异。改土归流后，土家族地区各府、厅、州、县治所所在地成为各地的商业中心。同时伴随着各地商业的发展，各地集场、集市逐渐增多，集场、集市成为各地商业贸易平台、商人聚集地和商品集散地。这样就形成了由府、

---

① 《龙山县志》，龙山县志办公室编印，1985年，第318—319页。
② 嘉庆《四川通志》卷2《雍正七年上谕》。
③ 德江县志编纂委员会：《德江县志》，贵阳：贵州人民出版社，1994年，第2页。
④ 沿河土家族自治县编纂委员会：《沿河土家族自治县志》，贵阳：贵州人民出版社，1993年，第306页。
⑤ 石柱县志编纂委员会：《石柱县志》，成都：四川辞书出版社，1994年，第59—63页。
⑥ 嘉靖《思南府志》卷1《地理志》。
⑦ 宣恩县志编纂委员会：《宣恩县志·商业》，武汉：武汉工业大学出版社，1993年。
⑧ 光绪《利川县志》卷7《户役志》。
⑨ 隆庆《岳州府志》卷7《职方考》。
⑩ 同治《桑植县志》卷2《风土》。

厅、州县治所和各地集场、集市为辐射点的商业贸易网点。这些商贸网点又由驿道、铺递、商道联系在一起，商品就在这个商贸网络中流通。集市成为商业贸易的平台、商人聚集地和商品集散地，因此一个地区集市的分布情况在一定程度上能代表该地区商业贸易发展的一般情况。正如前文所述，集市分布最为密集的为印江县，平均约 42.80km² 有 1 个集市、其次为永定县（48.83km²/个）、彭水县（60.65km²/个）、恩施县（72.13km²/个）、酉阳州（72.86km²/个）等地。而集市分布最为稀疏的为桑植县，平均约 496km² 才有集市 1 个，其次为鹤峰州（288.64km²/个）、松桃厅（260.55km²/个）、卢溪县（223.64km²/个）等地。集市分布密集的地区大致即为商业较为发达的区域，集市分布稀疏的区域则为商业发展缓慢的区域。

二、集场贸易为土家族地区民间主要的商业贸易形式

土家族地区"山土瘦瘠，百货之产无所出，四方大贾不至，居民不务经商贸易"[1]，所以当地居民日常所需均通过赶集获得。宋代在土家族地区边缘地带设立博易场，方便了土家族与汉族间的贸易往来。在土家族地区军事砦堡附近，聚居有一定数量的外地客民，可能也有集场存在。宋代在今吉首市设有镇溪砦。考古发现该地有大量宋代窖藏钱币，集中于镇溪砦附近，说明当时该地商业有一定发展，估计其他军事砦堡也有相似的情况。军事砦堡可能为土家族地区最早的集市。到土司时期，随着商业的发展，集场贸易得到进一步发展。在商业较为发达的黔东北，随着集场的发展，朝廷对土家族地区集市进行管理，用行政手段确认了一批集市的合法地位。同时民间仍有集市不断出现，如明代思南府任仙峰地方山民自发形成集市，每集数千人，土家族地区各地的集市均迅速增多。清代改流后，集市的数量又有增多，其分布遍及土家族地区。历史时期土家族地区的集市主要分布于水陆交通沿线、军事砦堡和政治中心地带。土家族人不从事商品的买卖，但他们喜赶集，通过集市贸易满足物品交换的需求；商人通过集市倾销转运来的商品，同时通过集市收购所需的土特产品，运销境外赢利。所以集市成为商品交换得以实现的中介。这种情况自宋代的博易场始，此后一直延续不改，集场贸易也就成为土家族人最重要的商品贸易形式。

三、商业发展有赖于外地客商的带动

历史时期大多数土家族及苗族不事商贾，很少从事商业活动，因此商业

---

[1] 同治《增修酉阳直隶州总志》卷 19《风俗志》。

的发展是在外地客商的带动下发展起来的。宋代土家族地区商业较为发达的施州、建始、黔州、黔江、长杨、慈利、石门等地均有大量的客民。这些地区商业的发展与他们有一定关系。到土司时期，卫所地区、黔东北、各土司治所的商业较为繁盛，这些地区商业的发展也是在外地客商的带动下发展起来的。到了清代，外地的客商大量涌进土家族地区，从事商贸活动。他们聚居于城镇，开设商业店铺，组织商业行会，从而使各地的政治中心逐渐成为地方的商业中心。各地集市所设置的客总和场头大部分为外地客民，改流后土家族地区最为活跃的集场贸易也为外地客商所操纵。这些外地客商大多为来自内地的汉人。所以从土家族地区商业发展的历史来看，外地汉族商人对促进土家族地区商业的发展作出了极大的贡献。相对而言，土家族商业的发展是被动地发展。造成这种状况的主要原因是土家族及其他兄弟民族重农轻商，不事商贾。在这种环境里，商业自发发展空间很小，商业发展只能依靠境外商业的推动。宋代以后的持续移民，又为外地汉族客商进入土家族地区从事商业活动提供了可能。所以土家族地区的商贾在很长的历史时期内均为汉人。

四、商业贸易以物易物为主

历史时期土家族地区的商业贸易以物物交易为主，以钱币为媒介的商业贸易虽有却不多。宋代土家族、苗族间贸易采用以物易物的方式进行，以有易无，换取自己所需的物品。土家族与汉族间较为重要的贸易活动为粟、盐交易，土家族用生产的粮食换取食盐。宋代土家族地区贡品为当地土特产，均为实物。朝廷给土家族首领的回赐也多为实物，钱币只是赏赐品中的一种，朝廷与土家族首领间的官方贸易也是采用以物易物的方式。宋代土家族地区也有钱币，使用的范围多限于商业较为发达的汉人聚居区。这些地区的商人在与外地的商业往来中使用钱币，而在广大土家族地区，钱币的使用则很有限。在土家族聚居区内考古发现的零星钱币多为窖藏品和墓葬品，显见钱币乃是较为稀有的贵重之物，尚不足以作为钱币大量流通的证据。土司时期，在商业较为发达的地区，商人在贸易中较多地使用钱币，或采用相当于钱币的等价物如布、水银等实物（以黔东北为甚），大部分地区则仍为实物交易。改流后，土家族地区与外地的经济联系增多，土家族地区与外地的商业贸易基本上都使用钱币，土家族地区内部钱币的使用随着商业的发展逐渐增多。但广大土家族山区的集市贸易仍是"市店山货不尚虚价，钱实未经流通，粟米以布盐通易"①。钱币的流通有限，商业贸易仍是以物易物。直到新中国成立以前，土家族地区的集市贸易仍多物物交易。

第三节 历史时期土家族地区商业发展的影响因素

历史时期土家族地区商业的发展受到多种因素的影响，其中主要的影响因素有交通状况、农业和手工业的发展状况、政策与政治举措、移民以及民族习俗等。

一、交通状况对商业发展的影响

商业的发展需要产品间的流通，产品的流通有赖于交通的发展。闭塞的交通条件阻碍商品的流通，限制商业的发展，交通条件的改善会促进商业的发展。土家族地区历来溪山重阻，交通一直很困难，"城乡市铺贸易，往来河道险隘，贩运艰难"②。交通闭塞使得商品的区际流通受到极大的限制。这也是很长时期内，土家族地区商业的发展较邻近汉族地区缓慢的一个重要原因。

历史时期土家族地区的商业布局与当地的交通状况紧密联系。峡江地带由于有便利的水道交通，商业一直较为发达。宋代施州交通便利，向东经峡江南岸古道可至峡州，向西经今利川地可达今石柱西界沱，向北经建始可达奉节，向南经黔江可达彭水。施州商业中心的形成与便利的交通有较大关系。黔江县处于施州至黔州（今彭水）的交通线上，向南陆路可通酉水，由黔江经郁山镇由水路可达涪州（今涪陵），黔江商业发展也有赖于其便利的交通。此外商业较为发达的石门县、慈利县有澧水水道，长杨县有清江水道，便于商品流通。

土司时期，黔东北思南府有便利的乌江水道交通，铜仁府有便利的锦江水道，故而两地商贾云集。黔东北驿道和铺递道路渐次开通，促进了商业的发展与繁荣。石柱司境内在明代形成以司治为中心的交通道路，为道路沿线商品的流通创造了条件。黔江县（包括黔江所）向西有驿道与彭水县相通，向南有道路与酉阳司相通，向东北有道路与大田所、施州卫相通，向北有两条通往万县的商道，向东有通往常德的商道，有利于黔江商业的繁荣。施州卫在明代向东可通过施夷古道通往夷陵州（治今湖北省宜昌市），向北可通过施夔古道通往夔州府（治今重庆市奉节县），向西经建南司境通往万州，向南

---

① 同治《增修酉阳直隶州总志》卷19《风俗志》。
② 同治《永顺府志》卷10《风俗》。

可通过施黔古驿道经大田所至黔江县、彭水县。除向西、向南的道路因经过土司辖区而间或不通外，施州卫仍处于东西、南北交通的枢纽位置，交通颇为便利，便于商贾往来和商品的流通。石门县、慈利县铺递道路在明代渐次开设，与各卫所相连的道路也相继连通，由石门经慈利至永定卫的道路也得以开通，同时澧水航运也继续得到利用。交通的发展对这些地区商业的发展起了不小的推动作用。酉水水道在土司时期得到开发利用，由酉水上行可至百户司，由邑梅河上行再转陆路可至乌江龚滩码头。土司时期酉水水运已有所发展，酉水流域居民所需的外地商品多由酉水运进，土司地区土特产则由酉水运销汉族地区。酉水的水上运输，促进了永顺司境商业的发展。元代在会溪设立互市点，也是充分利用了便利的酉水水道交通。

清代各地驿道、铺递道路迅速发展，以各府、厅、州、县治所为中心的交通网络迅速形成，各厅、州、县之间都有道路相通，同时部分河流的水运条件得到改善。这为商品流通创造了良好的条件，地处交通枢纽位置的各府、厅、州、县治迅速成为地区性的商业中心。随着交通条件的改善，交通道路沿线的集市迅速增加，以物易物的集市贸易迅速发展。集市成为区域性的商业贸易平台、商人聚集地和物资集散地，这样最终形成由交通道路连接起来的商业贸易网络。交通是历史时期土家族地区商业发展的命脉。

二、农业和手工业发展状况对商业发展的影响

商业活动得以开展的先决条件是有能用于交换的商品，而商品有赖于农业和手工业生产。农业和手工业为商业活动提供商品。农业和手工业越发达，所生产的产品就越多，就越能为商业活动提供更多的商品。农业和手工业生产布局对商业布局也有较大影响。

农业是商业得以发展的基础。历史时期土家族地区农业的发展对商业发展的影响，一是表现在农业生产为商业贸易提供了用于流通的商品。这里所提到的农业为广义上的农业，包括了农耕、林业、牧业、渔业等生产门类。纵观历史时期土家族地区的商品，其中不乏农、林、牧、渔产品。伴随着农业的发展，农产品在商品中的种类和数量也随之增多，农业的发展促进了商业的发展。农业发展对土家族地区商业发展的影响，表现之二为历史时期土家族地区的农耕区与商业发达地区之间有一定的对应关系。宋代农耕区主要分布于施州、黔州、澧州、辰州的军事砦堡一带，这些地区商业也较为发达。土司时期卫所屯区、及各府、州、县治一带农耕较为发达，这些地区也是当时土家族地区商业较为发达的区域。清代改土归流后，伴随着各地块状农耕

区逐渐连接成片，土家族地区的商贸集场也如雨后春笋般地迅速增多，并形成以各府、厅、州、县治为中心，以各集场为网点，以各地交通道路为纽带的商业贸易网络。在集场的兴盛和商业网络形成过程中，改流后迅速发展的农耕经济起到了很大的推动作用。

历史时期土家族地区手工业对商业的发展也有一定影响。手工业生产对商业发展的影响，一是表现为手工业的发展为商业贸易提供更多的商品，历史时期土家族地区手工业产品种类的持续增多就已经很好地说明了这一点。二是表现为手工业发展的区域差异也影响着商业发展的区域差异。宋代黔州手工业种类较多，当时黔州为商业较为发达的地区之一。土司时期石门县、慈利县、永顺司、思南府等地的手工业较为发达，这些地方是土司时期商业较为发达的区域。清代改土归流后，酉阳州、彭水县的手工种类较多，其集市分布密度也较高。永定县手工业种类最多，其集市分布密度也最高。手工业种类的地域分布与商业发展程度之间有一定的对应关系。

三、政策和政治举措对发展商业的影响

历史时期朝廷在土家族地区推行的一些政策和政治举措对土家族地区商业的发展起到了一定的推动作用。

自秦汉以至于明清土司时期，朝廷对土家族地区先后实行羁縻统治政策和土司制度。不论统治政策和政治制度如何，其基本的纲领不变，"其道在于羁縻"[1]。土家族地区的少数民族首领定期向朝廷缴纳贡赋，朝廷则给予纳贡的少数民族首领一定数额的回赐物品，这样就形成了少数民族地区特有的纳贡和回赐制度。纳贡和回赐制度的推行促进了土家族地区和中原地区的物资交流。纳贡使土家族地区的土特产藉此流入内地，回赐又使土家族地区所需的部分物资进入到土家族地区，从而实现了不同地区之间的物品交换。

自宋代至清代，朝廷在土家族地区实行的移民开发政策，也在一定程度上推动了土家族地区商业的发展。宋代为加强对土家族地区的军事控制，在土家族地区设置砦堡，迁移部分汉人进行屯戍，同时实行募民屯垦的政策。周边的部分汉族人自发地进入土家族地区，除进行农耕外，一部分人也从事商业活动，从而带动了土家族地区砦堡附近商业的发展。宋王朝为避免土家族首领入京朝贡引起麻烦，规定土家族首领"以贡物留施州，所赐就给之"[2]，从而使施州成为土家族地区的贡品和回赐物资集散重镇。这项政策的执

---

[1] （清）张廷玉等：《明史》卷 310《土司传》，北京：中华书局，1974 年，第 7981 页。
[2] （元）脱脱等：《宋史》卷 493《蛮夷传》，北京：中华书局，1985 年，第 14183 页。

行，对施州官方物资贸易中心的确立是具有决定性作用的。明代在土家族地区实行卫所制度，卫所制度下官兵大多为迁自内地的军户人口。除屯戍外，也有部分军属从事商贸活动，从而带动了卫所屯戍区内商业的发展。清代改土归流后土家族地区各级政府鼓励流民入山，在使土家族地区人口激增的同时，也使更多的商人进入土家族地区从事商贸活动，进而推动了土家族地区商业的发展。

另一方面，历史时期朝廷所实行的一些政策和政治举措又在一定程度上限制了土家族地区商业的发展。

自秦汉至唐宋时期，朝廷在土家族地区实行的是羁縻统治政策。自元以至于清代改土归流之前，则是实行的土司制度。无论是在羁縻统治政策下，还是土司制度下，土家族部族首领都有一定的辖区。各首领在其辖区内有相对独立的政治、经济、军事大权，大多是各自为政，形成各部族割据的局面。这种状况不利于地区间商品的流通和商贸活动的展开。土家族各部族间时而发生争斗，动荡的社会局势也不利于商业贸易活动的开展。

在唐宋时期乃至土司时期，土家族地区实行严格的关禁政策。政府在土汉边界地带设置关隘，规定"土人不许出境，汉人不许入峒"[①]，禁止土家族与汉人越界入境。关禁政策制造了人为交通障碍。因此较长历史时期内土家族地区居民"窃与省民博易盐米"[②]。这种走私性质的民间商品贸易终究很有限，关禁政策的推行也是造成土家族地区长期商业不发达的一个重要原因。改土归流以后，关禁政策彻底废除，民间商业贸易往来的限制彻底被打破。大量的汉族商人，如粤商、鄂商、蜀商、赣商、湖南商人纷纷进入土家族地区从事商业贸易，从而带动了土家族地区商业的迅速发展。

除关禁政策外，历代王朝均重农轻商业，以商业为末业，并制定一些限制性的政策。如明代实行禁商政策，规定老百姓"若不耕作，专事末作者，是为游民，在逮捕之"[③]。抑商政策也会延缓土家族地区商业发展进程。

清代朝廷对苗区经商也制定了一些政策，如规定"商贩必于所在官司讨一印票，以便查验"，"若无印票即同私贩，重治没官"[④]，强化对苗区商贩的管理；还规定与苗民交易时，"交易只许鱼、盐食之需，不许用牛"[⑤]，对与苗民交易的商品类别也进行了限制。这些限制性措施对苗区内商业的自由发

---

① 同治《长乐县志》卷3《山水志》。
② （清）顾炎武：《天下郡国利病书》第14册《湖广上》，四部丛刊本。
③ 《明太祖实录》卷28。
④ （清）顾炎武：《天下郡国利病书》卷77《湖广》，四部丛刊本。
⑤ （清）顾炎武：《天下郡国利病书》卷68《湖广》，四部丛刊本。

展有一定的限制作用，苗区商业发展水平普遍较低与这些限制性措施也有一定的关系。

四、移民对商业的影响

历史时期土家族地区商业的发展与外来移民有着密不可分的关系。由于诸多因素的影响，土家族地区的商业发展较邻近地区缓慢，商业的发展常常需要外力的推动。外来移民是促进土家族地区商业发展的重要推动力之一。

移民对土家族地区商业发展的影响，主要表现在以下两个方面：

一是外地客商构成土家族地区的商人主体。土家族地区溪山重阻，交通不便，朝廷在土家族地区实行的一系列政治政策又限制着土家族地区商业的发展，再加上聚居此地的主体民族土家族长期以来重农轻商，因此长期以来土家族地区商业发展缓慢，土家族地区内部缺乏形成本地商人群体的土壤和环境。但是，伴随着土家族地区外来移民的逐渐增多，部分外地客商也随之进入土家族地区。他们将土家族地区的土特产运往外地销售，同时又从外地购得土家族地区所需的各种商品。这些外地客商成为了区际物资交流的中间人。在外地物资进入土家族地区后，外地客商又充当了土家族土特产与外来物资交换的中间人。改土归流之后，土家族地区开始出现了本地商人。本地商人群体也是在改流后外地客商大量涌入土家族地区，推动土家族地区商业发展的大背景下产生的。不过，他们在区域性的商人群体中并不是主体。外地客商仍然是土家族地区商人群体的主力军。

二是外来移民分布区也是土家族地区商业较为发达的地区。历史时期土家族地区商业发达区未必是移民分布区，但外来移民分布区一定是商业较为发达的地区。宋代施州、黔州、澧州、辰州接纳了不少外来移民，黔州、施州、澧州石门、慈利均为商业发达地区。土司时期卫所屯戍区、黔东北接纳了不少外地移民，商业也较为发达。清代改流后，大量外地商人进入土家族地区，聚居于各府、厅、州、县治所，使各治所成为各地的商业中心。

五、民族习俗对商业的影响

在很长的历史时期里，土家族地区主体居民为土家族。土家族承袭相因的民族习俗对土家族地区商业发展也产生了一定的影响。

土家族重农轻商，这种习俗理念使土家族"勤劬力田，不逐末"，"邑人安土，重远游，鲜服贾于外者"①，经济生活以农业为主，不从事商业活动。在这种习俗背景下，"客户以及贸易人等，始各买产落籍"②。迁居土家族地区的商人纷纷买地置产，逐渐演化为以农为主的地主。商人向地主的转化使已得到发展的商业又出现倒退。如此周而复始，导致土家族地区商业长期发展缓慢。而苗族等兄弟民族很长历史时期内"不知入市贸易"，"力穑者众，有业者服田畴"③。苗族等兄弟民族也是不事商贾，以力农为重。传统的生产习俗限制了商业运作，阻碍了商业发展。

长期以来，土家族以集市贸易的形式实现物品交换，所以赶集成了土家人重要的生活内容。集场按其所处位置可分为旱道场和水路场，按赶场日期又可分为定期场、插花场、冷场。定期场每五日赶场一次，插花场是各场将赶场日期错开，冷场为固定圩市，天天有人赶场，较多的为定期场。赶场可实现物资交换。居处深山的土家青年男女借赶场之余以对歌方式结识认亲，交朋拜友，形成土家人集场文化的一道亮丽风景。集场设有客总、场头，负责管理集场贸易。每场还设有场首经纪，为贸易双方协议价格做中证人。集场贸易中，土家族人有自己的贸易方法：买卖猪牛不称重量，猪以手岔开拇指、食指度量背的长短宽肥，或抓猪尾将猪后半身提起测猪的重量；牛以拳数多寡定价，用木棍比放脊背处，从地数起，高至十三拳者为大，称为拳牛；马以同样方法定价值，称为比马；在计量单位上，粮以四小碗为一升，布以两手一度为四尺④。商业贸易形成自己的民族特色。土家族人在长期的集市贸易中多采用以物易物的方式，较少使用钱币。物物交易也是土家族地区商业贸易的一大特色。

---

① 光绪《龙山县志》卷11《风俗》。
② 乾隆《永顺县志》卷6《风土》。
③ 光绪《乾州厅志》卷5《风俗志》。
④ 同治《永绥直隶厅志》卷1《地理门》。

附表 5-1 清代后期土家族地区集场统计表

地区名	市集名称	市集数	资料来源
石柱厅	厅城、庙坝场、石家坝、黄水坝、仓平场、龙潭子、下路坝、双流坝、滥泥坝、马尾坝、三根树、姜池场、倒流水场、羊渡溪、茶店、油榨房、悦来场、旧城坝、崖口场、沿溪场、桅杆坝、鱼池坝、临溪场、河嘴闸、西界沱	25	道光《补辑石柱厅志》
酉阳州	州城、龙潭镇、分水岭、蒲海、涂家寨、麻旺寨、甘溪、泉孔、后溪、西筹溪口、大溪口、猫猫沟、白家溪、沙滩湖、亮丫子、偏岩子、老寨、井江口、溶溪、响潭、茅坝、苦草坪、泡木坪、十字路、兴隆场、哆叭洞、鱼龙新场、铜鼓潭、丁家湾、金鱼穴、龚滩镇、宜居场、董家河、清溪、三岔坝、小干坪、黑獭堡、小河、铺子口、苍蒲溪、仓坝沟、喻家坝、梅子垭、谢家坝、水车坪、火石垭、庙溪、板溪洼、楠木压、官纬坝、双桥、蚂蝗井、桐麻岭、栏腰盖、李子溪、麻糖溪、毛沟洞、龙池铺、楠木箐、土塘坝、两河口、濯坝场、黑水坝、大沟、草坝、杨家坳、马喇湖、清明坝、冯家坝、佑溪、学堂坪、太极、麻阳寨	73	同治《增修酉阳直隶州总志》
秀山县	县城、官庄、龙潭坝、涌洞、庙泉、小浩、宋农、平麻、石堤司、司城街、三合场、清溪、岩门、龙贡、两河口、隘口、平块、石耶司、牙架、贵初、邑梅、吏目、马路口、中寨、滥桥、溶溪、溪口、井江口、乾田坝	29	同治《增修酉阳直隶州总志》
黔江县	县坝、周白渡、砂子场、乾溪、栅山、蔡家漕、泡水场、两合场、白鹤、滥坝、板甲溪、凉水井、筲其滩、石钟溪、长莲池、老黄溪、白岩关	17	同治《增修酉阳直隶州总志》
彭水县	县城、大堰塘、头党坝、桑车坪、盖杨坪、水田坝、观音寺、保家楼、羊头铺、猪头箐、黄家坝、弹子岩、樱桃井、羊子岩、万足、朗溪、双龙、兴隆、上塘口、下塘口、复兴、信宁、靛水、文庙、合掌棚、李子坳、江口镇、鞍子头、喳口石、梅子垭、猪扶扛、青浦垭、大厂、小厂、龙门峡、石槽坝、周家寨、张家坝、普子坝、菜园坝、牛岩铺、高谷场、张家溪、牛滚荡、乐地坝、石峡子、洞沟、芦潭沟、新场、郁山镇、老鹰关	51	光绪《彭水县志》
恩施县	府城、七里坪、莲花池、丫沐峪、三里荒、响板溪、鸦鹊水、崔家坝、万寨、三岔口、天生桥、新塘、保水溪、红土溪、石灰窑、水沙坝、大溪场、双土地、黑湾、沙子地、天鹅坪、河水屯、天桥、沙子坡、芭蕉、桅杆堡、盛家坝、大吉场、王家村、黄泥塘、朱砂溪、罗家坳、白果坝、两河口、见天坝、柞林溪、小龙、金龙坝、龙马村、杉木坝、梭布垭、太阳河、向家村、鸡心垄、峦山子、白洋坪、方家坝、罗针田、大屯堡、马者村、木抚、红椿坝、山峰凸、蒿坝、板桥	55	同治《恩施县志》
建始县	县城、龙潭坪、青里坝、高店子、广福桥、三里坝、石垭子、落水洞、大兴厂、万福桥、罗家霸、小客坊、红岩子、花果坪、土鱼河、杉树湾、官店口、田家坝、朱耳河、挖葛塘、猫儿坪、上竹园、板桥子、长梁式、下坝观、铜鼓凸、毛田、石马驿、头坝堰、黄土坎、杜家坝	31	同治《建始县志》

续表

地区名	市集名称	市集数	资料来源
利川县	县城、李子坳场、黄泥坡场、团宝市、箐口场、长坎场、道东坪场、纳水溪场、园包嘴场、偏坎场、红椿沟场、青岩场、毛坝场、滥泥场、大塘场、凉雾山场、复兴场、三步街、兴隆场、草坝场、土墙坝场、长堰塘场、野茶坝场、汪家营场、同兴场、太平场、枫香坝场、白羑渡场、萝卜店、兴隆场、太平辰、箭竹溪、鱼泉口场、王家寨场、白杨塘场、鸡公岭场、小河场、永兴场、十字路场、茅坝子场、岩门头场、井坪场、长滩坝场、黄土池场、小沙溪场、大沙溪场、椒园场、黄泥坝场、黄泥塘尝、双河口场、忠路溪场、老屋基场	51	光绪《利川县志》
咸丰县	县城、丁寨、土老坪、蓝田湾、马办坝、龙坪、大兴场、散毛河、老李坝、忠堡、张家坪、杨峒、兴隆场、沙子坂、尖山寺、二台坪、清水湾、蛇盘溪、活龙坮、毛坝、中塘、燕子岩、大村、小村、李子溪、石人坪、黑峒、大路坝	28	同治《施南府志》
宣恩县	县城、椒园、庆阳坝、倒峒塘、岩桑坪、覃家坪、卧犀坪、万寨、忠建河、长潭河、狮子关、洗马坪、乾沟塘、板寨、下高罗、新安坝、畲刀沟、李家河、上峒坪、板栗园、小关、黄草坝	22	同治《宣恩县志》
来凤县	本城、旗鼓寨、上寨、毛坝、猴栗寨堡、三堡岭、革勒车、苏家堡、东流司、旧司、杉木塘、观音桥、大河坝、漫水、安抚司、小坳、百户司	17	同治《施南府志》
鹤峰州	州城、石龙洞、太平镇、烧巴崖、五里坪、白果坪、走马坪、懒板凳、三路口、麻水	10	道光《鹤峰州志》
长乐县	县城、王家坂、沙河、卢家垭、白鹿垭、乾沟、洞口、曾家土地、川心店、渔洋关、水田子、升子坪、仁和坪、清水湾、小河、杨桥山、朱家屋、仙桃屋场、高稻、天佑屋场、湾潭、瓦屋场	22	同治《长乐县志》
长阳县	本城、津洋上场、津洋下场、下鱼口、彭家口、两河口、覃家河、高家堰、木丘、麦桂河、磨唐口、艾家河、小溪、白石桥、大堰、毛坪、盐市口、偏岩、平乐、思古潭、杨叉坪、黄草坪、孙家坪、城子口、鸭子口、马两南场、马连北场、王家套、西湾、天池口、都镇湾、西流溪、龙潭坪、雪山河、资丘、下溪口	37	同治《长阳县志》
归州	中保寨、和尚寨、苍坪、周坪、太坪、龙坪、黄腊坪、龙口、南逻口、茅坪、荒口、九湾	12	同治《宜昌府志》
巴东县	县城、野三关、大支坪、清水坪、风吹坦、楠木园、马鹿池、茶店子、土地塘、三尖观、绿葱坡、观音堂、支井河、小石桥、大石桥、漆树垭、黄家湾、桃符口、红砂堡、劝农亭、凤栖店、连天关、栗子场、大峡场、石久场	25	同上
石门县	县城、新街口、曹家棚、吴家厂、任家坊、易家渡、新安、新关、白沙渡、皂角市、桐梓溪、黄杨桥、官渡桥、夏家巷、梅家河、白洋湖、上五通、中五通、满天星、九间铺、磨坊桥、插旗垭、子良市、泥沙市、所市、磨冈隘、夜响庙、沿公渡、官铺	29	同治《石门县志》

续表

地区名	市集名称	市集数	资料来源
慈利县	县城、永安渡、三丈铺、柳林埠、团岩坡、余铺、岩泊渡、马公渡、黄泥桥、铁铺、许家坊、溪口、长潭、陶家嘴、元通庵、卷断冈、西峪、老鸦口、聚总溪、杜潭、东阳渡、茶杯河、西岳寺、龙潭河、景龙桥、广福桥、鸿油渡、邢家河、通津铺、赵家铺、杉木桥、象耳桥、江垭、三官寺、三家店、人朝溪、梯石、□溪铺、东岳观	39	同治《续修慈利县志》
永定县	本城、瓦桥、杨林铺、兴隆街、潭口、王家崂、大后社溪、小后社溪、戴家巷、打鼓台、彭家铺、龙家嘴、茅坪、邢家巷、新铺冈、仙溪、雷村、教场、白龙巷、无事桥、淡阴坪、板坪、三岔坪、尹家溪、茅溪、崔家河、童家谷、枫香冈、四坪、大庸所、兰干庙、教字垭、桥头、中湖、仙槎河、竹园坡、南官塌、茅冈司、温塘、渔潭、罗塔坪、六墩坎、大兴厂、火烧桥、岩口铺、小社溪、杨枝界、竹叶坪	48	民国《永定县乡土志》
永顺县	县城、王村、旧司城、田家峒、古丈坪、旦武营、勺哈、夹树坪、西坝湖、列夕、颗砂、李家坪、十万坪、杉木树、白栖关、店房（以上乾隆年间已有）、岩板铺、三家田、荆州街、盐井、储库坪、筸湖、龙鼻嘴、河蓬、襄衣坡	25	同治《永顺府志》
保靖县	县城、塔普、葫芦寨、里耶、古铜溪（以上乾隆年间已有）、普济场、泰平坝、拔茅寨、鼻子砦、阿稞、水荫场、夯沙坪、茅沟砦、卧党、卡棚、复兴场、比耳场、玛瑙湖场	18	同治《永顺府志》、同治《保靖县志》
龙山县	县城、茨岩塘、蚂蝗田、大方沟、欧西坪、于必、隆头镇、洗车溪、里市、老寨、大井、毛坪、汝池、猛比（以上乾隆年间已有）、岩坪、马皮砦、贾家砦、猫儿滩、红岩塞、洗罗村、官渡口、石膏厂、水沙坪、乌鸦河、招头砦、官厅村、鬼塘坝、石牌洞、新寨坪、芭蕉坨、贾家坝	31	同治《永顺府志》、光绪《龙山县志》
桑植县	本城、新司城、南岔、凉水口、下峒、旧司城（以上乾隆年间已有）、水獭铺	7	同治《永顺府志》
古丈坪厅	本城、清吉场、龙鼻嘴、襄衣坡、丫角山、河蓬、坪扒、罗依溪、枸杞坪	9	光绪《古丈坪厅志》
凤凰厅	厅城、廖家桥、落壤、杜望、鸦拍营、新寨、新厅、永新场、长凝哨、得胜营、竿子坪、水打田、强虎哨、江家坪	14	道光《凤凰厅志》
乾州厅	厅城、河溪、大新寨、洽比场、镇溪、马颈坳、坪朗营、大河坪	8	光绪《乾州厅志》
泸溪县	县城、浦市、合水、兴隆场、洗溪、潭溪、河溪	7	《泸溪县志》
松桃厅	厅城、正大场、大兴场、静岘场、乜架场、兴隆场、龙塘场、孟溪场、新场、大围场、焦溪场	11	道光《松桃厅志》

续表

地区名	市集名称	市集数	资料来源
思南府	府城、朗溪司、合水场、谷旦铺、木黄铺、木社场、思林场、三到水、兴隆场、野毛溪、文家店、翁溪司、三间地、平头溪、大地方、路濑、许家坝、亭子坝、合朋坝、三合场、长林坝、野猫岩、枫香溪、谯家铺、夹石、官庄、土坝场、小井、漆园坝、齐滩、泉口寺、沿河司、黑水、黑踏堡、沙子场、桃子垭、官洲	37	道光《思南府续志》
安化县	县城、天堂哨、沙坝场、刀坝场、武官坝、安福坝、邵家桥、塘头、天生桥、大坝场、洋溪、鹦鹉溪、张家寨、宽坪、合朋、煎茶溪、栏杆子、后坝、崖口场、潮砥、牛渡滩、大堡、宛平、十字路、隆兴场、乾溪、方家寨、旧香坝、细沙溪、思源、庙头、黄土坎、庙丫寺、红丝塘、黄草坪、洗插丫、毛家渡、乐居、蕉窝坝	39	道光《思南府续志》
印江县	缠溪、鬼石口、昔土坝、凯上坪、中坝、洋溪、桅杆嘴、陈家沟、孙家坝、黄坝、党家湾、乾赛铺、大堰塘、大田、袁家湾、板庄、龙井坡、干顶坝、白村、镇南桥、官家园、合掌棚、干溪、新场、细沙溪、鹿池、三角口、虎门、符阳坝、大坝场、练山坡、枫香溪、焦家铺、天生桥、黄土坝、屠乐、朗溪司、谷旦铺、木黄、格鹿丫、板溪场、毛斋、沙子坡、杨柳塘、天堂哨、煎茶溪	46	道光《思南府续志》、道光《印江县志》
沿河县	县城、官舟、沙子场、晓景、捷克庄、淇滩、夹石、黑獭堡、谯家铺、思渠、土地坳、洪渡、老后坪、毛家渡、沿河、观音寺、庙垭寺	18	《沿河土家族自治县志》
务川县	县城、桃符坝、龙井坡、乾河坝、白村、镇南桥、官家园、合掌蓬、沙子井、乾溪、青冈坡、新场、细沙溪、鹿池、三角口、虎门、符阳场、大坝场、练山坡、分水丫、客店坝、濯水圾、毛天口、后坪、唐坝场、王家陀	26	道光《思南府续志》
铜仁县	大江口（双江）、坝盘、凯德、闵家场、苗王（德旺）、官坟坝、桃映、漏溪（怒溪）、溪口、快场、太平、挂扣、茶寨、狗牙（民和）、官家寨（官和）	15	《江口县志》

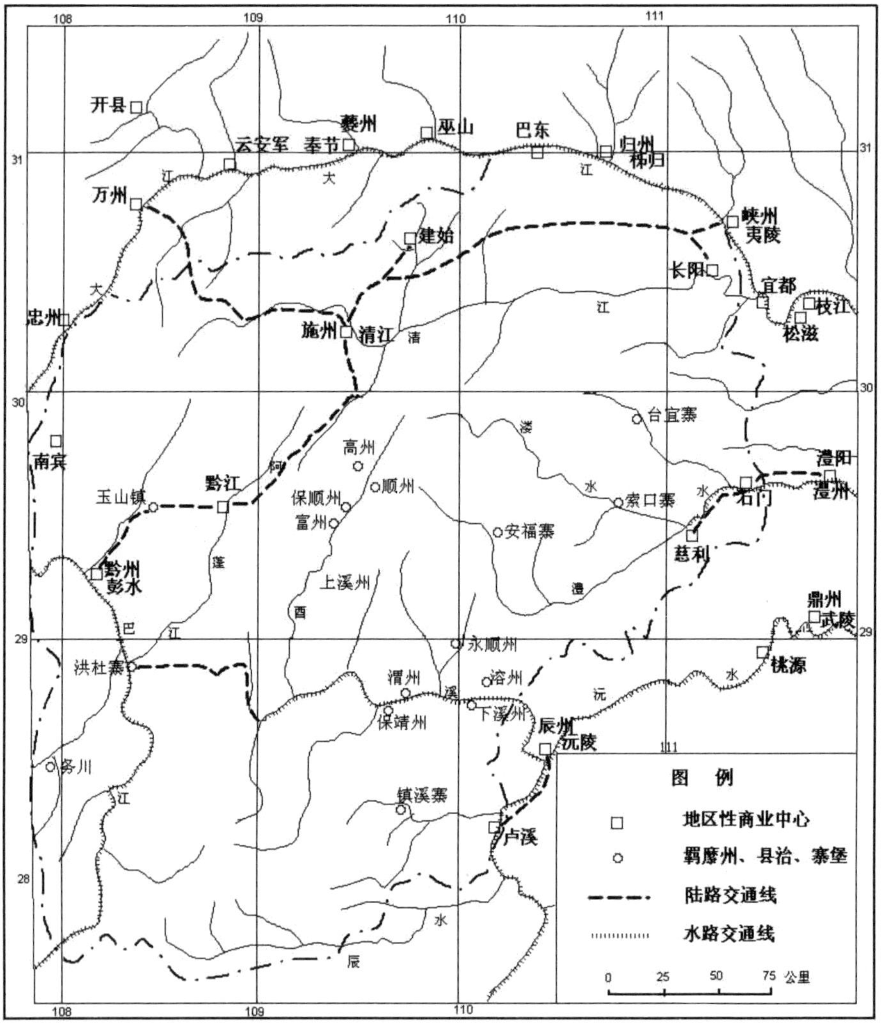

附图 5-1 宋代土家族地区商业中心分布示意图

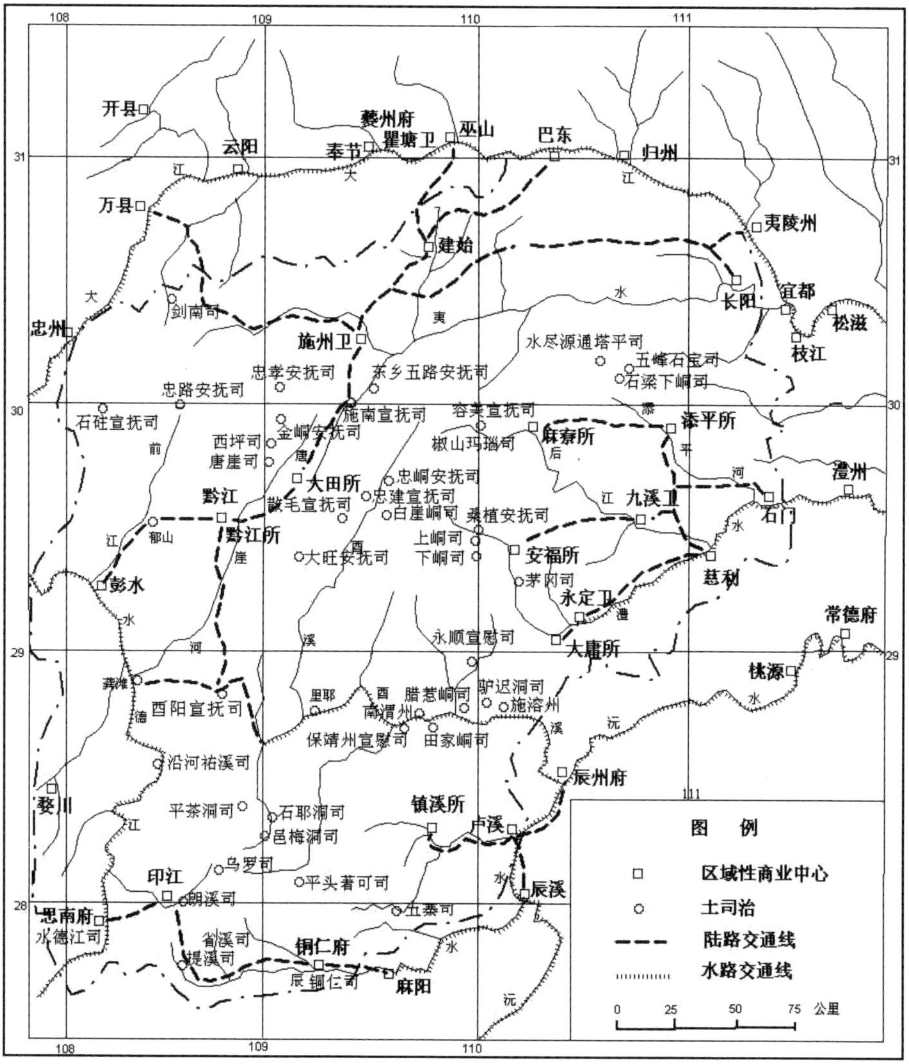

第五章 历史时期土家族地区商业及其空间过程

附图 5-2 明代土家族地区主要商业中心分布示意图

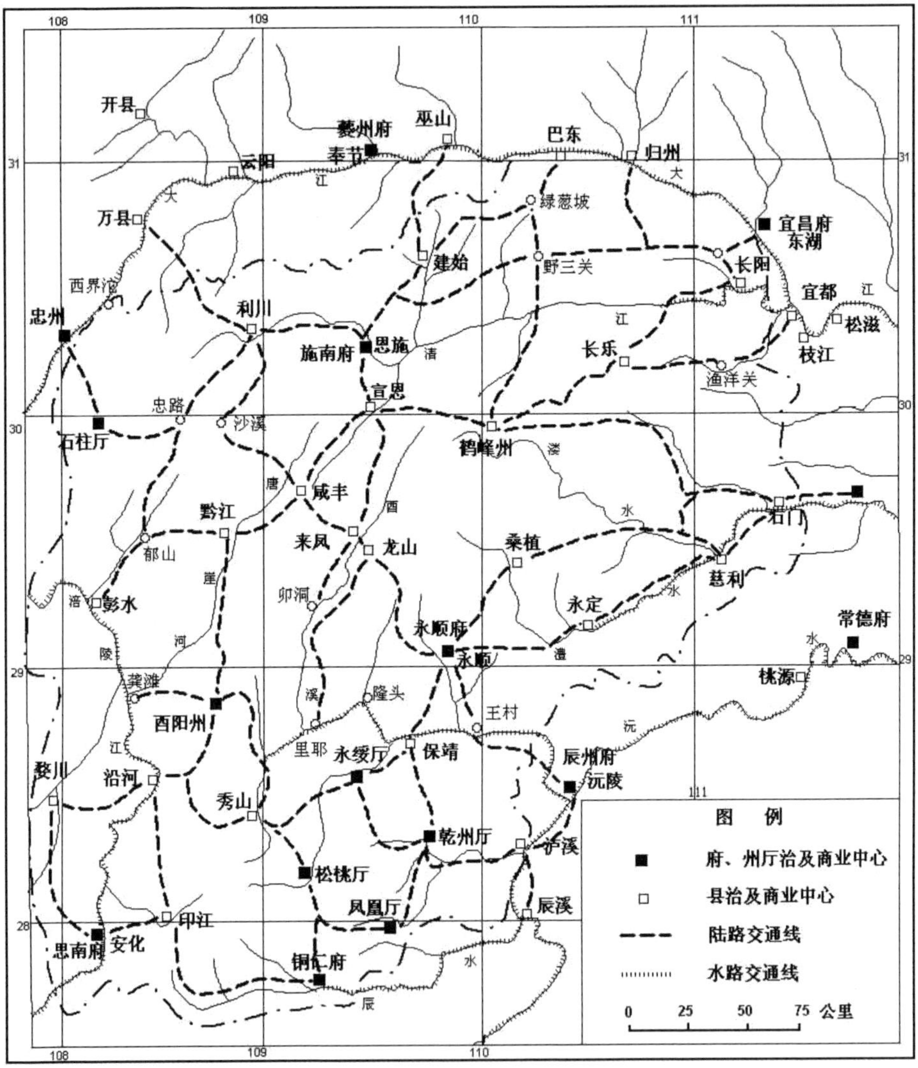

区域经济与空间过程：土家族地区历史经济地理规律探索

附图 5-3 清代改土归流后土家族地区主要商业中心分布示意图

第六章 区域经济与空间过程
——土家族地区历史经济地理规律探索

地处鄂湘渝黔四省市交界地带的武陵山区，在很长的时期内一直是土家族及其先民聚居之地。其特殊的地理区位及民族分布与构成情况，使区域经济在发展过程中，特别是在经济的空间过程方面，呈现出独特的发展轨迹。

一、历史时期土家族地区的经济结构及经济类型区

历史时期土家族地区经济活动的主要内容为农业生产、手工业生产和商业活动，因此农业、手工业和商业就构成了历史时期土家族地区主要的经济部门。在历史时期，土家族地区尽管有手工业和商业活动，但农业一直是土家族地区经济活动最主要的内容。在清代改土归流前，土家族地区经济部门结构相对稳定。改流后土家族地区手工业和商业得到较大发展，手工业和商业在经济生活中的比重虽有所增加，但农业在区域经济中仍占据主导地位。所以总体上来说，历史时期土家族地区经济结构变化不大，经济结构显得较为单一。

历史时期土家族地区经济以农业为主。羁縻统治时期，土家族地区多"焚山而耕，所种粟豆而已。食不足则猎野兽，至烧龟蛇啖之"[①]，"每遇岁丰，民间尤不免食草木根实"[②]，农业经济活动主要为渔猎、采集和农耕。至土司时期，思南府"务本力穑"，朗溪司峒人"以猎为业"；铜仁府铜仁司土人"务农为本"，提溪司土人"以渔猎为生"[③]；黔江、彭水、酉阳、石柱等

---

① （宋）陆游：《老学庵笔记》卷4，文渊阁四库全书本。
② （宋）汪应辰：《文定集》卷4，文渊阁四库全书本。
③ 嘉靖《贵州通志》卷3《风俗》。

地"地瘠民贫，重本力稼"①；施州卫"伐木烧畲以种五谷，捕鱼猎兽以供庖橱"，永顺司"渔猎养生"，保靖司"喜食腥膻"，"刀耕火种为业"②；石门县、慈利县民"力农务桑"，"刀耕火种为业"③。农业仍是经济活动的主要内容。改流后，土家族"务本力穑"，以务农为主，甚至"士多兼力农"④，就连读书人也需从事农业生产。这说明农业生产在经济中有突出的重要地位。苗族也是"乡居力穑者众，有业者服田畴"⑤，经济生活以农业为主。土家族以农业为主还可从士、农、工、商从业人员比例中得到证明。至清末民国时期，土家族中"四民以农为多，士与商约占十之二三焉，而为工商者仍必兼治农工始足以自给，士虽不自作苦，有恒产者亦莫不经营田亩"⑥。从业人员中以农最多，即使士、工、商从业人员也需从事农业生产才能满足生活所需，显见手工业、商业对农业有很强的依附性。这从侧面也说明了农业生产在地区经济中占据着主导地位。

历史时期土家族地区手工业和商业曾得到一定程度的发展，但在地区经济中的比重并不大。改土归流前，土家族地区的土家族"不娴匠作"⑦，"力田作苦外，少习百工之业"⑧。土家族经济生活以农业为主，手工业生产极少。改流后大量外地手工业者进入土家族地区，使土家族地区手工业种类普遍增多，手工业生产号称"百工"，较改流前有不小进步。但从手工业和农业的比例来看，土家族地区仍是"农多于工"⑨。手工业尽管有发展，在区域经济中的从属地位并未改变。历史时期土家族地区商业也曾得到一定程度的发展，但是土家族多"务耕种，薄商贾"⑩，重农轻商。改流前土家族是"勤劬力田，不逐末"⑪，商业在土家族经济生活中地位不高。改流后大量汉族商人进入土家族地区从事商业活动，带动了土家族地区商业的发展。尽管有少量土家族人开始从事商业活动，但总体上土家族地区仍是"民鲜逐末，除力田

---

① （明）李贤等：《大明一统志》卷69《重庆府》，西安：三秦出版社，1990年，第1077页。
② （明）李贤等：《大明一统志》卷66《施州卫》、卷66《永顺司》、卷66《保靖司》，西安：三秦出版社，1990年，第1029、1031、1032页。
③ 隆庆《岳州府志》卷7《职方考》。
④ 道光《思南府续志》卷2《地理门》。
⑤ 光绪《乾州厅志》卷5《风俗志》。
⑥ 民国《永定县乡土志》卷4《耆老》。
⑦ 同治《桑植县志》卷2《风土志》。
⑧ 道光《鹤峰州志》卷7《物产》。
⑨ 光绪《秀山县志》卷7《礼志》。
⑩ 嘉庆《石门县志》卷18《风俗志》。
⑪ 光绪《龙山县志》卷11《风俗》。

第六章　区域经济与空间过程——土家族地区历史经济地理规律探索

垦山外，别无奇赢可挟，故耕作勤而盖藏亦寡"①。商业虽有所发展，但区域经济仍以农业生产为主。

根据前文对土家族地区农业、手工业和商业时空发展过程的梳理，我们知道历史时期土家族地区的主要农业区（农耕区）、主要手工业产地和商业发达地区在空间上都有一定的分布地域。如果我们对主要农业区、主要手工业产地、商业发达地区进行地域性分析，将对历史时期土家族地区经济结构的时空构成及其演变情况获得更为直观和具体的认识。历史时期农业区、手工业产地和商业发达区在地域上的分布情况见表6-1：

表6-1　历史时期土家族地区主要农业区、手工业产地和商业发达区

时代	农耕生产分布区	手工业集中分布区	商业发达区
宋代	黔州、施州、澧州、辰州、峡州等地军事砦堡屯田区；建始、长杨、石门、慈利、黔江等县治所一带	黔州、归州、高州	峡江地带（归州、巴东）；施州、黔州为中心的地带；黔江、建始、长杨、石门、慈利、卢溪等县治所一带
土司时期	施州卫、大田所、九溪卫、添平所、麻寮所、安福所、永定卫、大庸所、镇溪所、黔江所、酉水所、思州所、思南所、平茶所等卫所屯田区；思南府境；建始、长阳、石门、慈利、彭水、黔江等县治所附近一带	归州、石门县、慈利县、建始县、巴东县、永顺司	施州卫、大田所、九溪卫、添平所、麻寮所、安福所、永定卫、大庸所、镇溪所、黔江所、酉水所、思南所、平茶所等卫所治地；峡江地带；长阳、建始、慈利、石门、彭水、黔江等县治；黔东北思南府、务川县、印江县、沿河县、铜仁府治地；永顺司、容美司司治
清代改流后	澧州直隶州、宜昌府、施南府、酉阳州、凤凰直隶厅等地	永定县、酉阳州、彭水县、黔江县、施南府、长乐县等地	渝东南、鄂西南地区；渝东南的酉阳州、彭水县等地；鄂西南恩施、来凤县等地；湘西北永定县；黔东北印江县

从表6-1中农业区、手工业产地、商业发达地区在各地的分布情况来看：

（1）宋代黔州既是主要的农业区、手工业集中分布区，也是商业较为发达的地区，经济结构相对较为完备；建始、长杨（阳）、石门、慈利、黔江等县有农耕生产分布，商业也较为发达，但手工业分布较少；高州手工业生产种类较多，但农耕生产和商业发展有限。上述地区以外的区域则属于土家族传统农业经济区。

（2）土司时期石门县、慈利县、建始县等地既是主要的农耕区、手工业集

---

① 同治《桑植县志》卷2《风土志》。

中分布区,又是商业发达区,经济结构较为完备;卫所驻戍区、思南府、长阳、彭水、黔江县是主要的农业区,也是商业较发达的区域,但手工业种类较少;峡江地带手工业分布相对集中,商业也较为发达,但农业发展有限;土司治所的商业有一定的发展。上述地区以外则均属于土家族传统农业经济区。

(3)改流后土家族地区各地农业、手工业和商业均有较大发展,但农业、手工业和商业在某些地区仍显得较为集中。永定县、酉阳州、彭水县、施南府农业较为发达,手工业分布相对集中,商业较为发达;长乐、黔江等县手工业相对较为集中;凤凰厅农耕生产相对较为发达;印江县商业较为发达。

(4)从表6-1的对比分析可看出,历史时期土家族地区经济结构的空间构成存在很大差异,而且在时间尺度上,同一地区的经济结构也存在较大的差异。

通过对历史时期土家族地区各地经济结构的分析比较,大致可将历史时期土家族地区划分为四类区域:第一类为农耕区、手工业集中分布区和商业较发达的区域;第二类为农耕区、手工业集中分布区和商业发达区三种经济区域中有两个经济区重合的地域;第三类为农耕区、手工业集中分布区和商业发达区三种经济区域中的某一种经济区分布的地域;第四类为土家族传统农业经济区。根据上述区划标准,宋代属于第一类区域的是以黔州为中心的区域,属于第二类地区有峡江地带、建始、长杨、石门、慈利、黔江等县为中心的区域,属于第三类的区域有高州,属于第四类的为除上述地区以外的区域。土司时期属于第一类区域的有石门县、慈利县、建始县等地,属第二类地域的有卫所区、思南府境、长阳、彭水、黔江等地及峡江地带,属第三类地域的有容美土司及永顺土司治所,属于第四类的地域为除上述地区以外的区域。改流后属于第一类的区域有永定县、酉阳州、彭水县、施南府等地,属第三类地域的有长乐、黔江、印江县、凤凰厅等地,其余的地区属于第四类区域。总体而言,历史时期土家族地区经济发展的区间变化相当大。

二、土家族地区经济发展中边缘区域优势发展

按照区域经济发展的一般模式,在一定地域范围内有一个中心和中心区域,中心和中心区的作用力随着距离的增加而逐渐减少,从而形成区域经济中心扩展模式①,如图6-1-A所示。但是从历史时期土家族地区经济发展来看,土家族地区的边缘地带,包括长阳县、归州、巴东县、建始县、南宾县、

---

① 陆大道:《人文地理学中区域分析的初步探讨》,《地理学报》1984年第4期,第397—407页。

石门县、慈利县、泸溪县、彭水县等地,其经济结构中农业、手工业、商业部门构成相对较为完备,经济发展总体水平比同时期其他区域高,呈现出经济优势发展的态势。其发展模式呈现出由周边地区逐渐向中心地区扩展的模式,如图 6-1-B 所示。

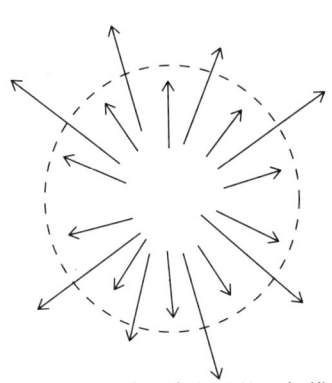 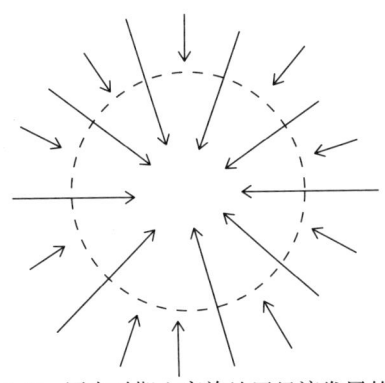

图 6-1-A 区域经济发展的一般模式　　图 6-1-B 历史时期土家族地区经济发展的模式

这种状况之所以出现,主要是因为土家族地区崇山峻岭,溪河纵横,地势地貌的起伏变化大,交通极为不便,所以土家族地区腹心地带(中心区域)与外界的交流少,经济发展长期处于孤立状态。因此传统经济结构模式长期延续,经济的发展缓慢。在土家族地区的边缘地带,由于邻近汉族地区,发展经济有较好的区位优势,因此很早就有汉人就进入这些地区,土家族及其先民与汉族间的经济交流相对较多,使得这些地区的农业、手工业和商业发展逐渐趋同于相邻的汉族地区。同时又因为受到土家族传统习俗的影响,传统的经济活动仍有保留。但从经济成分上来说,这些地区兼具汉族和土家族的经济内容,发展水平略高于土家族地区腹地,却又比邻近汉族地区低。历史时期人口的分布,土家族地区边缘地带的人口数量也明显多于腹地。人口的多寡既是经济发展的指征,同时也是推动区域经济发展的重要因素。从行政管理方面来说,历史时期土家族地区分属于不同的行政区,一直以来都是地方一级政区交界地带,距离地方行政中心悬远,都属于地方一级政区的边缘地带;再加上大山阻隔,政令所及,基本上也仅达及土家族地区的边缘地带。这些边缘地带,很早就设县开发,经济发展起步在土家族地区最早,朝廷所施行经济的政策在这些地区也得到一定程度的贯彻,因而也有利于这一地带经济的发展。而土家族地区的腹心地带,长期处于土家族部族首领的直接统治之下,政治、经济、文化等方面的发展脉络自成体系,受邻近汉区和中原地区经济的影响相对较少。其经济发展缓慢,总体水平低下。因而在区域性经济的发展过程中,反而是土家族地区的边缘地带发展迅速,并产生对腹心地带的辐射作用。而腹心地带则相对缓慢,经济的发展受到边缘地带和相邻的汉族地区的影响较大。经济发展的总体态势是土家族地区的边缘地带经济向腹心地带辐射扩展和施加影响,这与内地区域经济发展中的中心扩展模式刚好相反。

三、土家族地区经济发展的"点—轴"渐进式扩散

关于区域经济发展的空间的过程,陆大道先生曾提出了点轴系统模式[①]。在生产力水平低下、社会经济发展缓慢的阶段,经济发展水平是均匀分布的(图6-2-a)。后来随着工矿业和商品经济的发展,逐渐在A、B两点出现居民点或城镇,A、B间建设了交通线(如图6-2-b)。由于集聚效果因素的作用,资源和经济设施继续在A、B两点集中,在A、B沿线又增加了一些新的经济设施,同时在C、D、E、F、G等点开始出现新的集聚,交通线得到相应的延伸(如图6-2-c)。这种模式进一步发展,A—H—B—C沿线成为发展条件好,效益水平高,人口和经济技术集中的发展轴线;A、B点形成更大程度的集聚,C、D、E、F、G、M、N成为新的集聚中心。大量的人口和经济单位往沿线集中,形成一个大的密集产业带。同时通过A、B、H三点还各出现一条另一方向的第二级发展轴线,通过D、I、F等点形成第三级发展轴线。由此发展下去,形成"点—轴"为标志的空间结构系统(如图6-2-d)。

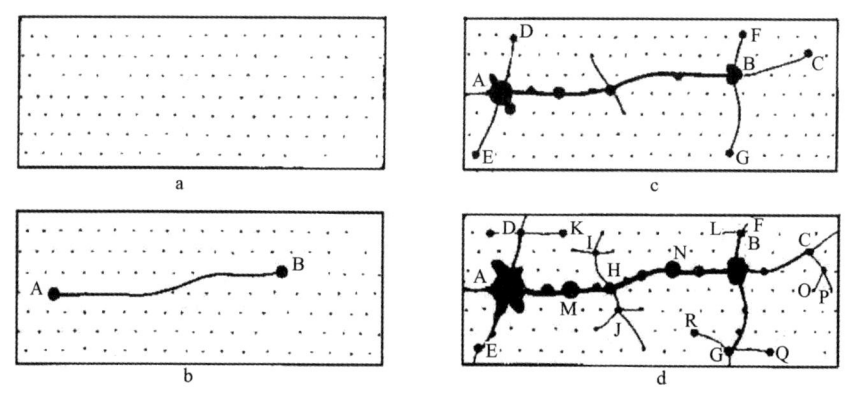

图6-2 "点—轴"空间结构系统的形成过程模式

陆大道先生探讨的虽然是工业社会的经济空间布局规律,实际上历史时

---

① 陆大道:《区域发展及其空间结构》,北京:科学出版社,1995年,第137页。

期土家族地区的经济发展也是遵循"点—轴"渐进式扩散模式发展的。在土家族地区,主要的轴线为陆路交通线和水上(河流)交通线。土家族地区经济发展的陆路"点—轴"发展模式,我们可以恩施—彭水的陆路交通线的经济空间扩展过程为例进行说明。在唐代由夔州巫山县经建始、施州(今湖北省恩施市)、黔江县(今黔江县县坝村)至黔州(今重庆市彭水县)的陆路交通线就已经形成。宋代在施州、黔州设立军事砦堡。这些砦堡大多分布于这条道路沿线,形成新的小聚集点,带动了沿线农业的发展。施州为当时纳贡和回赐的交换地,同时聚居有较多外来客户,成为宋代这条交通线上的最大的集聚点。施州向西有道路通往石柱的西界沱,向北有道路通往巴东,向东有道路通往长阳。宋代黔州附近也分布有军事砦堡,这些砦堡也是新形成的集聚点。黔州至黔江道路上的郁山镇产盐,由郁山通往外地的盐道在宋代也得到开通,郁山也成为黔州至施州要道上的重要集聚点。宋代黔江县向北通往万县、向东有商道经酉水、沅水通往湖南常德,黔江商业得到较大发展。同时由于境内分布有不少军事砦堡,砦堡兵丁的屯田推动了黔江农业的发展,黔江也是施州至黔州轴线上的另一重要的聚集点。在土司时期,这条轴线上又增加了大田所(治今湖北省咸丰县)屯聚点,并形成以所治为中心的农耕生产区,商业和手工业也有一定程度的发展。改流后,位于这条陆路交通线上的咸丰县、黔江县为中心向各地辐射的交通道路渐次形成,这两个地方也逐渐成为较大的集聚点。以恩施、彭水县为中心的交通网络也同时形成,而逐渐发展和兴起的集市又成为自大的集聚点向外延伸而形成的次一级的集聚点。由于有这种"点—轴"模式的经济空间过程的存在,鄂西南和渝东南也因此发展成为改流后土家族地区经济相对发达的区域。而土家族地区其他区域的陆路交通线及其沿线经济发展的空间扩展模式与施州—黔州道路沿线的扩展模式也是相似的。对于土家族地区经济发展的水路(河流)"点—轴"发展模式,我们可以澧水航线为例进行剖析:唐代沿澧水仅有慈利、石门二县;宋代除二县外,在台宜砦(今湖南石门所街)形成集聚点,并有农业区分布,溇水河谷的经济得到发展;溇水河谷在索口砦形成集聚点,也有农业区分布,溇水沿岸经济得到发展;溯澧水而上至安福砦(今湖南桑植县)也形成集聚点,也形成一定范围的农业区。土司时期以慈利、石门二县为中心的铺递渐次开设,在石门县境形成骆家市、徐家市、后溇市等三个较大的集聚点,在今张家界市则增加了永定卫、大庸所两个集聚点,宋安福砦升格为安福所,集聚点有所扩大;清代安福所地设桑植县,永定卫地设永定县,慈利、石门二县依旧,以各县治为中心的水陆交通在改流后得到改善,并形成以澧水交通线为轴,以各县治为集聚点的空间经济扩展模式。历史时期这一经济带,特别是石门、慈利段的经济相对邻近的土家族地区更发达。酉水、乌江河谷经济的经济扩展模式也与澧水河谷相似。

四、历史时期民族民俗对土家族地区经济发展空间过程的影响机制

地处鄂湘渝黔交界地带的武陵山区为土家族聚居区,历史时期一直为土家族生息繁衍之地。在区域经济的发展过程中,作为经济活动和经济行为主体的土家族及与之杂居的其他兄弟民族,对土家族地区经济的发展及其地理分布具有最为直接的影响力。同时历史时期土家族地区的民族移徙,也使地域性民族构成与分布发生着相应的变化,由此引发了地域性经济结构与空间布局的相应变化。而土家族地区因其居民群体的特殊性,在土家族等民族生产生活习俗的惯性传承下,地域性经济呈现出地域民族特色。要讨论历史时期民族民俗对土家族地区经济发展及其空间过程的影响机制,我们可从民族构成与分布对区域经济空间过程的影响、民族习俗对土家族地区经济发展的影响两个方面去剖析。

1. 民族构成与分布及其变化对区域经济空间过程的影响

在五代之前,聚居于土家族地区的居民,先有当地的巴人、土著居民,此后陆续有巴人、濮人、楚人、秦人迁入鄂湘渝黔四省市交界地带的武陵山区。他们成为土家族地区的早期居民。至五代时,土家族逐渐成为一个相对独立的民族群体,并在此后很长的时期内,一直作为武陵山区的主体居民活跃在武陵山区,推动着土家族地区社会经济的发展。

早在五代以前,土家族先民就在充分利用武陵山区自然条件的基础上,形成渔猎和采集为主、农耕为辅的农业经济结构①,手工业、商业的发展极为有限。加上人口数量有限,整个武陵山区经济发展区域差异并不是特别明显。这种状况也与当时土家族地区的民族构成和分布格局没有太大的地域差异有关。

唐宋以后,随着土家族地区交通的发展,土家族地区与周边汉族地区的经济文化交流逐渐增强。此后其他兄弟民族,特别是汉族大量迁入土家族地区,在改变土家族地区民族构成的同时,也改变着土家族的民族分布格局,并由此使土家族地区经济社会发生了相应的变化。

---

① 朱圣钟:《历史时期土家族地区农业结构的演变》,《湖北民族学院学报》2004年第2期,第38—43页。

第六章 区域经济与空间过程——土家族地区历史经济地理规律探索

宋代朝廷为有效控制土家族地区，在施州、黔州、归州、峡州、澧州、辰州、夔州等地设置军事砦堡进行屯戍①，是为军屯；同时实行"募民耕作"政策②，吸引邻境汉人入山垦殖，是为民屯，而"民屯以县令主之"③。因此应募入山的汉人主要分布于朝廷设州、县管理的长杨、秭归、巴东、清江、建始、南宾、彭水、黔江、沅陵、卢溪县等地及各砦堡屯戍区内。由于汉人进入土家族地区后，使上述区域内汉人数量增多，土家族在区域性人口中比例下降；也由于汉人的迁入，汉人将以农耕为主的经济模式带入土家族地区，故土家族地区设州、县及砦堡屯戍区内农耕生产较为发达，手工业和商业也有一定程度的发展，经济发展总体水平较高。而其他土家族地区交通闭塞，农业经济仍以渔猎、采集为主，农耕为辅，手工业和商业还未发展成为独立的经济门类，经济水平总体低下。

明代朝廷在土家族地区设置永定卫、大庸所、九溪卫、安福所、麻寮所、添平所、崇山卫、镇溪所、施州卫、大田所、黔江所、思南所等卫所机构，卫所驻屯官兵"军皆迁诸内地"④。这些汉族官兵娶妻生子，组成军户，在驻屯区进行屯田，军户人口总数超过10万人。⑤ 另外卫所屯田区内"军民错居"⑥，加上移居卫所屯戍区内非军户性质的汉族移民人口，卫所屯戍区内汉族移民总人数应远远超过10万人。此外，土家族地区边缘地带如夷陵州长阳县、巴东县、夔州府建始县、重庆府彭水县、黔江县、思南府安化县、印江县、务川县、铜仁府铜仁县、澧州石门县、慈利县、辰州府沅陵县、卢溪县等地，地域上与汉地邻境，政治上、经济上与汉地联系紧密。在与汉地交通得到改善的前提下，很多汉人就近迁入这些区域。以明初改流的黔东北为例，改流后，思南府境"流民入境者络绎道途"，甚至出现"客既胜而主人弱"的局面⑦，外来汉族移民取代土家族成为地域性居民群体的主体。伴随着民族构成和汉族移民分布的变化，在卫所屯戍区和土家族边缘地带府、州、县境内，以汉族为主体、以农业经济为主（农业经济又以农耕为主）、手工业和商

---

① 朱圣钟：《点块片式扩张——历史时期武陵山区土家族地区农业区扩展过程述论》，《白沙历史地理学报》第13期，（台湾）彰化：彰化师范大学历史学研究所，2012年，第1—38页。
② （元）脱脱等：《宋史》，北京：中华书局，1985年，第14188页。
③ （元）脱脱等：《宋史》，北京：中华书局，1985年，第4271页。
④ 万历《湖广通志》卷30《兵防》。
⑤ 据朱圣钟：《点块片式扩张——历史时期武陵山区土家族地区农业区扩展过程述论》，《白沙历史地理学报》第13期，（台湾）彰化：彰化师范大学历史学研究所，2012年，第1—38页中所统计的明代各卫所军户人口数，粗略统计军户人口数在10万人以上。
⑥ 万历《湖广通志》卷30《兵防》。
⑦ 嘉靖《思南府志》卷7《拾遗志》。

业为辅的经济结构模式逐渐取代了土家族传统的以渔猎和采集为主、农耕为辅、手工业商业不发达的经济结构模式。土家族传统经济区较宋代大为缩小。

清代雍正年间，土家族地区实行改土归流。通过废除土司制度，部分土家族土司被迁出其领地实行异地安置。当时外迁土司有永顺宣慰司彭氏、南渭州土知州彭氏、保靖宣慰司彭氏、五寨长官司田氏、桑植宣慰司向氏、五峰石宝长官司张氏、忠路安抚司覃氏、忠孝安抚司田氏、金峒安抚司覃氏、散毛宣抚司覃氏、龙潭安抚司田氏、大旺安抚司田氏、东流蛮夷长官司田氏、腊璧长官司田氏、卯洞司向氏、漫水司向氏、百户司向氏、忠峒安抚司田氏、高罗安抚司田氏、木册长官司田氏、唐崖长官司覃氏、沙溪宣抚司黄氏、酉阳宣慰司冉氏等24家土司，占土家族土司的41.38%。土司家族的外迁，使原土司区内的土家族数量急剧减少，一定程度上改变了地区性的民族构成和民族分布格局。① 在土司家族大量外迁的同时，大量汉族移民从邻境之地涌入土家族地区。施南府"附近川、黔、两楚民人……逐对成群，前后接踵"②，宜昌府"改土后人民四集"③，永顺府"各流民向以土司改流同于内地，故相率来永置产，分住城乡街市"④，出现"客户错居"的局面⑤，石柱厅"数十年来滋生日繁，流寓亦日集"⑥，酉阳州"境内居民土著稀少，率皆黔、楚及江右人，流寓兹土，……五方杂处"⑦，改流后汉族的分布已遍及整个土家族地区。外来移民的迁入，使汉族人口在地区性人口中的比例持续增加，而土家族人口数量相对下降。由于改土归流后，土家族地区的土家族与汉族人口构成比例变化无法从文献中找到直接记载，因此我们要量化分析土家族地区人口构成难度颇大。不过我们可从改流后童生的土籍和客籍比例变化中找到一些参考性信息。据同治《来凤县志》载，乾隆三十七年（1772）年以前，"成名土童十之八九，客籍或一二焉，三十七年后，土籍、客籍各居其半，今则客籍十之八九矣"⑧，这里说的是改流后来凤土著童生和客籍童生比例的变化。土著童生多为土家族童生，客籍童生主要为外地迁来的外籍童

---

① 朱圣钟：《五代至清末土家族地区的民族分布与变迁》，见：《西南史地》第1辑，成都：巴蜀书社，2009年，第109—126页。
② 《宫中档乾隆朝奏折》，乾隆十七年十二月二日。
③ 同治《宜昌府志》卷16《杂述志》。
④ 乾隆《永顺府志》卷11《檄示》。
⑤ 乾隆《永顺府志》卷10《风俗》。
⑥ 道光《补辑石柱厅志》卷2《田赋志》。
⑦ 同治《增修酉阳直隶州总志》卷19《风俗志》。
⑧ 同治《来凤县志》卷28《风俗志》。

生，即外来移民童生，主要为汉人。童生籍贯比例的变化显示，土家族童生的数量持续减少，而客籍童生的数量持续增加。这在一定程度上反映了外来移民在区域性人口比例中逐渐增多，并逐渐成为地区性居民群体的主体，土家族人口在区域性人口构成中比例渐次下降的变化。

与土家族地区民族构成与分布变化相对应的是，以农耕为主、渔猎和采集为辅的农业经济在改土归流之后，逐渐成为土家族地区农业经济中占据主导性地位的经济模式。土家族传统的以渔猎采集为主、农耕为辅的经济结构模式只是在偏远山区还有所保留，农业经济结构逐渐与内地趋同。与农业经济结构的变化相对应的是，尽管交通运输方式、交通运输工具依然落后，但陆路交通网络、水运网络初步成型。陆路交通方面打破原不同土司区间的交通阻碍，形成以府、厅、州、县为中心的铺递驿路交通网络。而水路交通方面则形成以长江、清江下游、沅江及其支流酉水、澧水、乌江水道为主的水运交通网，标志着土家族地区水运网络也纳入到长江水运网络的体系之中，交通状况较改流前有较大的改善。改流后部分汉族工匠进入土家族地区，推动了土家族地区手工业空间布局的变化。首先，汉族工匠进入土家族地区后从事各种手工生产，使土家族地区各地手工业门类大幅增加，号称"百工"①，从而使改流后土家族地区各地手工业门类构成发生了较大的变化。其次，从手工业门类的地域构成与分布来看，外来工匠分布较多的区域，手工业生产门类相对较多，反之则较少。一般来说，改流后移民分布相对集中的城镇是手工业生产分布相对集中地方。再次，从手工生产类别来看，手工生产按其民族属性可分为移民手工业和土家族传统手工业两大类。改流后移民手工业主要集中分布于外来移民集中分布区内，土家族传统手工生产则分散在广大的土家族乡村之中，这种分布格局主要是由从业人员的民族属性和手工生产特点所决定的。改流后进入土家族地区的汉族商人是推动土家族地区商业发展的主力军，也是土家族地区商业格局发生变化的主要推动力。首先，外地客商是土家族地区商人的主体。改流后广大土家族"勤劬力田，不逐末"，"邑人安土，重远游，鲜服贾于外者"②，经济以农业为主，很少从事商业活动。长期与土家族比邻而居的苗族等兄弟民族也是"不知入市贸易"③。因此改流后尽管土家族地区商业有较大的发展，但重农轻商的传统使得土家族等少数民族很少有人从事商业贸易。在地区性商人群体中，土家族等少数

---

① 同治《增修酉阳直隶州总志》卷19《物产志》。
② 光绪《龙山县志》卷11《风俗》。
③ 光绪《乾州厅志》卷5《风俗志》。

民族商人数量非常有限，外地客商仍然是土家族地区商人群体的主体。其次，外地客商集中分布区，也是土家族地区商业最为发达的地区。改流后各府、厅、州、县治地既是地区性的政治、文化中心，同时也是各地客商集中分布地，因而也是土家族地区的商业中心。而遍布土家族地区的集市也多由外地客商管理和经营。改流后形成的以各府、厅、州、县治为中心，以各地集市为辐射点的商业网络体系，也都有赖于外地客商的主导和推动。因此改流后土家族地区外来移民不仅改变着土家族地区的民族构成和分布格局，同时对土家族地区经济的发展及经济的地域构成和布局也有着最为直接的影响。因而在经济发展的空间过程中，土家族地区呈现出移民分布区经济优先发展的规律。

2. 民族习俗对土家族地区经济发展的影响

土家族地区因历史时期经济行为主体（即当地居民群体）的特殊性，在土家族等民族生产生活习俗惯性传承下，地域性经济呈现出地域民族特色。

在农业生产方面，土家族农业生产中的打薅草锣鼓、男女作苦与共、刀耕火种与抛荒复垦、水旱田地不分顷亩、割青草垫栏积肥等习俗在历史时期较为盛行。有的在现今土家族农业生产中仍有所保留，使土家族地区农业生产呈现出一定的地域特色。土家族传统的以渔猎采集为主、农耕为辅的农业经济结构模式长期延续，在一定程度上限制了农耕经济在土家族地区的发展，使土家族地区的农业经济水平低于邻近的汉区。也正是由于土家族传统农业经济结构模式的长期延续，在很长的历史时期内，土家族地区的生态环境保持良好。这在一定程度上又维系了土家族传统农业经济的传承。而土家族地区的苗族虽从事农耕生产，但聚居在武陵山区的苗族也从事狩猎、采集和渔业生产。他们与土家族杂居在一起，也有利于土家族传统农业结构模式的延续。汉族的农业生产以农耕为主，兼营林业、牧业、渔业生产。他们阶段性地进入土家族地区，也使得土家族地区农耕经济的发展和农业区的扩展呈现出阶段性的变化。汉族移民之所以成为土家族地区农业经济结构由渔猎采集为主、农耕为辅向农耕为主、渔猎采集为辅转变的主要推动力，其根本原因在于汉族移民传统的农业生产习俗的传承。

在手工业方面，历史时期土家族"不娴匠作"[①]，"制器惟求通用，不尚

---

① 同治《桑植县志》卷2《风土志》。

奇巧"①。苗族"不屑为工匠"②，"不能作奇技以悦人"③。手工生产多为农人在农闲时兼营，无专门的手工匠作人员，手工生产技术水平较低。因此在较长的历史时期内，土家族地区传统的经济结构中，手工业长期处于农业的附属地位，未形成独立的经济生产门类。而汉族移民有专门手工匠人，有手工业生产的行会组织，手工业门类众多，生产技术较高。也正是因为汉族手工业者迁入土家族地区，通过他们的带动，手工业生产门类大幅增加，生产技术不断提高，手工业产地的分布格局也随着外来移民（主要为汉族）的分布变化而变化。

在商业方面，历史时期土家族、苗族等兄弟民族很少有人从事商业贸易活动，日常物品需求主要通过以物易物的方式得到满足，这在很大程度上限制了土家族地区商业的发展。而迁入土家族的汉族移民，除一部分从事农耕生产、手工业生产外，还有部分从事商业贸易活动。他们一直是土家族地区商人群体的主体。正是在他们的带动下，土家族的商业才得到发展，特别是改土归流后，以府、厅、州县治为中心，以各地集场为辐射点的商业网络体系的建立，在很大程度上是在外地客商的参与和推动下完成的。

---

① 光绪《黔江县志》卷5《风俗志》。
② 光绪《乾州厅志》卷5《风俗志》。
③ 道光《凤凰厅志》卷7《风俗志》。

参考文献

一、古代文献

（汉）司马迁撰：《史记》，北京：中华书局，1959年。
（汉）班固撰，（唐）颜师古注：《汉书》，北京：中华书局，1962年。
（汉）刘向集录：《战国策》，上海：上海古籍出版社，1985年。
（晋）常璩撰，刘琳校注：《华阳国志校注》（修订版），成都：成都时代出版社，2007年。
（晋）常璩著，任乃强校注：《华阳国志校补图注》，上海：上海古籍出版社，1987年。
（晋）陈寿撰，（宋）裴松之注：《三国志》，北京：中华书局，1959年。
（北魏）郦道元著，（清）王先谦校：《合校水经注》，北京：中华书局，2009年。
（南朝·宋）范晔撰，（唐）李贤等注：《后汉书》，北京：中华书局，1965年。
（南朝·梁）沈约撰：《宋书》，北京：中华书局，1974年。
（南朝·梁）萧子显撰：《南齐书》，北京：中华书局，1972年。
（唐）杜佑撰，王文锦、王永兴、刘俊文等点校：《通典》，北京：中华书局，1988年。
（唐）房玄龄等撰：《晋书》，北京：中华书局，1974年。
（唐）李吉甫撰，贺次君点校：《元和郡县图志》，北京：中华书局，1983年。
（唐）李延寿撰：《南史》，北京：中华书局，1974年。
（唐）林宝撰：《元和姓纂》，文渊阁《四库全书》本。
（唐）令狐德棻等撰：《周书》，北京：中华书局，1971年。
（唐）魏徵、令狐德棻撰：《隋书》，北京：中华书局，1973年。
（唐）姚思廉撰：《梁书》，北京：中华书局，1973年。
（唐）张鷟撰，赵守俨点校：《朝野佥载》，北京：中华书局，1979年。
（后晋）刘昫等撰：《旧唐书》，北京：中华书局，1975年。
（宋）度正撰：《性善堂稿》，文渊阁《四库全书》本。
（宋）洪适撰：《隶释》，文渊阁《四库全书》本。
（宋）李焘：《续资治通鉴长编》，北京：中华书局，1986年。
（宋）李昉等编：《太平广记》，北京：中华书局，1961年。
（宋）李昉等撰：《太平御览》，北京：中华书局，1960年。

（宋）李心传撰：《建炎以来系年要录》，北京：中华书局，1956年。

（宋）乐史撰，王文楚点校：《太平寰宇记》，北京：中华书局，2007年。

（宋）乐史撰：《宋本太平寰宇记》，北京：中华书局，2000年。

（宋）欧阳修、宋祁撰：《新唐书》，北京：中华书局，1975年。

（宋）司马光编著，（元）胡三省注，标点资治通鉴小组校点：《资治通鉴》，北京：中华书局，1956年。

（宋）王存撰：《元丰九域志》，北京：中华书局，1984年。

（宋）王钦若等撰：《册府元龟》，文渊阁《四库全书》本。

（宋）王象之撰：《舆地纪胜》，台北：文海出版社，1971年。

（宋）王应麟撰：《通鉴地理通释》，文渊阁《四库全书》本。

（宋）王应辰撰：《王文定公集》，文渊阁《四库全书》本。

（宋）祝穆撰，祝洙增订，施和金点校：《方舆胜览》，北京：中华书局，2003年。

（宋）朱熹撰，蒋立甫校点：《楚辞集注》，上海：上海古籍出版社，2001年。

（元）马端临撰：《文献通考》，文渊阁《四库全书》本。

（元）脱脱等撰：《宋史》，北京：中华书局，1985年。

（明）曹学佺著，刘知渐点校：《蜀中名胜记》，重庆：重庆出版社，1984年。

（明）陈光前纂修：《慈利县志》，1964年《天一阁藏明代地方志选刊》本。

（明）郭子章纂：《黔记》，1966年贵州省图书馆油印本。

（明）胡广等：《明实录》，上海：上海商务印书馆，1930年。

（明）李东阳等纂：《明会典》，文渊阁《四库全书》本。

（明）李贤等撰：《大明一统志》，西安：三秦出版社，1990年。

（明）刘大谟等修：《四川总志》，明嘉靖二十四年（1545）刻本。

（明）刘允修：《夷陵州志》，明弘治九年（1496）刻本。

（明）彭世麒撰：《永顺宣慰司志》，清初抄本。

（明）宋濂等撰：《元史》，北京：中华书局，1976年。

（明）王士性撰，吕景琳点校：《广志绎》，北京：中华书局，1981年。

（明）吴守忠编辑，（明）卢国祯校次：《三峡通志》，北京：中国书店，1991年。

（明）吴之皞等修：《四川总志》，明万历四十七年（1573）刻本。

（明）谢东山修：《贵州通志》，明嘉靖三十四年（1555）刻本。

（明）徐溥、李东阳：《明会典》，台北：台湾商务印书馆，1983年。

（明）徐学谟纂修：《湖广总志》，明万历十九年（1591）刻本。

（明）薛纲纂修：《湖广图经志》，明嘉靖元年（1522）刻本。

（明）杨培之纂修：《巴东县志》，明嘉靖三十年（1551）刻本。

（明）张时纂修：《归州全志》，明嘉靖二十八年（1549）刻本。

（明）郑乔纂修：《归州志》，明嘉靖四十三年（1564）刻本。

（明）钟添纂修：《思南府志》，1962年《天一阁藏明代地方志选刊》本。

（清）卞宝第等修：《湖南通志》，上海：商务印书馆，1934年。

（清）长庚、历祥官修：《鹤峰州志》，清光绪十一年（1885）刻本。
（清）常明等修：《四川通志》，清嘉庆二十一年（1816）刻本。
（清）陈登龙撰：《蜀水考》，成都：巴蜀书社，1985年。
（清）陈宏谋修：《湖南通志》，清乾隆二十二年（1757）刻本。
（清）陈惟模修：《长阳县志》，清同治五年（1866）刻本。
（清）陈宗瀛纂修：《九溪卫志》，民国二十四年（1935）抄本。
（清）仇兆鳌撰：《杜诗详注》，文渊阁《四库全书》本。
（清）但湘良撰：《湖南苗防屯政考》，清光绪九年（1883）蒲圻但氏湖北刻本。
（清）董鸿勋纂修：《古丈坪厅志》，清光绪三十三年（1907）铅印本。
（清）多寿修：《恩施县志》，清同治三年（1864）麟溪书院刻本。
（清）符为霖修：《龙山县志》，清同治七年（1868）修，光绪四年（1878）续修刻本。
（清）顾炎武：《天下郡国利病书》，《四部丛刊》本。
（清）顾祖禹：《读史方舆纪要》，上海：上海书店出版社，1998年。
（清）和绅：《大清一统志》，清光绪二十七年（1901）上海宝善斋石刻本。
（清）胡渭著，邹逸麟整理：《禹贡锥指》，上海：上海古籍出版社，2006年。
（清）黄世崇纂修：《利川县志》，清光绪二十年（1894）刻本。
（清）黄应培修：《凤凰厅志》，清道光四年（1824）刻本。
（清）嵇有庆等修：《续修慈利县志》，清同治八年（1869）刻本。
（清）吉钟颖修：《鹤峰州志》，清道光二年（1822）刻本。
（清）蒋琦溥原本，林书勋续修：《乾州厅志》，清光绪三年（1877）续修刻本。
（清）敬文修：《铜仁府志》，1965年贵州省图书馆油印道光本。
（清）李拔纂修：《长阳县志》，清乾隆十九年（1754）修抄本。
（清）李焕春原本，龙兆霖增补：《长乐县志》，清同治九年（1870）刻本。
（清）李勖修：《来凤县志》，清同治五年（1866）刻本。
（清）李元撰：《蜀水经》，成都：巴蜀书社，1985年。
（清）廖恩树修：《巴东县志》，清同治五年（1866）刻本。
（清）林葆元等修：《石门县志》，清同治七年（1868）刻本。
（清）林继钦等修：《保靖县志》，清同治十年（1871）刻本。
（清）罗绕典辑：《黔南职方纪略》，清道光二十七年（1847）刊本。
（清）迈柱修：《湖广总志》，清雍正十一年（1733）刻本。
（清）毛峻德纂修：《鹤峰州志》，清乾隆六年（1741）刻本。
（清）毛奇龄撰：《蛮司合志》，上海：上海古籍出版社，1995年。
（清）聂光銮修：《宜昌府志》，清同治五年（1866）刻本。
（清）沈云骏修：《归州志》，清光绪八年（1882）刻本。
（清）松林等修：《施南府志》，清同治十年（1871）刻本。
（清）苏益馨修：《石门县志》，清嘉庆二十三年（1818）刻本。
（清）王槐龄纂修：《补辑石柱厅新志》，清道光二十三年（1843）刻本。

（清）卫既齐修：《贵州通志》，清康熙三十一年（1692）刻本。
（清）王麟飞等修：《增修酉阳直隶州总志》，清同治二年（1863）刻本。
（清）王寿松修：《秀山县志》，清光绪十八年（1892）刻本。
（清）王钦命修：《保靖县志》，清雍正九年（1731）刻本。
（清）王协梦修：《施南府志》，清道光十四年（1834）刻本。
（清）魏式曾、康庚修：《永顺县志》，清同治十三年（1874）刻本。
（清）魏源撰，韩锡铎、孙文良点校：《圣武记》，北京：中华书局，1984年。
（清）夏修恕修：《思南府志》，1965年贵州省图书馆油印道光本。
（清）熊启咏纂修：《建始县志》，清同治五年（1866）刻本。
（清）徐国相等修：《湖广总志》，清康熙二十三年（1684）刻本。
（清）徐宏修：《松桃厅志》，清道光十六年（1836）刻本。
（清）徐松辑：《宋会要辑稿》，北京：中华书局，1957年。
（清）严如熤撰：《三省边防备览》，清光绪刊本。
（清）严如熤撰：《苗防备览》卷8，清道光二十三年（1823）邵义堂刊本。
（清）佚名纂：《永顺宣慰司志》，清抄本。
（清）袁景晖纂修：《建始县志》，清道光二十二年（1842）刻本。
（清）张金澜修：《宣恩县志》，清同治二年（1863）刻本。
（清）张九章修：《黔江县志》，清光绪二十年（1894）刻本。
（清）张澍修：《续黔书》，黔南丛书本。
（清）张天如修：《永顺县志》，清乾隆二十八年（1763）刻本。
（清）张天如原本，魏式曾增修：《永顺府志》，清同治十二年（1873）增刻乾隆本。
（清）张廷玉等撰：《明史》，北京：中华书局，1974年。
（清）张廷玉等撰：《皇朝文献通考》，文渊阁《四库全书》本。
（清）张梓修：《咸丰县志》，清同治四年（1865）刻本。
（清）赵一清撰：《水经注笺刊误》，文渊阁《四库全书》本。
（清）章学诚纂：《湖北通志检存稿》，民国十一年（1922）《章氏遗书》本。
（清）郑士范纂修：《印江县志》，民国二十四年（1935）石印道光本。
（清）周来贺修：《桑植县志》，清同治十一年（1872）刻本。
（清）周玉衡等修：《永绥直隶厅志》，清同治七年（1868）刻本。
（清）庄定域修：《彭水县志》，清光绪元年（1875）刻本。
柯劭忞：《新元史》，石见耕堂开雕木刻本。
柯劭忞：《新元史》，南京：开明书店，1935年。
《清实录》，北京：中华书局，1984年。
胡履新等修：《永顺县志》，民国十九年（1930）铅印本。
刘显世等修：《贵州通志》，民国三十七年（1948）铅印本。
吕调元等修：《湖北通志》，清宣统三年（1911）修，民国十年（1921）年刻本。
马震昆修：《思南县志》，1965年贵州省图书馆油印民国本。

王树人、侯昌铭编：《永定县乡土志》，民国九年（1920）铅印本。
婺川县修志局编：《婺川县备志》，1965年贵州省图书馆油印民国本。
徐大煜纂修：《咸丰县志》，民国三年（1914）陈侃刻本。
佚名纂：《江口县志》，民国十年（1921）修稿本。
杨化育修：《沿河县志》，民国二十二年（1933）铅印本。
张礼纲修：《思南县志》，民国三十一年（1942）石印本。
赵尔巽等：《清史稿》，北京：中华书局，1976年。

二、今 人 论 著

（一）著作

白九江：《巴盐与盐巴——三峡古代盐业》，重庆：重庆出版社，2007年。
保靖县征史修志领导小组：《保靖县志》，北京：中国文史出版社，1990年。
《长阳县土家族自治县概况》，北京：民族出版社，1989年。
慈利县民族事务委员会编印：《慈利县土家族概况》，1990年。
邓和平：《荆南土家族研究》，北京：中央民族学院出版社，1992年。
邓辉：《土家族区域的考古文化》，北京：中央民族大学出版社，1999年。
董其祥：《巴史新考》，重庆：重庆出版社，1983年。
段超：《土家族文化史》，北京：民族出版社，2000年。
鄂西土家族苗族自治州公路史志编审委员会：《鄂西公路史》，武汉：武汉出版社，1996年。
鄂西土家族苗族自治州概况编写组：《鄂西土家族苗族自治州概况》，武汉：湖北人民出版社，1990年。
鄂西土家族简史编写组：《鄂西土家族简史》，1983年。
恩施自治州交通志编委会：《恩施自治州交通志》，武汉：湖北人民出版社，1993年。
凤凰县志编纂委员会：《凤凰县志》，长沙：湖南人民出版社，1988年。
古丈县志编纂委员会：《古丈县志》，成都：巴蜀书社，1989年。
贵州省德江县地方志编纂委员会：《德江县志》，贵阳：贵州人民出版社，1994年。
郭曼文主编：《中国南方长城》，北京：作家出版社，2001年。
龚葆桂：《湘西土家族苗族自治州概况》，长沙：湖南人民出版社，1985年。
湖北省来凤县县志编纂委员会：《来凤县志》，武汉：湖北人民出版社，1990年。
湖北省利川市地方志编纂委员会：《利川市志》，武汉：湖北科学技术出版社，1993年。
湖北省鹤峰县史志编纂委员会：《鹤峰县志》，武汉：湖北人民出版社，1990年。
湖北省长阳土家族自治县地方志编纂委员会：《长阳县志》，北京：中国城市出版社，1992年。
湖北省巴东县志编纂委员会：《巴东县志》，武汉：湖北科学技术出版社，1993年。
湖北省清江隔河岩考古队、湖北省文物考古研究所编著，王善才主编：《清江考古》，北京：科学出版社，2004年。

湖北省五峰土家族自治县地方志编纂委员会：《五峰县志》，北京：中国城市出版社，1994年。
胡东升、王焕林：《溪州铜柱铭文》，海口：海南出版社，2011年。
湖南省文物考古研究所、湖南省考古学会：《湖南考古2002》，长沙：岳麓书社，2003年。
湖南省慈利县志编纂委员会：《慈利县志》，北京：农业出版社，1990年。
湖南省花垣县地方志编纂委员会：《花垣县志》，北京：生活·读书·新知三联书店，1993年。
湖南省泸溪县志编纂委员会：《泸溪县志》，北京：社会科学文献出版社，1993年5月
侯景新：《落后地区开发通论》，北京：中国轻工业出版社，1999年。
建始县地方志编纂委员会：《建始县志》，武汉：湖北辞书出版社，1994年。
《建始县土家族简史》：《建始县土家族简史》编写组编印，1986年。
江口县志编纂委员会：《江口县志》，贵阳：贵州人民出版社，1994年。
蓝勇：《四川古代交通路线史》，重庆：西南师范大学出版社，1989年。
蓝勇：《长江三峡历史地理》，成都：四川人民出版社，2003年。
《利川土家族简史》，利川县民族志编写领导小组办公室编印，1986年。
李幹、周祉征、李倩：《土家族经济史》，西安：陕西人民教育出版社，1996年。
梁方仲：《中国历代户口田地田赋统计》，上海：上海人民出版社，1980年。
刘孝瑜：《土家族》，北京：民族出版社，1989年。
《龙山县志》，龙山县修志办公室编印，1985年。
陆大道：《区域发展及其空间结构》，北京：科学出版社，1995年。
吕思勉：《中国民族史》，北京：东方出版社，1996年。
麻根生：《湘西墟场文化》，长沙：湖南师范大学出版社，1999年。
马琦：《国家资源：清代滇铜黔铅开发研究》，北京：人民出版社，2013年。
《苗族简史》编写组：《苗族简史》，贵阳：贵州民族出版社，1985年。
彭勃：《永顺土家族》，永顺县民族事务委员会编印，1992年。
彭武一：《湘西溪州铜柱与土家族历史源流》，北京：中央民族学院出版社，1989年。
彭武一：《土家族研究论文选集》（第二集），湘西土家族苗族自治州文艺干部学校印，1988年。
蒲孝荣：《四川政区沿革及治地今释》，成都：四川人民出版社，1986年。
《黔江县土家族苗族简况》，《黔江县土家族苗族简况》编写组编印，1984年。
《容美土司史料汇编》，中共鹤峰县委统战部县史志编纂办公室中共五峰县委统战部县民族工作办公室编印，1984年。
石柱县志编纂委员会：《石柱县志》，成都：四川辞书出版社，1994年。
思南县志编纂委员会：《思南县志》，贵阳：贵州人民出版社，1992年。
《松桃苗族自治县概况》，贵阳：贵州人民出版社，1985年。
谭其骧：《中国历史地图集》，北京：地图出版社，1982年。
田德生等：《土家族语简志》，北京：民族出版社，1986年。

田广:《凤凰土家族史话》,凤凰政协委员会、凤凰县民族事务委员会编印,1999年。
田敏:《土家族土司兴亡史》,北京:民族出版社,2000年。
童恩正:《古代的巴蜀》,成都:四川人民出版社,1979年。
杨昌鑫:《土家族风俗志》,北京:中央民族学院出版社,1989年。
土家族简史编写组、土家族简史修订本编写组:《土家族简史》,北京:民族出版社,2009年。
王承尧、罗午:《土家族土司简史》,北京:中央民族学院出版社,1991年。
王善才:《香炉石:我国早期巴文化遗址的发现与研究》,北京:科学出版社,2007年。
王绍荃:《四川内河航运史(古近代部分)》,成都:四川人民出版社,1989年。
王毓铨:《明代的军屯》,北京:中华书局,1965年。
王子今:《交通与古代社会》,西安:陕西人民教育出版社,1993年。
伍新福:《中国苗族通史》,贵阳:贵州民族出版社,1999年。
吴永章:《瑶族史》,成都:四川民族出版社,1993年。
谢华:《湘西土司辑略》,北京:中华书局,1959年。
咸丰县志编纂委员会:《咸丰县志》,武汉:武汉大学出版社,1990年。
宣恩县志编纂委员会:《宣恩县志》,武汉:武汉工业大学出版社,1993年。
沿河土家族自治县志编纂委员会:《沿河土家族自治县志》,贵阳:贵州人民出版社,1993年。
严耕望:《唐代交通图考》,上海:上海古籍出版社,2007年。
杨宽:《战国史》,上海:上海人民出版社,1980年。
印江土家族苗族自治县县志编纂委员会编印:《印江自治县志》(送审稿)。
张兴文、牟廉玖注释:《历代诗人咏施州》,北京:民族出版社,2001年。
张兴文等:《卯洞土司志校注》,北京:民族出版社,2001年。
张绪球:《长江中游新石器时代文化概论》,武汉:湖北科学技术出版社,1992年。
张之恒:《中国考古学通论》,南京:南京大学出版社,1991年。
朱圣钟:《历史时期凉山彝族地区经济开发与环境变迁》,重庆:重庆出版社,2007年。
邹逸麟:《中国历史人文地理》,北京:科学出版社,2001年。

(二)学术论文

曹传松:《湘西北楚城调查与探讨——兼谈有关楚史几个问题》,《楚文化研究论集》第2集,武汉:湖北人民出版社,1991年。
曹毅:《土家族社会历史分期管见》,《民族论坛》1995年第3期。
常德地区文物工作队、桃源县文化局:《桃源三元村一号楚墓》,《湖南考古辑刊》第4辑,岳麓书社,1987年。
陈树平:《玉米和番薯在中国传播情况研究》,《中国社会科学》1980年第3期。
陈廷亮:《近代湘鄂川边鸦片种植及其危害》,《吉首大学学报》(社科版)1997年第4期。
陈致远:《五溪地望说异》,《中国历史地理论丛》2000年第1辑。
戴楚洲:《湘鄂川黔土家族地区卫所制度初探》,《湖北民族学院学报》(社科版)1994年第 3 期。

邓和平：《湘鄂边一支蒙古族人的来源与迁徙》，《内蒙古大学学报》（人文版）1999 年第 5 期。

邓辉：《两宋时期鄂西南土家族地区的经济与货币》《湖北民族学院学报》（社科版）1996 年第 4 期。

邓辉：《宋代土家族地区农业经济发展初探》，《中南民族学院学报》（哲社版）1990 年第 2 期。

邓晓：《论巴人与土船》，《重庆师范大学学报》（哲社版）2006 年第 5 期。

段超：《宋代土家族地区农业发展浅析》，《西南民族学院学报》1999 年第 4 期。

范同寿：《清末贵州交通的发展》，《贵州文史丛刊》1997 年第 4 期。

傅筑夫：《人口因素对中国社会经济结构的形成和发展所产生的重大影响》，《中国社会经济史研究》1982 年第 3 期。

高中晓、袁家荣：《湖南慈利官地战国墓》，《湖南考古辑刊》第 2 集，长沙：岳麓书社，1984 年。

贵州省博物馆考古组：《贵州省松桃出土的虎钮錞于》，《文物》1984 年第 8 期。

郭仁成、戴亚东：《楚黔中腹地在酉水流域》，《求索》1987 年第 1 期。

郭声波：《巴蜀先民的分布与农业的起源试探》，《四川文物》1993 年第 3 期。

贺刚：《论湖南秦墓秦代墓与秦文化因素》，《湖南考古辑刊》第 5 集，1989 年《求索》增刊。

贺刚：《黔中三论》，《湖南考古辑刊》第 6 辑，1992 年《求索》增刊。

何介钧：《关于湘西、湘西北发现的宽格青铜剑》，《湖南先秦考古学研究》，长沙：岳麓书社，1986 年。

湖北省清江隔河岩考古队：《湖北清江香炉石遗址的发掘》，《文物》1995 年第 9 期。

湖南省博物馆：《湖南常德德山楚墓发掘报告》，《考古》1963 年第 9 期。

湖南省博物馆：《湖南石门皂市下层新石器遗存》，《考古》1986 年第 1 期。

湖南省博物馆、常德地区文物工作队：《临澧九里楚墓发掘报告》，《湖南考古辑刊》第 3 集，长沙：岳麓书社，1986 年。

湖南省博物馆、怀化地区文物工作队：《湖南溆浦马田坪战国西汉墓发掘报告》，《湖南考古辑刊》第 2 集，长沙：岳麓书社，1984 年。

湖南省博物馆、湘西土家族苗族自治州文物工作队：《古丈白鹤湾楚墓》，《考古学报》1986 年第 3 期。

湖南省文物考古研究所：《湖南龙山里耶战国秦汉城址及秦代简牍》，《考古》2003 年第 7 期。

湖南省文物考古研究所：《临澧九里双峰包南包大墓发掘简报》，《湖南考古辑刊》第 6 辑，1992 年《求索》增刊。

湖南省文物考古研究所：《沅陵木形山战国墓发掘简报》，《湖南考古辑刊》第 6 集，1992 年《求索》增刊。

湖南省文物考古研究所等：《湖南大庸东汉砖室墓》，《考古》1994年第12期。

湖南省文物考古研究所等：《湖南龙山里耶战国秦代古城一号井发掘简报》，《文物》2003年第1期。

怀化地区文物工作队、黔阳县芙蓉楼文管所：《黔阳县黔城战国墓发掘简报》，《湖南考古辑刊》第5集，1989年《求索》增刊。

怀化地区文物工作队、溆浦县文化局：《溆浦县高低村春秋战国墓清理简报》，《湖南考古辑刊》第5集，1989年《求索》增刊。

怀化地区文物工作队、辰溪县文化局：《米家滩战国墓发掘报告》，《湖南考古辑刊》第4集，长沙：岳麓书社，1987年。

蓝勇：《清代滇铜京运路线考释》，《历史研究》2006年第3期。

蓝勇：《元代四川驿站汇考》，《成都大学学报》（社科版）1991年第4期。

李映福、陈芳：《从清源遗址看乌江流域商周时期的考古学文化》，《考古》2010年第5期。

李绍明：《川东南土家与巴国南境问题》，《思想战线》1985年第5期。

李绍明：《从川黔边杨氏来源看侗族与土家族的历史关系》，《贵州民族研究》1990年第4期。

李衍垣：《錞于述略》，《文物》1984年第8期。

黎泽高、赵平：《枝城市博物馆藏青铜器》，《考古》1989年第9期。

练铭志：《试论湘西土家族与汉族历史上的融合关系》，《贵州民族研究》1987年第4期。

廖渝方：《万县又发现虎纽錞于》，《四川文物》1991年第1期。

林时九：《湘西吉首出土东汉窖藏铜器》，《湖南考古辑刊》第3集，岳麓书社，1986年

林时九：《湘西吉首发现窖藏铜钱》，《考古》1986年第1期。

林时九：《湘西吉首出土錞于》，《文物》1984年第11期。

刘长治：《保靖县发现东汉砖室墓》，《湖南考古辑刊》第3集，长沙：岳麓书社，1986年。

龙西斌、高中晓：《石门慈利出土錞于简介》，《湖南考古辑刊》第3集，长沙：岳麓书社，1986年。

陆大道：《人文地理学中区域分析的初步探讨》，《地理学报》1984年第4期。

卢德佩：《湖北宜昌县土城青铜器窖藏坑》，《考古》2002年第5期。

彭南均：《源远流长正本清源》，《土家族历史讨论会论文集》，湘西土家族苗族自治州民族事务委员会编印，1983年。

冉敬林：《明代酉阳土司制度特点》，《贵州文史丛刊》1994年第5期。

瑞洁：《楚黔中腹地在酉水流域》，《求索》1987年第1期。

石门县博物馆：《湖南石门县出土窖藏錞于》，《考古》1994年第2期。

石应平：《土家族源考辨》，《西南民族学院学报》（哲社版）1990年第4期。

舒向今：《试探五溪蛮地的两个黔中郡》，《民族论坛》1997年地3期。

舒向今：《五溪蛮地的先秦文化》，《民族研究》1990年第5期。

孙绘：《利川县出土一件虎纽錞于》，《江汉考古》1985年第3期。

田敏:《明初土家族地区卫所设置考》,《吉首大学学报》(社科版) 2004 年第 4 期。
田曙岚:《论濮僚与仡佬的相互关系》,《思想战线》1980 年第 4 期。
王家德:《三峡地区古代渔猎综述》,《四川文物》1995 年第 2 期。
王家佑、刘志远:《四川古代的对外交通》,《四川日报》1962.5.11。
王家佑、王子岗:《涪陵出土的巴文物与川东巴国》,《四川大学学报丛刊》第 5 辑,成都:四川人民出版社,1980 年。
王家佑、刘盘石:《涪陵考古新发现与川东巴国历史的一些问题》,《文物资料丛刊》第 7 辑,北京:文物出版社,1983 年。
王开发、孙黎明:《湖北利川二万年来的古植被古气候演变》,《地理研究》1989 年第 3 期。
王颋、祝培坤:《元代湖广行省站道考略》,《历史地理》第 3 辑,上海:上海人民出版社,1983 年。
王晓宁:《湖北鄂西自治州博物馆藏青铜器》,《文物》1990 年第 3 期。
王晓宁:《湖北恩施发现的古代官印》,《四川文物》2000 年第 2 期。
王晓宁:《虎钮錞于》,《湖北民族学院学报》(哲社版) 1990 年第 1 期。
王朝晖:《试论近代湘西市镇化的发展》,《吉首大学学报》(社科版) 1996 年第 2 期。
吴万源:《鄂西侗族考》,《贵州民族研究》1987 年第 2 期。
伍新福:《论苗族历史上的四次大迁徙》,《民族研究》1990 年第 6 期。
伍新福:《试论清代屯政对湘西苗族社会发展的影响》,《民族研究》1983 年第 3 期。
伍新福:《秦汉至唐宋时期苗族社会经济探考》,《中南民族学院学报》1992 年第 2 期。
武仙竹:《三峡地区的环境变迁于三峡航运》,《四川文物》1998 年第 6 期。
湘西土家族苗族自治州博物馆:《湘西吉首发现窖藏铜钱》,《考古》1986 年第 1 期。
幸晓峰:《四川境内出土或传世錞于述略》,《四川文物》1996 年第 2 期。
熊传新:《湖南发现的古代巴人遗物》,《文物资料丛刊》第 7 辑,北京:文物出版社,1983 年。
熊传新:《记湘西新发现的虎钮錞于》,《江汉考古》1983 年 2 期。
熊传新:《湘西出土古代青铜器及其族属问题》,《土家族研究论文选集》,湘西土家族苗族自治州图书馆资料室编印,1985 年。
溆浦县文化局:《溆浦江口战国西汉墓》,《湖南考古辑刊》第 3 集,长沙:岳麓书社,1986 年。
徐中舒:《四川涪陵小田溪出土的虎钮錞于》,《文物》1974 年第 5 期。
严耕望:《唐代黔中牂牁诸道考略》,《历史语言所研究集刊》第五十本第二分册。
杨昌鑫:《对土家族民族共同体形成时间的再认识》,《中南民族学院学报》(哲社版) 1999 年第 3 期。
杨华、屈定富:《长江三峡南岸入蜀古道考证》,《三峡大学学报》(人文社科版) 2006 年第 4 期。
杨光华:《晋宋齐涪陵郡废置及属州考》,《西南师范大学学报》(哲社版) 1999 年第 4 期。
姚敦睦:《浅谈思南在黔东北历史上的中心地位》,《贵州民族研究》1996 年第 4 期。
余博洲:《鄂西川东地区岩穴墓分析》,《四川文物》1993 年第 2 期。

余波：《湖北秭归下马台村发现巴蜀遗物》，《葛洲坝工程文物考古成果汇编》，武汉：武汉大学出版社，1990年。

于玲：《古代鄂西土家族和汉族文化交流的特点》，《中南民族学院学报》（哲社版）1996年第6期。

曾湘军：《湘西出土虎钮錞于纹饰与渔猎巫术》，《民族论坛》1991年第3期。

张保民：《农业经济结构的几个理论问题的探讨》，《农业经济问题》1982年第2期。

张典维：《湖北长阳出土一批青铜器》，《考古》1986年第4期。

张维：《失传千多年的古乐器錞于》，《乐器》1985年第4期。

张欣如：《溆浦大江口镇战国巴人墓》，《湖南考古辑刊》第1集，长沙：岳麓书社，1982年。

张雄：《隋唐时期巴人的汉化趋势》，《中南民族学院学报》（哲社版）1999年第1期。

张永国：《关于思州田氏土司的兴衰及其族属》，《贵州文史丛刊》1988年第2期。

赵炳清：《楚秦黔中郡略论——兼论屈原之卒年》，《中国历史地理论丛》2006年第3辑。

周宏伟：《廪君巴人夷水应为今大宁河考——兼论廪君巴人迁徙原因》，《历史地理》第23辑，上海：上海人民出版社，2008年。

周明阜：《湘西先秦考古文化的多元性建构探讨》，《吉首大学学报》（社会科学版）1993年第12期。

邹待清：《建始县首次发现湖州镜》，《江汉考古》1983年第4期。

朱圣钟：《点块片式扩张——历史时期武陵山区土家族地区农业区扩展过程述论》，（台湾）《白沙历史地理学报》第13期。

朱圣钟：《历史时期鄂西南土家族地区的农业结构》，《中国历史地理论丛》2000年第2辑。

朱圣钟：《历史时期凉山彝族地区农业分布与变迁》，《南方开发与中外交通——2006年中国历史地理国际学术研讨会论文集》，西安：西安地图出版社，2007年。

朱圣钟：《历史时期土家族地区农业结构的演变》，《湖北民族学院学报》2004年第2期。

朱圣钟：《论历史时期凉山彝族地区农业结构的演变》，《中国农史》2008年第4期。

朱圣钟：《明清鄂西南土家族地区民族的分布与变迁》，《中国历史地理论丛》2002年第1辑。

朱圣钟：《〈晋书·地理志〉正误一则》，《中国历史地理论丛》2000年第4期。

朱圣钟：《蜀汉汉平县治考察》，《中国人文田野》第4辑，成都：巴蜀书社，2011年。

朱圣钟：《〈水经注〉所载土家族地区若干历史水文地理问题考释》，《中央民族大学学报》（哲社版）2002年第6期。

朱圣钟：《土司时期土家族地区主要手工业及其分布》，《湖北民族学院学报》（哲社版）2014年第2期。

朱圣钟：《秦汉时期巴人的分布迁徙》，《重庆社会科学》2010年第1期。

朱圣钟：《五代至清末土家族地区的民族分布于变迁》，《西南史地》第1辑，成都：巴蜀书社，2009年。

祝光强：《对若干土家族史问题的探讨》，《湖北少数民族》1984年第4期。

后　记

　　这部书的大体框架在我 2002 年博士学位论文中就已经成型。博士毕业后,我即进入四川大学从事博士后研究工作,研究领域也转入历史时期四川凉山彝族地区经济开发与环境变迁。此后两年多里,我全身心地投入到博士后课题研究中。2005 年我从四川大学调入西南大学,因工作的需要,此后四年忙于琐事,对土家族地区历史地理的研究时断时续。2009 年下半年虽从琐事中得以抽身,却又因自己主持的国家社科基金项目"中国古代巴人分布迁徙及其与环境的关系研究"结题时间迫近,不得不全身心地投入到国家社科基金项目的研究中。虽备尝艰辛,终归于 2014 年上半年完成国家社科基金项目的研究工作。此后,我对自己十多年来对土家族地区历史经济地理问题的思考进行审视和总结,对博士学位论文进行了增补、修改,然后形成此书。这本书的最终出版,既是对我陕西师范大学博士阶段学习的一个总结,也是对引我入民族历史地理研究领域的史念海先生的慰藉,更是对恩师朱士光先生在我六年研究生求学生涯中耳提面命、谆谆教诲的辛劳和深厚师恩的小小献礼。

　　在博士论文构思立意阶段,陕西师范大学西北历史环境与经济社会发展研究中心侯甬坚教授、王社教教授、李令福教授、吴宏岐教授(后调入暨南大学),陕西师范大学历史文化学院萧正洪教授、马驰教授、袁林教授,西北大学吕卓民教授,西安联合大学曹尔琴教授都曾为我指点迷津,使我受益匪浅。在博士外出考察和资料收集过程中,中南民族大学田敏教授、吉首大学胡焕章教授,湖北民族学院民族研究所田万振教授、陈湘锋教授都曾给我热心帮助。在论文外审中,西北大学周伟洲教授(后调入陕西师范大学)、李健超教授,武汉大学张建民教授、徐少华教授,四川大学郭声波教授(后调入暨南大学)在对论文给予肯定的同时,也提出了至为中肯的意见。我在书稿修改中也多有采纳。这些在我成长过程中热心帮助过我的尊敬的师长及朋友,我会永远铭记他们的深情厚谊!在书稿的修改和书稿的审定、出版过程中,还有许多热心帮助过我的人,这里就不一一列举了,也非常感谢他们。

由于笔者生性愚钝,加之学力、学识有限,书中肯定还存在诸多问题,还请读者朋友们多多批评指正。

朱圣钟
2015年1月于西南大学雪松书屋